数学·统计学系列

数学奥林匹克不等式散论

Article about the Mathematical Olympiad Inequality

邓寿才 编著

哈尔滨工业大学出版社
HARBIN INSTITUTE OF TECHNOLOGY PRESS

内容提要

全文共包括探索无限、关于一个三角不等式的研究、关于一道德国数奥题的解读、几道数奥巧题的多种解证等十篇长文。本书适合于高等学校相关专业师生,数学奥林匹克选手及教练员和数学爱好者参考使用。

图书在版编目(CIP)数据

数学奥林匹克不等式散论/邓寿才编著. —哈尔滨:哈尔滨工业大学出版社,2011.4
ISBN 978-7-5603-3279-6

Ⅰ.①数… Ⅱ.①邓… Ⅲ.①不等式-研究 Ⅳ.①O178

中国版本图书馆 CIP 数据核字(2011)第 089892 号

策划编辑	刘培杰 张永芹
责任编辑	李广鑫
出版发行	哈尔滨工业大学出版社
社　　址	哈尔滨市南岗区复华四道街 10 号 邮编 150006
传　　真	0451—86414749
网　　址	http://hitpress.hit.edu.cn
印　　刷	哈尔滨市石桥印务有限公司
开　　本	787mm×1092mm 1/16 印张 18.25 字数 336 千字
版　　次	2011 年 5 月第 1 版 2011 年 5 月第 1 次印刷
书　　号	ISBN 978-7-5603-3279-6
定　　价	38.00 元

(如因印装质量问题影响阅读,我社负责调换)

序

记得高尔基说过,所谓的才华,就是对某一事物的兴趣。

这是一本农民出身的自学者的业余之作。作者邓寿才在今日中国几亿农民中是一个异数。他参加过高考,虽然数学得了高分但还是落榜。在农村面朝黄土背朝天的艰苦劳作之余,夜深人静,一灯如豆,钻研数学并从其中得到了莫大的快乐。后随打工潮到了广东,从事着最低级的体力劳动,成为一名地道的农民工,但他没有因地位卑微就放弃对梦想的追求,几十年下来写下了大量文字。在今天许多大学生身处大学良好的学习环境,却终日泡网吧,打游戏的厌学时代,邓寿才确实具有一种榜样的力量。从早年中国高玉宝的《我要读书》到英国兰姆的《牛津度假记》类似的事迹,举不胜举。英国散文家兰姆少年时代成绩很出色,但因口吃上不了大学,他后来就不时跑去牛津大学看书散步,想象自己是个学生,在他那篇《牛津度假记》中他这样写道:"在这,我可以不受干扰地散步,随心所欲地想象自己得到了什么样的学历,什么样的身份,我仿佛已经获得了该项学历,过去失去的机会得到补偿,教堂钟声一响,我就起身,幻想这钟声正是为我而鸣,我心情谦卑之时,想象自己是一名减费生、校役生。骨子的傲气一抬头,我又大摇大摆走路,以自费上学的贵族子弟自居。我一本正经地给自己授予了硕士学位,说实在话,跟那种体面人物相比,我也差不多可以乱真。"

从邓寿才先生的成长经历中笔者感触最深的一个词是自由,是那种精神的自由。高尔泰说:美是自由的象征!

关于精神自由,中国古代文学典籍里比比皆是,如杜甫诗云:"送客逢春可自由"(杜甫《和裴迪登蜀州东亭送客逢早梅相忆见寄》);对春天来临,人如同草木一样自由生长的场景无限向往,王安石诗歌:"我终不嗔渠,此瓦不自由。"(王安石《拟寒山拾得二十首之四》);柳子厚诗云:"春风无限潇湘意,欲采蘋花不自由。"(柳宗元《酬曹侍御过象县见寄》);宋代僧人道潜也有诗歌提到自由:"风蒲猎猎并轻柔,欲立蜻蜓不自由。"(道潜和尚《临平道中》)。这些关于自由的抒情说辞,都是关乎心灵状态,让人想起某种无拘无束的超脱之感。

有人说中国农村真穷,中国农民真苦,中国农业真危险,依我看这些都不致命,致命的是中国农民没梦想了,不敢想了。这使我们想到杜拉斯所说:"爱之于我,不是肌肤之亲,不是一蔬一饭,它是一种不死的欲望,疲惫生活中的英雄梦想。"

人生不能没有梦想,我们无法想象,人类失去梦想,世界将会怎样.现在许多有识之士在担忧中国阶层的板结化,上升通道的世袭化,笔者曾有过几次暂短的国外逗留,给我感触最深的是自由,自由迁徙,自由择业,自由梦想,这三个自由在中国虽历尽辛苦,但邓寿才做到了,而且邓同一般民科有本质的区别。

微博如今大行其道,而微动力的精神实质,就是著名博主冉云飞屡次申明的"日拱一卒,不期速成"。IT名人胡泳引用朱学勤先生《让人为难的罗素》中罗素赞成的实践方式是:"每天前进一寸,不躁不馁,……纵使十年不'将'军,却无一日不'拱'卒。"

民科们动辄宣称证明了哥德巴赫猜想、黎曼猜想、费马大定理,闻之心惊肉跳,而本书作者绝不好高骛远,只取初等数学中的不等式一块深入发掘,终小有收获。

作为本书作者的发现者之一,为了作者将来的成长性,还是要点评一下这位业余作者的不足之处,本书作者的一大喜好是抒情过度化,并不是说学理的人没有文学才能,恰恰相反,理科怪才不乏文科大才。

在20世纪80年代初有一部非常轰动一时的话剧叫《于无声处》。其作者叫宗福先,而宗的老师是曲信先先生,曲先生原是一位理科大学生,1963年,曲信先在中国科技大学生物物理专业读三年级,由于他业余写的一本话剧剧本《斯巴达克斯》受到时任校长郭沫若的赏识,被推荐到上海戏剧学院学习,由院长熊佛西单独授课,一位理科怪才终成文科大才。

学数学的人都崇拜华罗庚、苏步青、陈省身、柯召、王元等大家,他们确实是文理兼备,学贯中西,琴棋书画,笔墨丹青,但那毕竟是少数顶尖人物,如果我们没有那些旧学功底最好不要理中带文,因为那样很容易画虎不成。

第二,本书结构过于平淡,写数学书也要像古时做文一样,喜突不喜平。不能老是提出一个例题,然后推广 A,B,C,…。

李敖说:中国人评判文章,缺乏一种像样的标准,以唐宋八大家而论,所谓行家,说韩愈文章'如崇山大海',柳宗元文章'如幽岩怪壑',欧阳修文章'如秋山平远',苏轼文章'如长江大河',王安石文章'如断岸千尺',曾巩文章'如波泽春涨'……说得玄之又玄,除了使我们知道水到处流山一大堆以外,实在摸不清文章好在哪里?好的标准是什么?

数学文章写得好很难,而且很难提出一个标准,但榜样总是有的,如华先生、闵先生及常庚哲先生、单墫先生等。

第三是新方法的提出,本书尽管推广了很多,但方法始终是幂平均、琴生、切比雪夫、赫尔特、杨克昌等不等式,可以说无它,唯熟练耳!

早在 1930 年 6 月,陈寅恪先生为陈垣《敦煌劫余录》作序时,就指出:"一时代之学术,必有其新材料和新问题。取用此材料,以研究问题,则为此时代学术之新潮流。治学之士,得预于此潮流者,谓之预流,其未得预者,谓之未入流,此古今学术史之通义,非彼闭门造车之徒,所能同喻者也。"

其实陈先生是希望按顺序完成发掘新材料,引进新理论,提出新问题,得出新结果这几个学术步骤,不可缺,不能乱。

所以基于以上几点,笔者希望作者能少抒情,多理论,少平淡,多奇峰,少旧法,多新意,特别是多攻克那些尚未被证明的不等式,以显示其功力。

总之,本书及本书作者是中国农村的一株奇葩!

刘培杰于哈工大
2011.5.1

目 录

探 索 无 限　//1

关于一个三角不等式的研究　//42

关于一道德国数奥题的解读　//83

一滴水中见太阳——从特殊到一般　//101

几道数奥妙题的多种解证　//140

几道数奥妙题的初探与多种证明　//195

趣 题 妙 解　//215

关于一道 IMO 试题的注记　//226

一道俄罗斯数奥题的探源与赏析　//244

灵活用"兵法"　巧布"天龙阵"　//256

探索无限

（一）

题 1 设正数 a,b,c,x,y,z 满足 $cy+bz=a, az+cx=b, bx+ay=c$. 求函数
$$f(x,y,z)=\frac{x^2}{1+x}+\frac{y^2}{1+y}+\frac{z^2}{1+z}$$
的最小值.

本题的解答之一是先从已知条件解出
$$x=(b^2+c^2-a^2)/2bc, y=(c^2+a^2-b^2)/2ca, z=(a^2+b^2-c^2)/2ab$$
然后巧妙地将复杂的代数问题转化为三角问题.

在 $\triangle ABC$ 中，求函数
$$f(\cos A, \cos B, \cos C)=\frac{\cos^2 A}{1+\cos A}+\frac{\cos^2 B}{1+\cos B}+\frac{\cos^2 C}{1+\cos C}$$
的最小值.

然后又将三角问题转化为代数问题求得
$$f_{\min}=\frac{1}{2}$$

自然，这一问题等价于：

题 2 在 $\triangle ABC$ 中，有
$$\frac{\cos^2 A}{1+\cos A}+\frac{\cos^2 B}{1+\cos B}+\frac{\cos^2 C}{1+\cos C}\geqslant\frac{1}{2} \tag{1}$$

从余弦倍角公式知，式(1)还有两个漂亮的外观
$$\frac{1+\cos 2A}{1+\cos A}+\frac{1+\cos 2B}{1+\cos B}+\frac{1+\cos 2C}{1+\cos C}\geqslant 1 \tag{2}$$

$$\left(\frac{\cos A}{\cos\frac{A}{2}}\right)^2+\left(\frac{\cos B}{\cos\frac{B}{2}}\right)^2+\left(\frac{\cos C}{\cos\frac{C}{2}}\right)^2\geqslant 1 \tag{A}$$

而且,众所周知,式(A)不仅结构匀称,形态优雅,而它还是著名的 Garfunkel-Bankoff 不等式

$$\tan^2 \frac{A}{2} + \tan^2 \frac{B}{2} + \tan^2 \frac{C}{2} \geqslant 2 - 8\sin\frac{A}{2}\sin\frac{B}{2}\sin\frac{C}{2} \quad (B)$$

变形得到的等价形.

(二)

科学无止境,探索亦无限.至今,笔者还没有建立(A),(B)两式满意的加权推广,为此,我们先给出式(A)的两种新证法.

新证 1 由于在 $\triangle ABC$ 中有

$$A + B + C = \pi \Rightarrow$$

$$\cos^2 A + \cos^2 B + \cos^2 C =$$

$$\frac{1}{2}(1 + \cos 2A) + \frac{1}{2}(1 + \cos 2B) + \cos^2 C =$$

$$1 + \cos(A+B)\cos(A-B) + \cos^2 C =$$

$$1 + [\cos C - \cos(A-B)]\cos C =$$

$$1 - [\cos(A+B) + \cos(A-B)]\cos C =$$

$$1 - 2\cos A \cos B \cos C \Rightarrow$$

$$\sum \cos^2 A + 2\prod \cos A = 1 \quad (1)$$

又

$$\left(\frac{\cos A}{\cos \frac{A}{2}}\right)^2 + \left(\frac{\cos B}{\cos \frac{B}{2}}\right)^2 + \left(\frac{\cos C}{\cos \frac{C}{2}}\right)^2 \geqslant 1 \Leftrightarrow$$

$$\sum \frac{\cos^2 A}{1 + \cos A} \geqslant \frac{1}{2} \Leftrightarrow \quad (2)$$

$$2\sum \cos^2 A(1 + \cos B)(1 + \cos C) \geqslant \prod(1 + \cos A) \Leftrightarrow$$

$$2\sum \cos^2 A + 2\sum \cos^2 A(\cos B + \cos C) + 2\left(\prod \cos A\right)\sum \cos A \geqslant$$

$$1 + \sum \cos A + \sum \cos A \cos B + \prod \cos A \Leftrightarrow$$

$$2\sum \cos^2 A + 2\sum \cos^2 A(\cos B + \cos C) +$$

$$\left(1 - \sum \cos^2 A\right)\sum \cos A \geqslant$$

$$\left(\sum \cos^2 A + 2\prod \cos A\right) + \sum \cos A + \prod \cos A +$$

$$\sum \cos B \cos C \Leftrightarrow$$

$$\sum \cos^2 A - \sum \cos A \cos B \geqslant$$
$$\sum \cos^3 A - \sum \cos^2 A (\cos B + \cos C) + 3\prod \cos A \Leftrightarrow$$
$$2\sum \cos^2 A - 2\sum \cos B \cos C \geqslant$$
$$2\sum \cos^3 A - 2\sum \cos^2 A (\cos B + \cos C) + 3\prod \cos A \Leftrightarrow$$
$$\sum (\cos A - \cos B)^2 \geqslant$$
$$\sum (\cos A + \cos B - \cos C)(\cos A - \cos B)^2 \qquad (3)$$

不妨设
$$A \geqslant B \geqslant C \Rightarrow \cos A \leqslant \cos B \leqslant \cos C \leqslant 1 \Rightarrow$$
$$\cos A + \cos B - \cos C \leqslant \cos A \leqslant 1 \Rightarrow$$
$$(\cos A - \cos B)^2 \geqslant (\cos A + \cos B - \cos C)(\cos A - \cos B)^2$$

又 $\cos C \leqslant 1$,因此欲证式(3)只须证明
$$\cos C(\cos B - \cos C)^2 + \cos C(\cos C - \cos A)^2 \geqslant$$
$$(\cos B + \cos C - \cos A)(\cos B - \cos C)^2 +$$
$$(\cos C + \cos A - \cos B)(\cos C - \cos A)^2 \Leftrightarrow$$
$$(\cos B - \cos A)^2(2\cos C - \cos A - \cos B) \geqslant 0 \qquad (4)$$

从 $\cos C \geqslant \cos B \geqslant \cos A$ 知式(4)成立,所以式(3)成立,从而式(2)成立,因此式(A)成立,等号成立仅当 $\triangle ABC$ 为正三角形.

新证 2 由于 $x = (b^2 + c^2 - a^2)/2bc, y = (c^2 + a^2 - b^2)/2ca, z = (a^2 + b^2 - c^2)/2ab$. 因此式(A)等价于
$$\frac{x^2}{1+x} + \frac{y^2}{1+y} + \frac{z^2}{1+z} \geqslant \frac{1}{2} \qquad (5)$$

令 $\alpha = b^2 + c^2 - a^2 > 0, \beta = c^2 + a^2 - b^2 > 0, \gamma = a^2 + b^2 - c^2 > 0$
从而用推得
$$x = \alpha / \sqrt{(\alpha+\beta)(\alpha+\gamma)}$$
$$y = \beta / \sqrt{(\beta+\gamma)(\beta+\alpha)}$$
$$z = \gamma / \sqrt{(\gamma+\alpha)(\gamma+\beta)}$$
$$\frac{x^2}{1+x} = \frac{\alpha^2}{(\alpha+\beta)(\alpha+\gamma)} \Big/ \left[1 + \frac{\alpha}{\sqrt{(\alpha+\beta)(\alpha+\gamma)}}\right] =$$
$$\frac{\alpha^2}{(\alpha+\beta)(\alpha+\gamma) + \alpha\sqrt{(\alpha+\beta)(\alpha+\gamma)}}$$

因此,应用 Cauchy(柯西)不等式有

$$\sum\left[\frac{\alpha^2}{(\alpha+\beta)(\alpha+\gamma)+\alpha\sqrt{(\alpha+\beta)(\alpha+\gamma)}}\right] \geqslant$$
$$\frac{(\sum\alpha)^2}{\sum(\alpha+\beta)(\alpha+\gamma)+\sum\alpha\sqrt{(\alpha+\beta)(\alpha+\gamma)}} \tag{6}$$

因此,欲证明式(5),只须证明
$$2(\sum\alpha)^2 \geqslant \sum(\alpha+\beta)(\alpha+\gamma)+\sum\alpha\sqrt{(\alpha+\beta)(\alpha+\gamma)} \Leftrightarrow$$
$$2\sum\alpha^2+4\sum\beta\gamma=\sum\alpha^2+3\sum\beta\gamma+\sum\alpha\sqrt{(\alpha+\beta)(\alpha+\gamma)} \Leftrightarrow$$
$$\sum\alpha^2+\sum\beta\gamma\geqslant\sum\alpha\sqrt{(\alpha+\beta)(\alpha+\gamma)} \tag{7}$$

又应用平均值不等式有
$$\sum\alpha\sqrt{(\alpha+\beta)(\alpha+\gamma)} \leqslant \sum\alpha\left(\frac{\alpha+\beta+\alpha+\gamma}{2}\right)=$$
$$\frac{1}{2}\sum\alpha(2\alpha+\beta+\gamma)=\sum\alpha^2+\sum\beta\gamma$$

即式(7)成立,从而式(5)成立,所以式(A)成立,等号成立仅当 $\alpha=\beta=\gamma\Leftrightarrow a=b=c\Leftrightarrow\triangle ABC$ 为正三角形.

(三)

对于式(A):它的加权推广是我们朝思暮想、苦苦追寻的目标,现在,我们经过努力,终于"海日生残夜,江春入旧年".

推广 1 设实数 λ,μ,υ 满足 $\lambda\mu\upsilon\geqslant 1$,那么对于锐角 $\triangle ABC$ 有
$$\lambda\left[\frac{\cos A}{\cos\frac{A}{2}}\right]^2+\mu\left[\frac{\cos B}{\cos\frac{B}{2}}\right]^2+\upsilon\left[\frac{\cos C}{\cos\frac{C}{2}}\right]^2 \geqslant \left(\frac{a^2+b^2+c^2}{\lambda a^2+\mu b^2+\upsilon c^2}\right)^2 \tag{C}$$

其中 a,b,c 为 $\triangle ABC$ 的边长.

显然,当 $\lambda=\mu=\upsilon=1$ 时,式(C)立即还原为式(A),因此式(C)是式(A)的加权推广.

证明 式(C)等价于
$$P_\lambda=\frac{\lambda\cos^2 A}{1+\cos A}+\frac{\mu\cos^2 B}{1+\cos B}+\frac{\upsilon\cos^2 C}{1+\cos C} \geqslant \frac{1}{2}\left(\frac{a^2+b^2+c^2}{\lambda a^2+\mu b^2+\upsilon c^2}\right)^2 \tag{1}$$

应用已知条件 $\lambda\geqslant 1/\mu\upsilon$ 和余弦定理有
$$P_\lambda=\sum\frac{\lambda\cos^2 A}{1+\cos A}=\sum\frac{\lambda(b^2+c^2-a^2)^2}{4b^2c^2+2bc(b^2+c^2-a^2)} \geqslant$$

$$\sum \frac{(b^2+c^2-a^2)^2}{4\mu\nu b^2 c^2 + 2\mu\nu bc(b^2+c^2-a^2)} \geqslant$$

（应用柯西不等式）

$$\frac{\left[\sum(b^2+c^2-a^2)\right]^2}{\sum[4\mu\nu b^2 c^2 + 2\mu\nu bc(b^2+c^2-a^2)]} \Rightarrow$$

$$P_\lambda \geqslant \frac{1}{m}(a^2+b^2+c^2)^2 \qquad (2)$$

其中

$$m = \sum[4\mu\nu b^2 c^2 + 2\mu\nu bc(b^2+c^2-a^2)] =$$

$$4\sum \mu\nu b^2 c^2 + 4\sum(\mu b^2)(\nu c^2)\cos A (\text{应用三角母不等式}) \leqslant$$

$$4\sum \mu\nu b^2 c^2 + 2\sum(\lambda a^2)^2 =$$

$$2(\sum \lambda a^2)^2 = 2(\lambda a^2 + \mu b^2 + \nu c^2)^2 \Rightarrow$$

$$P_\lambda \geqslant \frac{1}{2}\left(\frac{a^2+b^2+c^2}{\lambda a^2 + \mu b^2 + \nu c^2}\right)^2$$

即式(1)成立，从而式(C)成立，等号成立仅当 $\lambda = \mu = \nu = 1$ 且 $\triangle ABC$ 为正三角形.

进一步地，式(C)又可推广为

推广 2 设 $\lambda, \mu, \nu, x, y, z$ 均为正数，且满足 $x+y+z \geqslant 3$，则对锐角三角形 $\triangle ABC$ 有

$$\frac{x^2}{\mu\nu}\left(\frac{\cos A}{\cos \frac{A}{2}}\right)^2 + \frac{y^2}{\nu\lambda}\left(\frac{\cos B}{\cos \frac{B}{2}}\right)^2 + \frac{z^2}{\lambda\mu}\left(\frac{\cos C}{\cos \frac{C}{2}}\right)^2 \geqslant$$

$$\left(\frac{(3-2x)a^2 + (3-2y)b^2 + (3-2z)c^2}{\lambda a^2 + \mu b^2 + \nu c^2}\right)^2 \qquad (D)$$

在式(D)中取 $x = y = z = 1$ 时，化为式(C).

略证 由前面的证法可知

$$T_\lambda = \sum \frac{\frac{x^2}{\mu\nu}\cos^2 A}{1+\cos A} =$$

$$\sum \frac{\frac{x^2}{\mu\nu}(b^2+c^2-a^2)^2}{4b^2 c^2 + 2bc(b^2+c^2-a^2)} =$$

$$\sum \frac{[x(b^2+c^2-a^2)]^2}{\mu\nu[4b^2 c^2 + 2bc(b^2+c^2-a^2)]} =$$

$$(应用柯西不等式) \geq \frac{[\sum x(b^2+c^2-a^2)]^2}{\sum \mu\omega[4b^2c^2+2bc(b^2+c^2-a^2)]} \geq$$

$$\frac{[\sum x(b^2+c^2-a^2)]^2}{2(\sum \lambda a^2)^2}(应用 m \leq 2(\sum \lambda a^2)^2) =$$

$$\frac{[\sum (y+z-x)a^2]^2}{2(\sum \lambda a^2)^2} = \frac{[\sum (x+y+z-2x)a^2]^2}{2(\sum \lambda a^2)^2} \geq$$

$$\frac{[\sum (3-2x)a^2]^2}{2(\sum \lambda a^2)^2} \Rightarrow \sum \frac{x^2}{\mu\omega}\left[\frac{\cos A}{\cos \frac{A}{2}}\right]^2 \geq \left[\frac{\sum (3-2x)a^2}{\sum \lambda a^2}\right]^2$$

即式(D)成立. 等号成立仅当 $x=y=z=\lambda=\mu=\upsilon=1$ 时.

特别地,当 $\lambda=\mu=\upsilon$ 时,式(D) 化一个漂亮的推论

$$x^2\left[\frac{\cos A}{\cos \frac{A}{2}}\right]^2 + y^2\left[\frac{\cos B}{\cos \frac{B}{2}}\right]^2 + z^2\left[\frac{\cos C}{\cos \frac{C}{2}}\right]^2 \geq \left(\frac{pa^2+qb^2+rc^2}{a^2+b^2+c^2}\right)^2 \quad (E)$$

其中 $p=y+z-x, q=z+x-y, r=x+y-z$.

现在,仔细算来,我们已为式(A) 建立了 3 个加权推广,使我们倍感舒畅. 但是,笔者的体会是:"踏破铁鞋无觅处,得来如此费工夫."

另一方面,从上面的证明过程启发我们 —— 有一个不错的副产品:

题 3 设 $k \geq \frac{1}{2}$,$\triangle ABC$ 为锐角三角形,则有

$$\frac{1}{6}\left(\sum a^2\right)\sum (bc)^{2k-1} \leq \sum (bc)^{2k}\cos A \leq \frac{1}{2}\sum a^{4k} \quad (3)$$

等号成立仅当 $k=\frac{1}{2}$ 或 $\triangle ABC$ 为正三角形.

证明 当 $k=\frac{1}{2}$ 时,式(3) 化为恒等式

$$\frac{1}{2}\sum a^2 = \sum bc\cos A = \frac{1}{2}\sum a^2 \quad (4)$$

当 $k > \frac{1}{2}$ 时,不妨设

$$0 < A \leq B \leq C < \frac{\pi}{2} \Rightarrow$$

$$\begin{cases} \cos A \geq \cos B \geq \cos C > 0 \\ a \leq b \leq c \end{cases} \Rightarrow$$

$$\begin{cases} bc\cos A \geq ca\cos B \geq ab\cos C \\ (bc)^{2k-1} \geq (ca)^{2k-1} \geq (ab)^{2k-1} \end{cases} \Rightarrow$$

$$\sum (bc)^{2k} \cdot \cos A = \sum (bc)^{2k-1} \cdot bc \cos A$$
（应用切比雪夫不等式）$\geqslant$
$$\frac{1}{3}\left[\sum (bc)^{2k-1}\right]\left(\sum bc \cos A\right) =$$
$$\frac{1}{6}\left(\sum a^2\right)\sum (bc)^{2k-1} \tag{5}$$

又应用三角母不等式知
$$\sum (bc)^{2k} \cos A = \sum b^{2k} c^{2k} \cos A \leqslant \frac{1}{2} \sum a^{4k} \tag{6}$$

由式(5)、(6)知,此时式(3)成立,等号成立仅当 $k = \frac{1}{2}$ 或 $\triangle ABC$ 为正三角形.

（四）

如果我们应用幂平均不等式,就可轻松地将式(A)指数推广为
$$\left[\frac{\cos A}{\cos \frac{A}{2}}\right]^{2k} + \left[\frac{\cos B}{\cos \frac{B}{2}}\right]^{2k} + \left[\frac{\cos C}{\cos \frac{C}{2}}\right]^{2k} \geqslant 3^{1-k} \tag{F}$$

其中 $k \geqslant 1$,等号成立仅当 $\triangle ABC$ 为正三角形.

但我们觉得式(F)虽然结构对称简洁,外形美观漂亮,但它略显单调,不尽人意,更美更好是我们永恒的追求. 只要我们不畏"长途跋涉,翻山越岭",就能寻觅到理想的"梦中情人":

推广 3 设指数 α, β 满足 $2\beta \geqslant 2\alpha \geqslant 1 + \beta$,$\triangle ABC$ 为锐角三角形,则有
$$\frac{(\cos A)^{2\alpha}}{(\cos \frac{A}{2})^{2\beta}} + \frac{(\cos B)^{2\alpha}}{(\cos \frac{B}{2})^{2\beta}} + \frac{(\cos C)^{2\alpha}}{(\cos \frac{C}{2})^{2\beta}} \geqslant 3^{1-\beta} \cdot 2^{2(\beta-\alpha)} \tag{G}$$

等号成立仅当 $\triangle ABC$ 为正三角形.

显然,由已知条件有 $\beta \geqslant \alpha \geqslant 1$,当取 $\alpha = \beta = k \geqslant 1$ 时,(G)式化为(F)式. 如此简洁美妙的(G)式,我们怎样爱它呀!

证明 记 $\theta = 2\alpha/(1+\beta) \geqslant 1, 0 < \varphi = \frac{\alpha}{\beta} \leqslant 1$.
$$P = \sum \frac{(\cos A)^{2\alpha}}{(\cos \frac{A}{2})^{2\beta}}, S = a^2 + b^2 + c^2$$

应用余弦倍角公式及余弦定理有

$$\frac{P}{2^\beta} = \sum \frac{(\cos A)^{2\alpha}}{(2\cos^2\frac{A}{2})^\beta} = \sum \frac{(\cos A)^{2\alpha}}{(1+\cos A)^\beta} = \sum \frac{\left(\frac{b^2+c^2-a^2}{2bc}\right)^{2\alpha}}{(1+\cos A)^\beta} =$$

$$\left(\frac{1}{2}\right)^{2\alpha} \sum \frac{(b^2+c^2-a^2)^{2\alpha}}{[(bc)^{\frac{2\alpha}{\beta}}+(bc)^{\frac{2\alpha}{\beta}}\cos A]^\beta} =$$

$$\left(\frac{1}{2}\right)^{2\alpha} \sum \frac{[(b^2+c^2-a^2)^\theta]^{1+\beta}}{[(bc)^{2\varphi}+(bc)^{2\varphi}\cos A]^\beta}$$

（应用权方和不等式）$\geqslant$

$$\left(\frac{1}{2}\right)^{2\alpha} \frac{M^{1+\beta}}{m^\beta} \Rightarrow P \geqslant 2^{\beta-2\alpha} \frac{M^{1+\beta}}{m^\beta} \tag{1}$$

其中
$$\begin{cases} m = \sum[(bc)^{2\varphi}+(bc)^{2\varphi}\cos A] \\ M = \sum(b^2+c^2-a^2)^\theta \end{cases} \tag{2}$$

应用三角母不等式,有

$$m = \sum(bc)^{2\varphi} + \sum(bc)^{2\varphi}\cos A \leqslant$$

$$\sum(bc)^{2\varphi} + \frac{1}{2}\sum a^{4\varphi} = \frac{1}{2}\left(\sum a^{2\varphi}\right)^2$$

（注意到 $0 < \varphi = \alpha/\beta \leqslant 1$,应用幂平均不等式）$\leqslant$

$$\frac{1}{2}\left[3\left(\frac{\sum a^2}{3}\right)^\varphi\right]^2 = \frac{1}{2}\cdot 3^{2(1-\varphi)}\cdot S^{2\varphi} \Rightarrow$$

$$m^\beta \leqslant 2^{-\beta}\cdot 3^{2(\beta-\alpha)}\cdot S^{2\alpha} \tag{3}$$

注意到 $\theta = \frac{2\alpha}{1+\beta} \geqslant 1$,应用幂平均不等式有

$$M = \sum(b^2+c^2-a^2)^\theta \geqslant 3\left[\frac{\sum(b^2+c^2-a^2)}{3}\right]^\theta = 3\left(\frac{S}{3}\right)^\theta \Rightarrow$$

$$M^{1+\beta} \geqslant \left[3\left(\frac{S}{3}\right)^\theta\right]^{1+\beta} = \left[3\left(\frac{S}{3}\right)^{\frac{2\alpha}{1+\beta}}\right]^{1+\beta} = 3^{(1+\beta-2\alpha)}S^{2\alpha} \tag{4}$$

式(1),(3),(4)结合得

$$P \geqslant 2^{\beta-2\alpha}\cdot\frac{3^{(1+\beta-2\alpha)}\cdot S^{2\alpha}}{2^{-\beta}\cdot 3^{2(\beta-\alpha)}\cdot S^{2\alpha}} = 3^{1-\beta}\cdot 2^{2(\beta-\alpha)}$$

即式(G)成立,等号成立仅当 $\triangle ABC$ 为正三角形.

（五）

如果我们能将前面推广 2 中的式(D)与推广 2 中的式(G)"珠联璧合,龙凤

相配"那就再妙不过了,即若我们能从系数和指数两方面联合推广式(A),那就两全其美、趣味无穷了.

推广 4 设指数 α,β 满足 $2\beta \geqslant 2\alpha \geqslant 1+\beta$,正权系数满足 $x,y,z;\lambda,\mu,\upsilon > 0$ 且 $x+y+z \geqslant 3, \lambda+\mu+\upsilon = 3$,则有

$$\frac{\left(\frac{x^2}{\mu\upsilon}\cos^2 A\right)^\alpha}{\left(\cos\frac{A}{2}\right)^{2\beta}} + \frac{\left(\frac{y^2}{\upsilon\lambda}\cos^2 B\right)^\alpha}{\left(\cos\frac{B}{2}\right)^{2\beta}} + \frac{\left(\frac{z^2}{\lambda\mu}\cos^2 C\right)^\alpha}{\left(\cos\frac{C}{2}\right)^{2\beta}} \geqslant$$
$$3^{1-\beta} \cdot 2^{2(\beta-\alpha)} \cdot t^{2\alpha} \tag{H}$$

$$\frac{(x\cos A)^{2\alpha}}{\left(\sqrt{\mu\upsilon}\cos\frac{A}{2}\right)^{2\beta}} + \frac{(y\cos B)^{2\alpha}}{\left(\sqrt{\upsilon\lambda}\cos\frac{B}{2}\right)^{2\beta}} + \frac{(z\cos C)^{2\alpha}}{\left(\sqrt{\lambda\mu}\cos\frac{C}{2}\right)^{2\beta}} \geqslant$$
$$3^{1-\beta} \cdot 2^{2(\beta-\alpha)} \cdot t^{2\alpha} \tag{H'}$$

其中

$$t = \frac{(3-2x)a^2 + (3-2y)b^2 + (3-2z)c^2}{\lambda a^2 + \mu b^2 + \upsilon c^2} \tag{1}$$

观察可见,式(H)与式(H')左边相异,右边相同,它们两全其美,比翼双飞.

如果令

$$(\lambda,\mu,\upsilon) = (3-2x, 3-2y, 3-2z) \Rightarrow t = 1 \Rightarrow$$
$$\lambda + \mu + \upsilon = 3$$

且式(H')与式(H)分别简化为

$$\sum \frac{(x\cos A)^{2\alpha}}{\left[\sqrt{(3-2y)(3-2z)}\cos\frac{A}{2}\right]^{2\beta}} \geqslant \frac{4^{\beta-\alpha}}{3^{\beta-1}} \tag{h_1}$$

$$\sum \frac{[(3-\lambda)\cos A]^{2\alpha}}{\left(\sqrt{\mu\upsilon}\cos\frac{A}{2}\right)^{2\beta}} \geqslant 3\left(\frac{4}{3}\right)^\beta \tag{h_2}$$

其中 $x,y,z \in \left(0, \frac{3}{2}\right), x+y+z=3; \lambda,\mu,\upsilon \in (0,3), \lambda+\mu+\upsilon=3$.

若令 $x=y=z=1$ 及 $\lambda=\mu=\upsilon=1$,则(h_1),(h_2),(H),(H')均化为式(G).

若 $\triangle ABC$ 为正三角形(注意到此时 $a=b=c$),则式(H')化一个代数不等式

$$\frac{x^{2\alpha}}{(\mu\upsilon)^\beta} + \frac{y^{2\alpha}}{(\upsilon\lambda)^\beta} + \frac{z^{2\alpha}}{(\lambda\mu)^\beta} \geqslant$$
$$3\left(\frac{x+y+z}{3}\right)^{2\alpha} \cdot \left(\frac{\lambda+\mu+\upsilon}{3}\right)^{-2\beta} \tag{2}$$

此不等式只须要求:$x,y,z,\lambda,\mu,\upsilon > 0, 2\alpha \geqslant 1+\beta > 1$.

显然,当 $x+y+z = \lambda+\mu+\upsilon = 3$ 时,式(2)简化为

$$\frac{x^{2\alpha}}{(\mu\upsilon)^\beta} + \frac{y^{2\alpha}}{(\upsilon\lambda)^\beta} + \frac{z^{2\alpha}}{(\lambda\mu)^\beta} \geqslant 3 \qquad (3)$$

略证 记 $\theta = 2\alpha/(1+\beta) \geqslant 1$. 应用权方和不等式有

$$\sum \frac{x^{2\alpha}}{(\mu\upsilon)^\beta} = \sum \frac{(x^\theta)^{1+\beta}}{(\mu\upsilon)^\beta} \geqslant \frac{(\sum x^\theta)^{1+\beta}}{(\sum \mu\upsilon)^\beta} \geqslant \frac{[3^{1-\theta}(\sum x)^\theta]^{1+\beta}}{\left[\frac{1}{3}(\sum \lambda)^2\right]^\beta} =$$

$$\frac{[3^{(1-\frac{2\alpha}{1+\beta})}(\sum x)^{\frac{2\alpha}{1+\beta}}]^{1+\beta}}{3^{-\beta}(\sum \lambda)^{2\beta}} = 3 \cdot 3^{2(\beta-\alpha)} \cdot \frac{(\sum x)^{2\alpha}}{(\sum \lambda)^{2\beta}} \Rightarrow$$

$$\sum \frac{x^{2\alpha}}{(\mu\upsilon)^\beta} \geqslant 3 \left[\frac{\sum x}{3}\right]^{2\alpha} \left[\frac{\sum \lambda}{3}\right]^{-2\beta}$$

即式(2)成立,等号成立仅当 $x = y = z$ 及 $\lambda = \mu = \upsilon$.

现在我们证明美妙的推广 4,限于篇幅,我们只须证明式(H′),式(H) 同理可证.

证明 设 $\theta = \frac{2\alpha}{1+\beta} \geqslant 1, 0 < \varphi = \frac{\alpha}{\beta} \leqslant 1$ (因 $2\beta \geqslant 2\alpha \geqslant 1+\beta$)

$$P_\lambda = \sum \frac{(x\cos A)^{2\alpha}}{(\mu\upsilon\cos^2 \frac{A}{2})^\beta}$$

应用余弦倍角公式和余弦定理有

$$\frac{P_\lambda}{2^\beta} = \sum \frac{(x\cos A)^{2\alpha}}{(2\mu\upsilon\cos^2\frac{A}{2})^\beta} = \sum \frac{\left[\frac{x(b^2+c^2-a^2)}{2bc}\right]^{2\alpha}}{[\mu\upsilon(1+\cos A)]^\beta} \Rightarrow$$

$$2^{2\alpha-\beta} \cdot P_\lambda = \sum \frac{\{[x(b^2+c^2-a^2)]^\theta\}^{1+\beta}}{[\mu\upsilon(bc)^{2\varphi} + \mu\upsilon(bc)^{2\varphi}\cos A]^\beta}$$

(应用权方和不等式) $\geqslant \dfrac{M^{1+\beta}}{m^\beta}$ (4)

其中

$$\begin{cases} m = \sum [\mu\upsilon(bc)^{2\varphi} + \mu\upsilon(bc)^{2\varphi}\cos A] \\ M = \sum [x(b^2+c^2-a^2)]^\theta \end{cases} \qquad (5)$$

于是

$$m = \sum \mu\upsilon(bc)^{2\varphi} + \sum \mu\upsilon(bc)^{2\varphi}\cos A = \sum (\mu b^{2\varphi})(\upsilon c^{2\varphi}) +$$

$$\sum [(\mu b^{2\varphi}) \cdot (\upsilon c^{2\varphi})\cos A](\text{应用三角母不等式}) \leqslant$$

$$\sum (\mu b^{2\varphi})(\upsilon c^{2\varphi}) + \frac{1}{2}\sum (\lambda a^{2\varphi})^2 = \frac{1}{2}(\sum \lambda a^{2\varphi})^2$$

(注意到 $\lambda+\mu+\upsilon=3, 0<\varphi\leqslant 1$, 应用加权幂平均不等式) $=$

$$\frac{9}{2}\left[\frac{\sum\lambda a^{2\varphi}}{3}\right]^2 \leqslant \frac{9}{2}\left[\frac{\sum\lambda a^2}{3}\right]^{2\varphi} \Rightarrow$$

$$m \leqslant \frac{1}{2} \cdot 3^{2(1-\varphi)} (\sum\lambda a^2)^{2\varphi} \Rightarrow$$

$$m^\beta \leqslant \left(\frac{1}{2}\right)^\beta \cdot 3^{2(\beta-\alpha)} (\sum\lambda a^2)^{2\alpha} \tag{6}$$

再注意到 $\theta = 2\alpha/(1+\beta) \geqslant 1$, 应用幂平均不等式有

$$M = \sum [x(b^2+c^2-a^2)]^\theta \geqslant 3\left[\frac{\sum x(b^2+c^2-a^2)}{3}\right]^\theta =$$

$$3^{1-\theta}\left[\sum(y+z-x)a^2\right]^\theta =$$

$$3^{(1-\frac{2\alpha}{1+\beta})}\left[\sum(3-2x)a^2\right]^{\frac{2\alpha}{1+\beta}} \Rightarrow$$

$$M^{1+\beta} \geqslant 3^{(1+\beta-2\alpha)}\left[\sum(3-2x)a^2\right]^{2\alpha} \tag{7}$$

(4)、(5)、(6)、(7)联合得

$$2^{2\alpha-\beta} \cdot P_\lambda \geqslant \frac{M^{1+\beta}}{m^\beta} \geqslant \frac{3^{(1+\beta-2\alpha)} \cdot [\sum(3-2x)a^2]^{2\alpha}}{\left(\frac{1}{2}\right)^\beta \cdot 3^{2(\beta-\alpha)} \cdot (\sum\lambda a^2)^{2\alpha}} \Rightarrow$$

$$P_\lambda = \sum \frac{(x\cos A)^{2\alpha}}{(\mu\upsilon\cos^2\frac{A}{2})^\beta} \geqslant$$

$$3^{1-\beta} \cdot 2^{2(\beta-\alpha)} \cdot t^{2\alpha}$$

即式(H′)成立,等号成立仅当 △ABC 为正三角形.

上述所有推广均只涉及一个 △ABC 的情形,为了将它们"欲穷千里目,更上一层楼",推广得更妙更美更完善,现在我们将颇具代表性的式(H′)推广到"高天彩云间":

推广 5 设指数 α,β 满足 $2\beta \geqslant 2\alpha \geqslant 1+\beta$, 正系数 x,y,z,p,q,r 满足 $x, y, z \in (0, \frac{3}{2})$, $\lambda,\mu,\upsilon \in (0,3)$, 且 $x+y+z = \lambda+\mu+\upsilon = 3$, △$A_1B_1C_1$, △$A_2B_2C_2$, ⋯, △$A_nB_nC_n$ 均为锐角三角形,且所有对应内角大小同序,那么有

$$P_n(\lambda) = p\prod_{i=1}^n \frac{(\cos A_i)^{2\alpha}}{\left(\cos\frac{A_i}{2}\right)^{2\beta}} + q\prod_{i=1}^n \frac{(\cos B_i)^{2\alpha}}{\left(\cos\frac{B_i}{2}\right)^{2\beta}} +$$

$$r\prod_{i=1}^n \frac{(\cos C_i)^{2\alpha}}{\left(\cos\frac{C_i}{2}\right)^{2\beta}} \geqslant K\left(\prod_{i=1}^n t_i\right)^{2\alpha} \tag{I}$$

其中
$$t_i = \frac{(3-2x)a_i^2 + (3-2y)b_i^2 + (3-2z)c_i^2}{\lambda a_i^2 + \mu b_i^2 + \upsilon c_i^2} \tag{8}$$

$$(i = 1, 2, \cdots, n; 1 \leqslant n \in \mathbf{N})$$

$$k = S^{1-n}(3^{1-\beta} \cdot 2^{2(\beta-\alpha)})^n \tag{9}$$

$$S = p + q + r \tag{10}$$

$$(p, q, r) = \left(\frac{x^{2\alpha}}{(\mu\upsilon)^\beta}, \frac{y^{2\alpha}}{(\upsilon\lambda)^\beta}, \frac{z^{2\alpha}}{(\lambda\mu)^\beta}\right) \tag{11}$$

显然,当 $n=1$ 时,式(I)介于式(H'):当 $n>1$ 且 $\triangle A_1B_1C_1 \backsim \triangle A_2B_2C_2 \backsim \cdots \backsim \triangle A_nB_nC_n \backsim \triangle ABC$ 时,式(I) 化为

$$p\left[\frac{(\cos A)^\alpha}{\left(\cos \frac{A}{2}\right)^\beta}\right]^{2n} + q\left[\frac{(\cos B)^\alpha}{\left(\cos \frac{B}{2}\right)^\beta}\right]^{2n} + r\left[\frac{(\cos C)^\alpha}{\left(\cos \frac{C}{2}\right)^\beta}\right]^{2n} \geqslant$$
$$S^{1-n}(3^{1-\beta} \cdot 2^{2(\beta-\alpha)} \cdot t^{2\alpha})^n \tag{I'}$$

其中
$$t = \frac{(3-2x)a^2 + (3-2y)b^2 + (3-2z)c^2}{\lambda a^2 + \mu b^2 + \upsilon c^2}$$

关于式(I'),运用加权幂平均不等式即可证明.

现在我们证明式(I).

略证 注意到 $\frac{p}{S}, \frac{q}{S}, \frac{r}{S} \in (0,1)$,及 $\frac{p}{S} + \frac{q}{S} + \frac{r}{S} = 1$.

根据题意不妨设

$$0 < A_i \leqslant B_i \leqslant C_i < \frac{\pi}{2}, 1 \leqslant i \leqslant n$$

$$\frac{(\cos A_i)^{2\alpha}}{\left(\cos \frac{A_i}{2}\right)^{2\beta}} \geqslant \frac{(\cos B_i)^{2\alpha}}{\left(\cos \frac{B_i}{2}\right)^{2\beta}} \geqslant \frac{(\cos C_i)^{2\alpha}}{\left(\cos \frac{C_i}{2}\right)^{2\beta}} > 0$$

应用切比雪夫不等式有

$$\frac{P_n(\lambda)}{S} = \sum \frac{p}{S} \prod_{i=1}^{n} \frac{(\cos A_i)^{2\alpha}}{\left(\cos \frac{A_i}{2}\right)^{2\beta}} \geqslant \prod_{i=1}^{n}\left[\sum \frac{p}{S} \frac{(\cos A_i)^{2\alpha}}{\left(\cos \frac{A_i}{2}\right)^{2\beta}}\right] =$$

$$\frac{1}{S^n} \prod_{i=1}^{n}\left[\sum \frac{(x\cos A_i)^{2\alpha}}{\left(\upsilon\cos^2 \frac{A}{2}\right)^\beta}\right] (应用(式 H')) \geqslant$$

$$\frac{1}{S^n} \prod_{i=1}^{n}\left[3^{1-\beta} \cdot 2^{2(\beta-\alpha)} \cdot t_i^{2\alpha}\right] =$$

$$\frac{1}{S^n}(3^{1-\beta} \cdot 2^{2(\beta-\alpha)})^n \left(\prod_{i=1}^{n} t_i\right)^{2\alpha} \Rightarrow$$

$$P_n(\lambda) \geqslant k \Big(\prod_{i=1}^{n} t_i\Big)^{2a}$$

(六)

我们在过去建立了式(A)的一系列配对式,其中有一个配对式被推广为:
对于任意正数 λ, μ, υ 和任意的 $\triangle ABC$ 有

$$\frac{\lambda \cos A}{\sin^2 A} + \frac{\mu \cos B}{\sin^2 B} + \frac{\upsilon \cos C}{\sin^2 C} \geqslant \Big(\frac{\lambda_1 a + \mu_1 b + \upsilon_1 c}{a+b+c}\Big)\frac{R}{r} \quad (*)$$

其中 R 和 r 为 $\triangle ABC$ 的外接圆半径和内切圆半径,且

$$\begin{cases} \lambda_1 = 2\mu + 2\upsilon - 3\lambda \\ \mu_1 = 2\upsilon + 2\lambda - 3\mu \\ \upsilon_1 = 2\lambda + 2\mu - 3\upsilon \end{cases}$$

相应地,我们有推广式:

推广 6 设正系数 $\lambda, \mu, \upsilon \in (0,3)$ 满足 $\lambda + \mu + \upsilon = 3$;指数 α, β 满足 $1 \leqslant \alpha < \beta \leqslant 2+\alpha$,则对于锐角 $\triangle ABC$ 有

$$\lambda \frac{(\cos A)^\alpha}{(\sin A)^\beta} + \mu \frac{(\cos B)^\alpha}{(\sin B)^\beta} + \upsilon \frac{(\cos C)^\alpha}{(\sin C)^\beta} \geqslant$$
$$2^{\beta-\alpha} \cdot \Big(\frac{1}{3}\Big)^{\frac{\beta+3}{2}} \cdot m \quad (J)$$

其中

$$m = \sqrt{S}(\sqrt{\lambda} + \sqrt{\mu} + \sqrt{\upsilon}) \quad (1)$$
$$S = 4(\mu\upsilon + \upsilon\lambda + \lambda\mu) - 9 \quad (2)$$

显然,当取 $\lambda = \mu = \upsilon = 1, \alpha = 1, \beta = 2$ 时,$S = 3, m = 9\sqrt{3} = 3^{5/2}$.

$$2^{2-1} \cdot \Big(\frac{1}{3}\Big)^{\frac{5}{2}} \cdot 3^{\frac{5}{2}} = 2$$

此时式(J)化为 $\triangle ABC$ 的余切和不等式

$$\cot A + \cot B + \cot C \geqslant \sqrt{3}$$

因此,式(J)可视为余切和不等式的"系数-指数"推广.

更有趣的是,式(*)等价于(设 $\triangle ABC$ 的面积为 Δ)

$$\sum \frac{\lambda \cos A}{\sin^2 A} \geqslant k \frac{R}{r}(\text{其中 } k = \frac{\lambda_1 a + \mu_1 b + \upsilon_1 c}{\lambda a + \mu b + \upsilon c}) \Leftrightarrow$$
$$\sum \lambda\Big(\frac{b^2+c^2-a^2}{2bc \sin^2 A}\Big) \geqslant k\frac{R}{r} \Leftrightarrow \sum \Big(\frac{\lambda(b^2+c^2-a^2)}{4\Delta \sin A}\Big) \geqslant k\frac{R}{r} \Leftrightarrow$$

$$\sum\left(\frac{\lambda(b^2+c^2-a^2)}{2\Delta}\frac{1}{a}\right) \geqslant \frac{k}{r} \Leftrightarrow \sum \lambda bc(b^2+c^2-a^2) \geqslant \frac{2k}{r}\triangle abc \Leftrightarrow$$

$$\sum \lambda bc(b^2+c^2-a^2) \geqslant 8k\left(\frac{R}{r}\right)\Delta^2 \qquad (!)$$

可以说式(!)是一个非常奇妙的几何不等式,这一妙趣横生的结果,出乎我们的意外. 相应地,将式(J)变形为

$$\sum \lambda(\sin B\sin C)^\beta(\cos A)^\alpha \geqslant k'_m\left(\prod \sin A\right)^\beta \Leftrightarrow$$

$$\sum \lambda(bc)^{\beta-\alpha}\cdot(b^2+c^2-a^2)^\alpha \geqslant k_m\Delta^\beta \qquad (!!)$$

其中 k_m 为相关系数(较复杂).

显然,上式是一个令人惊叹敬畏的几何不等式.

现在我们证明式(J).

证明 注意到 $\alpha \geqslant 1$,应用杨克昌不等式和幂平均不等式,有

$$\sum \lambda (\cot A)^\alpha \geqslant \left[S\sum(\cot B\cot C)\right]^{\frac{1}{2}} \geqslant$$

$$\left[3S\left(\frac{\sum \cot B\cot C}{3}\right)^\alpha\right]^{\frac{1}{2}} = \left[3S\left(\frac{1}{3}\right)^\alpha\right]^{\frac{1}{2}} \Rightarrow$$

$$\sum \lambda(\cot A)^\alpha \geqslant (3^{1-\alpha}\cdot S)^{\frac{1}{2}} \qquad (1)$$

注意到 $0 < \beta-\alpha \leqslant 2$ 应用幂平均不等式有

$$\left[\frac{\sum(\sin A)^{\beta-\alpha}}{3}\right]^{\frac{1}{\beta-\alpha}} \leqslant \left[\frac{\sum \sin^2 A}{3}\right]^{\frac{1}{2}} \leqslant \left[\left(\frac{\sqrt{3}}{2}\right)^2\right]^{\frac{1}{2}} \Rightarrow$$

$$\sum(\sin A)^{\beta-\alpha} \leqslant 3\left(\frac{\sqrt{3}}{2}\right)^{\beta-\alpha} \Rightarrow$$

$$3\left(\frac{\sqrt{3}}{2}\right)^{\beta-\alpha}\sum \frac{\lambda}{(\sin A)^{\beta-\alpha}} \geqslant \sum(\sin A)^{\beta-\alpha}\sum \frac{\lambda}{(\sin A)^{\beta-\alpha}} \qquad (2)$$

(应用柯西不等式) $\left(\sum\sqrt{\lambda}\right)^2 \Rightarrow$

$$\sum \frac{\lambda}{(\sin A)^{\beta-\alpha}} \geqslant \frac{1}{3}\left(\frac{\sqrt{3}}{2}\right)^{\alpha-\beta}\left(\sum\sqrt{\lambda}\right)^2 \qquad (3)$$

现在我们设

$$0 < A \leqslant B \leqslant C < \frac{\pi}{2} \Rightarrow$$

$$\begin{cases}(\cot A)^\alpha \geqslant (\cot B)^\alpha \geqslant (\cot C)^\alpha > 0 \\ (\csc A)^{\beta-\alpha} \geqslant (\csc A)^{\beta-\alpha} \geqslant (\csc C)^{\beta-\alpha} > 0\end{cases} \Rightarrow$$

$$P_\lambda = \sum \lambda\frac{(\cos A)^\alpha}{(\sin A)^\beta} = \sum \frac{\lambda(\cot A)^\alpha}{(\sin A)^{\beta-\alpha}}$$

(应用切比雪夫不等式的加权推广) $\geqslant$

$$\frac{\sum \lambda (\cot A)^\alpha}{\sum \lambda} \sum \frac{\lambda}{(\sin A)^{\beta-\alpha}} \geqslant$$

$$\frac{1}{3}(\sum \sqrt{\lambda})^2 \left(\frac{\sqrt{3}}{2}\right)^{\alpha-\beta} (3^{1-\alpha} \cdot S)^{\frac{1}{2}} =$$

$$2^{\beta-\alpha} \left(\frac{1}{3}\right)^{\frac{\beta+3}{2}} m \Rightarrow P_\lambda \geqslant 2^{\beta-\alpha} \left(\frac{1}{3}\right)^{\frac{\beta+3}{2}} m$$

即式(J)成立,等号成立仅当 $\lambda = \mu = \upsilon = 1$,且 $\triangle ABC$ 为正三角形.

对于锐角 $\triangle ABC$,不等式

$$\begin{cases} \cot A + \cot B + \cot C \geqslant \sqrt{3} \\ \tan A + \tan B + \tan C \geqslant 3\sqrt{3} \end{cases}$$

互相配对(类似的配对三角不等式很多),如

$$\begin{cases} \dfrac{\cos A}{\sin^2 A} + \dfrac{\cos B}{\sin^2 B} + \dfrac{\cos C}{\sin^2 C} \geqslant 2 & (4) \\ \dfrac{\sin A}{\cos^2 A} + \dfrac{\sin B}{\cos^2 B} + \dfrac{\sin C}{\cos^2 C} \geqslant 6\sqrt{3} & (5) \end{cases}$$

从式(4),(5)可派生出两个漂亮的推论

$$\left(\sum \frac{\sin A}{\cos^2 A}\right)\left(\sum \frac{\cos A}{\sin^2 A}\right) \geqslant 12\sqrt{3} \tag{6}$$

$$\left(\sum \frac{\sin A}{\cos^2 A} + \frac{\cos A}{\sin^2 A}\right) \geqslant 2 + 6\sqrt{3} \tag{7}$$

也许有人会问,在不知道(4),(5)两式的情况下,怎样证明(6),(7)两式呢?确实,这个问题有一定难度,但它根本不是我们的对手.

(i) 我们先证明式(6):

注意到 $\triangle ABC$ 为锐角三角形,应用柯西不等式有

$$\left(\sum \sqrt{\sin A \cos A}\right)^2 \leqslant \left(\sum \sin A\right)\left(\sum \cos A\right) \leqslant \frac{3}{2}\sqrt{3} \cdot \frac{3}{2} \Rightarrow$$

$$\frac{9}{4}\sqrt{3}\left(\sum \frac{1}{\sqrt{\sin A \cos A}}\right)^2 \geqslant$$

$$\left(\sum \sqrt{\sin A \cos A}\right)^2 \left(\sum \frac{1}{\sqrt{\sin A \cos A}}\right)^2 \geqslant 3^4 \Rightarrow$$

$$\left(\sum \frac{1}{\sqrt{\sin A \cos A}}\right)^2 \geqslant 12\sqrt{3} \Rightarrow$$

$$\left(\sum \frac{\sin A}{\cos^2 A}\right)\left(\sum \frac{\cos A}{\sin^2 A}\right) \geqslant$$

$$\left(\sum \frac{1}{\sqrt{\sin A \cos A}}\right)^2 \geqslant 12\sqrt{3}$$

从而式(3)得证,等号成立仅当 $\triangle ABC$ 为正三角形.

(ii) 再证明式(7).

设正参数 λ 是方程

$$\left(\lambda^2 \sin \frac{\pi}{3} + \cos \frac{\pi}{3}\right)\left(\csc \frac{\pi}{3} + \sec \frac{\pi}{3}\right) = (\lambda+1)^2 \quad (8)$$

的正根,应用柯西不等式有

$$\left(\frac{1}{\sin A} + \frac{1}{\cos A}\right)(\lambda^2 \sin A + \cos A) \geqslant (\lambda+1)^2 \Rightarrow$$

$$\left(\frac{1}{\sin A} + \frac{1}{\cos A}\right)\sin(\theta + A) \geqslant k \Rightarrow \quad (9)$$

$$\frac{1}{\sin A} + \frac{1}{\cos A} \geqslant k\csc(\theta + A)$$

其中 $k = \dfrac{(\lambda+1)^2}{\sqrt{\lambda^4+1}}, \theta = \arctan \lambda^2 \in \left(0, \dfrac{\pi}{2}\right)$.

于是

$$\frac{\cos A}{\sin^2 A} + \frac{\sin A}{\cos^2 A} = \frac{\sin^3 A + \cos^3 A}{(\sin A \cos A)^2} =$$

$$\frac{(\sin A + \cos A)(\sin^2 A - \sin A\cos A + \cos^2 A)}{(\sin A\cos A)^2} =$$

$$\frac{(\sin A + \cos A)(1 - \sin A\cos A)}{(\sin A\cos A)^2} =$$

$$\left(\frac{1}{\sin A} + \frac{1}{\cos A}\right)\left(\frac{1}{\sin A\cos A} - 1\right) \geqslant$$

$$\left(\frac{1}{\sin A} + \frac{1}{\cos A}\right)(2\csc 2A - 1) \geqslant$$

$$k\csc(\theta + A)(2\csc 2A - 1) \Rightarrow$$

$$\frac{\cos A}{\sin^2 A} + \frac{\sin A}{\cos^2 A} \geqslant$$

$$k\csc(\theta + A)(2\csc 2A - 1) \quad (10)$$

根据对称性,不妨设

$$0 < A \leqslant B \leqslant C < \frac{\pi}{2} \Rightarrow$$

$$\begin{cases} 0 < 2A \leqslant 2B \leqslant 2C < \pi \\ \theta < \theta + A \leqslant \theta + B \leqslant \theta + C < \pi \end{cases} \Rightarrow$$

$$\begin{cases} \csc 2A \geqslant \csc 2B \geqslant \csc 2C > 1 \\ 2\csc(\theta + A) - 1 \geqslant 2\csc(\theta + B) - 1 \geqslant 2\csc(\theta + C) - 1 > 1 \end{cases} \Rightarrow$$

$$P = \sum \left(\frac{\cos A}{\sin^2 A} + \frac{\sin A}{\cos^2 A}\right) \geqslant$$

$$k\sum \csc(\theta+A)(2\csc 2A-1) \geqslant$$

（应用切比雪夫不等式）

$$\frac{k}{3}\left[\sum \csc(\theta+A)\right]\sum(2\csc 2A-1) \geqslant$$

$$k\csc\left[\frac{\sum(\theta+A)}{3}\right]\left[6\csc\left[\frac{\sum 2A}{3}\right]-3\right]=$$

$$3k\csc\left(\theta+\frac{\pi}{3}\right)\left(2\csc\frac{2\pi}{3}-1\right)=$$

$$3k\csc\left(\theta+\frac{\pi}{3}\right)\left(2\csc\frac{\pi}{3}-1\right)\Rightarrow$$

$$P=\sum\left(\frac{\cos A}{\sin^2 A}+\frac{\sin A}{\cos^2 A}\right)\geqslant$$

$$3k\csc\left(\theta+\frac{\pi}{3}\right)\left(2\csc\frac{\pi}{3}-1\right) \quad (11)$$

将方程(8)中的 λ 解出(取正根)，以 $\theta=\arctan\lambda^2$ 代入式(11)，即得

$$P\geqslant 2+6\sqrt{3}$$

上述方法有难度有技巧，条条大道通罗马，其实，我们也可以另辟新路.

另证 注意到当 $A=60°$ 时，有

$$\frac{\cos A}{\sin^2 A}=\frac{\sin A}{3\sqrt{3}\cos^2 A}=\frac{2}{3}$$

记 $k=(1+3\sqrt{3})\left(\frac{\sqrt{3}}{9}\right)^{\frac{3\sqrt{3}}{3\sqrt{3}+1}}, \theta=\frac{3\sqrt{3}-2}{3\sqrt{3}+1}>0$，应用三角恒等式和平均值不等式有

$$\tan A\tan B\tan C=\tan A+\tan B+\tan C\geqslant$$
$$3(\tan A\tan B\tan C)^{\frac{1}{3}}\Rightarrow$$
$$\tan A\tan B\tan C\geqslant 3\sqrt{3} \quad (12)$$

应用加权不等式有

$$\frac{\cos A}{\sin^2 A}+\frac{\sin A}{\cos^2 A}=\frac{\cos A}{\sin^2 A}+3\sqrt{3}\left(\frac{\sin A}{3\sqrt{3}\cos^2 A}\right)\geqslant$$

$$(1+3\sqrt{3})\left[\left(\frac{\cos A}{\sin^2 A}\right)\left(\frac{\sin A}{3\sqrt{3}\cos^2 A}\right)^{3\sqrt{3}}\right]^{\frac{1}{3\sqrt{3}+1}}=$$

$$k\left[\frac{(\sin A)^{3\sqrt{3}-2}}{(\cos A)^{6\sqrt{3}-1}}\right]^{\frac{1}{3\sqrt{3}+1}}=k\frac{(\tan A)^\theta}{\cos A}\Rightarrow$$

$$P=\sum\left(\frac{\cos A}{\sin^2 A}+\frac{\sin A}{\cos^2 A}\right)\geqslant k\sum\frac{(\tan A)^\theta}{\cos A} \quad (13)$$

据对称性，不妨设

$$0 < A \leqslant B \leqslant C < \frac{\pi}{2} \Rightarrow$$

$$\begin{cases} 0 < (\tan A)^\theta \leqslant (\tan B)^\theta \leqslant (\tan C)^\theta \\ 0 < \dfrac{1}{\cos A} \leqslant \dfrac{1}{\cos B} \leqslant \dfrac{1}{\cos C} \end{cases} \Rightarrow$$

（应用切比雪夫不等式）

$$P \geqslant \frac{k}{3} \sum (\tan A)^\theta \left(\sum \frac{1}{\cos A} \right) \geqslant \frac{k}{3} \cdot \frac{3}{\cos 60°} \sum (\tan A)^\theta \geqslant$$

$$2k \cdot 3 \left(\prod \tan A \right)^{\theta/3} \geqslant 6k(3\sqrt{3})^{\theta/3} = 6k(\sqrt{3})^\theta \Rightarrow$$

$$P \geqslant 6k(\sqrt{3})^\theta \tag{14}$$

将 k 和 θ 的值代入式(14)即得所证，等号成立仅当 $\triangle ABC$ 为正三角形．

由此可见，至少有 3 种证法．

（七）

现在我们建立推广 6 中式(J)的配对式

推广 7 设指数 $\alpha \geqslant 1, \alpha < \beta \leqslant 1+\alpha$，正权系数 $\lambda, \mu, \upsilon \in (0,3)$ 满足 $\lambda + \mu + \upsilon = 3$，则对锐角 $\triangle ABC$ 有

$$\frac{\lambda(\sin A)^\alpha}{(\cos A)^\beta} + \frac{\mu(\sin B)^\alpha}{(\cos B)^\beta} + \frac{\upsilon(\sin C)^\alpha}{(\cos C)^\beta} \geqslant$$

$$2^{\beta-\alpha} \sqrt{3^{\alpha-3} \cdot S} (\sqrt{\lambda} + \sqrt{\mu} + \sqrt{\upsilon})^2 \tag{K}$$

其中

$$S = 4(\mu\upsilon + \upsilon\lambda + \lambda\mu) - 9 \tag{1}$$

证明 我们简证

$$t = \sqrt[3]{\tan A \tan B \tan C} \geqslant \sqrt{3} \Rightarrow \tag{2}$$

$$\sum \tan B \tan C \geqslant 3 \left(\prod \tan B \tan C \right)^{\frac{1}{3}} =$$

$$3(\tan A \tan B \tan C)^{\frac{2}{3}} \geqslant 3\sqrt{3} \Rightarrow \sum \tan B \tan C \geqslant 9 \Rightarrow \tag{3}$$

（应用幂平均不等式）

$$\sum (\tan B \tan C)^\alpha \geqslant 3 \left[\frac{\sum \tan B \tan C}{3} \right]^\alpha \geqslant 3 \cdot 3^\alpha = 3^{1+\alpha} \Rightarrow \tag{4}$$

$$\sum \lambda (\tan A)^\alpha \geqslant \left[S \sum (\tan B \tan C)^\alpha \right]^{\frac{1}{2}} \geqslant$$

（运用杨克昌不等式）
$$\sqrt{3^{1+\alpha} \cdot S} \tag{5}$$

运用幂平均不等式有（注意 $0 < \beta - \alpha \leqslant 1$）
$$\frac{\sum (\cos A)^{\beta-\alpha}}{3} \leqslant \left[\frac{\sum \cos A}{3}\right]^{\beta-\alpha} \leqslant \left(\frac{1}{2}\right)^{\beta-\alpha} \Rightarrow$$

$$\sum (\cos A)^{\beta-\alpha} \leqslant 3\left(\frac{1}{2}\right)^{\beta-\alpha} \Rightarrow \tag{6}$$

$$3\left(\frac{1}{2}\right)^{\beta-\alpha} \sum \frac{\lambda}{(\cos A)^{\beta-\alpha}} \geqslant$$

$$\sum (\cos A)^{\beta-\alpha} \sum \frac{\lambda}{(\cos A)^{\beta-\alpha}} \geqslant \left(\sum \sqrt{\lambda}\right)^2 \Rightarrow$$

（应用柯西不等式）
$$\sum \frac{\lambda}{(\cos A)^{\beta-\alpha}} \geqslant \left(\frac{2^{\beta-\alpha}}{3}\right)\left(\sum \sqrt{\lambda}\right)^2 \tag{7}$$

现在我们设
$$0 < A \leqslant B \leqslant C < \frac{\pi}{2} \Rightarrow$$

$$\begin{cases} (\tan A)^{\alpha} \leqslant (\tan B)^{\alpha} \leqslant (\tan C)^{\alpha} \\ (\sec A)^{\beta-\alpha} \leqslant (\sec B)^{\beta-\alpha} \leqslant (\sec C)^{\beta-\alpha} \end{cases} \Rightarrow$$

$$T_\lambda = \sum \lambda \frac{(\sin A)^\alpha}{(\cos A)^\beta} = \sum \lambda \frac{(\tan A)^\alpha}{(\cos A)^{\beta-\alpha}} \geqslant$$

（应用切比雪夫不等式的加权推广）
$$\frac{\sum \lambda (\tan A)^\alpha}{\sum \lambda} \sum \frac{\lambda}{(\cos A)^{\beta-\alpha}} \geqslant$$

（应用式(5)和式(7)）
$$\frac{1}{3} \cdot \sqrt{3^{1+\alpha} \cdot S} \cdot \left(\frac{2^{\beta-\alpha}}{3}\right)\left(\sum \sqrt{\lambda}\right)^2 \Rightarrow$$

$$T_\lambda = \sum \lambda \frac{(\sin A)^\alpha}{(\cos A)^\beta} \geqslant$$

$$2^{\beta-\alpha} \cdot \sqrt{3^{2-3} \cdot S} (\sqrt{\lambda} + \sqrt{\mu} + \sqrt{\upsilon})^2$$

即式(K)成立，等号成立仅当 $\lambda = \mu = \upsilon = 1$，且 $\triangle ABC$ 为正三角形．

从式(J)和式(K)，我们可轻松地得到两个漂亮的推论：

设指数 $\alpha \geqslant 1$，系数 $\lambda, \mu, \upsilon \in (0,3)$，满足 $\lambda + \mu + \upsilon = 3$，$\triangle ABC$ 为任意三角形，那么：

(i) 当 $\alpha \leqslant \beta \leqslant 1 + \alpha$ 时

$$\frac{\lambda\left(\cos\frac{A}{2}\right)^{\alpha}}{\left(\sin\frac{A}{2}\right)^{\beta}}+\frac{\mu\left(\cos\frac{B}{2}\right)^{\alpha}}{\left(\sin\frac{B}{2}\right)^{\beta}}+\frac{\upsilon\left(\cos\frac{C}{2}\right)^{\alpha}}{\left(\sin\frac{C}{2}\right)^{\beta}}\geqslant p \tag{K_1}$$

(ii) 当 $\alpha\leqslant\beta\leqslant 2+\alpha$ 时

$$\frac{\lambda\left(\sin\frac{A}{2}\right)^{\alpha}}{\left(\cos\frac{A}{2}\right)^{\beta}}+\frac{\mu\left(\sin\frac{B}{2}\right)^{\alpha}}{\left(\cos\frac{B}{2}\right)^{\beta}}+\frac{\upsilon\left(\sin\frac{C}{2}\right)^{\alpha}}{\left(\cos\frac{C}{2}\right)^{\beta}}\geqslant q \tag{J_1}$$

其中 p,q 分别表示式(K)与式(J)的右边.

相应地,推广 7 中的式(K)可以从一个三角形推广到多个三角形的境界,使之更加高雅美妙,令人神往.

推广 8 设指数 $\alpha\geqslant 1,\alpha<\beta\leqslant 1+\alpha$,正系数 $\mu,\lambda,\upsilon\in(0,3)$ 满足 $\lambda+\mu+\upsilon=3$. 锐角 $\triangle A_iB_iC_i$ 满足 $0<A_i\leqslant B_i\leqslant C_i<\frac{\pi}{2}$ 或 $\frac{\pi}{2}>A_i\geqslant B_i\geqslant C_i>0(i=1,2,\cdots,n;1\leqslant n\in\mathbf{N})$,那么有

$$\lambda\prod_{i=1}^{n}\frac{(\sin A_i)^{\alpha}}{(\cos A_i)^{\beta}}+\mu\prod_{i=1}^{n}\frac{(\sin B_i)^{\alpha}}{(\cos B_i)^{\beta}}+\upsilon\prod_{i=1}^{n}\frac{(\sin C_i)^{\alpha}}{(\cos C_i)^{\beta}}\geqslant$$
$$3^{1-n}[2^{\beta-\alpha}\cdot\sqrt{3^{\alpha-3}\cdot S}(\sqrt{\lambda}+\sqrt{\mu}+\sqrt{\upsilon})^2]^n \tag{L}$$

其中 $S=4(\mu\upsilon+\upsilon\lambda+\lambda\mu)-9$,等号成立仅当 $\lambda=\mu=\upsilon=1$,$\triangle A_iB_iC_i(i=1,2,\cdots,n)$ 均为正三角形.

显然,当 $n=1$ 时,式(L)等价于式(K).

如果将已知条件中的"$\alpha<\beta\leqslant 1+\alpha$"改变为"$\alpha<\beta\leqslant 2+\alpha$"时,推广 6 中的式(J)可推广为

$$\lambda\prod_{i=1}^{n}\frac{(\cos A_i)^{\alpha}}{(\sin A_i)^{\beta}}+\mu\prod_{i=1}^{n}\frac{(\cos B_i)^{\alpha}}{(\sin B_i)^{\beta}}+\upsilon\prod_{i=1}^{n}\frac{(\cos C_i)^{\alpha}}{(\sin C_i)^{\beta}}\geqslant$$
$$3^{1-n}[2^{\beta-\alpha}\cdot\left(\frac{1}{3}\right)^{\frac{\beta+3}{2}}\cdot m]^n \tag{M}$$

从三角意义和外形结构上讲,式(L),(M)既是推广式,又是配对式,它俩身份两全,意义双重,交相辉映. 并且,上面的(K_1),(J_1) 两式也有相映成趣的推广.

限于篇幅,我们只证明式(L).

证明 根据已知条件,不妨设

$$0 < A_1 \leqslant B_i \leqslant C_i < \frac{\pi}{2}(1 \leqslant i \leqslant n) \Rightarrow$$

$$\begin{cases} 0 < (\sin A_i)^\alpha \leqslant (\sin B_i)^\alpha \leqslant (\sin C_i)^\alpha \\ 0 < (\sec A_i)^\beta \leqslant (\sec B_i)^\beta \leqslant (\sec C_i)^\beta \\ 0 < (\tan A_i)^\alpha \leqslant (\tan B_i)^\alpha \leqslant (\tan C_i)^\alpha \\ 0 < (\sec A_i)^{\beta-\alpha} \leqslant (\sec B_i)^{\beta-\alpha} \leqslant (\sec C_i)^{\beta-\alpha} \end{cases} \Rightarrow$$

（应用切比雪夫不等式的加权推广）

$$\frac{P_\lambda}{3} = \sum \frac{\lambda}{3} \prod_{i=1}^n \frac{(\sin A_i)^\alpha}{(\cos A_i)^\beta} \geqslant \prod_{i=1}^n \left[\sum \frac{\lambda}{3} \frac{(\sin A_i)^\alpha}{(\cos A_i)^\beta} \right] =$$

$$\prod_{i=1}^n \left[\sum \frac{\lambda}{3} \frac{(\tan A_i)^\alpha}{(\cos A_i)^{\beta-\alpha}} \right] = \frac{1}{3^n} \prod_{i=1}^n \left[\sum \lambda \frac{(\tan A)^\alpha}{(\cos A_i)^{\beta-\alpha}} \right] \geqslant$$

（应用式（L））

$$\left[\frac{2^{\beta-\alpha}}{3} \cdot \sqrt{3^{\alpha-3} \cdot S} (\sqrt{\lambda} + \sqrt{\mu} + \sqrt{v})^2 \right]^n \Rightarrow$$

$$P_\lambda = \sum \lambda \left[\prod_{i=1}^n \frac{(\sin A_i)^\alpha}{(\cos A_i)^\beta} \right] \geqslant$$

$$3 \left[\frac{2^{\beta-\alpha}}{3} \cdot \sqrt{3^{\alpha-3} \cdot S} \cdot (\sqrt{\lambda} + \sqrt{\mu} + \sqrt{v})^2 \right]^n$$

即式（L）成立，等号成立仅当 $\lambda = \mu = v = 1$，且 $\triangle A_i B_i C_i$ 为正三角形（$i = 1, 2, \cdots, n$）。

（八）

现在，让我们回首反顾，欣赏式（B）那迷人的风采：

$$\tan^2 \frac{A}{2} + \tan^2 \frac{B}{2} + \tan^2 \frac{C}{2} + 8\sin \frac{A}{2} \sin \frac{B}{2} \sin \frac{C}{2} \geqslant 2 \tag{B}$$

我们在前文中，一气呵成地建立了式（B）的四个指数推广，其中第4个推广最娇艳美丽，令人偏爱：

$$\sum (\tan \frac{A}{2})^{2k} + 8(\prod \sin \frac{A}{2})^k \geqslant 3^{1-k} + 8^{1-k} \tag{B'}$$

等号成立仅当 $\triangle ABC$ 为正三角形.

当然，当 $k = 1$ 时，式（B'）化为式（B）. 现在，我们可以新增加两种证法.

证法 1 简记 $t = \prod \sin \frac{A}{2} \leqslant \frac{1}{8}, S = 3 + 8\left(\frac{3}{8}\right)^k$，式（B）化为

$$\sum \tan^2 \frac{A}{2} \geqslant 2 - 8t$$

$$P(k) = \sum \left(\tan^2 \frac{A}{2}\right)^k + 8t^k =$$

$$\sum \left(\tan^2 \frac{A}{2}\right)^k + 8\left(\frac{3}{8}\right)^k \left(\frac{8}{3}t\right)^k \Rightarrow$$

$$\frac{P(k)}{S} = \frac{1}{S}\left[\sum \left(\tan^2 \frac{A}{2}\right)^k + 8\left(\frac{3}{8}\right)^k \left(\frac{8}{3}t\right)^k\right] \geqslant$$

（应用加权幂平均不等式）

$$\left\{\frac{1}{S}\left[\sum \tan^2 \frac{A}{2} + 8\left(\frac{3}{8}\right)^k \left(\frac{8}{3}t\right)\right]\right\}^k \geqslant$$

（应用式（B））

$$\left\{\frac{1}{S}\left[(2-8t) + 8\left(\frac{3}{8}\right)^k \left(\frac{8}{3}t\right)\right]\right\}^k =$$

$$\left\{\frac{2 - 8\left[1 - \left(\frac{3}{8}\right)^{k-1}\right]t}{S}\right\}^k \geqslant$$

$$\left\{\frac{2 - \left[1 - \left(\frac{3}{8}\right)^{k-1}\right]}{S}\right\}^k = \left[\frac{1 + \left(\frac{3}{8}\right)^{k-1}}{S}\right]^k \Rightarrow$$

$$P(k) \geqslant \frac{\left[1 + \left(\frac{3}{8}\right)^{k-1}\right]^k}{S^{k-1}} =$$

$$\frac{\left[1 + \left(\frac{3}{8}\right)^{k-1}\right]^k}{\left[3 + 8\left(\frac{3}{8}\right)^k\right]^{k-1}} = 3^{1-k} + 8^{1-k} \Rightarrow$$

$$P(k) \geqslant 3^{1-k} + 8^{1-k} \Rightarrow$$

$$\sum \left(\tan \frac{A}{2}\right)^{2k} \geqslant 3^{1-k} + 8^{1-k} - 8\left(\prod \sin \frac{A}{2}\right)^k$$

等号成立仅当 $\triangle ABC$ 为正三角形.

证法 2 我们记

$$t = \frac{8}{3}\sin \frac{A}{2}\sin \frac{B}{2}\sin \frac{C}{2} \leqslant \frac{1}{3}$$

注意到 $k \geqslant 1$，应用幂平均不等式有

$$\frac{1}{6}\left[\sum\left(\tan^2\frac{A}{2}\right)^k + 3t^k\right] \geqslant \left[\frac{\sum\tan^2\frac{A}{2} + 3t}{6}\right]^k =$$

$$\left[\frac{1}{6}\left(\sum\tan^2\frac{A}{2} + 8\prod\sin\frac{A}{2}\right)\right]^k \geqslant \left(\frac{2}{6}\right)^k \Rightarrow$$

$$\sum\left(\tan^2\frac{A}{2}\right)^k + 3t^k \geqslant \frac{2}{3^{k-1}} \Rightarrow$$

$$\sum\left(\tan^2\frac{A}{2}\right)^k + 3\left(\frac{8}{3}\right)^k \prod\left(\sin\frac{A}{2}\right)^k \geqslant \frac{2}{3^{k-1}} \Rightarrow$$

$$\sum\left(\tan^2\frac{A}{2}\right)^k + 8\left(\prod\sin\frac{A}{2}\right)^k \geqslant$$

$$\frac{2}{3^{k-1}} - \left[3\left(\frac{8}{3}\right)^k - 8\right]\left(\prod\sin\frac{A}{2}\right)^k \geqslant$$

$$\left(\text{注意到 } k \geqslant 1 \Rightarrow 3\left(\frac{8}{3}\right)^k - 8 \geqslant 0 \text{ 及 } \prod\sin\frac{A}{2} \leqslant \frac{1}{8}\right) \geqslant$$

$$\frac{2}{3^{k-1}} - \left[3\left(\frac{8}{3}\right)^k - 8\right]\left(\frac{1}{8}\right)^k = \frac{2}{3^{k-1}} - \frac{3}{3^k} + \frac{8}{8^k} \Rightarrow$$

$$\sum\left(\tan\frac{A}{2}\right)^{2k} + 8\left(\prod\sin\frac{A}{2}\right)^k \geqslant 3^{1-k} + 8^{1-k}$$

证法 3 记号同证法 2，从 $k \geqslant 1$ 应用幂均不等式有

$$\sum\left[\left(\tan^2\frac{A}{2}\right)^k + t^k\right] \geqslant \sum 2\left[\frac{t + \tan^2\frac{A}{2}}{2}\right]^k = \frac{1}{2^{k-1}}\sum\left(t + \tan^2\frac{A}{2}\right)^k \geqslant$$

$$\frac{3}{2^{k-1}}\left[\frac{\sum\left(t + \tan^2\frac{A}{2}\right)}{3}\right]^k =$$

$$\frac{3}{2^{k-1}}\left[\frac{3t + \sum\tan^2\frac{A}{2}}{3}\right]^k =$$

$$\frac{3}{2^{k-1}}\left[\frac{\sum\tan^2\frac{A}{2} + 8\prod\sin\frac{A}{2}}{3}\right]^k \geqslant$$

（应用式(B)）

$$\frac{3}{2^{k-1}} \cdot \left(\frac{2}{3}\right)^k = 2 \cdot 3^{1-k} \Rightarrow$$

$$\sum\left(\tan^2\frac{A}{2}\right)^k + 3t^k \geqslant 2 \cdot 3^{1-k} \Rightarrow$$

$$\sum\left(\tan^2\frac{A}{2}\right)^k + 3\left(\frac{8}{3}\prod\sin\frac{A}{2}\right)^k \geqslant 2 \cdot 3^{1-k}$$

以下过程同证法 2,等号成立仅当 △ABC 为正三角形.

(九)

关于式(B)的加权推广,我们在前文在指数 $k>1$ 时,运用赫尔特不等式已建立,但式(B)本身的加权推广,至今都没有建立,如果我们现在能获得成功补建,也为"亡羊补牢,为时未晚".

分析 设系数 $\lambda,\mu,\upsilon>0$,记 $t=\dfrac{8}{3}\prod\sin\dfrac{A}{2}\leqslant\dfrac{1}{3}$,应用杨克昌不等式有

$$\sum(\mu+\upsilon)\left(t+\tan^2\dfrac{A}{2}\right)\geqslant 2\left[\left(\sum\mu\upsilon\right)M\right]^{\frac{1}{2}} \tag{1}$$

其中

$$M=\sum\left(t+\tan^2\dfrac{B}{2}\right)\left(t+\tan^2\dfrac{C}{2}\right) \tag{2}$$

应用柯西不等式

$$M\geqslant\sum\left(t+\tan\dfrac{B}{2}\tan\dfrac{C}{2}\right)^2\geqslant$$

$$\dfrac{1}{3}\left[\sum\left(t+\tan\dfrac{B}{2}\tan\dfrac{C}{2}\right)\right]^2=\dfrac{1}{3}(3t+1)^2\Rightarrow$$

$$\sum(\mu+\upsilon)\left(t+\tan^2\dfrac{A}{2}\right)\geqslant\dfrac{2}{3}\sqrt{3\sum\mu\upsilon}(3t+1)\Rightarrow$$

$$2\left(\sum\lambda\right)t+\sum(\mu+\upsilon)\tan^2\dfrac{A}{2}\geqslant$$

$$2t\sqrt{3\sum\mu\upsilon}+\dfrac{2}{3}\sqrt{3\sum\mu\upsilon}\Rightarrow$$

$$\sum(\mu+\upsilon)\tan^2\dfrac{A}{2}+\dfrac{16}{3}Q\prod\sin\dfrac{A}{2}\geqslant$$

$$\dfrac{2}{3}\sqrt{3\sum\mu\upsilon} \tag{3}$$

其中 $Q=\sum\lambda-\sqrt{3\sum\mu\upsilon}\geqslant 0$.

看到式(3)的外观,立刻联想到过去得到的结论

$$\sum(\mu+\upsilon)\tan^2\dfrac{A}{2}\geqslant\dfrac{2}{3}\sqrt{3\sum\mu\upsilon} \tag{4}$$

事实上,在上面取 $t=0$ 即得式(4).

一看便知,式(4)比式(3)强,因此我们辛苦建立的式(3)已毫无意义,得不偿失.

现在我们再一个角度分析：

设正数 $\sqrt{\lambda}, \sqrt{\mu}, \sqrt{\upsilon}$ 满足三角形三边关系，并记 $S = 2\sum\sqrt{\mu\upsilon} - \sum\lambda > 0$，那么应用杨克昌不等式有

$$\sum \sqrt{\lambda}\tan\frac{A}{2} \geqslant \sqrt{8\sum\tan\frac{B}{2}\tan\frac{C}{2}} = \sqrt{S} \Rightarrow \quad (5)$$

$$\left(\sum\sqrt{\lambda}\tan\frac{A}{2}\right)^2 \geqslant S \Rightarrow$$

$$\sum\lambda\tan^2\frac{A}{2} + 2\sum\sqrt{\mu\upsilon}\tan\frac{B}{2}\tan\frac{C}{2} \geqslant S \Rightarrow \quad (6)$$

$$\sum\lambda\tan^2\frac{A}{2} + \left(8\prod\sin\frac{A}{2}\right)m \geqslant S$$

其中

$$m = \frac{1}{4}\sum\left[\frac{\sqrt{\mu\upsilon}}{\cos\frac{B}{2}\cos\frac{C}{2}\sin\frac{A}{2}}\right] \quad (7)$$

应用平均值不等式及常规三角不等式有

$$m \geqslant \frac{3}{4}\prod\left[\frac{\sqrt{\mu\upsilon}}{\sin\frac{A}{2}\cos\frac{B}{2}\cos\frac{C}{2}}\right]^{\frac{1}{3}} =$$

$$\frac{3}{4}\sqrt[3]{\lambda\mu\upsilon}\left(\prod\sin\frac{A}{2}\right)^{-\frac{1}{3}}\left(\prod\cos\frac{A}{2}\right)^{-\frac{2}{3}} \geqslant \quad (8)$$

$$\frac{3}{4}\sqrt[3]{\lambda\mu\upsilon} \cdot 2 \cdot \frac{4}{3} = 2\sqrt[3]{\lambda\mu\upsilon} \Rightarrow$$

$$m \geqslant 2\sqrt[3]{\lambda\mu\upsilon}$$

由于式(8)与式(6)同向，不能推导出

$$\sum\lambda\tan^2\frac{A}{2} + 16\sqrt[3]{\lambda\mu\upsilon}\prod\sin\frac{A}{2} \geqslant S$$

因此此思路宣告失败。

至今，我们还没建立起式(B)的加权推广，但只要我们不畏失败，持之以恒，还是能得到相关结论：

结论 1 设正数 λ, μ, υ 满足 $\lambda\mu + \mu\upsilon + \upsilon\lambda = 3$，则对任意 $\triangle ABC$ 有

$$\lambda\left(\tan\frac{A}{2}\right)^2 + \mu\left(\tan\frac{B}{2}\right)^2 + \upsilon\left(\tan\frac{C}{2}\right)^2 +$$

$$\frac{8}{3}\lambda\mu\upsilon\sin\frac{A}{2}\sin\frac{B}{2}\sin\frac{C}{2} \geqslant \frac{4}{3}\lambda\mu\upsilon \quad (a)$$

等号成立仅当 $\triangle ABC$ 为正三角形。

当取 $\lambda=\mu=\upsilon=1$ 时,式(a) 化为
$$\sum \tan^2 \frac{A}{2}+\frac{8}{3}\prod \sin \frac{A}{2}\geqslant \frac{4}{3} \tag{9}$$

这一结果明显比式(B)弱,因此式(a)并非我们朝思暮想的"梦中情人",但它还算一个不错的结论.

证明 我们记 $m=8\prod \sin \frac{A}{2}\leqslant 1$,式(B) 即为
$$\sum \tan^2 \frac{A}{2}\geqslant 2-m \tag{10}$$

应用三角恒等式
$$\sum \tan \frac{B}{2}\tan \frac{C}{2}=1$$

有
$$\sum \tan^2 \frac{A}{2}+2\sum \tan \frac{B}{2}\tan \frac{C}{2}\geqslant 4-m \Rightarrow \left(\sum \tan \frac{A}{2}\right)^2 \geqslant 4-m \tag{11}$$

应用柯西不等式有
$$\left(\sum \frac{1}{\lambda}\right)\left(\sum \lambda \tan^2 \frac{A}{2}\right)\geqslant \left(\sum \tan \frac{A}{2}\right)^2 \geqslant 4-m \Rightarrow$$
$$\left(\sum \mu\upsilon\right)\left(\sum \lambda \tan^2 \frac{A}{2}\right)\geqslant \lambda\mu\upsilon(4-m) \Rightarrow$$
$$\sum \lambda \tan^2 \frac{A}{2}\geqslant \frac{1}{3}\lambda\mu\upsilon(4-m) \Rightarrow$$
$$\sum \lambda \tan^2 \frac{A}{2}+\frac{\lambda\mu\upsilon}{3}m\geqslant \frac{4}{3}\lambda\mu\upsilon \Rightarrow$$
$$\sum \lambda \tan^2 \frac{A}{2}+\frac{\lambda\mu\upsilon}{3}\prod \sin \frac{A}{2}\geqslant \frac{4}{3}\lambda\mu\upsilon$$

即式(a)成立,等号成立仅当 $\lambda=\mu=\upsilon=1$,且 $\triangle ABC$ 为正三角形.

还有一个更佳的结果便是:

结论2 设正数 $k,\lambda,\mu,\upsilon,x,y,z$ 满足条件 $k\lambda+\mu\upsilon=2x,k\mu+\upsilon\lambda=2y,k\upsilon+\lambda\mu=2z$,则对任意 $\triangle ABC$ 有
$$\sum x\tan^2 \frac{A}{2}+8(\sqrt[3]{xyz})\prod \sin \frac{A}{2}\geqslant 2\sqrt{k\lambda\mu\upsilon} \tag{b}$$

等号成立仅当 $\lambda=\mu=\upsilon=x=y=z=k=1$ 且 $\triangle ABC$ 为正三角形.

显然,当取 $\lambda=\mu=\upsilon=x=y=z=k=1$ 时,式(b) 化为式(B),这点让我们倍感欣喜,因此我们可视式(b) 为式(B)的加权推广.

证明 由于
$$8xyz=(k\lambda+\mu\upsilon)(k\mu+\upsilon\lambda)(k\upsilon+\lambda\mu)\geqslant 8(k\lambda\mu\upsilon)^{\frac{3}{2}}\Rightarrow \sqrt{k\lambda\mu\upsilon}\leqslant \sqrt[3]{xyz} \tag{12}$$

记 $m = 8\prod \sin\dfrac{A}{2} \leqslant 1$,式(B) 即

$$\sum \tan^2\dfrac{A}{2} \geqslant 2 - m$$

$$2\sum x\tan^2\dfrac{A}{2} = \sum(k\lambda + \mu\upsilon)\tan^2\dfrac{A}{2} \geqslant 2\sum\sqrt{k\lambda\mu\upsilon}\tan^2\dfrac{A}{2} =$$

$$2\sqrt{k\lambda\mu\upsilon}\sum\tan^2\dfrac{A}{2} \geqslant 2\sqrt{k\lambda\mu\upsilon}(2 - m) =$$

$$2(2\sqrt{k\lambda\mu\upsilon} - m\sqrt{k\lambda\mu\upsilon}) \geqslant$$

$$2(2\sqrt{k\lambda\mu\upsilon} - m\sqrt[3]{xyz}) \Rightarrow$$

$$\sum x\tan^2\dfrac{A}{2} \geqslant 2\sqrt{k\lambda\mu\upsilon} - m\sqrt[3]{xyz} \Rightarrow$$

$$\sum x\tan^2\dfrac{A}{2} + m\sqrt[3]{xyz} \geqslant 2\sqrt{k\lambda\mu\upsilon} \Rightarrow$$

$$\sum x\tan^2\dfrac{A}{2} + 8\sqrt[3]{xyz}\left(\prod\sin\dfrac{A}{2}\right) \geqslant 2\sqrt{k\lambda\mu\upsilon}$$

即式(b) 成立,等号成立仅当 $\lambda = \mu = \upsilon = k$, $x = y = z = k^2$,且 $\triangle ABC$ 为正三角形.

进一步地,我们还可将式(b) 加强为

$$\sum x\tan^2\dfrac{A}{2} + 8\sqrt{k}\,Q\prod\sin\dfrac{A}{2} \geqslant 2\sqrt{k\lambda\mu\upsilon} \tag{c}$$

其中

$$Q = \left(\dfrac{\sqrt{k^2 + 8\sqrt[3]{xyz}} - 1}{2}\right)^{\frac{3}{2}} \tag{13}$$

显然,当取 $\lambda = \mu = \upsilon = x = y = z = k = 1$ 时, $Q = 1$,式(c) 化为式(b).

证明 我们记 $\sqrt[3]{xyz} = e$, $\sqrt[3]{\lambda\mu\upsilon} = f$,应用赫尔特不等式有

$$8xyz = (k\lambda + \mu\upsilon)(k\mu + \upsilon\lambda)(k\upsilon + \lambda\mu) \geqslant$$

$$\left[k\sqrt[3]{\lambda\mu\upsilon} + \sqrt[3]{(\lambda\mu\upsilon)^2}\right]^3 \Rightarrow$$

$$2\sqrt[3]{xyz} \geqslant k\sqrt[3]{\lambda\mu\upsilon} + \sqrt{(\lambda\mu\upsilon)^2} \Rightarrow$$

$$2e \geqslant kf + f^2 \Rightarrow$$

$$0 < f \leqslant \dfrac{\sqrt{k^2 + 8e} - 1}{2} \Rightarrow$$

$$0 < \sqrt[3]{\lambda\mu\upsilon} \leqslant \dfrac{1}{2}(\sqrt{k^2 + 8e} - 1) \Rightarrow$$

$$\sqrt{\lambda\mu\upsilon} \leqslant \left(\dfrac{\sqrt{k^2 + 8e} - 1}{2}\right)^{\frac{3}{2}} = Q$$

(应用前面的结论)⇒

$$\sum x\tan^2\frac{A}{2} \geqslant 2\sqrt{k\lambda\mu\upsilon} - m\sqrt{k\lambda\mu\upsilon} \geqslant$$

$$2\sqrt{k\lambda\mu\upsilon} - mQ\sqrt{k} \Rightarrow$$

$$\sum x\tan^2\frac{A}{2} + mQ\sqrt{k} \geqslant 2\sqrt{k\lambda\mu\upsilon} \Rightarrow$$

$$\sum x\tan^2\frac{A}{2} + 8Q\sqrt{k}\prod\sin\frac{A}{2} \geqslant 2\sqrt{k\lambda\mu\upsilon}$$

即式(c)成立. 等号成立的条件与式(b)一致.

(十)

由于我们的思绪如行云流水,似彩云飘飞,因此,我们在前文的最后一节专门初探了不等式

$$\tan\frac{A}{2} + \tan\frac{B}{2} + \tan\frac{C}{2} \geqslant \sqrt{3} \tag{1}$$

与

$$\tan^2\frac{A}{2} + \tan^2\frac{B}{2} + \tan^2\frac{C}{2} \geqslant 1 \tag{2}$$

的相关推广.

(1) 配对三角不等式

$$\tan\frac{A}{2} + \tan\frac{B}{2} + \tan\frac{C}{2} \geqslant \sqrt{3} \tag{3}$$

$$\cot\frac{A}{2} + \cot\frac{B}{2} + \cot\frac{C}{2} \geqslant 3\sqrt{3} \tag{4}$$

应用三角恒等式

$$\tan\frac{A}{2}\tan\frac{B}{2} + \tan\frac{B}{2}\tan\frac{C}{2} + \tan\frac{C}{2}\tan\frac{A}{2} = 1$$

和三角不等式

$$\cot\frac{A}{2}\cot\frac{B}{2} + \cot\frac{B}{2}\cot\frac{C}{2} + \cot\frac{C}{2}\cot\frac{A}{2} \geqslant 9$$

有两种外形的加权推广

$$\lambda\tan\frac{A}{2} + \mu\tan\frac{B}{2} + \upsilon\tan\frac{C}{2} \geqslant \sqrt{S} \tag{5}$$

$$\lambda\cot\frac{A}{2}+\mu\cot\frac{B}{2}+\upsilon\cot\frac{C}{2}\geqslant 3\sqrt{S} \tag{6}$$

其中 $\lambda,\mu,\upsilon>0$,且

$$S=4(\mu\upsilon+\upsilon\lambda+\lambda\mu)-(\lambda+\mu+\upsilon)^2>0 \tag{7}$$

以及

$$(\mu+\upsilon)\tan\frac{A}{2}+(\upsilon+\lambda)\tan\frac{B}{2}+(\lambda+\mu)\tan\frac{C}{2}\geqslant$$
$$2\sqrt{\mu\upsilon+\upsilon\lambda+\lambda\mu} \tag{8}$$

$$(\mu+\upsilon)\cot\frac{A}{2}+(\upsilon+\lambda)\cot\frac{B}{2}+(\lambda+\mu)\cot\frac{C}{2}\geqslant$$
$$6\sqrt{\mu\upsilon+\upsilon\lambda+\lambda\mu} \tag{9}$$

但是,(8),(9)两式等号成立的条件不一样,而式(8)等号成立的条件是

$$\lambda\cot\frac{A}{2}=\mu\cot\frac{B}{2}=\upsilon\cot\frac{C}{2} \tag{10}$$

最优雅漂亮,而式(9)等号成立的条件最平凡:$\lambda=\mu=\upsilon$ 且 $\triangle ABC$ 为正三角形.

如果我们再增设 $\triangle A'B'C'$,从(8),(9)两式又可得到漂亮的推论:

$$\left(\tan\frac{B'}{2}+\tan\frac{C'}{2}\right)\tan\frac{A}{2}+\left(\tan\frac{C'}{2}+\tan\frac{A'}{2}\right)\tan\frac{B}{2}+$$
$$\left(\tan\frac{A'}{2}+\tan\frac{B'}{2}\right)\tan\frac{C}{2}\geqslant 2 \tag{11}$$

等号成立仅当 $\triangle ABC \backsim \triangle A'B'C'$(太奇妙了).

$$\left(\cot\frac{B'}{2}+\cot\frac{C'}{2}\right)\cot\frac{A}{2}+\left(\cot\frac{C'}{2}+\cot\frac{A'}{2}\right)\cot\frac{B}{2}+$$
$$\left(\cot\frac{A'}{2}+\cot\frac{B'}{2}\right)\cot\frac{C}{2}\geqslant 18 \tag{12}$$

等号成立仅当 $\triangle ABC$ 与 $\triangle A'B'C'$ 均为正三角形(太平凡).

(2)上面的式(5)和式(8)是式(3)的加权推广,它俩一进化,便是奇妙迷人的:

推广 9 设指数 $k>1,x,y,z,\lambda,\mu,\upsilon$ 为任意正实数,则对任意 $\triangle ABC$ 有

$$x\left(\tan\frac{A}{2}\right)^k+y\left(\tan\frac{B}{2}\right)^k+z\left(\tan\frac{C}{2}\right)^k\geqslant\frac{m}{n} \tag{N}$$

其中

$$m=\left[\sqrt{4(\mu\upsilon+\upsilon\lambda+\lambda\mu)}\right]^k \tag{13}$$

$$n=\left\{\left[\frac{(\mu+\upsilon)^k}{x}\right]^{\frac{1}{k-1}}+\left[\frac{(\upsilon+\lambda)^k}{y}\right]^{\frac{1}{k-1}}+\left[\frac{(\lambda+\mu)^k}{z}\right]^{\frac{1}{k-1}}\right\}^{k-1} \tag{14}$$

一看便知,式(N)不仅有意料中的系数 x,y,z,还有意料外的参数 $\lambda,\mu,$

v"参战",真是"战场壮观,热闹非凡".

证明 记式(N)左端为 P,且

$$x_1 = \left[\frac{(\mu+v)^k}{x}\right]^{\frac{1}{k-1}}, y_1 = \left[\frac{(v+\lambda)^k}{y}\right]^{\frac{1}{k-1}}, z_1 = \left[\frac{(\lambda+\mu)^k}{z}\right]^{\frac{1}{k-1}}$$

应用赫尔特不等式有

$$P^{\frac{1}{k}}\left(\sum x_1\right)^{\frac{k-1}{k}} = \left[\sum x\left(\tan\frac{A}{2}\right)^k\right]^{\frac{1}{k}}\left(\sum x_1\right)^{\frac{k-1}{k}} \geqslant$$

$$\sum\left\{\left[x\left(\tan\frac{A}{2}\right)^k\right]^{\frac{1}{k}} x_1^{\frac{k-1}{k}}\right\} =$$

$$\sum\left[(x x_1^{k-1})^{\frac{1}{k}}\tan\frac{A}{2}\right] = \sum(\mu+v)\tan\frac{A}{2}$$

(应用杨克昌不等式) $\geqslant$

$$2\left[\left(\sum\mu v\right)\left(\sum\tan\frac{B}{2}\tan\frac{C}{2}\right)\right]^{\frac{1}{2}} =$$

$$2\left(\sum\mu v\right)^{\frac{1}{2}} \Rightarrow P\left(\sum x_1\right)^{k-1} \geqslant [4(\mu v+v\lambda+\lambda\mu)]^{\frac{k}{2}} \Rightarrow$$

$$Pn \geqslant m \Rightarrow P \geqslant \frac{m}{n}$$

即式(N)成立,等号成立仅当

$$\begin{cases}\lambda\cot\frac{A}{2} = \mu\cot\frac{B}{2} = v\cot\frac{C}{2} \\ \frac{x}{x_1}\left(\tan\frac{A}{2}\right)^k = \frac{y}{y_1}\left(\tan\frac{B}{2}\right)^k = \frac{z}{z_1}\left(\tan\frac{C}{2}\right)^k\end{cases} \Rightarrow$$

$$\left[\frac{x}{x_1}\left(\tan\frac{A}{2}\right)^k\right]^{k-1} = \left[\frac{y}{y_1}\left(\tan\frac{B}{2}\right)^k\right]^{k-1} =$$

$$\left[\frac{z}{z_1}\left(\tan\frac{C}{2}\right)^k\right]^{k-1} \Rightarrow$$

$$\left[\frac{x\left(\tan\frac{A}{2}\right)^{k-1}}{\mu+v}\right]^k = \left[\frac{y\left(\tan\frac{B}{2}\right)^{k-1}}{v+\lambda}\right]^k =$$

$$\left[\frac{z\left(\tan\frac{C}{2}\right)^{k-1}}{\lambda+\mu}\right]^k \Rightarrow$$

$$\frac{x\left(\tan\frac{A}{2}\right)^{k-1}}{\mu+v} = \frac{y\left(\tan\frac{B}{2}\right)^{k-1}}{v+\lambda} = \frac{z\left(\tan\frac{C}{2}\right)^{k-1}}{\lambda+\mu} \tag{15}$$

及

$$\lambda\cot\frac{A}{2} = \mu\cot\frac{B}{2} = v\cot\frac{C}{2} \tag{16}$$

这就是式(N)等号成立的条件.真是数学太奇妙！

相应地,式(N)的配对形式为

$$x\left(\cot\frac{A}{2}\right)^k + y\left(\cot\frac{B}{2}\right)^k + z\left(\cot\frac{C}{2}\right)^k \geq \frac{[36(\mu v + v\lambda + \lambda\mu)]^{\frac{k}{2}}}{(x_1+y_1+z_1)^{k-1}} \tag{O}$$

其中 x_1, y_1, z_1 的记号同上,式(O)等号成立仅当 $x=y=z, \lambda=\mu=v$ 且 $\triangle ABC$ 为正三角形.

(3)《数学奥林匹克与数学文化》2008·第二辑(文化卷)P 262 页,笔者建立了前面式(8)的角参数推广：

设 λ, μ, v 为正数,$\triangle ABC$ 为锐角三角形,参数 $0 \leq \theta < \frac{\pi}{6}$,且使 $\theta+\frac{A}{2}$,$\theta+\frac{B}{2}$,$\theta+\frac{C}{2}$ 均为锐角,且满足条件

$$S(\theta) = \sum \tan\left(\theta+\frac{B}{2}\right)\tan\left(\theta+\frac{C}{2}\right) < 9 \tag{17}$$

则

$$(\mu+v)\tan\left(\theta+\frac{A}{2}\right) + (v+\lambda)\tan\left(\theta+\frac{B}{2}\right) + (\lambda+\mu)\tan\left(\theta+\frac{C}{2}\right) \geq 2\sqrt{(\mu v+v\lambda+\lambda\mu)(1+Q(\theta))} \tag{18}$$

其中

$$Q(\theta) = \frac{8\tan 3\theta}{\tan 3\theta + 3\cot\left(\theta+\frac{\pi}{6}\right)} \geq 0 \tag{19}$$

当 $\theta=0$ 时,式(18)等号成立仅当

$$\lambda\cot\frac{A}{2} = \mu\cot\frac{B}{2} = v\cot\frac{C}{2}$$

当 $0 < \theta < \frac{\pi}{6}$ 时,式(18)等号成立仅当 $\triangle ABC$ 为正三角形,且 $\lambda=\mu=v$.

显然,式(N)与(18)巧妙结合,就可建立更加漂亮的综合推广：

推广 10 设指数 $k>1$；系数 $x, y, z > 0$,参数 $\lambda, \mu, v > 0$,角参数 $0 \leq \theta < \frac{\pi}{6}$；$\triangle A_i B_i C_i (i=1,2,\cdots,n; 1 \leq n \in \mathbf{N})$ 为锐角三角形,满足 $\theta+\frac{A_i}{2}$,$\theta+\frac{B_i}{2}$,$\theta+\frac{C_i}{2}(1 \leq i \leq n)$ 均为锐角,且 $0 < A_i \leq B_i \leq C_i < \frac{\pi}{2}$ 或 $\frac{\pi}{2} > A_i \geq B_i \geq C_i > 0 (1 \leq i \leq n)$,$\sum \tan\left(\theta+\frac{B_i}{2}\right)\tan\left(\theta+\frac{C_i}{2}\right) < 9$. 则有

$$P_n(\lambda,\theta) = x\prod_{i=1}^{n}\tan^k\left(\theta+\frac{A_i}{2}\right) +$$
$$y\prod_{i=1}^{n}\tan^k\left(\theta+\frac{B_i}{2}\right) + z\prod_{i=1}^{n}\tan^k\left(\theta+\frac{C_i}{2}\right) \geqslant$$
$$\left(\frac{M}{N}\right)^n (x+y+z)^{1-n} \tag{P}$$

其中

$$M = [4(\mu\upsilon+\upsilon\lambda+\lambda\mu)(1+Q(\theta))]^{\frac{k}{2}} \tag{20}$$
$$N = (x_1+y_1+z_1)^{k-1} \tag{21}$$

$Q(\theta), x_1, y_1, z_1$ 记号同前.

由此可见,式(P)将三角不等式

$$\tan\frac{A}{2}+\tan\frac{B}{2}+\tan\frac{C}{2} \geqslant \sqrt{3}$$

从系数、参数、角参数 θ、指数 k、组数 n 5 个方面进行了统一推广.

略证 仿效式(N)的证法技巧有

$$\left[\sum x\tan^k\left(\theta+\frac{A_i}{2}\right)\right]^{\frac{1}{k}}\left(\sum x_1\right)^{\frac{k-1}{k}} \geqslant$$
$$\sum(\mu+\upsilon)\tan\left(\theta+\frac{A_i}{2}\right)(利用式(18)) \geqslant M \Rightarrow \tag{22}$$
$$\sum x\tan^k\left(\theta+\frac{A_i}{2}\right) \geqslant \frac{M}{N} \tag{23}$$

再设 $S=x+y+z$,则 $\frac{x}{S}+\frac{y}{S}+\frac{z}{S}=1$. 由已知条件应用切比雪夫不等式有

$$\frac{P_n}{S} = \sum \frac{x}{S}\prod_{i=1}^{n}\tan^k\left(\theta+\frac{A_i}{2}\right) \geqslant$$
$$\prod_{i=1}^{n}\left[\sum \frac{x}{S}\tan^k\left(\theta+\frac{A_i}{2}\right)\right] =$$
$$\frac{1}{S^n}\prod_{i=1}^{n}\left[\sum x\tan^k\left(\theta+\frac{A_i}{2}\right)\right] \geqslant$$
$$\frac{1}{S^n}\prod_{i=1}^{n}\left(\frac{M}{N}\right) = \frac{1}{S^n}\left(\frac{M}{N}\right)^n \Rightarrow$$
$$P_n \geqslant \left(\frac{M}{N}\right)^n \cdot S^{1-n} \tag{24}$$

这正是式(P).

相应地,式(O)可推广为

$$x\prod_{i=1}^n\left(\cot\frac{A_i}{2}\right)^k + y\prod_{i=1}^n\left(\cot\frac{B_i}{2}\right)^k + z\prod_{i=1}^n\left(\cot\frac{C_i}{2}\right)^k \geqslant$$

$$\left[\frac{(36\sum\mu\upsilon)^{\frac{k}{2}}}{(\sum x_1)^{k-1}}\right]^n(\sum x)^{1-n} \quad\quad\quad (Q)$$

至于式(P)等号成立的条件是：

(i) 当 $\theta=0$ 时，

$$\begin{cases}\triangle A_1B_1C_1 \backsim \triangle A_2B_2C_2 \backsim \cdots \backsim \triangle A_nB_nC_n \\ \lambda\cot\dfrac{A_1}{2} = \mu\cot\dfrac{B_1}{2} = \upsilon\cot\dfrac{C_1}{2} \\ \dfrac{x\left(\tan\dfrac{A_1}{2}\right)^{k-1}}{\mu+\upsilon} = \dfrac{y\left(\tan\dfrac{B_1}{2}\right)^{k-1}}{\upsilon+\lambda} = \dfrac{z\left(\tan\dfrac{C_1}{2}\right)^{k-1}}{\lambda+\mu}\end{cases}$$

(ii) 当 $0<\theta<\dfrac{\pi}{6}$ 时

$\triangle A_1B_1C_1,\triangle A_2B_2C_2,\cdots,\triangle A_nB_nC_n$ 均为正三角形，且 $\lambda=\mu=\upsilon$ 及 $x=y=z$；

而式(Q)等号成立的条件，即为上面的情形(ii).

本文领略了三角"旅游风景区"的绮丽风光，使我们不仅深知三角之间的关系"锦绣山川水，变幻风雨云"，自然令人陶醉其间，流连忘返.

（十一）

借着前文的东风，我们再作几点补充：

先看 1963 年美国数奥题之一：

题 4 设 a,b,c 为任意正实数，则有

$$\frac{a}{b+c} + \frac{b}{c+a} + \frac{c}{a+b} \geq \frac{3}{2} \quad\quad\quad (R)$$

最近，笔者发现与式(R)相关的有：

题 5 对任意正实数 a,b,c，有

$$\frac{a^3}{(a+b)^3} + \frac{b^3}{(b+c)^3} + \frac{c^3}{(c+a)^3} \geq \frac{3}{8} \quad\quad\quad (S)$$

如果我们粗心地将上式误写成

$$\frac{a^3}{(b+c)^3} + \frac{b^3}{(c+a)^3} + \frac{c^3}{(a+b)^3} \geq \frac{3}{8} \quad\quad\quad (*)$$

那式(*)显然是式(R)的一个指数推广,应用幂平均不等式,能轻松地证明它.从结构上讲,以上两式外形相似,互为配对,那么,证明式(*)难吗?

分析 我们希望式(R)有配对式

$$\frac{a}{a+b}+\frac{b}{b+c}+\frac{c}{c+a}\geqslant \frac{3}{2} \qquad (?)$$

如果式(?)成立的话,我们就能应用幂平均不等式轻松地证明式(S),但(?)式等价于

$$2[a(b+c)(c+a)+b(a+b)(c+a)+c(a+b)(b+c)]\geqslant$$
$$3(a+b)(b+c)(c+a)\Leftrightarrow$$
$$2[3abc+2(a^2b+b^2c+c^2a)+(ab^2+bc^2+ca^2)]\geqslant$$
$$3[2abc+(a^2b+b^2c+c^2a)+(ab^2+bc^2+ca^2)]\Leftrightarrow$$
$$a^2b+b^2c+c^2a\geqslant ab^2+bc^2+ca^2\Leftrightarrow$$
$$ab(a-b)+bc(b-c)+ca(c-a)\geqslant 0\Leftrightarrow$$
$$ab(a-b)+bc(b-c)-ca[(a-b)+(b-c)]\geqslant 0\Leftrightarrow$$
$$a(a-b)(b-c)+c(b-c)(b-a)\geqslant 0\Leftrightarrow$$
$$(a-b)(b-c)(a-c)\geqslant 0 \qquad (1)$$

由于式(1)与式(?)等价,且当 $a\geqslant b\geqslant c$ 或 $a\leqslant c\leqslant b$ 或 $c\geqslant a\geqslant b$ 时式(1)(即式(?))才成立.因此,式(?)的成立是有条件的,并非对任意正实数 a, b, c 都成立,所以我们得改变思路分析.

如果我们记式(S)左边为 T,变形并应用权方和不等式有

$$T=\sum \frac{a^3}{(a+b)^3}=\sum \frac{a^6}{(a^2+ab)^3}=$$
$$\sum \frac{(a^{\frac{3}{2}})^{1+3}}{(a^2+ab)^3}\geqslant \frac{(\sum a^{\frac{3}{2}})^{1+3}}{(\sum(a^2+ab))^3}=\frac{(\sum a^{\frac{3}{2}})^4}{(\sum a^2+\sum bc)^3} \qquad (2)$$

显然,欲证

$$\left(\sum a^{\frac{3}{2}}\right)^4\geqslant \frac{3}{8}\left(\sum a^2+\sum bc\right)^3 \qquad (3)$$

是困难的.

最后,我们再调整方向,改变思路,有

证明 由柯西不等式得

$$\left[\frac{a^3}{(a+b)^3}+\frac{b^3}{(b+c)^3}+\frac{c^3}{(c+a)^3}\right]\cdot$$
$$[c^3(a+b)^3+a^3(b+c)^3+b^3(c+a)^3]\geqslant$$
$$(\sqrt{(ca)^3}+\sqrt{(ab)^3}+\sqrt{(bc)^3})^2 \qquad (4)$$

于是,只需证明

$$8(\sqrt{(ca)^3} + \sqrt{(ab)^3} + \sqrt{(bc)^3}) \geqslant$$
$$3[c^3(a+b)^3 + a^3(b+c)^3 + b^3(c+a)^3] \tag{5}$$

令 $(x,y,z) = (\sqrt{ab}, \sqrt{bc}, \sqrt{ca})$，这样式(5)化为
$$8(x^3 + y^3 + z^3)^2 \geqslant 3[(x^2+y^2)^3 + (y^2+z^2)^3 + (z^2+x^2)^3] \Leftrightarrow \tag{6}$$
$$8(\sum x^6 + 2\sum y^3 z^3) \geqslant 3[2\sum x^6 + 3\sum(x^4 y^2 + x^2 y^4)] \Leftrightarrow$$
$$2\sum x^6 + 16\sum x^3 y^3 \geqslant 9\sum(x^4 y^2 + x^2 y^4) \tag{7}$$

由于
$$x^6 + y^6 + 16x^3 y^3 - 9(x^4 y^2 + x^2 y^4) =$$
$$x^6 + y^6 - 2x^3 y^3 - 9(x^4 y^2 - 2x^3 y^3 + x^2 y^4) =$$
$$(x^3 - y^3)^2 - 9x^2 y^2 (x-y)^2 =$$
$$(x-y)^2 [(x^2 + xy + y^2)^2 - (3xy)^2] =$$
$$(x-y)^4 (x^2 + 4xy + y^2) \geqslant 0 \Rightarrow$$
$$x^6 + y^6 + 16x^3 y^3 \geqslant 9(x^4 y^2 + x^2 y^4)$$

同理 $\begin{cases} y^6 + z^6 + 16 y^3 z^3 \geqslant 9(y^4 z^2 + y^2 z^4) \\ z^6 + x^6 + 16 z^3 x^3 \geqslant 9(x^4 z^2 + x^2 z^4) \end{cases} \Rightarrow$

$$2\sum x^6 + 16\sum y^3 z^3 \geqslant 9\sum(x^4 y^2 + x^2 y^4)$$

即式(7)成立，逆推之式(S)成立．等号成立仅当 $x = y = z \Leftrightarrow a = b = c$．

现在我们翻开《多功能题典》(单墫、熊斌老师主编，以下简称《题典》)P 250 页，先欣赏妙题：

题目 已知 $a_k \geqslant 0, k = 1, 2, \cdots, n$，并且约定 $a_{n+1} = a_1$，求证：
$$\sum_{i=1}^{n} \sqrt{a_k^2 - a_k a_{k+1} + a_{k-1}^2} \geqslant \sum_{i=1}^{n} a_k \tag{T_1}$$

证明 对题中的根式变形，得
$$\sqrt{a_k^2 - a_k a_{k+1} + a_{k+1}^2} = \sqrt{\left(a_k - \frac{1}{2} a_{k+1}\right)^2 + \left(\frac{\sqrt{3}}{2} a_{k+1}\right)^2}$$

于是，可以构造复数
$$Z_k = \left(a_k - \frac{1}{2} a_{k+1}\right) + \left(\frac{\sqrt{3}}{2} a_{k+1}\right), k = 1, 2, \cdots, n$$

从而，应用复数模不等式，得
$$\sum_{i=1}^{n} \sqrt{a_k^2 - a_k a_{k+1} + a_{k+1}^2} = \sum_{k=1}^{n} |Z_k| \geqslant \left|\sum_{k=1}^{n} Z_k\right| =$$
$$\left|\frac{1}{2}\sum_{k=1}^{n} a_k + \left(\frac{\sqrt{3}}{2}\sum_{k=1}^{n} a_k\right)\mathrm{i}\right| = \left|\frac{1}{2} + \frac{\sqrt{3}}{2}\mathrm{i}\right|\sum_{k=1}^{n} a_k = \sum_{k=1}^{n} a_k$$

并且《题典》上还指出：

类似地，我们还可以证明如下不等式：

已知 $a_k \geqslant 0, k=1,2,\cdots,n$，并且约定 $a_{n+1}=a_1$，求证：

$$\sum_{k=1}^{n} \sqrt{a_k^2 + a_k a_{k+1} + a_{k+1}^2} \geqslant \sqrt{3} \sum_{k=1}^{n} a_k \qquad (T_2)$$

上述证法正如华罗庚语："数形结合，美妙无限."下面，我们再为式(T_1)提供 3 种简洁漂亮的证法.

另证 1 记 $S_k = a_k^2 - a_k a_{k+1} + a_{k+1}^2 (k=1,2,\cdots,n)$，则有

$$S_k = (a_k - \frac{1}{2}a_{k+1})^2 + (\frac{\sqrt{3}}{2}a_{k+1})^2 \Rightarrow$$

$$4S_k = (2a_k - a_{k+1})^2 + 3 \cdot a_{k+1}^2 =$$

$$(2a_k - a_{k+1})^2 + a_{k+1}^2 + a_{k+1}^2 + a_{k+1}^2 \geqslant$$

（应用柯西不等式）

$$\frac{1}{4}[(2a_k - a_{k+1}) + a_{k+1} + a_{k+1} + a_{k+1}]^2 = (a_k + a_{k+1})^2 \Rightarrow$$

$$\sqrt{S_k} \geqslant (a_k + a_{k+1})/2 \Rightarrow$$

$$P_n = \sum_{k=1}^{n} \sqrt{S_k} \geqslant \sum_{k=1}^{n} (a_k + a_{k+1})/2 = \sum_{k=1}^{n} a_k$$

即式(T_1)成立.等号成立仅当

$$2a_k - a_{k+1} = a_{k+1} \Rightarrow a_k = a_{k+1} \Rightarrow a_1 = a_2 = \cdots = a_n$$

另证 2 仍记 $S_k = a_k^2 - a_k a_{k+1} + a_{k+1}^2 (k=1,2,\cdots,n)$，那么

$$S_k = (a_k + a_{k+1})^2 - 3a_k a_{k+1} \geqslant$$

$$(a_k + a_{k+1})^2 - 3\left(\frac{a_k + a_{k+1}}{2}\right)^2 \Rightarrow S_k \geqslant \frac{1}{4}(a_k + a_{k+1})^2 \Rightarrow$$

$$P_n = \sum_{k=1}^{n} \sqrt{S_k} \geqslant \frac{1}{2} \sum_{k=1}^{n} (a_k + a_{k+1}) = \sum_{k=1}^{n} a_k$$

等号成立仅当 $a_k = a_{k+1} \Rightarrow a_1 = a_2 = \cdots = a_n$.

另证 3 记

$$S_k = a_k^2 - a_k a_{k+1} + a_{k+1}^2 \Rightarrow$$

$$4S_k = (a_k^2 + 2a_k a_{k+1} + a_{k+1}^2) + 3(a_k^2 - 2a_k a_{k+1} + a_{k+1}^2) =$$

$$(a_k + a_{k+1})^2 + 3(a_k - a_{k+1})^2 \geqslant (a_k + a_{k+1})^2 \Rightarrow$$

$$S_k \geqslant \frac{1}{4}(a_k + a_{k+1})^2 \Rightarrow$$

$$P_n = \sum_{k=1}^{n} \sqrt{S_k} \geqslant \frac{1}{2} \sum_{k=1}^{n} (a_k + a_{k+1}) = \sum_{k=1}^{n}$$

等号成立仅当 $a_k = a_{k+1} \Rightarrow a_1 = a_2 = \cdots = a_n$.

总结上述,《题典》中美妙的题目(包括式(T_2))至少有 4 种证法. 不必仔细观察,从外形与结构上讲,式(T_1)

$$\sum_{k=1}^{n} \sqrt{a_k^2 - a_k a_{k+1} + a_{k+1}^2} \geqslant \sum_{k=1}^{n} a_k \qquad (T_1)$$

与式(T_2)

$$\sum_{k=1}^{n} \sqrt{a_k^2 + a_k a_{k+1} + a_{k+1}^2} \geqslant \sqrt{3} \sum_{k=1}^{n} a_k \qquad (T_2)$$

互相配对,交相辉映. 如果能将它俩"鸳鸯并举,鸾凤齐鸣"和谐地"合二为一",那就妙不可言了. 事实上,这样的和谐统一式不仅有,还好事成双呢!

$$\sum_{k=1}^{n} \sqrt{a_k^2 + t a_k a_{k+1} + a_{k+1}^2} \geqslant \sqrt{2+t} \sum_{k=1}^{n} a_k, \text{其中 } t^2 = 1 \qquad (T_3)$$

$$\sum_{k=1}^{n} \sqrt{a_k^2 + (-1)^m a_k a_{k+1} + a_{k+1}^2} \geqslant \sqrt{2+(-1)^m} \sum_{k=1}^{n} a_k, \text{其中 } m \in \mathbf{N} \quad (T_4)$$

式(T_3)的外形与结构暗示我们,式(T_3)、(T_4)两式又可以和谐地参数推广为

推广 11 设指数 $m \geqslant 1$,参数 $|\lambda| \leqslant 2$,$a_k \geqslant 0$($k=1,2,\cdots,n; 2 \leqslant n \in \mathbf{N}$),则有

$$\sum_{k=1}^{n} \sqrt{a_k^{2m} + \lambda a_k^m a_{k+1}^m + a_{k+1}^{2m}} \geqslant \frac{\sqrt{\lambda+2}}{n^{m-1}} \left(\sum_{k=1}^{n} a_k\right)^m \qquad (T_5)$$

显然,当取 $m=1, \lambda=-1$ 时,式(T_5)化为式(T_1),当取 $m=1, \lambda=1$ 时,式(T_5)化为式(T_2),当取 $m=1$ 时,式(T_5)化为

$$\sum_{k=1}^{n} \sqrt{a_k^2 + \lambda a_k a_{k+1} + a_{k+1}^2} \geqslant \sqrt{\lambda+2} \sum_{k=1}^{n} a_k \qquad (T_6)$$

为了证明式(T_5),我们建立

引理 设 $|\lambda| \leqslant 2, x, y \geqslant 0$,则有

$$\sqrt{x^2 + \lambda xy + y^2} \geqslant \sqrt{\lambda+2} \left(\frac{x+y}{2}\right) \qquad (8)$$

证法 1 记 $S = x^2 + \lambda xy + y^2$,配方有

$S = (x + \frac{\lambda}{2} y)^2 + (1 - \frac{\lambda^2}{4}) y^2 \Rightarrow$

$4(2+\lambda)S = (2+\lambda)(2x+\lambda y)^2 + (2-\lambda)(2y+\lambda y)^2 \Rightarrow$

$4(2+\lambda)[(2+\lambda) + (2-\lambda)]S =$

$[(2+\lambda) + (2-\lambda)][(2+\lambda)(2x+\lambda y)^2 + (2-\lambda)(2y+\lambda y)^2] \geqslant$

(应用柯西不等式)

$[(2+\lambda)(2x+\lambda y) + (2-\lambda)(2y+\lambda y)]^2 =$

$$4[(2+\lambda)(x+y)]^2 \Rightarrow S \geqslant \frac{1}{4}(2+\lambda)(x+y)^2 \Rightarrow$$

$$\sqrt{S} \geqslant \sqrt{\lambda+2}\left(\frac{x+y}{2}\right)$$

即式(8)成立,等号成立仅当 $x=y$.

证法 2 设(注意到 $|\lambda| \leqslant 2 \Rightarrow \lambda - 2 \leqslant 0$)

$$S = x^2 + \lambda xy + y^2 = (x+y)^2 + (\lambda-2)xy \geqslant$$

$$(x+y)^2 + (\lambda-2)\left(\frac{x+y}{4}\right)^2 = \frac{1}{4}(\lambda+2)(x+y)^2 \Rightarrow$$

$$\sqrt{S} \geqslant \sqrt{\lambda+2}\left(\frac{x+y}{2}\right)$$

即式(8)成立,等号成立仅当 $x=y$.

证法 3 注意到 $|\lambda| \leqslant 2 \Rightarrow 2+\lambda \geqslant 0$,设

$$S = x^2 + \lambda xy + y^2 \Rightarrow$$

$$4S = 4x^2 + 4\lambda xy + 4y^2 =$$

$$(\lambda+2)(x^2+2xy+y^2) + (2-\lambda)(x^2-2xy+y^2) =$$

$$(\lambda+2)(x+y)^2 + (2-\lambda)(x-y)^2 \geqslant$$

$$(\lambda+2)(x+y)^2 \Rightarrow \sqrt{S} \geqslant \sqrt{\lambda+2}\left(\frac{x+y}{2}\right)$$

即式(8)成立,等号成立仅当 $x=y$.

对于 $m \geqslant 1$,由式(8)并应用幂平均不等式有

$$\sqrt{x^{2m} + \lambda x^m y^m + y^{2m}} \geqslant \sqrt{\lambda+2}\left(\frac{x^m+y^m}{2}\right) \geqslant \sqrt{\lambda+2}\left(\frac{x+y}{2}\right)^m \Rightarrow \quad (9)$$

$$\sqrt[2m]{x^{2m} + \lambda x^m y^m + y^{2m}} \geqslant \sqrt[2m]{\lambda+2}\left(\frac{x+y}{2}\right) \quad (10)$$

现在我们证明推广 11:

证明 应用上面的式(9)有

$$\sum_{k=1}^{n} \sqrt{a_k^{2m} + \lambda a_k^m a_{k+1}^m + a_{k+1}^{2m}} \geqslant \sum_{k=1}^{n} \sqrt{\lambda+2}\left(\frac{a_k+a_{k+1}}{2}\right)^m \geqslant$$

(应用幂平均不等式)

$$n\sqrt{\lambda+2}\left[\frac{\sum_{k=1}^{n}\left(\frac{a_k+a_{k+1}}{2}\right)}{n}\right]^m =$$

$$n\sqrt{\lambda+2}\left[\frac{\sum_{k=1}^{n} a_k}{n}\right]^m = \frac{\sqrt{\lambda+2}}{n^{m-1}}\left(\sum_{k=1}^{n} a_k\right)^m$$

即式(T_5)成立,等号成立仅当 $a_1 = a_2 = \cdots = a_n$.

从上述证法可知，如果应用式(10)，可得式(T_5)的配对式

$$\sum_{k=1}^{n} \sqrt[2m]{a_k^{2m} + \lambda a_k^m a_{k+1}^m + a_{k+1}^m} \geqslant \sqrt[2m]{\lambda + 2} \sum_{k=1}^{n} a_k \qquad (T_7)$$

当 $m = 1$ 时，同样可得式(T_6).

下面，我们再将式(T_7)推广为

推广 12 设元数 $2 \leqslant n \in \mathbf{N}, a_k \geqslant 0 (k = 1, 2, \cdots, n)$，参数 $\lambda_k \in (-2, 2]$，指数 $m \geqslant 1, \theta > 1$，则有

$$P_n(\theta) = \sum_{k=1}^{n} \sqrt[2m]{(a_k^{2m} + \lambda_k a_k^m a_{k+1}^m + a_{k+1}^{2m})^\theta} \geqslant$$

$$\left[\sum_{k=1}^{n} \left(\frac{1}{\lambda_k + 2} \right)^{\frac{\theta}{2m(\theta-1)}} \right]^{1-\theta} \left(\sum_{k=1}^{n} a_k \right)^\theta \qquad (T_8)$$

略证 应用前面的式(10)有

$$S_k(\theta) = \sqrt[2m]{(a_k^{2m} + \lambda_k a_k^m a_{k+1}^m + a_{k+1}^{2m})^\theta} \geqslant$$

$$\sqrt[2m]{(\lambda_k + 2)^\theta} \left(\frac{a_k + a_{k+1}}{2} \right)^\theta \Rightarrow$$

$$P_n(\theta) = \sum_{k=1}^{n} S_k(\theta) \geqslant M_n(\theta) =$$

$$\sum_{k=1}^{n} \left[\sqrt[2m]{(\lambda_k + 2)^\theta} \left(\frac{a_k + a_{k+1}}{2} \right)^\theta \right]$$

注意到

$$\theta > 1 \Rightarrow \frac{1}{\theta}, \frac{\theta - 1}{\theta} \in (0, 1) \text{ 且 } \frac{1}{\theta} + \frac{\theta - 1}{\theta} = 1$$

应用赫尔特不等式有

$$\left[\sum_{k=1}^{n} \sqrt[2m]{(\lambda_k + 2)^\theta} \left(\frac{a_k + a_{k+1}}{2} \right)^\theta \right]^{\frac{1}{\theta}} \left\{ \sum_{k=1}^{n} \left[\frac{1}{\sqrt[2m]{(\lambda_k + 2)^\theta}} \right]^{\frac{1}{\theta-1}} \right\}^{\frac{\theta-1}{\theta}} \geqslant$$

$$\sum_{k=1}^{n} \left(\frac{a_k + a_{k+1}}{2} \right) = \sum_{k=1}^{n} a_k \Rightarrow P_n(\theta) \geqslant M_n(\theta) \geqslant$$

$$\left[\sum_{k=1}^{n} \left(\frac{1}{\lambda_k + 2} \right)^{\frac{\theta}{2m(\theta-1)}} \right]^{1-\theta} \left(\sum_{k=1}^{n} a_k \right)^\theta$$

等号成立仅当 $a_1 = a_2 = \cdots = a_n, \lambda_1 = \lambda_2 = \cdots = \lambda_n \in (-2, 2]$.

另一方面，对于 $x, y \geqslant 0$，当 $|\lambda| \leqslant 2$ 时，我们在前面的引理中证明了

$$\sqrt{x^2 + \lambda xy + y^2} \geqslant \sqrt{\lambda + 2} \left(\frac{x+y}{2} \right) \qquad (11)$$

并应用它建立了(T_5)～(T_8)式.

其实，当 $\lambda \geqslant 2$ 时，式(11)反向，这是因为

$$4(x^2+\lambda xy+y^2)=(\lambda+2)(x+y)^2-(\lambda-2)(x-y)^2\leqslant$$
$$(\lambda+2)(x+y)^2\Rightarrow\sqrt{x^2+\lambda xy+y^2}\leqslant\sqrt{\lambda+2}\left(\frac{x+y}{2}\right) \tag{11}'$$

应用此式,再结合幂平均不等式,即可建立(T_5)、(T_7)的配对式:

$$\sum_{k=1}^{n}\sqrt{a_k^{2m}+\lambda a_k^m a_{k+1}^m+a_{k+1}^{2m}}\leqslant\frac{\sqrt{\lambda+2}}{n^{m-1}}\left(\sum_{k=1}^{n}a_k\right)^m \tag{T_{10}}$$

$$\sum_{k=1}^{n}\sqrt[2m]{a_k^{2m}+\lambda a_k^m a_{k+1}^m+a_{k+1}^{2m}}\leqslant\sqrt[2m]{\lambda+2}\sum_{k=1}^{n}a_k$$

其中$a_k\geqslant 0(1\leqslant k\leqslant n),\lambda\geqslant 2,0<m\leqslant 1$.

最后,我们先编造一个漂亮的基础题,然后将它推广得更好.

设$|\lambda|,|\mu|,|\upsilon|<1,\dfrac{1}{\lambda+1}+\dfrac{1}{\mu+1}+\dfrac{1}{\upsilon+1}=\dfrac{1}{t},x,y,z\geqslant 0$,则有

$$P_\lambda=x^2+y^2+z^2+\lambda yz+\mu zx+\upsilon xy\geqslant t(x+y+z)^2 \tag{T_{11}}$$

证明 由于$|\lambda|,|\mu|,|\upsilon|<1$,所以$|2\lambda|,|2\mu|,|2\upsilon|<2$,应用前面的引理有

$$y^2+2\lambda yz+z^2\geqslant\frac{2\lambda+2}{4}(y+z)^2\Rightarrow$$

$$y^2+2\lambda yz+z^2\geqslant\frac{1}{2}(\lambda+1)(y+z)^2$$

同理$\begin{cases}z^2+2\mu zx+x^2\geqslant\dfrac{1}{2}(\mu+1)(z+x)^2\\ x^2+2\upsilon xy+y^2\geqslant\dfrac{1}{2}(\upsilon+1)(x+y)^2\end{cases}\Rightarrow$

$$4P_\lambda\geqslant(\lambda+1)(y+z)^2+(\mu+1)(z+x)^2+(\upsilon+1)(x+y)^2\Rightarrow$$

$$\frac{4}{t}P_\lambda\geqslant 4\left(\sum\frac{1}{\lambda+1}\right)\sum(\lambda+1)(y+z)^2\geqslant$$

(应用柯西不等式)

$$\left[\sum(y+z)\right]^2=4\left(\sum x\right)^2\Rightarrow P_\lambda\geqslant t(x+y+z)^2$$

即式(T_{11})成立,等号成立仅当$\lambda=\mu=\upsilon$,且$x=y=z$.

再将式(T_{11})推而广之,便是:

设$\lambda_i\in(-1,1](i=1,2,\cdots,n;2\leqslant n\in\mathbf{N}),\dfrac{1}{t}=\sum_{i=1}^{n}\dfrac{1}{\lambda_i+1}\geqslant\dfrac{n}{2},m\geqslant 1$,$a_i\geqslant 0(1\leqslant i\leqslant n)$,则有(约定$a_{n+1}\equiv a_1$)

$$F_n(\lambda)=\sum_{i=1}^{n}a_i^{2m}+\sum_{i=1}^{n}\lambda_i(a_i a_{i+1})^m\geqslant tn^2\left(\frac{\sum_{i=1}^{n}a_i}{n}\right)^{2m} \tag{T_{12}}$$

证明 当 $m=1$ 时,应用前面的引理有

$$a_i^2 + 2\lambda_i a_i a_{i+1} + a_{i+1}^2 \geqslant (2\lambda_i + 2)\left(\frac{a_i + a_{i+1}}{2}\right)^2 =$$

$$\frac{1}{2}(\lambda_i + 1)(a_i + a_{i+1})^2 \Rightarrow$$

$$F'_n(\lambda) = \sum_{i=1}^{n}(a_i^2 + 2\lambda_i a_i a_{i+1} + a_{i+1}^2) \geqslant$$

$$\frac{1}{2}\sum_{i=1}^{n}(\lambda_i + 1)(a_i + a_{i+1})^2 \Rightarrow$$

$$\frac{2}{t}F'_n(\lambda) \geqslant \left(\sum_{i=1}^{n}\frac{1}{\lambda_i + 1}\right)\sum_{i=1}^{n}(\lambda_i + 1)(a_i + a_{i+1})^2$$

(应用柯西不等式) $\geqslant$

$$\left[\sum_{i=1}^{n}(a_i + a_{i+1})\right]^2 = 4\left(\sum_{i=1}^{n}a_i\right)^2 \Rightarrow$$

$$F'_n(\lambda) = \sum_{i=1}^{n}(a_i^2 + 2\lambda_i a_i a_{i+1} + a_{i+1}^2) \geqslant 2t\left(\sum_{i=1}^{n}a_i\right)^2 \Rightarrow$$

$$\sum_{i=1}^{n}(a_i^2 + a_{i+1}^2) + 2\sum_{i=1}^{n}\lambda_i a_i a_{i+1} \geqslant 2t\left(\sum_{i=1}^{n}a_i\right)^2 \Rightarrow$$

$$2\sum_{i=1}^{n}a_i^2 + 2\sum_{i=1}^{n}\lambda_i a_i a_{i+1} \geqslant 2t\left(\sum_{i=1}^{n}a_i\right)^2 \Rightarrow$$

$$F_n(\lambda) \geqslant t\left(\sum_{i=1}^{n}a_i\right)^2 \tag{12}$$

此时式(T_{12})成立,等号成立仅当 $\lambda_1 = \lambda_2 = \cdots = \lambda_n \in (-1, 1]$ 及 $a_1 = a_2 = \cdots = a_n$.

当 $m > 1$ 时,在式(12)中作置换

$$a_i \to a_i^m (i=1,2,\cdots,n) \Rightarrow F_n(\lambda) = \sum_{i=1}^{n}a_i^{2m} + \sum_{i=1}^{n}\lambda_i(a_i a_{i+1})^m \geqslant$$

$$t\left(\sum_{i=1}^{n}a_i^m\right)^2 = tn^2\left[\frac{\sum_{i=1}^{n}a_i^m}{n}\right]^2 \text{(应用幂平均不等式)} \geqslant$$

$$tn^2\left[\frac{\sum_{i=1}^{n}a_i}{n}\right]^{2m}$$

此时式(T_{12})显然成立.

关于一个三角不等式的研究

（一）

由哈尔滨工业大学出版社出版,沈文选老师著的《平面几何证明方法全书》第 50 页例 2 是：

题目：在 $\triangle ABC$ 中,三内角用 A,B,C 表示,则

$$\left(\csc\frac{A}{2}+\csc\frac{B}{2}+\csc\frac{C}{2}\right)^2 \geqslant 9+\left(\cot\frac{A}{2}+\cot\frac{B}{2}+\cot\frac{C}{2}\right)^2 \quad (A)$$

其中等号当且仅当 $\triangle ABC$ 为正三角形时成立.

显然,式(A)是一个结构对称、外形优美的三角不等式,在证明式(A)前,沈老师指出:"此不等式的证法很多,我们选择用割补法证明,这种证法能让人大开眼界."

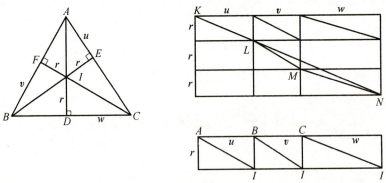

证明 设 I 为 $\triangle ABC$ 的内心,内切圆半径为 r,依次记 AE,BF,CD 为 u,v,w.

沿 AI,BI,CI,DI,EI,FI 割开,由此可把 $\triangle ABC$ 拆拼成一矩形,将此三个全等的矩形拼成一个大矩形,显见,折线段 $KLMN$ 之长应不小于对角线 KN 之长,即

$$AI + BI + CI \geqslant \sqrt{(3r)^2 + (\mu + \upsilon + \omega)^2}$$

上式两端平方并除以 r^2，得

$$\left(\frac{AI}{r} + \frac{BI}{r} + \frac{CI}{r}\right)^2 \geqslant 9 + \left(\frac{\mu}{r} + \frac{\upsilon}{r} + \frac{\omega}{r}\right)^2$$

此即为欲证的不等式，且等号成立的充要条件是图中对角线 KN 与折线 $KLMN$ 重合，即需 $\mu = \upsilon = \omega$，也即需 $\angle A = \angle B = \angle C$，由此即证.

上述神奇优美的证法，充分显示了数形结合的美妙性，确实让人大开眼界，赞叹不已. 而且，应用此法，不难将式(A)推广为：

推广 1 设凸 $n(3 \leqslant n \in \mathbf{N})$ 边形 $A_1 A_2 \cdots A_n$ 有内切圆，那么有

$$\left(\sum_{i=1}^{n} \csc \frac{A_i}{2}\right)^2 \geqslant n^2 + \left(\sum_{i=1}^{n} \cot \frac{A_i}{2}\right)^2 \tag{B}$$

等号成立仅当 $A_1 A_2 \cdots A_n$ 为正 n 边形.

下面，我们先用一种简洁的三角法证明式(A).

另证：注意到在 $(0, \frac{\pi}{2})$ 内函数 $f(x) = \tan x$ 是凸函数，于是有

$$\left(\sum \csc \frac{A}{2}\right)^2 - \left(\sum \cot \frac{A}{2}\right)^2 =$$

$$\left(\sum \csc \frac{A}{2} + \sum \cot \frac{A}{2}\right)\left(\sum \csc \frac{A}{2} - \sum \cot \frac{A}{2}\right) =$$

$$\sum \left(\csc \frac{A}{2} + \cot \frac{A}{2}\right) \sum \left(\csc \frac{A}{2} - \cot \frac{A}{2}\right) \geqslant$$

（应用柯西不等式）$\geqslant$

$$\left[\sum \sqrt{\left(\csc \frac{A}{2} + \cot \frac{A}{2}\right)\left(\csc \frac{A}{2} - \cot \frac{A}{2}\right)}\right]^2 =$$

$$\left(\sum \sqrt{\csc^2 \frac{A}{2} - \cot^2 \frac{A}{2}}\right)^2 = 3^2 \Rightarrow$$

$$\left(\sum \csc \frac{A}{2}\right)^2 \geqslant 9 + \left(\sum \cot \frac{A}{2}\right)^2$$

即式(A)成立，等号成立仅当

$$\frac{\csc \frac{A}{2} + \cot \frac{A}{2}}{\csc \frac{A}{2} - \cot \frac{A}{2}} = \frac{\csc \frac{B}{2} + \cot \frac{B}{2}}{\csc \frac{B}{2} - \cot \frac{B}{2}} = \frac{\csc \frac{C}{2} + \cot \frac{C}{2}}{\csc \frac{C}{2} - \cot \frac{C}{2}} \Rightarrow$$

$$\frac{1 + \cos \frac{A}{2}}{1 - \cos \frac{A}{2}} = \frac{1 + \cos \frac{B}{2}}{1 - \cos \frac{B}{2}} = \frac{1 + \cos \frac{C}{2}}{1 - \cos \frac{C}{2}} \Rightarrow$$

$$\left(\cot\frac{A}{4}\right)^2 = \left(\cot\frac{B}{4}\right)^2 = \left(\cot\frac{C}{4}\right)^2 \Rightarrow$$
$$A = B = C = 60°$$

(二)

为了更好地研究式(A),我们先分别从系数和指数两个方面推广漂亮的式(B).

推广 2 设系数 $\lambda_i > 0, \theta_i \in \left(0, \frac{\pi}{2}\right)$ ($i=1,2,\cdots,n; 2 \leqslant n \in \mathbf{N}$),记 $\varphi = \frac{1}{n}\sum_{i=1}^{n}\theta_i \in \left(0, \frac{\pi}{2}\right), 1 \leqslant k \in \mathbf{N}$,那么有

$$\left(\sum_{i=1}^{n}\lambda_i \csc\theta_i\right)^2 \geqslant \left(\sum_{i=1}^{n}\lambda_i\right)^2 + \left(\sum_{i=1}^{n}\lambda_i \cot\theta_i\right)^2 \tag{C}$$

$$\left(\sum_{i=1}^{n}\csc\theta_i\right)^k \geqslant m + \left(\sum_{i=1}^{n}\cot\theta_i\right)^k \tag{D}$$

其中

$$m = n^k\left[(\csc\varphi)^k - (\cot\varphi)^k\right] \tag{1}$$

特别地,当 $\lambda_1 = \lambda_2 = \cdots = \lambda_n, \theta_1 = \frac{A_1}{2}, \theta_2 = \frac{A_2}{2}, \cdots, \theta_n = \frac{A_n}{2}$ 时,式(C) 化为式(B);当 $k=2, \theta_i = \frac{A_i}{2}$ ($1 \leqslant i \leqslant n$) 时,式(D) 化为式(B).

证明 (i) 先证式(C)

$$\left(\sum_{i=1}^{n}\lambda_i \csc\theta_i\right)^2 - \left(\sum_{i=1}^{n}\lambda_i \cot\theta_i\right)^2 =$$

$$\left(\sum_{i=1}^{n}\lambda_i \csc\theta_i + \sum_{i=1}^{n}\lambda_i \cot\theta_i\right)\left(\sum_{i=1}^{n}\lambda_i \csc\theta_i - \sum_{i=1}^{n}\lambda_i \cot\theta_i\right) =$$

$$\sum_{i=1}^{n}\lambda_i(\csc\theta_i + \cot\theta_i)\sum_{i=1}^{n}\lambda_i(\csc\theta_i - \cot\theta_i) \geqslant$$

(应用柯西不等式)

$$\left[\sum_{i=1}^{n}\lambda_i\sqrt{(\csc\theta_i + \cot\theta_i)(\csc\theta_i - \cot\theta_i)}\right]^2 =$$

$$\left[\sum_{i=1}^{n}\lambda_i\sqrt{\csc^2\theta_i - \cot^2\theta_i}\right]^2 = \left(\sum_{i=1}^{n}\lambda_i\right)^2 \Rightarrow$$

$$\left(\sum_{i=1}^{n}\lambda_i \csc\theta_i\right)^2 \geqslant \left(\sum_{i=1}^{n}\lambda_i\right)^2 + \left(\sum_{i=1}^{n}\lambda_i \cot\theta_i\right)^2$$

即式(C)成立,等号成立仅当

$$\frac{\csc\theta_1+\cot\theta_1}{\csc\theta_1-\cot\theta_1}=\frac{\csc\theta_2+\cot\theta_2}{\csc\theta_2-\cot\theta_2}=\cdots=\frac{\csc\theta_n+\cot\theta_n}{\csc\theta_n-\cot\theta_n}\Rightarrow$$

$$\frac{1+\cos\theta_1}{1-\cot\theta_1}=\frac{1+\cos\theta_2}{1-\cot\theta_2}=\cdots=\frac{1+\cos\theta_n}{1-\cot\theta_n}\Rightarrow$$

$$\left(\cot\frac{\theta_1}{2}\right)^2=\left(\cot\frac{\theta_2}{2}\right)^2=\cdots=\left(\cot\frac{\theta_n}{n}\right)^2$$

$$(注意\,\theta_i\in\left(0,\frac{\pi}{2}\right),1\leqslant i\leqslant n)\Rightarrow\theta_1=\theta_2=\cdots=\theta_n$$

(ii) 再证明式(D),注意到函数 $f(x)=\tan x$ 在 $(0,\frac{\pi}{2})$ 内是凸函数,当 $k=1$ 时

$$\sum_{i=1}^n\csc\theta_i-\sum_{i=1}^n\cot\theta_i=\sum_{i=1}^n(\csc\theta_i-\cot\theta_i)=$$

$$\sum_{i=1}^n\left(\frac{1-\cos\theta_i}{\sin\theta_i}\right)=\sum_{i=1}^n\tan\frac{\theta_i}{2}\geqslant$$

$$n\tan\left(\frac{\sum_{i=1}^n\theta_i}{2n}\right)=n\tan\frac{\varphi}{2}\Rightarrow$$

$$\sum_{i=1}^n\csc\theta_i\geqslant n(\csc\varphi-\cot\varphi)+\sum_{i=1}^n\cot\theta_i$$

即当 $k=1$ 时式(D)成立;

当 $k=2$ 时从式(C)知式(D)显然成立;

当 $3\leqslant k\in\mathbf{N}$ 时,简记

$$x=\sum_{i=1}^n\csc\theta_i,\,y=\sum_{i=1}^n\cot\theta_i$$

从上面的证明知有

$$x-y\geqslant n\tan\frac{\varphi}{2} \qquad (2)$$

且由于在 $(0,\frac{\pi}{2})$ 内 $\sin x$ 为凹函数,$\cot x$ 为凸函数,应用琴生不等式有

$$y=\sum_{i=1}^n\cot\theta_i\geqslant n\cot\left(\frac{\sum_{i=1}^n\theta_i}{n}\right)=n\cot\varphi \qquad (3)$$

$$\sum_{i=1}^n\sin\theta_i\leqslant n\sin\left(\frac{\sum_{i=1}^n\theta_i}{n}\right)=n\sin\varphi\Rightarrow$$

$$n\sin\varphi \cdot x \geqslant \left(\sum_{i=1}^{n}\sin\theta_i\right)\left(\sum_{i=1}^{n}\frac{1}{\sin\theta_i}\right) \geqslant$$

$$(\text{应用柯西不等式})n^2 \Rightarrow x \geqslant n\csc\varphi \tag{4}$$

因此,当 $3 \leqslant k \in \mathbf{N}$ 时,有

$$x^k - y^k = (x-y)(x^{k-1} + x^{k-2}y + \cdots + xy^{k-2} + y^{k-1}) \geqslant$$

$$\left(n\tan\frac{\varphi}{2}\right)n^{k-1}[(\csc\varphi)^{k-1} + (\csc\varphi)^{k-2}\cdot\cot\varphi + \cdots +$$

$$\csc\varphi\cdot(\cot\varphi)^{k-2} + (\cot\varphi)^{k-1}] =$$

$$n^k\tan\frac{\varphi}{2}\cdot\frac{(\csc\varphi)^k - (\cot\varphi)^k}{\csc\varphi - \cot\varphi} =$$

$$n^k[(\csc\varphi)^k - (\cot\varphi)^k] = m \Rightarrow$$

$$\left(\sum_{i=1}^{n}\csc\theta_i\right)^k \geqslant m + \left(\sum_{i=1}^{n}\cot\theta_i\right)^k$$

即式(D)成立,等号成立仅当 $\theta_1 = \theta_2 = \cdots = \theta_n = \varphi$.

综合上述(i)和(ii)知,(C)、(D)两式成立,且两式等号成立的条件均为 $\theta_1 = \theta_2 = \cdots = \theta_n = \varphi$.

(三)

从上述证法知,我们不难建立(C)、(D)两式从外形结构及三角意义上的配对式为:

配对 1 设指数 $1 \leqslant k \in \mathbf{N}$,$\lambda_1, \lambda_2, \cdots, \lambda_n$ 均为正系数,$\theta_1, \theta_2, \cdots, \theta_n(2 \leqslant n \in \mathbf{N})$ 均为锐角,记 $\varphi = \frac{1}{n}\sum_{i=1}^{n}\theta_i \in \left(0, \frac{\pi}{2}\right)$,那么有

$$\left(\sum_{i=1}^{n}\lambda_i\sec\theta_i\right)^2 \geqslant \left(\sum_{i=1}^{n}\lambda_i\right)^2 + \left(\sum_{i=1}^{n}\lambda_i\tan\theta_i\right)^2 \tag{E}$$

$$\left(\sum_{i=1}^{n}\sec\theta_i\right)^k \geqslant M + \left(\sum_{i=1}^{n}\lambda_i\tan\theta_i\right)^k \tag{F}$$

其中 $M = n^k[(\sec\varphi)^k - (\tan\varphi)^k]$.

无独有偶,式(D)还有第 2 个配对式为:

配对 2 设指数 $1 \leqslant k \in \mathbf{N}$,$\theta_i \in \left(0, \frac{\pi}{4}\right)(i=1,2,\cdots,n; 2 \leqslant n \in \mathbf{N})$,则有

$$\left(\sum_{i=1}^{n}\cot\theta_i\right)^k \geqslant Q + \left(\sum_{i=1}^{n}\tan\theta_i\right)^k \tag{G}$$

其中 $Q = n^k[(\cot\varphi)^k - (\tan\varphi)^k]$.

$$\varphi = \frac{1}{n}\sum_{i=1}^{n}\theta_i \in \left(0,\frac{\pi}{4}\right)$$

证明 由于在区间$\left(0,\frac{\pi}{2}\right)$内函数$\cot x$,$\tan x$均为凸函数,因此应用琴生不等式有

$$x = \sum_{i=1}^{n}\cot\theta_i \geqslant n\cot\varphi$$

$$y = \sum_{i=1}^{n}\tan\theta_i \geqslant n\tan\varphi$$

当$k=1$时

$$x - y = \sum_{i=1}^{n}\cot\theta_i - \sum_{i=1}^{n}\tan\theta_i =$$

$$\sum_{i=1}^{n}(\cot\theta_i - \tan\theta_i) = \sum_{i=1}^{n}\left(\frac{\cos^2\theta_i - \sin^2\theta_i}{\sin\theta_i\cos\theta_i}\right) =$$

$$2\sum_{i=1}^{n}\frac{\cos 2\theta_i}{\sin 2\theta_i} = 2\sum_{i=1}^{n}\cot 2\theta_i \geqslant$$

$$2n\cot\left(\frac{2}{n}\sum_{i=1}^{n}\theta_i\right) = 2n\cot 2\varphi = n(\cot\varphi - \tan\varphi) \Rightarrow$$

$$\sum_{i=1}^{n}\cot\theta_i \geqslant n(\cot\varphi - \tan\varphi) + \sum_{i=1}^{n}\tan\theta_i \qquad (1)$$

即当$k=1$时式(G)成立;

当$k=2$时,由于

$$x^2 - y^2 = (x-y)(x+y) \geqslant$$
$$n(\cot\varphi - \tan\varphi)(n\cot\varphi + n\tan\varphi) =$$
$$n^2(\cot^2\varphi - \tan^2\varphi) \Rightarrow$$

$$\left(\sum_{i=1}^{n}\cot\theta_i\right)^2 \geqslant n^2(\cot^2\varphi - \tan^2\varphi) + \left(\sum_{i=1}^{n}\tan\theta_i\right)^2 \qquad (2)$$

即当$k=2$时,式(G)也成立;

当$3 \leqslant k \in \mathbf{N}$时,由于

$$x^k - y^k = (x-y)(x^{k-1} + x^{k-2}y + \cdots + xy^{k-2} + y^{k-1}) \geqslant$$
$$(x-y)n^{k-1}[(\cot\varphi)^{k-1} + (\cot\varphi)^{k-2}\tan\varphi + \cdots +$$
$$\cot\varphi(\tan\varphi)^{k-2} + (\tan\varphi)^{k-1}] =$$
$$n^{k-1}(x-y)\frac{(\cot\varphi)^k - (\tan\varphi)^k}{\cot\varphi - \tan\varphi} \geqslant$$
$$n^k(\cot\varphi - \tan\varphi) \cdot \frac{(\cot\varphi)^k - (\tan\varphi)^k}{\cot\varphi - \tan\varphi} =$$

$$n^k[(\cot\varphi)^k - (\tan\varphi)^k] = Q \Rightarrow$$

$$\left(\sum_{i=1}^n \cot\theta_i\right)^k \geqslant Q + \left(\sum_{i=1}^n \tan\theta_i\right)^k$$

即此时式(G)也成立.

综合上述,对于任意 $1 \leqslant k \in \mathbf{N}$ 式,(G) 成立. 等号成立仅当 $\theta_1 = \theta_2 = \cdots = \theta_n = \varphi$.

我们知道,应用三角恒等式

$$\csc^2\theta_i - \cot^2\theta_i = 1$$
$$\sec^2\theta_i - \tan^2\theta_i = 1 \quad (1 \leqslant i \leqslant n)$$

可得

$$\sum_{i=1}^n \csc^2\theta_i = n + \sum_{i=1}^n \cot^2\theta_i \tag{3}$$

$$\sum_{i=1}^n \sec^2\theta_i = n + \sum_{i=1}^n \tan^2\theta_i \tag{4}$$

有趣的是,在式(G) 中取 $k=2$ 有

$$\left(\sum_{i=1}^n \cot\theta_i\right)^2 \geqslant n^2(\cot^2\varphi - \tan^2\varphi) + \left(\sum_{i=1}^n \tan\theta_i\right)^2$$

相应地,上式也有一个非常漂亮的配对式

$$\sum_{i=1}^n \cot^2\theta_i \geqslant n(\cot^2\varphi - \tan^2\varphi) + \sum_{i=1}^n \tan^2\theta_i \tag{5}$$

证明 由于

$$\cot^2\theta - \tan^2\theta = \frac{\cos^4\theta - \sin^4\theta}{(\sin\theta\cos\theta)^2} = \frac{(\cos^2\theta + \sin^2\theta)(\cos^2\theta - \sin^2\theta)}{(\sin\theta\cos\theta)^2} =$$

$$\frac{\cos^2\theta - \sin^2\theta}{(\sin\theta\cos\theta)^2} = \frac{4\cos 2\theta}{\sin^2 2\theta} = 4\cot 2\theta \csc 2\theta \Rightarrow$$

$$\cot^2\theta - \tan^2\theta = 4\cot 2\theta \csc 2\theta \tag{6}$$

根据对称性,不妨设

$$0 < \theta_1 \leqslant \theta_2 \leqslant \cdots \leqslant \theta_n < \frac{\pi}{4} \Rightarrow$$

$$\begin{cases} \cot 2\theta_1 \geqslant \cot 2\theta_2 \geqslant \cdots \geqslant \cot 2\theta_n > 0 \\ \csc 2\theta_1 \geqslant \csc 2\theta_2 \geqslant \cdots \geqslant \csc 2\theta_n > 1 \end{cases} \Rightarrow$$

(应用切比雪夫不等式)

$$\sum_{i=1}^n \cot^2\theta_i - \sum_{i=1}^n \tan^2\theta_i = \sum_{i=1}^n (\cot^2\theta_i - \tan^2\theta_i) =$$

$$4\sum_{i=1}^n \cot 2\theta_i \csc 2\theta_i \geqslant \frac{4}{n}\left(\sum_{i=1}^n \cot 2\theta_i\right)\left(\sum_{i=1}^n \csc 2\theta_i\right)$$

（应用琴生不等式和前面的结论）$\geqslant$

$$\frac{4}{n} \cdot n\cot\left(\frac{\sum_{i=1}^{n} 2\theta_i}{n}\right) n\csc\left(\frac{\sum_{i=1}^{n} 2\theta_i}{n}\right) \geqslant$$

$$4n\cot 2\varphi \cdot \csc 2\varphi = n(\cot^2\varphi - \tan^2\varphi) \Rightarrow$$

$$\sum_{i=1}^{n} \cot^2\theta_i \geqslant n(\cot^2\varphi - \tan^2\varphi) + \sum_{i=1}^{n} \tan^2\theta_i$$

即式(5)成立,等号成立仅当 $\theta_1 = \theta_2 = \cdots = \theta_n = \varphi$.

令人欣喜的是,式(G)自身也有配对式：

配对 3 设 $1 \leqslant m \in \mathbf{N}, 2 \leqslant n \in \mathbf{N}, \varphi = (\sum_{i=1}^{n}\theta_i)/n$,

$$\lambda(m) = \sqrt{\left(\frac{m}{2}\right)^{3-(-1)^m}} - \frac{1-(-1)^m}{8} \tag{7}$$

那么,当 $\theta_i \in (0, \frac{\pi}{4}] (i=1,2,\cdots,n)$ 时

$$\sum_{i=1}^{n}(\cot\theta_i)^m \geqslant H + \sum_{i=1}^{n}(\tan\theta_i)^m \tag{H}$$

当 $\theta_i \in [\frac{\pi}{4}, \frac{\pi}{2}) (i=1,2,\cdots,n)$ 时

$$\sum_{i=1}^{n}(\tan\theta_i)^m \geqslant H + \sum_{i=1}^{n}(\cot\theta_i)^m \tag{H'}$$

其中

$$H = n\lambda(m)(\cot^2\varphi - \tan^2\varphi) + \frac{n}{2}(1-(-1)^m)(\cot\varphi - \tan\varphi) \tag{8}$$

证明 我们只须证明当 $\theta_i \in (0, \frac{\pi}{4}] (i=1,2,\cdots,n)$ 时式(H)成立即可.

(i) 为了简便起见,我们记 $a_i = \cot\theta_i, b_i = \tan\theta_i$,则当 $\theta_i \in (0, \frac{\pi}{4}]$ 时

$$0 < b_i \leqslant 1 \leqslant a_i, a_i b_i = 1, 1 \leqslant i \leqslant n$$

且

$$a_i + b_i \geqslant 2\sqrt{a_i b_i} = 2$$

当 $m \geqslant 2$ 时

$$a_i^m - b_i^m = (a_i - b_i)(a_i^{m-1} + a_i^{m-2}b_i + \cdots + a_i b_i^{m-2} + b_i^{m-1}) \geqslant$$

$$m(a_i - b_i)(a_i^{m-1} \cdot a_i^{m-2}b_i \cdot \cdots \cdot a_i b_i^{m-2} \cdot b_i^{m-1})^{\frac{1}{m}} =$$

$$m(a_i - b_i)(a_i b_i)^{\frac{1}{2}(m-1)} = m(a_i - b_i) \Rightarrow$$

$$a_i^m - b_i^m \geqslant m(a_i - b_i)$$

当 m 为偶数时,设 $m = 2k (1 \leqslant k \in \mathbf{N})$

$$\sum_{i=1}^{n}(a_i^m - b_i^m) = \sum_{i=1}^{n}\left[(a_i^2)^k - (b_i^2)^k\right] \geqslant$$

$$k\sum_{i=1}^{n}(a_i^2 - b_i^2)(\text{应用前面的结论有}) \geqslant$$

$$nk(\cot^2\varphi - \tan^2\varphi) \Rightarrow$$

$$\sum_{i=1}^{n}(\cot\theta_i)^m \geqslant \frac{n}{2}m(\cot^2\varphi - \tan^2\varphi) + \sum_{i=1}^{n}(\tan\theta_i)^m \tag{9}$$

注意到当 m 为偶数时,

$$\lambda(m) = \frac{m}{2}, H = \frac{nm}{2}(\cot^2\varphi - \tan^2\varphi)$$

$$\frac{n}{2}(1-(-1)^m) = 0$$

此时式(H)成立.

(ii) 当 m 为奇数时,且当 $m=1$ 时,由于

$$\lambda(m) = (\frac{1}{2})^2 - \frac{2}{8} = 0$$

$$\frac{n}{2}(1-(-1)^1) = n, H = n(\cot\varphi - \tan\varphi)$$

此时式(H) 化为

$$\sum_{i=1}^{n}\cot\theta_i \geqslant n(\cot\varphi - \tan\varphi) + \sum_{i=1}^{n}\tan\theta_i \tag{10}$$

这正是前面式(G)当 $k=1$ 时的特例,成立.

当 $m \geqslant 3$ 时,设 $m = 2k+1(1 \leqslant k \in \mathbf{N})$,由于

$$a_i^{2k+1} - b_i^{2k+1} = (a_i + b_i)(a_i^{2k} - b_i^{2k}) + a_i b_i (a_i^{2k-1} - b_i^{2k-1}) =$$
$$(a_i + b_i)(a_i^{2k} - b_i^{2k}) + (a_i^{2k-1} - b_i^{2k-1}) \geqslant$$
$$2(a_i^{2k} - b_i^{2k}) + (a_i^{2k-1} - b_i^{2k-1}) \geqslant$$
$$2k(a_i^2 - b_i^2) + (a_i^{2k-1} - b_i^{2k-1}) \Rightarrow$$
$$a_i^{2k+1} - b_i^{2k+1} \geqslant 2k(a_i^2 - b_i^2) + (a_i^{2k-1} - b_i^{2k-1})$$

依此类推,有

$$a_i^{2k-1} - b_i^{2k-1} \geqslant 2(k-1)(a_i^2 - b_i^2) + (a_i^{2k-3} - b_i^{2k-3})$$
$$\cdots$$
$$a_i^3 - b_i^3 \geqslant 2(a_i^2 - b_i^2) + (a_i - b_i)$$

将上面的 k 个不等式相加得

$$a_i^{2k+1} - b_i^{2k+1} \geqslant 2(1+2+\cdots+k)(a_i^2 - b_i^2) + (a_i - b_i) =$$
$$k(k+1)(a_i^2 - b_i^2) + (a_i - b_i) \Rightarrow$$

$$\sum_{i=1}^{n}(a_i^{2k+1}-b_i^{2k+1}) \geqslant k(k+1)\sum_{i=1}^{n}(a_i^2-b_i^2)+$$
$$\sum_{i=1}^{n}(a_i-b_i) \geqslant nk(k+1)(\cot^2\varphi-\tan^2\varphi)+$$
$$n(\cot\varphi-\tan\varphi) \Rightarrow$$
$$\sum_{i=1}^{n}(\cot\theta_i)^{2k+1} \geqslant H+\sum_{i=1}^{n}(\tan\theta_i)^{2k+1} \qquad (11)$$

由于当 $m=2k+1$ 为奇数时

$$\lambda(m)=\sqrt{\left(\frac{m}{2}\right)^{\sqrt{3-(-1)^m}}-\frac{1-(-1)^m}{8}}=$$
$$\left(\frac{m}{2}\right)^2-\frac{1}{4}=\frac{(2k+1)^2}{4}-\frac{1}{4}=$$
$$k(k+1)$$
$$H=n\lambda(m)(\cot^2\varphi-\tan^2\varphi)+$$
$$\frac{n}{2}(1-(-1)^m)(\cot\varphi-\tan\varphi)=$$
$$nk(k+1)(\cot^2\varphi-\tan^2\varphi)+n(\cot\varphi-\tan\varphi)$$

即此时式（H）仍然成立．

综合上述，式（H）成立，等号成立仅当 $\theta_1=\theta_2=\cdots=\theta_n=\varphi=\frac{\pi}{4}$．

顺便推出：

应用我们在前面建立的结论有

$$a_i^m-b_i^m \geqslant m(a_i-b_i)(1 \leqslant i \leqslant n) \Rightarrow$$
$$\sum_{i=1}^{n}(a_i^m-b_i^m) \geqslant m\sum_{i=1}^{n}(a_i-b_i) \geqslant$$
$$mn(\cot\varphi-\tan\varphi) \Rightarrow$$
$$\sum_{i=1}^{n}(\cot\theta_i)^m \geqslant mn(\cot\varphi-\tan\varphi)+\sum_{i=1}^{n}(\tan\theta_i)^m \qquad (h)$$

这一结果虽然显得简洁，但却比式（H）要弱，这是因为：

(i) 当 m 为偶数时

$$H=\frac{mn}{2}(\cot^2\varphi-\tan^2\varphi)=$$
$$\frac{nm}{2}(\cot\varphi+\tan\varphi)(\cot\varphi-\tan\varphi) \geqslant$$
$$nm\sqrt{\cot\varphi\tan\varphi}(\cot\varphi-\tan\varphi)=$$
$$nm(\cot\varphi-\tan\varphi)$$

(ii) 当 $m=2k+1$ 为奇数时

$$H = nk(k+1)(\cot^2\varphi - \tan^2\varphi) + n(\cot\varphi - \tan\varphi) \geqslant$$
$$2nk(k+1)(\cot\varphi - \tan\varphi) + n(\cot\varphi - \tan\varphi) =$$
$$n(\cot\varphi - \tan\varphi)[2k^2 + (2k+1)] \geqslant$$
$$n(2k+1)(\cot\varphi - \tan\varphi) =$$
$$mn(\cot\varphi - \tan\varphi)$$

这充分表明式(H)比式(h)要强,所以我们的心血没有白费,我们付出的努力是值得的.

令人精神振奋的是:配对 2 中的式(G)还有一个配对式是:

配对 4 设 $1 \leqslant k \in \mathbf{N}, \theta_i \in (0, \frac{\pi}{4})(i=1,2,\cdots,n; 2 \leqslant n \in \mathbf{N})$,则有

$$\left(\sum_{i=1}^n \cos\theta_i\right)^k \leqslant n^k[(\cos\varphi)^k - (\sin\varphi)^k] + \left(\sum_{i=1}^n \sin\theta_i\right)^k \qquad (\mathrm{I})$$

其中 $\varphi = \frac{1}{n}\sum_{i=1}^n \theta_i \in (0, \frac{\pi}{4})$.

证明 简记

$$x = \sum_{i=1}^n \cos\theta_i, y = \sum_{i=1}^n \sin\theta_i$$

当 $k=1$ 时

$$x - y = \sum_{i=1}^n \cos\theta_i - \sum_{i=1}^n \sin\theta_i = \sum_{i=1}^n (\cos\theta_i - \sin\theta_i) =$$
$$\sqrt{2}\sum_{i=1}^n \sin(\frac{\pi}{4} - \theta_i) \leqslant \sqrt{2}n\sin\frac{1}{n}\sum_{i=1}^n (\frac{\pi}{4} - \theta_i) =$$
$$\sqrt{2}n\sin(\frac{\pi}{4} - \varphi) = n(\cos\varphi - \sin\varphi) \Rightarrow$$
$$\sum_{i=1}^n \cos\theta_i \leqslant n(\cos\varphi - \sin\varphi) + \sum_{i=1}^n \sin\theta_i$$

此时式(I)成立.

当 $k=2$ 时

$$x^2 - y^2 = (x+y)(x-y) =$$
$$\left(\sum_{i=1}^n \cos\theta_i + \sum_{i=1}^n \sin\theta_i\right)\left(\sum_{i=1}^n \cos\theta_i - \sum_{i=1}^n \sin\theta_i\right) =$$
$$\sum_{i=1}^n (\cos\theta_i + \sin\theta_i) \sum_{i=1}^n (\cos\theta_i - \sin\theta_i) =$$
$$2\sum_{i=1}^n \sin(\frac{\pi}{4} + \theta_i) \sum_{i=1}^n \sin(\frac{\pi}{4} - \theta_i) \leqslant$$

$$2n^2 \sin \frac{1}{n} \sum_{i=1}^{n} (\frac{\pi}{4} + \theta_i) \sin \frac{1}{n} \sum_{i=1}^{n} (\frac{\pi}{4} - \theta_i) =$$

$$2n^2 \sin(\frac{\pi}{4} + \varphi) \sin(\frac{\pi}{4} - \varphi) =$$

$$n^2 (\cos \varphi + \sin \varphi)(\cos \varphi - \sin \varphi) =$$

$$n^2 (\cos^2 \varphi - \sin^2 \varphi) \Rightarrow$$

$$\left(\sum_{i=1}^{n} \cos \theta_i\right)^2 \leqslant n^2 (\cos^2 \varphi - \sin^2 \varphi) + \left(\sum_{i=1}^{n} \sin \theta_i\right)^2$$

此时式(I) 成立.

当 $3 \leqslant k \in \mathbf{N}$ 时,注意到

$$x = \sum_{i=1}^{n} \cos \theta_i \leqslant n\cos \varphi$$

$$y = \sum_{i=1}^{n} \sin \theta_i \leqslant n\sin \varphi$$

于是有

$$x^k - y^k = (x-y)(x^{k-1} + x^{k-2} y + \cdots + xy^{k-2} + y^{k-1}) \leqslant$$

$$(x-y)n^{k-1}[(\cos \varphi)^{k-1} + (\cos \varphi)^{k-2} \sin \varphi + \cdots +$$

$$(\cos \varphi)(\sin \varphi)^{k-2} + (\sin \varphi)^{k-1}] =$$

$$n^{k-1}(x-y)\left(\frac{\cos^k \varphi - \sin^k \varphi}{\cos \varphi - \sin \varphi}\right) \leqslant$$

$$n^k (\cos^k \varphi - \sin^k \varphi) \Rightarrow$$

$$\left(\sum_{i=1}^{n} \cos \theta_i\right)^k \leqslant n^k (\cos^k \varphi - \sin^k \varphi) + \left(\sum_{i=1}^{n} \sin \theta_i\right)^k$$

此时式(I) 成立.

综合上述知,对一切 $1 \leqslant k \in \mathbf{N}$,式(I) 成立,等号成立仅当 $\theta_1 = \theta_2 = \cdots = \theta_n = \varphi \in (0, \frac{\pi}{4})$.

事实上,当 $\theta_i \in (\frac{\pi}{4}, \frac{\pi}{2})(1 \leqslant i \leqslant n)$ 时,式(I) 反向.

(四)

我们在前面从纵向方向在元数上与指数上推广探讨了不等式(A),如果取其特例,我们又可得一系列漂亮的基本三角不等式:

$$\csc \frac{A}{2} + \csc \frac{B}{2} + \csc \frac{C}{2} \geqslant 3(2-\sqrt{3}) + \cot \frac{A}{2} + \cot \frac{B}{2} + \cot \frac{C}{2} \quad \text{(a)}$$

因为 $3\cot\dfrac{\pi}{12}=3(2-\sqrt{3})$，所以

$$\left(\sum\csc\frac{A}{2}\right)^k\geqslant 3^k(2^k-\sqrt{3^k})+\left(\sum\cot\frac{A}{2}\right)^k \tag{b}$$

其中 $1\leqslant k\in\mathbf{N}$.

$$\sec\frac{A}{2}+\sec\frac{B}{2}+\sec\frac{C}{2}\geqslant\sqrt{3}+\tan\frac{A}{2}+\tan\frac{B}{2}+\tan\frac{C}{2} \tag{c}$$

$$\left(\lambda\csc\frac{A}{2}+\mu\csc\frac{B}{2}+\upsilon\csc\frac{C}{2}\right)^2\geqslant(\lambda+\mu+\upsilon)^2+$$
$$\left(\lambda\cot\frac{A}{2}+\mu\cot\frac{B}{2}+\upsilon\cot\frac{C}{2}\right)^2 \tag{d}$$

（其中 $\lambda,\mu,\upsilon\in\mathbf{R}^+$）

$$\csc A+\csc B+\csc C\geqslant 3\tan\frac{\pi}{12}+\cot A+\cot B+\cot C \tag{e}$$

（其中 $\triangle ABC$ 为锐角三角形）

$$\left(\sum\cos\frac{A}{2}\right)^k\leqslant\left(\frac{3}{2}\right)^k(\sqrt{3^k}-1)+\left(\sum\sin\frac{A}{2}\right)^k \tag{f}$$

（五）

如果我们仔细研究，就会发现，上面有些基本三角不等式，可以从系数、指数上横向推广它，使之妙不可言，优美无限.

比如，将式(b)与式(d)和谐统一，就可综合推广为：

推广 3 设指数 $2\leqslant k\in\mathbf{N}$，正权系数 $\lambda,\mu,\upsilon\in(0,3)$ 满足 $\lambda+\mu+\upsilon=3$，则对于任意 $\triangle ABC$ 有

$$(\lambda\csc\frac{A}{2}+\mu\csc\frac{B}{2}+\upsilon\csc\frac{C}{2})^{2k}\geqslant$$
$$m+(\lambda\cot\frac{A}{2}+\mu\cot\frac{B}{2}+\upsilon\cot\frac{C}{2})^{2k} \tag{J}$$

其中

$$\begin{cases} m=9\left(\dfrac{p^{2k}-q^{2k}}{p^2-q^2}\right) & (1) \\ p=\dfrac{2}{3}(\sqrt{\lambda}+\sqrt{\mu}+\sqrt{\upsilon})^2 & (2) \\ q=3\sqrt{4(\mu\upsilon+\upsilon\lambda+\lambda\mu)-9} & (3) \end{cases}$$

证明 简记

$$\begin{cases} x = \sum \lambda \csc \dfrac{A}{2} = \lambda \csc \dfrac{A}{2} + \mu \csc \dfrac{B}{2} + \upsilon \csc \dfrac{C}{2} \\ y = \sum \lambda \cot \dfrac{A}{2} = \lambda \cot \dfrac{A}{2} + \mu \cot \dfrac{B}{2} + \upsilon \cot \dfrac{C}{2} \end{cases}$$

应用式(d)有
$$x^2 - y^2 \geqslant (\sum \lambda)^2 = 9 \tag{4}$$

应用柯西不等式有
$$\frac{3}{2} x \geqslant \left(\sum \sin \frac{A}{2} \right) \left(\sum \frac{\lambda}{\sin \frac{A}{2}} \right) \geqslant (\sum \sqrt{\lambda})^2 \Rightarrow x \geqslant \frac{2}{3} (\sum \sqrt{\lambda})^2 \tag{5}$$

$$\sum \cot \frac{B}{2} \cot \frac{C}{2} = \left(\sum \tan \frac{B}{2} \tan \frac{C}{2} \right) \left(\sum \cot \frac{B}{2} \cot \frac{C}{2} \right)$$

(应用柯西不等式) $\geqslant 3^2 = 9 \tag{6}$

应用杨克昌不等式有
$$y = \sum \lambda \cot \frac{A}{2} \geqslant \sqrt{S} \left(\sum \cot \frac{B}{2} \cot \frac{C}{2} \right)^{\frac{1}{2}} \geqslant 3\sqrt{S} = 9 \tag{7}$$

其中
$$\begin{aligned} S &= 2(\mu\upsilon + \upsilon\lambda + \lambda\mu) - (\lambda^2 + \mu^2 + \upsilon^2) = \\ & 4(\mu\upsilon + \upsilon\lambda + \lambda\mu) - (\lambda + \mu + \upsilon)^2 = \\ & 4(\mu\upsilon + \upsilon\lambda + \lambda\mu) - 9 \end{aligned} \tag{8}$$

当 $2 \leqslant k \in \mathbf{N}$ 时
$$\begin{aligned} x^{2k} - y^{2k} &= (x^2 - y^2)(x^{2(k-1)} + x^{2(k-2)} y^2 + \cdots + x^2 y^{2(k-2)} + y^{2(k-1)}) \geqslant \\ & (x^2 - y^2)(p^{2(k-1)} + p^{2(k-2)} q^2 + \cdots + p^2 q^{2(k-2)} + q^{2(k-1)}) = \\ & (x^2 - y^2) \left(\frac{p^{2k} - q^{2k}}{p^2 - q^2} \right) \geqslant q \left(\frac{p^{2k} - q^{2k}}{p^2 - q^2} \right) = m \Rightarrow \end{aligned}$$

$$x^{2k} \geqslant m + y^{2k} \Rightarrow \left(\sum \lambda \csc \frac{A}{2} \right)^{2k} \geqslant m + \left(\sum \lambda \cot \frac{A}{2} \right)^{2k} \tag{9}$$

即式(J)成立,等号成立仅当 $\lambda = \mu = \upsilon = 1$,且 $\triangle ABC$ 为正三角形.

式(J)还有一个平行的漂亮的配对形式:

推广 4 投指数 $1 \leqslant k \in \mathbf{N}$,正权系数 $\lambda, \mu, \upsilon \in (0,3)$ 满足 $\lambda + \mu + \upsilon = 3$,则对任意 $\triangle ABC$ 有

$$\left(\lambda \cot \frac{A}{2} + \mu \cot \frac{B}{2} + \upsilon \cot \frac{C}{2} \right)^k \geqslant$$
$$Q + \left(\lambda \tan \frac{A}{2} + \mu \tan \frac{B}{2} + \upsilon \tan \frac{C}{2} \right)^k \tag{K}$$

其中
$$Q = (3^k - 1)[4(\mu v + v\lambda + \lambda\mu) - 9]^{\frac{k}{2}} \tag{10}$$

证明 我们简记
$$S = 2(\mu v + v\lambda + \lambda\mu) - (\lambda^2 + \mu^2 + v^2) =$$
$$4(\mu v + v\lambda + \lambda\mu) - (\lambda + \mu + v)^2 =$$
$$4(\mu v + v\lambda + \lambda\mu) - 9 \tag{11}$$

$$x = \sum \lambda \cot \frac{A}{2} = \lambda \cot \frac{A}{2} + \mu \cot \frac{B}{2} + v \cot \frac{C}{2} \tag{12}$$

$$y = \sum \lambda \tan \frac{A}{2} = \lambda \tan \frac{A}{2} + \mu \tan \frac{B}{2} + v \tan \frac{C}{2} \tag{13}$$

那么应用前面的结论有
$$x = \sum \lambda \cot \frac{A}{2} \geqslant 3\sqrt{S} \tag{14}$$

$$y = \sum \lambda \tan \frac{A}{2} \geqslant \sqrt{S} \left(\sum \tan \frac{B}{2} \tan \frac{C}{2} \right)^{\frac{1}{2}} = \sqrt{S} \tag{15}$$

注意到 $\sum \cot B \cot C = 1$. \hfill (16)

当 $k=1$ 时,
$$x - y = \sum \lambda \cot \frac{A}{2} - \sum \lambda \tan \frac{A}{2} = \sum \lambda \left(\cot \frac{A}{2} - \tan \frac{A}{2} \right) =$$

$$\sum \lambda \left[\frac{\left(\cos \frac{A}{2}\right)^2 - \left(\sin \frac{A}{2}\right)^2}{\cos \frac{A}{2} \sin \frac{A}{2}} \right] =$$

$$2 \sum \left(\frac{\lambda \cos A}{\sin A} \right) = 2 \sum \lambda \cot A$$

(应用杨克昌不等式) $\geqslant 2\sqrt{S} \left(\sum \cot B \cot C \right)^{\frac{1}{2}} = 2\sqrt{S} \Rightarrow$

$$\sum \lambda \cot \frac{A}{2} \geqslant 2\sqrt{S} + \sum \lambda \tan \frac{A}{2} \tag{17}$$

此时式(K)成立.

当 $k=2$ 时,由于
$$x^2 - y^2 = (x+y)(x-y) \geqslant (3\sqrt{S} + \sqrt{S}) 2\sqrt{S} = 8S \Rightarrow$$
$$\left(\sum \lambda \cot \frac{A}{2} \right)^2 \geqslant 8S + \left(\sum \lambda \tan \frac{A}{2} \right)^2 \tag{18}$$

此时式(K)也成立.

当 $3 \leqslant k \in \mathbf{N}$ 时,
$$x^k - y^k = (x-y)(x^{k-1} + x^{k-2}y + \cdots + xy^{k-2} + y^{k-1}) \geqslant$$

$$2\sqrt{S}\left[(3\sqrt{S})^{k-1}+(3\sqrt{S})^{k-2}\sqrt{S}+\cdots+\right.$$
$$\left.(3\sqrt{S})(\sqrt{S})^{k-2}+(\sqrt{S})^{k-1}\right]=$$
$$2(\sqrt{S})^{k}(3^{k-1}+3^{k-2}+\cdots+3+1)=$$
$$2\sqrt{S^{k}}\left(\frac{3^{k}-1}{3-1}\right)=2(3^{k}-1)\sqrt{S^{k}}=Q\Rightarrow$$
$$x^{k}\geqslant Q+y^{k}\Rightarrow$$
$$\left(\sum\lambda\cot\frac{A}{2}\right)^{k}\geqslant Q+\left(\sum\lambda\tan\frac{B}{2}\right)^{k} \tag{19}$$

即此时式(K)仍然成立.

综合上述,式(K)成立,等号成立仅当 $\lambda=\mu=v=1$ 及 $\triangle ABC$ 为正三角形.

有趣的是,如果将式(J)与式(K)结合,又可得到一个漂亮的推论
$$\left(\sum\lambda\csc\frac{A}{2}\right)^{k}\geqslant M+\left(\sum\lambda\tan\frac{A}{2}\right)^{k} \tag{L}$$

其中 $1\leqslant k\in\mathbf{N}, p=\frac{2}{3}(\sum\sqrt{\lambda})^{2}, S$ 同上.

$$M=3\sqrt{S}\left[\frac{p^{k}-(\sqrt{S})^{k}}{p-\sqrt{S}}\right]$$

提示 记 $x=\sum\lambda\csc\frac{A}{2}\geqslant\frac{2}{3}(\sum\sqrt{\lambda})^{2}=p, y=\sum\lambda\tan\frac{A}{2}\geqslant\sqrt{S}.$

当 $k=1$ 时
$$x-y=\sum\lambda\left(\csc\frac{A}{2}-\tan\frac{A}{2}\right)=$$
$$\sum\lambda\left\{\frac{1-(\sin\frac{A}{2})}{\sin\frac{A}{2}\cos\frac{A}{2}}\right\}=\sum\lambda\cot\frac{A}{2}\geqslant3\sqrt{S}$$

当 $k=2$ 时
$$x^{2}-y^{2}=(x+y)(x-y)\geqslant 3\sqrt{S}\left[\frac{2}{3}(\sum(\lambda))^{2}+\sqrt{S}\right]$$

当 $3\leqslant k\in\mathbf{N}$ 时
$$x^{k}-y^{k}=(x-y)(x^{k-1}+x^{k-2}y+\cdots+xy^{k-2}+y^{k-1})\geqslant$$
$$3\sqrt{S}\left[p^{k-1}+p^{k-2}(\sqrt{S})+\cdots+p(\sqrt{S})^{k-2}+(\sqrt{S})^{k-1}\right]=$$
$$3\sqrt{S}\left[\frac{p^{k}-(\sqrt{S})^{k}}{p-\sqrt{S}}\right]$$

（六）

我们知道，如果设 $k > 0$，系数 $\lambda, \mu, \upsilon \in (0, 3)$，且 $\lambda + \mu + \upsilon = 3$，那么对于任意 $\triangle ABC$，不妨设

$$0 < A \leqslant B \leqslant C < \pi \Rightarrow$$

$$\begin{cases} 0 < \left(\sin \dfrac{A}{2}\right)^k \leqslant \left(\sin \dfrac{B}{2}\right)^k \leqslant \left(\sin \dfrac{C}{2}\right)^k \\ 0 < \left(\sec \dfrac{A}{2}\right)^k \leqslant \left(\sec \dfrac{B}{2}\right)^k \leqslant \left(\sec \dfrac{C}{2}\right)^k \end{cases} \Rightarrow$$

$$\sum \lambda \left(\tan \dfrac{A}{2}\right)^k = \sum \dfrac{\lambda \left(\sin \dfrac{A}{2}\right)^k}{\left(\cos \dfrac{A}{2}\right)^k} \geqslant$$

（应用切比雪夫不等式的加权推广）

$$\dfrac{\sum \lambda \left(\sin \dfrac{A}{2}\right)^k}{\sum \lambda} \sum \dfrac{\lambda}{\left(\cos \dfrac{A}{2}\right)^k} \geqslant$$

（应用柯西不等式）

$$\dfrac{1}{3} \sum \lambda \left(\sin \dfrac{A}{2}\right)^k \cdot \dfrac{\left(\sum \lambda\right)^2}{\sum \lambda \left(\cos \dfrac{A}{2}\right)^k} = \dfrac{3 \sum \lambda \left(\sin \dfrac{A}{2}\right)^k}{\sum \lambda \left(\cos \dfrac{A}{2}\right)^k} \Rightarrow$$

$$\dfrac{\sum \lambda \left(\sin \dfrac{A}{2}\right)^k}{\sum \lambda \left(\cos \dfrac{A}{2}\right)^k} \leqslant \dfrac{1}{3} \sum \lambda \left(\tan \dfrac{A}{2}\right)^k \tag{M}$$

同理可得

$$\dfrac{\sum \lambda \left(\cos \dfrac{A}{2}\right)^k}{\sum \lambda \left(\sin \dfrac{A}{2}\right)^k} \leqslant \dfrac{1}{3} \sum \lambda \left(\cot \dfrac{A}{2}\right)^k \tag{N}$$

从外观结构上看，(M)、(N)两式恰似"天生一对，地配一双"的"龙凤双胞胎"，秀美得"如花似玉，貌若天仙"．

如此绝美的一对，其实配对 4 中的式(L)就是它俩的一个配对推广，取其推论，便有

$$\left(\sum \cos \frac{A}{2}\right)^k - \left(\sum \sin \frac{A}{2}\right)^k \leqslant \left(\frac{3}{2}\right)^k (\sqrt{3}^k - 1), 1 \leqslant k \in \mathbf{N} \quad (O)$$

如果我们能再从系数方面推广式(O),那就再好不过了,但是却"关山重重阳春风";

推广 5 设正系数 $\lambda, \mu, \upsilon \in (0, 3)$ 满足 $\lambda + \mu + \upsilon = 3, 1 \leqslant k \in \mathbf{N}$,则对任意 $\triangle ABC$ 则有

$$\left(\lambda \cos \frac{A}{2} + \mu \cos \frac{B}{2} + \upsilon \cos \frac{C}{2}\right)^{2k} \leqslant Q + \left(\lambda \sin \frac{A}{2} + \mu \sin \frac{B}{2} + \upsilon \sin \frac{C}{2}\right)^2 \quad (P)$$

其中

$$Q = \frac{q^k - t^k}{q - t} \left(\frac{t}{4}\right)^{k-1} \frac{3}{2} m$$

$$t = \frac{\mu \upsilon}{\lambda} + \frac{\upsilon \lambda}{\mu} + \frac{\lambda \mu}{\upsilon}$$

$$m = \left(\frac{\mu \upsilon}{\lambda}\right)^2 + \left(\frac{\upsilon \lambda}{\mu}\right)^2 + \left(\frac{\lambda \mu}{\upsilon}\right)^2$$

等号成立仅当 $\lambda = \mu = \upsilon = 1, \triangle ABC$ 为正三角形.

证明 (i) 应用平均值不等式有

$$\sum \left(\frac{\lambda \mu}{\upsilon} + \frac{\upsilon \lambda}{\mu}\right) \geqslant 2 \sum \lambda \Rightarrow \sum \lambda \leqslant \sum \frac{\mu \upsilon}{\lambda} \quad (1)$$

三角母不等式不仅用途广泛,且有两个漂亮的外观:

$$\lambda \cos A + \mu \cos B + \upsilon \cos C \leqslant \frac{1}{2}\left(\frac{\mu \upsilon}{\lambda} + \frac{\upsilon \lambda}{\mu} + \frac{\lambda \mu}{\upsilon}\right)$$

$$2(\mu \upsilon \cos A + \upsilon \lambda \cos B + \lambda \mu \cos C) \leqslant \lambda^2 + \mu^2 + \upsilon^2 \quad (2)$$

应用余弦倍角公式有

$$2 \sum \mu \upsilon \left(2 \cos^2 \frac{A}{2} - 1\right) \leqslant \sum \lambda^2 \Rightarrow \quad (3)$$

$$4 \sum \mu \upsilon \cos^2 \frac{A}{2} \leqslant \sum \lambda^2 + 2 \sum \mu \upsilon \Rightarrow$$

$$\sum \left[\frac{\cos^2 \frac{A}{2}}{\lambda}\right] \leqslant \frac{(\lambda + \mu + \upsilon)^2}{4 \lambda \mu \upsilon} \quad (4)$$

作置换

$$(\lambda, \mu, \upsilon) \to \left(\frac{1}{\lambda}, \frac{1}{\mu}, \frac{1}{\upsilon}\right) \Rightarrow = \sum \lambda \cos^2 \frac{A}{2} \leqslant \frac{(\sum \mu \upsilon)^2}{4 \lambda \mu \upsilon} \quad (5)$$

在式(2)中作置换

$$(A, B, C) \to \left(\frac{\pi}{2} - \frac{A}{2}, \frac{\pi}{2} - \frac{B}{2}, \frac{\pi}{2} - \frac{C}{2}\right) \Rightarrow$$

$$\sum \lambda \cos\left(\frac{\pi}{2} - \frac{A}{2}\right) \leqslant \frac{1}{2} \sum \frac{\mu v}{\lambda} \Rightarrow$$

$$\sum \lambda \sin \frac{A}{2} \leqslant \frac{1}{2} \sum \frac{\mu v}{\lambda} \tag{6}$$

(ii) 现在简记

$$\begin{cases} x = \sum \lambda \cos \frac{A}{2} = \lambda \cos \frac{A}{2} + \mu \cos \frac{B}{2} + v \cos \frac{C}{2} \\ y = \sum \lambda \sin \frac{A}{2} = \lambda \sin \frac{A}{2} + \mu \sin \frac{B}{2} + v \sin \frac{C}{2} \\ t = \sum \frac{\mu v}{\lambda} = \frac{\mu v}{\lambda} + \frac{v \lambda}{\mu} + \frac{\lambda \mu}{v} \end{cases}$$

应用柯西不等式有

$$\left(\frac{3}{4} \sum \frac{\mu v}{\lambda}\right)\left(\sum \lambda\right) \geqslant \left(\sum \lambda \cos^2 \frac{A}{2}\right)\left(\sum \lambda\right) \geqslant \left(\sum \lambda \cos \frac{A}{2}\right)^2 \Rightarrow$$

$$\sum \lambda \cos \frac{A}{2} = x \leqslant \frac{3}{2}\sqrt{t} \tag{7}$$

(iii) 当 $k=1$ 时

$$x^2 - y^2 = \left(\sum \lambda \cos \frac{A}{2}\right)^2 - \left(\sum \lambda \sin \frac{A}{2}\right)^2 = \sum \lambda^2 \left(\cos^2 \frac{A}{2} - \sin^2 \frac{A}{2}\right) +$$

$$2\sum \mu v \left(\cos \frac{B}{2} \cos \frac{C}{2} - \sin \frac{B}{2} \sin \frac{C}{2}\right) =$$

$$\sum \lambda^2 \cos A + 2\sum \mu v \cos\left(\frac{B}{2} + \frac{C}{2}\right) =$$

$$\sum \lambda^2 \cos A + 2\sum \mu v \sin \frac{A}{2} \leqslant$$

$$\frac{1}{2}\sum \left(\frac{\mu v}{\lambda}\right)^2 + \sum \lambda^2 \leqslant$$

$$\frac{1}{2}\sum \left(\frac{\mu v}{\lambda}\right)^2 + \sum \left(\frac{\mu v}{\lambda}\right)^2 \Rightarrow$$

$$x^2 - y^2 \leqslant \frac{3}{2}\sum \left(\frac{\mu v}{\lambda}\right)^2 = \frac{3}{2}m \tag{8}$$

此时式(P)成立.

当 $2 \leqslant k \in \mathbf{N}$ 时

$$x^{2k} - y^{2k} = (x^2 - y^2)(x^{2(k-1)} + x^{2(k-2)}y^2 + \cdots + x^2 y^{2(k-2)} + y^{2(k-1)}) \leqslant$$

$$(x^2 - y^2)\left[\left(\frac{3}{2}\sqrt{t}\right)^{2(k-1)} + \left(\frac{3}{2}\sqrt{t}\right)^{2(k-2)}\left(\frac{t}{2}\right) + \cdots + \right.$$

$$\left.\left(\frac{3}{2}\sqrt{t}\right)\left(\frac{t}{2}\right)^{2(k-2)} + \left(\frac{t}{2}\right)^{2(k-1)}\right] =$$

$$(x^2-y^2)\frac{(\frac{3}{2}\sqrt{t})^{2k}-(\frac{t}{2})^{2k}}{(\frac{3}{2}\sqrt{t})^2-(\frac{t}{2})^2}=$$

$$(x^2-y^2)\frac{t^{k-1}(q^k-t^k)}{4^{k-1}(q-t)}\leqslant$$

$$\frac{q^k-t^k}{q-t}\left(\frac{t}{4}\right)^{k-1}\cdot\frac{3}{2}\sum\left(\frac{\mu v}{\lambda}\right)^2=Q\Rightarrow$$

$$\left(\sum\lambda\cos\frac{A}{2}\right)^{2k}\leqslant Q+\left(\sum\lambda\sin\frac{A}{2}\right)^{2k}$$

此时式(P)仍然成立.

综合上述,对于 $1\leqslant k\in\mathbf{N}$,式(P)成立,等号成立仅当 $\lambda=\mu=v=1$, $\triangle ABC$ 为正三角形.

从三角意义及结构上讲,式(P)有配对式:

配对 5 设指数 $1\leqslant k\in\mathbf{N}$,系数 $\lambda,\mu,v\in(0,3)$,且满足 $\lambda+\mu+v=3$,则对锐角 $\triangle ABC$ 有

$$\left(\lambda\csc\frac{A}{2}+\mu\csc\frac{B}{2}+v\csc\frac{C}{2}\right)^{2k}\geqslant M+\left(\lambda\sec\frac{A}{2}+\mu\sec\frac{B}{2}+v\sec\frac{C}{2}\right)^{2k}$$

(Q)

其中

$$M=(m+n)\left(\frac{p^{2k}-q^{2k}}{p^2-q^2}\right)$$

$$p=\frac{2}{3}(\sqrt{\lambda}+\sqrt{\mu}+\sqrt{v})^2$$

$$q=\frac{2}{9}\sqrt{3}(\sqrt{\lambda}+\sqrt{\mu}+\sqrt{v})^2$$

$$m=16(\lambda\mu v)^{\frac{2}{3}},\ n=\frac{8\sqrt{3}S}{\lambda^2+\mu^2+v^2}$$

$$S=2\sum\mu^2v^2-\sum\lambda^4$$

分析 我们仍然记

$$\begin{cases}x=\sum\lambda\csc\dfrac{A}{2}=\lambda\csc\dfrac{A}{2}+\mu\csc\dfrac{B}{2}+v\csc\dfrac{C}{2}\\ y=\sum\lambda\sec\dfrac{A}{2}=\lambda\sec\dfrac{A}{2}+\mu\sec\dfrac{B}{2}+v\sec\dfrac{C}{2}\end{cases}$$

那么

$$x^2-y^2=(x+y)(x-y)=$$

$$\left(\sum\lambda\csc\frac{A}{2}+\sum\lambda\sec\frac{A}{2}\right)\left(\sum\lambda\csc\frac{A}{2}-\sum\lambda\sec\frac{A}{2}\right)=$$

$$\sum \lambda \left(\csc \frac{A}{2} + \sec \frac{A}{2}\right) \sum \lambda \left(\csc \frac{A}{2} - \sec \frac{A}{2}\right) \geqslant$$

（应用柯西不等式）

$$\left[\sum \lambda \sqrt{\left(\csc \frac{A}{2}\right)^2 - \left(\sec \frac{A}{2}\right)^2}\right]^2 =$$

$$\left[\sum \lambda \frac{\sqrt{\left(\cos \frac{A}{2}\right)^2 - \left(\sin \frac{A}{2}\right)^2}}{\sin \frac{A}{2} \cos \frac{A}{2}}\right]^2 = 4\left(\sum \lambda \frac{\sqrt{\cos A}}{\sin A}\right)^2 \quad (9)$$

现设

$$0 < A \leqslant B \leqslant C < \frac{\pi}{2} \Rightarrow$$

$$\begin{cases} \sqrt{\cos A} \geqslant \sqrt{\cos B} \geqslant \sqrt{\cos C} \\ \dfrac{1}{\sin A} \geqslant \dfrac{1}{\sin B} \geqslant \dfrac{1}{\sin C} \end{cases} \Rightarrow$$

（应用切比雪夫不等式的加权推广）

$$x^2 - y^2 \geqslant 4\left(\sum \lambda \frac{\sqrt{\cos A}}{\sin A}\right)^2 \geqslant$$

$$\left(\frac{2}{\sum \lambda}\right)^2 \left(\sum \lambda \sqrt{\cos A}\right)^2 \left(\sum \frac{\lambda}{\sin A}\right)^2 \geqslant$$

（应用柯西不等式）

$$\frac{4}{9}\left(\sum \lambda \sqrt{\cos A}\right)^2 \left[\frac{\left(\sum \sqrt{\lambda}\right)^2}{\sum \sqrt{\sin A}}\right]^2 \geqslant$$

$$\frac{4}{9}\left(\sum \lambda \sqrt{\cos A}\right)^2 \left[\frac{\left(\sum \sqrt{\lambda}\right)^2}{\frac{3}{2}\sqrt{3}}\right]^2 =$$

$$\frac{16}{3^5}\left(\sum \sqrt{\lambda}\right)^4 \left(\sum \lambda \sqrt{\cos A}\right)^2 \quad (10)$$

但应用柯西不等式有

$$\left(\sum \lambda \sqrt{\cos A}\right)^2 \leqslant \left(\sum \lambda^2\right)\left(\sum \cos A\right) \leqslant \frac{3}{2}\sum \lambda^2 \quad (11)$$

这表明运用此种方法不能证明式(Q). 为此，我们必须抓紧时间，调整方向，改变技巧.

证明 （i）应用前在的结论有

$$\begin{cases} x = \sum \lambda \csc \dfrac{A}{2} \geqslant p = \dfrac{2}{3}(\sum \sqrt{\lambda})^2 & (12) \\ y = \sum \lambda \sec \dfrac{A}{2} \geqslant q = \dfrac{2}{9}\sqrt{3}(\sum \sqrt{\lambda})^2 & (13) \end{cases}$$

$$x^2 - y^2 = (\sum \lambda \csc \dfrac{A}{2})^2 - (\sum \lambda \sec \dfrac{A}{2})^2 = a + b \qquad (14)$$

其中

$$a = \sum \lambda^2 \left(\csc^2 \dfrac{A}{2} - \sec^2 \dfrac{A}{2} \right) = \sum \lambda^2 \left[\dfrac{\cos^2 \dfrac{A}{2} - \sin^2 \dfrac{A}{2}}{\left(\sin \dfrac{A}{2} \cos \dfrac{A}{2} \right)^2} \right] =$$

$$4 \sum \left(\lambda^2 \dfrac{\cos A}{\sin^2 A} \right) = 4 \sum \lambda^2 \left(\dfrac{\cot A}{\sin A} \right)$$

即

$$a = 4 \sum \lambda^2 \left(\dfrac{\cot A}{\sin A} \right) \qquad (15)$$

$$b = 2 \sum \mu v \left(\csc \dfrac{B}{2} \csc \dfrac{C}{2} - \sec \dfrac{B}{2} \sec \dfrac{C}{2} \right) =$$

$$2 \sum \mu v \left[\dfrac{\cos \dfrac{B}{2} \cos \dfrac{C}{2} - \sin \dfrac{B}{2} \sin \dfrac{C}{2}}{\sin \dfrac{B}{2} \cos \dfrac{B}{2} \sin \dfrac{C}{2} \cos \dfrac{C}{2}} \right] =$$

$$8 \sum \mu v \left[\dfrac{\cos \left(\dfrac{B}{2} + \dfrac{C}{2} \right)}{\sin B \sin C} \right] =$$

$$8 \sum \left[\mu v \dfrac{\sin \dfrac{A}{2}}{\sin B \sin C} \right] \qquad (16)$$

(ii) 应用平均值不等式有

$$b \geqslant 24(\lambda \mu v)^{\frac{2}{3}} \left[\prod \dfrac{\sin \dfrac{A}{2}}{\sin B \sin C} \right]^{\frac{1}{3}} =$$

$$24(\lambda \mu v)^{\frac{2}{3}} \left(\prod \sin \dfrac{A}{2} \right)^{\frac{1}{3}} \left(\prod \sin A \right)^{-\frac{2}{3}} =$$

$$6(\lambda \mu v)^{\frac{2}{3}} \left(\prod \sin \dfrac{A}{2} \right)^{-\frac{1}{3}} \prod \left(\cos \dfrac{A}{2} \right)^{-\frac{2}{3}} \geqslant$$

$$6(\lambda \mu v)^{\frac{2}{3}} \left(\dfrac{1}{2} \right)^{-1} \left(\dfrac{\sqrt{3}}{2} \right)^{-2} \Rightarrow$$

$$b \geqslant 16(\lambda \mu v)^{\frac{2}{3}} \qquad (17)$$

我们设
$$0 < A \leqslant B \leqslant C < \frac{\pi}{2} \Rightarrow$$
$$\begin{cases} \cot A \geqslant \cot B \geqslant \cot C > 0 \\ \dfrac{1}{\sin A} \geqslant \dfrac{1}{\sin B} \geqslant \dfrac{1}{\sin C} > 0 \end{cases} \Rightarrow$$

(应用切比雪夫不等式的加权推广)

$$a = 4\sum \lambda^2 \left(\frac{\cot A}{\sin A}\right) \geqslant$$
$$\frac{4}{\sum \lambda^2}\left(\sum \lambda^2 \cot A\right)\left(\sum \frac{\lambda^2}{\sin A}\right) \tag{18}$$

应用杨克昌不等式有

$$\sum \lambda^2 \cot A \geqslant \sqrt{S}\left(\sum \cot B \cot C\right)^{\frac{1}{2}} = \sqrt{S} \tag{19}$$

其中

$$S = 2(\mu^2 v^2 + v^2 \lambda^2 + \lambda^2 \mu^2) - (\lambda^4 + \mu^4 + v^4) \tag{20}$$

应用柯西不等式有

$$\frac{3}{2}\sqrt{3}\left(\sum \frac{\lambda^2}{\sin A}\right) \geqslant \left(\sum \sin A\right)\left(\sum \frac{\lambda^2}{\sin A}\right) \geqslant$$
$$\left(\sum \lambda\right)^2 = 9 \Rightarrow \sum \frac{\lambda^2}{\sin A} \geqslant 2\sqrt{3} \tag{21}$$

式(18)~(21)结合得

$$a \geqslant \frac{8\sqrt{3S}}{\sum \lambda^2} \tag{22}$$

以上(14)、(17)、(22)结合得

$$x^2 - y^2 \geqslant a + b \geqslant 16(\lambda \mu v)^{\frac{2}{3}} + \frac{8\sqrt{3S}}{\sum \lambda^2}$$

这表明当 $k=1$ 时式(Q)成立.

(iii) 当 $2 \leqslant k \in \mathbf{N}$ 时,注意到应用式(12)和式(13)得

$$x^{2k} - y^{2k} = (x^2 - y^2)[(x^2)^{k-1} + (x^2)^{k-2}y^2 + \cdots + (x^2)(y^2)^{k-2} + (y^2)^{k-1}] \geqslant$$
$$(x^2 - y^2)[(p^2)^{k-1} + (p^2)^{k-2}q^2 + \cdots +$$
$$(p^2)(q^2)^{k-2} + (q^2)^{k-1}] = (x^2 - y^2)\left(\frac{p^{2k} - q^{2k}}{p^2 - q^2}\right) \geqslant$$
$$(m + n)\left(\frac{p^{2k} - q^{2k}}{p^2 - q^2}\right) \Rightarrow$$
$$\left(\sum \lambda \csc \frac{A}{2}\right)^{2k} - \left(\sum \lambda \sec \frac{A}{2}\right)^{2k} \geqslant$$

$$(m+n)\left(\frac{p^{2k}-q^{2k}}{p^2-q^2}\right)$$

即此时式(Q)仍然成立.

综合上述知,对任意 $1 \leqslant k \in \mathbf{N}$,式(Q)成立,其中等号成立仅当 $\lambda = \mu = \upsilon = 1$ 且 $\triangle ABC$ 为正三角形.

最后,我们指出:

(i) 如果记 $t = \sqrt{\lambda} + \sqrt{\mu} + \sqrt{\upsilon}$,那么

$$M = (m+n)\left(\frac{p^{2k}-q^{2k}}{p^2-q^2}\right) = (m+n)\left[\frac{\left(\frac{2}{3}t^2\right)^{2k} - \left(\frac{2}{9}\sqrt{3}t^2\right)^{2k}}{\left(\frac{2}{3}t^2\right)^2 - \left(\frac{2}{9}\sqrt{3}t^2\right)^2}\right] =$$

$$(m+n)t^{4(k-1)}\left(\frac{2}{3}\right)^{2k-3}\left(1-\frac{1}{3^k}\right) \tag{23}$$

这样,表达式 M 得到了简化.

特别地,当 $k=1$ 时,$M = m + n$.

(ii) 我们在前面的证明中,建立了结论:

$$a = 4\sum \lambda^2 \left(\frac{\cot A}{\sin A}\right) \geqslant n = \frac{8\sqrt{3}S}{\lambda^2 + \mu^2 + \upsilon^2} \Rightarrow$$

$$\sum \lambda^2 \left(\frac{\cot A}{\sin A}\right) \geqslant \frac{2\sqrt{3}S}{\lambda^2 + \mu^2 + \upsilon^2} \tag{24}$$

其中 $S = 2(\mu^2\upsilon^2 + \upsilon^2\lambda^2 + \lambda^2\mu^2) - (\lambda^4 + \mu^4 + \upsilon^4)$,作置换

$$(\lambda^2, \mu^2, \upsilon^2) \to (\lambda, \mu, \upsilon) \Rightarrow \sum \lambda \left(\frac{\cot A}{\sin A}\right) \geqslant \frac{2\sqrt{3\omega}}{\lambda + \mu + \upsilon} \tag{25}$$

令 $\lambda + \mu + \upsilon = 3$,上式化为

$$\sum \lambda \left(\frac{\cot A}{\sin A}\right) \geqslant 2\sqrt{\frac{\omega}{3}} \tag{26}$$

其中

$$\omega = 2(\mu\upsilon + \upsilon\lambda + \lambda\mu) - (\lambda^2 + \mu^2 + \upsilon^2) =$$
$$4(\mu\upsilon + \upsilon\lambda + \lambda\mu) - (\lambda + \mu + \upsilon)^2 =$$
$$4(\mu\upsilon + \upsilon\lambda + \lambda\mu) - 9 \tag{27}$$

式(26)是一个漂亮的三角不等式,它还有两个不同的外观

$$\sum \left(\lambda \frac{\cos A}{\sin^2 A}\right) \geqslant 2\sqrt{\frac{\omega}{3}} \tag{28}$$

$$\sum \lambda \csc^2 \frac{A}{2} \leqslant 8\sqrt{\frac{\omega}{3}} + \sum \lambda \sec^2 \frac{A}{2} \tag{29}$$

(iii) 在式(28)中,取 $\lambda = \mu = \upsilon = 1$ 得 $\omega = 3$.

$$\frac{\cos A}{\sin^2 A}+\frac{\cos B}{\sin^2 B}+\frac{\cos C}{\sin^2 C}\geqslant 2 \qquad (30)$$

如果设 $\triangle ABC$ 的内切圆半径为 r, 外接圆半径为 R, 那么式(24)又可加强为

$$\frac{\cos A}{\sin^2 A}+\frac{\cos B}{\sin^2 B}+\frac{\cos C}{\sin^2 C}\geqslant \frac{R}{r} \qquad (31)$$

从欧拉不等式 $R\geqslant 2r$ 知,式(31)是一个非常对称简洁的加强结论,更令人惊叹叫绝的是,式(31)还可以从系数方面加权推广:

推广 6 设正系数 $\lambda,\mu,\upsilon\in(0,3)$,满足 $\lambda+\mu+\upsilon=3$,则对任意 $\triangle ABC$ 有

$$\frac{\lambda\cos A}{\sin^2 A}+\frac{\mu\cos B}{\sin^2 B}+\frac{\upsilon\cos C}{\sin^2 C}\geqslant \left(\frac{\lambda_1 a+\mu_1 b+\upsilon_1 c}{a+b+c}\right)\frac{R}{r} \qquad (R)$$

其中 $\lambda_1=6-5\lambda,\mu_1=6-5\mu,\upsilon_1=6-5\upsilon,a,b,c$ 为 $\angle A,\angle B,\angle C$ 所对的边长.

证明 设 $\triangle ABC$ 的周长为 S,即 $S=a+b+c$,应用正弦和余弦定理有

$$\sum\frac{\lambda\cos A}{\sin^2 A}=\frac{2R^2}{abc}\sum\lambda\left(\frac{b^2+c^2-a^2}{a}\right)=$$

$$\frac{2R^2}{abc}\left[\sum\frac{\lambda}{a}(b^2+c^2)-\sum\lambda a\right]=$$

$$\frac{R}{2S}\left[\sum\lambda\left(\frac{b^2+c^2}{a}+2a\right)-\sum 3\lambda a\right]\geqslant$$

$$\frac{R}{rS}\left\{\sum\lambda\left[\frac{(b+c)^2}{2a}+2a\right]-\sum 3\lambda a\right\}$$

$$\left(\text{因为 }\Delta=\frac{1}{2}rS=\frac{abc}{4R}\Rightarrow\frac{2R}{abc}=\frac{R}{rS}\right)\geqslant$$

$$\frac{R}{rS}\left[\sum 2\lambda(b+c)-\sum 3\lambda a\right]=$$

$$\frac{R}{rS}\left[\sum(2\mu+2\upsilon)a-\sum 3\lambda a\right]=$$

$$\frac{R}{rS}\sum(2\mu+2\upsilon-3\lambda)a=$$

$$\frac{R}{rS}\sum[2(\lambda+\mu+\upsilon)-5\lambda]a=$$

$$\frac{R}{rS}\sum(6-5\lambda)a=\frac{R}{rS}\sum\lambda_1 a\Rightarrow$$

$$\sum\frac{\lambda\cos A}{\sin^2 A}\geqslant\left(\frac{\lambda_1 a+\mu_1 b+\upsilon_1 c}{a+b+c}\right)\frac{R}{r}$$

即式(R)成立,等号成立 $\triangle ABC$ 为正三角形.

(iv) 让我们再回望式(30)那姣美的容颜

$$\frac{\cos A}{\sin^2 A}+\frac{\cos B}{\sin^2 B}+\frac{\cos C}{\sin^2 C}\geqslant 2 \qquad (30)$$

令人心旷神怡的是，我们可以从系数、指数"双管齐下"，"两面夹击"，去推广式(30)：

推广7 设正系数 $\lambda,\mu,\upsilon \in (0,3)$，满足 $\lambda+\mu+\upsilon=3$；指数 α,β 满足 $\alpha \geqslant 1$，$\alpha < \beta \leqslant 2+\alpha$，则对于锐角 $\triangle ABC$ 有

$$\lambda \frac{(\cos A)^\alpha}{(\sin A)^\beta} + \mu \frac{(\cos B)^\alpha}{(\sin B)^\beta} + \upsilon \frac{(\cos C)^\alpha}{(\sin C)^\beta} \geqslant$$
$$2^{\beta-\alpha} \cdot \left(\frac{1}{3}\right)^{\frac{\beta+3}{2}} \cdot m \tag{S}$$

其中
$$m = \sqrt{S}(\sqrt{\lambda}+\sqrt{\mu}+\sqrt{\upsilon})^2 \tag{32}$$
$$S = 4(\mu\upsilon+\upsilon\lambda+\lambda\mu)-9 \tag{33}$$

显然，当取 $\lambda=\mu=\upsilon=1, \alpha=1, \beta=2$ 时，$S=3, m=9\sqrt{3}=3^{\frac{5}{2}}$.

$$2^{2-1}\left(\frac{1}{3}\right)^{\frac{5}{2}} 3^{\frac{5}{2}} = 2$$

此时，式(S)化为式(30).

当取 $\lambda=\mu=\upsilon=1, \alpha=\beta=1$ 时，$S=3, m=9\sqrt{3}=3^{\frac{5}{2}}$.

$$2^{\beta-\alpha}\left(\frac{1}{3}\right)^{\frac{\beta+3}{2}} m = 3^{-2} \cdot 3^{\frac{5}{2}} = \sqrt{3}$$

此时式(S)化为余切和不等式

$$\cot A + \cot B + \cot C \geqslant \sqrt{3} \tag{34}$$

证明 注意到 $\alpha \geqslant 1$，就用杨克昌不等式和幂平均不等式有

$$\sum \lambda (\cot A)^\alpha \geqslant \left[S \sum (\cot B \cot C)^\alpha\right]^{\frac{1}{2}} \geqslant$$
$$\left[3S\left(\frac{\sum \cot B \cot C}{3}\right)^\alpha\right]^{\frac{1}{2}} = \left[3S\left(\frac{1}{3}\right)^\alpha\right]^{\frac{1}{2}} \Rightarrow$$
$$\sum \lambda (\cot A)^\alpha \geqslant (3^{1-\alpha}S)^{\frac{1}{2}} \tag{35}$$

注意到 $0 < \beta-\alpha \leqslant 2$，应用幂平均不等式有

$$\left[\frac{\sum (\sin A)^{\beta-\alpha}}{3}\right]^{\frac{1}{\beta-\alpha}} \leqslant \left(\frac{\sum \sin^2 A}{3}\right)^{\frac{1}{2}} \leqslant \left[\left(\frac{\sqrt{3}}{2}\right)^2\right]^{\frac{1}{2}} \Rightarrow$$
$$\sum (\sin A)^{\beta-\alpha} \leqslant 3\left(\frac{\sqrt{3}}{2}\right)^{\beta-\alpha} \Rightarrow 3\left(\frac{\sqrt{3}}{2}\right)^{\beta-\alpha} \sum \frac{\lambda}{(\sin A)^{\beta-\alpha}} \geqslant$$
$$\sum (\sin A)^{\beta-\alpha} \sum \frac{\lambda}{(\sin A)^{\beta-\alpha}}$$
$$(\text{应用柯西不等式}) \geqslant \left(\sum \sqrt{\lambda}\right)^2 \Rightarrow$$

$$\sum \frac{\lambda}{(\sin A)^{\beta-\alpha}} \geqslant \frac{1}{3}\left(\frac{\sqrt{3}}{2}\right)^{\alpha-\beta} \left(\sum \sqrt{\lambda}\right)^2 \qquad (36)$$

现在我们设

$$0 < A \leqslant B \leqslant C < \frac{\pi}{2} \Rightarrow$$

$$\begin{cases} (\cot A)^\alpha \geqslant (\cot B)^\alpha \geqslant (\cot C)^\alpha > 0 \\ (\csc A)^{\beta-\alpha} \geqslant (\csc B)^{\beta-\alpha} \geqslant (\csc C)^{\beta-\alpha} > 0 \end{cases} \Rightarrow$$

$$P_\lambda = \sum \lambda \frac{(\cos A)^\alpha}{(\sin A)^\beta} = \sum \frac{\lambda (\cot A)^\alpha}{(\sin A)^{\beta-\alpha}} \geqslant$$

（应用切比雪夫不等式的加权推广）

$$\frac{\sum \lambda (\cot A)^\alpha}{\sum \lambda} \sum \frac{\lambda}{(\sin A)^{\beta-\alpha}} \geqslant$$

（应用式(35)和式(36)）

$$\frac{1}{3}\left(\sum \sqrt{\lambda}\right)^2 \left(\frac{\sqrt{3}}{2}\right)^{\alpha-\beta} (3^{1-\alpha} \cdot S)^{\frac{1}{2}} =$$

$$2^{\beta-\alpha}\left(\frac{1}{3}\right)^{\frac{\beta+3}{2}} m \Rightarrow P_\lambda = \sum \lambda \frac{(\cos A)^\alpha}{(\sin A)^\beta} \geqslant$$

$$2^{\beta-\alpha}\left(\frac{1}{3}\right)^{\frac{\beta+3}{2}} m$$

即式(S)成立,等号成立仅当 $\lambda = \mu = \upsilon = 1$,且 $\triangle ABC$ 为正三角形.

对于锐角 $\triangle ABC$,不等式

$$\begin{cases} \cot A + \cot B + \cot C \geqslant \sqrt{3} & (34) \\ \tan A + \tan B + \tan C \geqslant 3\sqrt{3} & (37) \end{cases}$$

互相配对,无独有偶,三角不等式

$$\begin{cases} \dfrac{\cos A}{\sin^2 A} + \dfrac{\cos B}{\sin^2 B} + \dfrac{\cos C}{\sin^2 C} \geqslant 2 & (38) \\ \dfrac{\sin A}{\cos^2 A} + \dfrac{\sin B}{\cos^2 B} + \dfrac{\sin C}{\cos^2 C} \geqslant 6\sqrt{3} & (39) \end{cases}$$

也互相配对. 美妙的(S)自然不会孤单寂寞,他的配偶"亭亭玉立,楚楚动人":

推广8 设指数 $\alpha \geqslant 1, \alpha < \beta \leqslant 1+\alpha$,正权系数 $\lambda, \mu, \upsilon \in (0,3)$ 满足 $\lambda + \mu + \upsilon = 3$,则对锐角 $\triangle ABC$ 有

$$\frac{\lambda (\sin A)^\alpha}{(\cos A)^\beta} + \frac{\mu (\sin B)^\alpha}{(\cos B)^\beta} + \frac{\upsilon (\sin C)^\alpha}{(\cos C)^\beta} \geqslant$$

$$2^{\beta-\alpha} \sqrt{3^{\alpha-3} S} (\sqrt{\lambda} + \sqrt{\mu} + \sqrt{\upsilon})^2 \qquad (T)$$

其中 $S = 4(\mu\upsilon + \upsilon\mu + \lambda\mu) - 9$.

显然,当取 $\alpha=\beta=1, \lambda=\mu=\upsilon=1$ 时,式(T) 化为式(37);当取 $\alpha=1, \beta=2$, $\lambda=\mu=\upsilon=1$ 时,式(T) 化为式(39). 因此,下面我们只需证明 $1\leqslant\alpha<\beta\leqslant 1+\alpha$ 的情形即可.

证明 我们简记 $t=\sqrt[3]{\tan A\tan B\tan C}$,那么应用三角恒等式和平均值不等式

$$t^3 = \tan A\tan B\tan C = \tan A+\tan B+\tan C \geqslant$$

$$3\sqrt[3]{\tan A\tan B\tan C} = 3t \Rightarrow$$

$$t^3 \geqslant 3t \Rightarrow t \geqslant \sqrt{3} \Rightarrow$$

$$\sum \tan B\tan C \geqslant 3(\prod \tan B\tan C)^{\frac{1}{3}} =$$

$$3(\tan A\tan B\tan C)^{\frac{2}{3}} =$$

$$3t^2 \geqslant 3(\sqrt{3})^2 \Rightarrow$$

$$\sum \tan B\tan C \geqslant 9 \Rightarrow \tag{40}$$

$$\sum (\tan B\tan C)^{\alpha} \geqslant 3\left[\frac{\sum \tan B\tan C}{3}\right]^{\alpha} \geqslant$$

$$3\cdot 3^{\alpha} = 3^{1+\alpha} \Rightarrow \tag{41}$$

$$\sum \lambda(\tan A)^{\alpha} \geqslant \sqrt{S\sum(\tan B\tan C)^{\alpha}} \geqslant$$

(运用杨克昌不等式)

$$\sqrt{3^{1+\alpha}S} \tag{42}$$

应用幂平均不等式有

$$\frac{\sum(\cos A)^{\beta-\alpha}}{3} \leqslant \left[\frac{\sum \cos A}{3}\right]^{\beta-\alpha} \leqslant \left(\frac{1}{2}\right)^{\beta-\alpha} \Rightarrow$$

$$\sum(\cos A)^{\beta-\alpha} \leqslant 3\left(\frac{1}{2}\right)^{\beta-\alpha} \Rightarrow \tag{43}$$

$$3\left(\frac{1}{2}\right)^{\beta-\alpha}\sum \frac{\lambda}{(\cos A)^{\beta-\alpha}} \geqslant$$

$$\sum(\cos A)^{\beta-\alpha}\sum \frac{\lambda}{(\cos A)^{\beta-\alpha}} \geqslant$$

$$(\sum \sqrt{\lambda})^2 (应用柯西不等式) \Rightarrow$$

$$\sum \frac{\lambda}{(\cos A)^{\beta-\alpha}} \geqslant \left(\frac{2^{\beta-\alpha}}{3}\right)(\sum \sqrt{\lambda})^2 \tag{44}$$

现设

$$0 < A \leqslant B \leqslant C < \frac{\pi}{2} \Rightarrow$$

$$\begin{cases} (\tan A)^\alpha \leqslant (\tan B)^\alpha \leqslant (\tan C)^\alpha \\ (\sec A)^{\beta-\alpha} \leqslant (\sec B)^{\beta-\alpha} \leqslant (\sec C)^{\beta-\alpha} \end{cases} \Rightarrow$$

$$T_\lambda = \sum \lambda \frac{(\sin A)^\alpha}{(\cos A)^\beta} = \sum \lambda \frac{(\tan A)^\alpha}{(\cos A)^{\beta-\alpha}} \geqslant$$

(应用切比雪夫不等式的加权推广)

$$\frac{\sum \lambda (\tan A)^\alpha}{\sum \lambda} \sum \frac{\lambda}{(\cos A)^{\beta-\alpha}} \geqslant$$

(运用式(42)、式(44))

$$\frac{1}{3}\sqrt{3^{1+\alpha}S}\left(\frac{2^{\beta-\alpha}}{3}\right)\left(\sum \sqrt{\lambda}\right)^2 \Rightarrow$$

$$T_\lambda = \sum \lambda \frac{(\sin A)^\alpha}{(\cos A)^\beta} \geqslant$$

$$2^{\beta-\alpha}\sqrt{3^{\alpha-3}S}(\sqrt{\lambda}+\sqrt{\mu}+\sqrt{\upsilon})^2$$

即式(T)成立,等号成立仅当 $\lambda=\mu=\upsilon=1$,且 $\triangle ABC$ 为正三角形.

推广 7 中的式(S)和推广 8 中的式(T)成立的一个基本条件是:$\triangle ABC$ 为锐角三角形.如果取消这一限制条件,我们可建立相应的:

推广 9 设指数 $\alpha \geqslant 1$,系数 $\lambda,\mu,\upsilon \in (0,3)$ 满足 $\lambda+\mu+\upsilon=3$;$\triangle ABC$ 为任意三角形,那么

(i) 当 $\alpha \leqslant \beta \leqslant 1+\alpha$ 时

$$\frac{\lambda(\cos\frac{A}{2})^\alpha}{(\sin\frac{A}{2})^\beta}+\frac{\mu(\cos\frac{B}{2})^\alpha}{(\sin\frac{B}{2})^\beta}+\frac{\upsilon(\cos\frac{C}{2})^\alpha}{(\sin\frac{C}{2})^\beta} \geqslant p \qquad (U)$$

(ii) 当 $\alpha \leqslant \beta \leqslant 2+\alpha$ 时

$$\frac{\lambda(\sin\frac{A}{2})^\alpha}{(\cos\frac{A}{2})^\beta}+\frac{\mu(\sin\frac{B}{2})^\alpha}{(\cos\frac{B}{2})^\beta}+\frac{\upsilon(\sin\frac{C}{2})^\alpha}{(\cos\frac{C}{2})^\beta} \geqslant q \qquad (V)$$

其中 p,q 分别为关于 $\alpha,\beta,\lambda,\mu,\upsilon$ 的代数表达式.

(七)

我们在前面建立的一系列三角不等式,均只涉及一组角度,显得不够全面

彻底,下面我们重点建立几个三角不等式的组数推广,使之显得更加高雅美妙,令人神往.

推广 2 中的(C)、(D) 两式,就可以再度推广为:

推广 10 设元数 $2 \leqslant n \in \mathbf{N}$,组数 $1 \leqslant m \in \mathbf{N}$;系数 $\lambda_i > 0$;指数 $1 \leqslant k \in \mathbf{N}, \alpha_j \in (0,1)$,且满足 $\sum_{j=1}^{m} \alpha_j = 1$;变量角 $\theta_{ij} \in (0, \frac{\pi}{2})(1 \leqslant i \leqslant n, 1 \leqslant j \leqslant m)$,简记

$$\varphi_j = \frac{1}{n} \sum_{i=1}^{n} \theta_{ij}, Q_j = n^k [(\csc \varphi_j)^k - (\cot \varphi_j)^k], j = 1, 2, \cdots, m$$

则有

$$\left[\prod_{j=1}^{m} \left(\sum_{i=1}^{n} \lambda_i \csc \theta_{ij}\right)^{\alpha_j}\right]^2 \geqslant \left(\sum_{i=1}^{n} \lambda_i\right)^2 + \left[\prod_{j=1}^{m} \left(\sum_{i=1}^{n} \lambda_i \cot \theta_{ij}\right)^{\alpha_j}\right]^2 \quad (A_1)$$

$$\left[\prod_{j=1}^{m} \left(\sum_{i=1}^{n} \csc \theta_{ij}\right)^{\alpha_j}\right]^k \geqslant \prod_{j=1}^{m} Q_j^{\alpha_j} + \left[\prod_{j=1}^{m} \left(\sum_{i=1}^{n} \cot \theta_{ij}\right)^{\alpha_j}\right]^k \quad (B_1)$$

证明 我们仍然简记

$$x_j = \sum_{i=1}^{n} \lambda_i \csc \theta_{ij}, y_j = \sum_{i=1}^{n} \lambda_i \cot \theta_{ij}$$

$$M = \left(\sum_{i=1}^{n} \lambda_i\right)^2$$

应用赫尔特不等式,并注意到 $x_j > y_j$,有

$$\left(\prod_{j=1}^{m} x_j^{\alpha_j}\right)^2 = \prod_{j=1}^{m} (x_j^2)^{\alpha_j} = \prod_{j=1}^{m} [(x_j^2 - x_j^2) + y_j^2]^{\alpha_j} \geqslant$$

$$\prod_{j=1}^{m} (x_j^2 - y_j^2)^{\alpha_j} + \prod_{j=1}^{m} (y_j^2)^{\alpha_j} \geqslant$$

(应用式(C))

$$\prod_{j=1}^{m} M^{\alpha_j} + \left(\prod_{j=1}^{m} y_j^{\alpha_j}\right)^2 = M^{\sum_{i=1}^{n} \alpha_j} + \left(\prod_{j=1}^{m} y_j^{\alpha_j}\right)^2 =$$

$$M + \left(\prod_{j=1}^{m} y_j^{\alpha_j}\right)^2 \Rightarrow \left(\prod_{j=1}^{m} x_j^{\alpha_j}\right)^2 \geqslant M + \left(\prod_{j=1}^{m} y_j^{\alpha_j}\right)^2$$

此即为式(A_1).

式(B_1) 同理可证,且两式等号成立仅当

$$\theta_{1j} = \theta_{2j} = \cdots = \theta_{nj} = \varphi_j, j = 1, 2, \cdots, m$$

从推广 10,我们可以得两个漂亮的推论式(C_1)(D_1):

推论 1 设 $\lambda, \mu, v > 0, 1 \leqslant k \in \mathbf{N}, 1 \leqslant m \in \mathbf{N}, \alpha_j \in (0,1)$,且 $\sum_{j=1}^{m} \alpha_j = 1$,那么对于 $\triangle A_j B_j C_j (j = 1, 2, \cdots, m)$ 有

$$\left[\prod_{j=1}^{m}\left(\lambda\csc\frac{A_j}{2}+\mu\csc\frac{B_j}{2}+\upsilon\csc\frac{C_j}{2}\right)^{\alpha_j}\right]^2 \geqslant (\lambda+\mu+\upsilon)^2+ \quad (C_1)$$

$$\left[\prod_{j=1}^{m}\left(\lambda\cot\frac{A_j}{2}+\mu\cot\frac{B_j}{2}+\upsilon\cot\frac{C_j}{2}\right)^{\alpha_j}\right]^2$$

$$\left[\prod_{j=1}^{m}\left(\csc\frac{A_j}{2}+\csc\frac{B_j}{2}+\csc\frac{C_j}{2}\right)^{\alpha_j}\right]^k \geqslant$$

$$3^k+\left[\prod_{j=1}^{m}\left(\cot\frac{A_j}{2}+\cot\frac{B_j}{2}+\cot\frac{C_j}{2}\right)^{\alpha_j}\right]^k \quad (D_1)$$

等号成立仅当 $\triangle A_j B_j C_j (1\leqslant j\leqslant m)$ 均为正三角形.

相应地,前面配对1中的式(E)、(F),配对2中的式(G),推广3中的式(J),推广4中的式(K),配对5中的式(Q)均有类似的推广.

对于推广8中的式(T),则应从另一种定义推广为:

推广 11 设指数 $\alpha\geqslant 1, \alpha<\beta\leqslant 1+\alpha$,正权系数 $\lambda,\mu,\upsilon\in(0,3)$,满足 $\lambda+\mu+\upsilon=3$,锐角 $\triangle A_i B_i C_i$ 满足 $0<A_i\leqslant B_i\leqslant C_i<\frac{\pi}{2}$ 或 $\frac{\pi}{2}>A_i\geqslant B_i\geqslant C_i>0 (i=1,2,\cdots,n;1\leqslant n\in \mathbf{N})$,那么有

$$\lambda\prod_{i=1}^{n}\frac{(\sin A_i)^{\alpha}}{(\cos A_i)^{\beta}}+\mu\prod_{i=1}^{n}\frac{(\sin B_i)^{\alpha}}{(\cos B_i)^{\beta}}+\upsilon\prod_{i=1}^{n}\frac{(\sin C_i)^{\alpha}}{(\cos C_i)^{\beta}}\geqslant$$
$$3^{1-n}[2^{\beta-\alpha}\sqrt{3^{\alpha-3}S}(\sqrt{\lambda}+\sqrt{\mu}+\sqrt{\upsilon})^2]^n \quad (E_1)$$

其中 $$S=4(\mu\upsilon+\upsilon\lambda+\lambda\mu)-9$$

显然,当 $n=1$ 时,式 (E_1) 等价于式(T).

证明 由已知条件,不妨设

$$\Rightarrow\begin{cases} 0<A_i\leqslant B_i\leqslant C_i<\frac{\pi}{2}, i=1,2,\cdots,n \\ 0<(\sin A_i)^{\alpha}\leqslant(\sin B_i)^{\alpha}\leqslant(\sin C_i)^{\alpha} \\ 0<\frac{1}{(\cos A_i)^{\beta}}\leqslant\frac{1}{(\cos B_i)^{\beta}}\leqslant\frac{1}{(\cos C_i)^{\beta}} \\ 0<(\tan A_i)^{\alpha}\leqslant(\tan B_i)^{\alpha}\leqslant(\tan C_i)^{\alpha} \\ 0<\frac{1}{(\cos A_i)^{\beta-\alpha}}\leqslant\frac{1}{(\cos B_i)^{\beta-\alpha}}\leqslant\frac{1}{(\cos C_i)^{\beta-\alpha}} \end{cases}$$

$$\Rightarrow \frac{P_\lambda}{3}=\sum\frac{\lambda}{3}\prod_{i=1}^{n}\frac{(\sin A_i)^{\alpha}}{(\cos A_i)^{\beta}}$$

(应用切比雪夫不等式的加权推广) $\geqslant$

$$\prod_{i=1}^{n}\left[\sum\frac{\lambda}{3}\frac{(\sin A_i)^{\alpha}}{(\cos A_i)^{\beta}}\right]=$$

$$\prod_{i=1}^{n}\left[\sum \frac{\lambda}{3} \frac{(\tan A_i)^\alpha}{(\cos A_i)^{\beta-\alpha}}\right] =$$

$$\frac{1}{3^n}\prod_{i=1}^{n}\left[\sum \lambda \frac{(\tan A_i)^\alpha}{(\cos A_i)^{\beta-\alpha}}\right] \text{（应用式(T)）} \geqslant$$

$$\left[\frac{2^{\beta-\alpha}}{3}\sqrt{3^{\alpha-3}}S(\sqrt{\lambda}+\sqrt{\mu}+\sqrt{v})^2\right]^n \Rightarrow$$

$$P_\lambda = \sum \lambda \left[\prod_{i=1}^{n}\frac{(\sin A_i)^\alpha}{(\cos A_i)^\beta}\right] \geqslant$$

$$3\left[\frac{2^{\beta-\alpha}}{3}\sqrt{3^{\alpha-3}}S(\sqrt{\lambda}+\sqrt{\mu}+\sqrt{v})^2\right]^n$$

即式(E_1)成立,等号成立仅当 $\lambda = \mu = v = 1$,且 $\triangle A_i B_i C_i$ 为正三角形($i=1,2,\cdots,n$).

相应地,推广 7 中的式(S) 也可推广为

$$\lambda\prod_{i=1}^{n}\frac{(\cos A_i)^\alpha}{(\sin A_i)^\beta} + \mu\prod_{i=1}^{n}\frac{(\cos B_i)^\alpha}{(\sin B_i)^\beta} + v\prod_{i=1}^{n}\frac{(\cos C_i)^\alpha}{(\sin C_i)^\beta} \geqslant$$

$$3^{1-n}\left[2^{\beta-\alpha}\cdot\left(\frac{1}{3}\right)^{\frac{\beta+3}{2}}\cdot m\right]^n \tag{F_1}$$

从三角意义和外形结构上讲,式(E_1)与式(F_1)互相配对,交相辉映.

下面,我们再介绍两个新编题目:

题 1 对任意 $\triangle ABC$ 有

$$\sin^2 A + \sin^2 B + \sin^2 C \leqslant$$
$$3\left[\left(\sin\frac{A}{2}\sin\frac{B}{2}\right)^2 + \left(\sin\frac{B}{2}\sin\frac{C}{2}\right)^2 + \left(\sin\frac{C}{2}\sin\frac{A}{2}\right)^2\right] \tag{1}$$

证明 应用正弦定理,式(1) 转化为

$$a^2 + b^2 + c^2 \leqslant 12R^2 \sum \sin^2\frac{A}{2}\sin^2\frac{B}{2} \tag{2}$$

设 $a=y+z, b=z+x, c=x+y$ (x,y,z 为正数),于是

$$12R^2 \sum \sin^2\frac{A}{2}\sin^2\frac{B}{2} =$$

$$12R^2 \sum (1-\cos A)(1-\cos B) =$$

$$12R^2 \sum \left[\frac{a^2-(b-c)^2}{2bc}\cdot\frac{b^2-(c-a)^2}{2ca}\right] = 48R^2\sum\frac{xyz^2}{abc^2} =$$

$$48 \cdot \frac{a^2b^2c^2}{16pxyz}\left(\frac{xyz^2}{abc^2}+\frac{xy^2z}{ab^2c}+\frac{x^2yz}{a^2bc}\right) = 3\left(\frac{abz}{p}+\frac{bcx}{p}+\frac{cay}{p}\right)$$

因此式(2) 等价于

$$p\sum a^2 \leqslant 3\sum xbc = 3\sum x(x+y)(x+z) \Leftrightarrow$$

$$2(\sum x)(\sum x^2 + \sum yz) \leqslant 3(\sum x)(\sum x^2) 9xyz \Leftrightarrow$$
$$(\sum x)(\sum yz) \leqslant (\sum x)(\sum x^2) + 9xyz \Leftrightarrow$$
$$\sum x^2(y+z) \leqslant \sum x^3 + 6xyz \tag{3}$$

不妨设 $a \geqslant c \geqslant b \Leftrightarrow y \geqslant z \geqslant x > 0$,这样,式(3) 等价于
$$\sum x^3 + 6xyz - \sum x^2(y+z) \geqslant 0 \Leftrightarrow$$
$$x(y-x)(z-x) + y(y-x)(y-z) + z(z-x)(z-y) \geqslant 0 \Leftrightarrow$$
$$x(y-x)(z-x) + (y-z)(y^2 - xy - z^2 + zx) =$$
$$x(y-x)(z-x) + (y-z)^2(y+z-x) \geqslant 0$$

因此式(3) 成立,从而式(1) 成立,等号成立仅当
$$x = y = z \Leftrightarrow a = b = c \Leftrightarrow A = B = C$$

题 2 在 $\triangle ABC$ 中,求证:
$$\cos^2 A + \cos^2 B + \cos^2 C \geqslant 4(\cos^2 B\cos^2 C + \cos^2 C\cos^2 A + \cos^2 A\cos^2 B) \tag{4}$$

分析 从式(1) 右边的结构,使我们联想到常用三角不等式
$$\cos^2 A + \cos^2 B + \cos^2 C \geqslant \frac{3}{4} \tag{5}$$

和 3 元地称不等式有
$$\cos^2 B\cos^2 C + \cos^2 C\cos^2 A + \cos^2 A\cos^2 B \leqslant$$
$$\frac{1}{3}(\cos^2 A + \cos^2 B + \cos^2 C)^2 \tag{6}$$

但(5) 与(6) 反向,不能结构推出式(4).

于是,我们得改变方向,由于余弦与正弦关系密切,不妨从正弦入手,以期转化为余弦
$$3\sum \sin^2 B\sin^2 C \leqslant (\sum \sin^2 A)^2 =$$
$$(\sum \sin^2 A)(\sum \sin^2 A) \leqslant \frac{9}{4}\sum \sin^2 A \Rightarrow$$
$$3\sum (1-\cos^2 B)(1-\cos^2 C) \leqslant \frac{9}{4}\sum (1-\cos^2 A) \Rightarrow$$
$$4\sum \cos^2 B\cos^2 C \leqslant \sum \cos^2 A + m \tag{7}$$

但
$$m = 4\sum \cos^2 A - 3 \geqslant 0$$

因此用此种思路不能推出证出式(4). 但是,我们却意外地得到了式(4) 的配对式
$$3\sum \sin^2 A \geqslant 3\sum \sin^2 B\sin^2 C \tag{8}$$

在此关键时候,我们必须施展奇谋妙计,成败在此一举.

证明 设 a,b,c 为 $\triangle ABC$ 的三边长,并令 $\alpha=b^2+c^2-a^2,\beta=c^2+a^2-b^2,\gamma=a^2+b^2-c^2$,那么

$$\sum \cos^2 A \geqslant 4 \sum \cos^2 B \cos^2 C \Leftrightarrow$$
$$\sum \frac{\alpha^2}{(\alpha+\beta)(\alpha+\gamma)} \geqslant 4 \sum \frac{(\beta\gamma)^2}{(\beta+\gamma)^2(\gamma+\alpha)(\alpha+\beta)} \tag{9}$$

由于

$$4\sum \frac{(\beta\gamma)^2}{(\beta+\gamma)^2(\gamma+\alpha)(\alpha+\beta)} \leqslant \sum \frac{\beta\gamma}{(\gamma+\alpha)(\alpha+\beta)} =$$
$$\sum \frac{\beta\gamma(\beta+\gamma)}{(\alpha+\beta)(\beta+\gamma)(\gamma+\alpha)} = \frac{\sum \beta\gamma(\beta+\gamma)}{(\alpha+\beta)(\beta+\gamma)(\gamma+\alpha)} =$$
$$\frac{\sum \alpha^2(\beta+\gamma)}{(\alpha+\beta)(\beta+\gamma)(\gamma+\alpha)} = \sum \frac{\alpha^2}{(\alpha+\beta)(\gamma+\alpha)}$$

因此式(6)成立,从而式(4)成立,等号成立仅当 $\alpha=\beta=\gamma \Leftrightarrow a=b=c \Leftrightarrow \triangle ABC$ 为等边三角形.

在三角恒等式及三角不等式的证明中,有时用代数换元非常奏效.如在 $\triangle ABC$ 中,令 $c=y+x,b=x+z,a=y+z(x,y,z>0)$,则有如下结论:

$$S_{\triangle ABC}=\sqrt{xyz(x+y+z)}$$
$$R=\frac{(x+y)(y+z)(z+x)}{4\sqrt{xyz(x+y+z)}}$$
$$r=\sqrt{\frac{xyz}{x+y+z}}$$
$$\sin A=\frac{2\sqrt{xyz(x+y+z)}}{(x+y)(x+z)}$$
$$\cos A=\frac{x(x+y+z)-yz}{(x+y)(x+z)}$$

(其中 R,r 分别为 $\triangle ABC$ 的外接圆外径和内切圆半径),应用这些结论,在证明(代数、几何、三角)不等式或恒等式时会显得方便快捷.

下面我们再解读一道新编妙题:

题 3 在 $\triangle ABC$ 中,令 $(\alpha,\beta,\gamma)=(\frac{A}{3},\frac{B}{3},\frac{C}{3})$,则有

$$\sin^2(60°-\alpha)+\sin^2(60°-\beta)+\sin^2(60°-\gamma) \leqslant$$
$$(2\cos 20°)^2(\sin^2\alpha+\sin^2\beta+\sin^2\gamma) \tag{a}$$

一看便知,式(a)结构对称,外观优雅和谐,题意简洁,便于记忆,具有美的三要素.

证明 (i) 由于

$$\sin^2\frac{B}{3} + \sin^2\frac{C}{3} + 2\sin\frac{B}{3}\sin\frac{C}{3}\cos(60°-\frac{A}{3}) =$$

$$\frac{1}{2}(1-\cos\frac{2}{3}B) + \frac{1}{2}(1-\cos\frac{2}{3}C) +$$

$$(\cos\frac{B-C}{3} - \cos\frac{B+C}{3})\cos(60°-\frac{A}{3}) =$$

$$1 - \frac{1}{2}(\cos\frac{2}{3}B + \cos\frac{2}{3}C) +$$

$$\left[\cos\frac{B-C}{3} - \cos(60°-\frac{A}{3})\right]\cos(60°-\frac{A}{3}) =$$

$$1 - \cos\frac{B+C}{3}\cos\frac{B-C}{3} + \cos\frac{B-C}{3}\cos(60°-\frac{A}{3}) - \cos^2(60°-\frac{A}{3}) =$$

$$1 - \cos(60°-\frac{A}{3})\cos\frac{B-C}{3} + \cos(60°-\frac{A}{3})\cos\frac{B-C}{3} - \cos^2(60°-\frac{A}{3}) =$$

$$\sin^2(60°-\frac{A}{3}) \Rightarrow \sin^2\frac{B}{3} + \sin^2\frac{C}{3} + 2\sin\frac{B}{3}\sin\frac{C}{3}\cos(60°-\frac{A}{3}) =$$

$$\sin^2(60°-\frac{A}{3}) \tag{10}$$

同理可得

$$\sin^2\frac{C}{3} + \sin^2\frac{A}{3} + 2\sin\frac{C}{3}\sin\frac{A}{3}\cos(60°-\frac{B}{3}) = \sin^2(60°-\frac{B}{3}) \tag{11}$$

$$\sin^2\frac{A}{3} + \sin^2\frac{B}{3} + 2\sin\frac{A}{3}\sin\frac{B}{3}\cos(60°-\frac{C}{3}) = \sin^2(60°-\frac{C}{3}) \tag{12}$$

(10)+(11)+(12) 得

$$\sum \sin^2(60°-\frac{A}{3}) = 2\sum \sin^2\frac{A}{3} + 2m\prod \sin\frac{A}{3} \tag{13}$$

其中

$$m = \sum \frac{\cos(60°-\frac{A}{3})}{\sin\frac{A}{3}} \tag{14}$$

(ii) 依据对称性,不妨设

$$0 < A \leqslant B \leqslant C < 180° \Rightarrow$$

$$60° > 60° - \frac{A}{3} \geqslant 60° - \frac{B}{3} \geqslant 60° - \frac{C}{3} > 0 \Rightarrow$$

$$\begin{cases} \dfrac{1}{\sin\frac{A}{3}} \geqslant \dfrac{1}{\sin\frac{B}{3}} \geqslant \dfrac{1}{\sin\frac{C}{3}} \\ \cos(60°-\dfrac{A}{3}) \leqslant \cos(60°-\dfrac{B}{3}) \leqslant \cos(60°-\dfrac{C}{3}) \end{cases} \Rightarrow$$

$$m = \sum \frac{\cos(60° - \frac{A}{3})}{\sin \frac{A}{3}} \text{(应用切比雪夫不等式)} \leqslant$$

$$\frac{1}{3} \left[\sum \frac{1}{\sin \frac{A}{3}} \right] \sum \cos(60° - \frac{A}{3}) \leqslant$$

$$\frac{1}{3} \left[\sum \frac{1}{\sin \frac{A}{3}} \right] 3\cos \frac{1}{3}(60° - \frac{A}{3}) =$$

$$\left[\sum \frac{1}{\sin \frac{A}{3}} \right] \cos \frac{1}{3}(180° - \frac{A+B+C}{3}) =$$

$$\left[\sum \frac{1}{\sin \frac{A}{3}} \right] \cos 40° \Rightarrow 2m \prod \sin \frac{A}{3} \leqslant 2\cos 40° \sum \sin \frac{B}{3} \sin \frac{C}{3} \leqslant$$

$$\cos 40° \sum \left(\sin^2 \frac{B}{3} + \sin^2 \frac{C}{3} \right) = 2\cos 40° \sum \sin^2 \frac{A}{3} \text{(结合式(13))} \Rightarrow$$

$$\sum \sin^2 \left(\frac{\pi}{3} - \frac{A}{3} \right) \leqslant 2 \sum \sin^2 \frac{A}{3} + 2\cos 40° \sum \sin^2 \frac{A}{3} =$$

$$2(1 + \cos 40°) \sum \sin^2 \frac{A}{3} = (2\cos 20°)^2 \sum \sin^2 \frac{A}{3} \Rightarrow$$

$$\sum \sin^2(60° - \alpha) \leqslant (2\cos 20°) \sum \sin^2 \alpha$$

即式(10)成立,等号成立仅当 $A = B = C = 60°$.

① 从上述证法可见式(a)是一个具有一定难度的三角不等式,并且我们还可以获得两个漂亮的新结论,其中之一是

$$\sum \sin^2(60° - \frac{A}{3}) + K \prod \sin \frac{A}{3} \leqslant 18(\sin 20°)^2 \quad \text{(b)}$$

其中 $k = 6(2 - \cos 40°)\csc 20°$.

证明 由前面的式(13)有

$$\sum \sin^2(60° - \frac{A}{3}) \leqslant 2 \sum \sin^2 \frac{A}{3} + 2\left(\sum \sin \frac{B}{3} \sin \frac{C}{3} \right) \cos 40° =$$

$$2\left(\sum \sin^2 \frac{A}{3} + 2 \sum \sin \frac{B}{3} \sin \frac{C}{3} \right) - (4 - 2\cos 40°) \sum \sin \frac{B}{3} \sin \frac{C}{3} =$$

$$2\left(\sum \sin \frac{A}{3} \right)^2 - 2(2 - \cos 40°) \sum \sin \frac{B}{3} \sin \frac{C}{3} \leqslant$$

$$2\left(3\sin \frac{A+B+C}{3} \right)^2 - 2(2 - \cos 40°) \sum \sin \frac{B}{3} \sin \frac{C}{3} =$$

$$18(\sin 20°)^2 - 2(2 - \cos 40°)\left(\prod \sin \frac{A}{3}\right)\left(\sum \frac{1}{\sin \frac{A}{3}}\right) \leqslant$$

$$18\sin^2 20° - 2(2 - \cos 40°)\left(\prod \sin \frac{A}{3}\right)\left(3\csc \frac{A+B+C}{9}\right) \Rightarrow$$

$$\sum \sin^2\left(60° - \frac{A}{3}\right) + K\prod \sin \frac{A}{3} \leqslant 18(\sin 20°)^2$$

即式(b)成立,等号成立仅当$\triangle ABC$为正三角形.

从外形和结构上讲,式(b)与著名三角不等式

$$\sum \tan^2 \frac{A}{2} + 8\prod \sin \frac{A}{3} \geqslant 2$$

有相似之处.

② 此外,我们在前面得到

$$2m\prod \sin \frac{A}{3} \leqslant 2\cos 40° \sum \sin \frac{B}{3}\sin \frac{C}{3} \leqslant \frac{2}{3}\cos 40°\left(\sum \sin \frac{A}{3}\right)^2 \leqslant$$

$$\frac{2}{3}\cos 40°\left(3\sin \frac{A+B+C}{9}\right)^2 = 6\cos 40° \sin^2 20° \Rightarrow$$

$$\sum \sin^2\left(60° - \frac{A}{3}\right) \leqslant 2\sum \sin^2 \frac{A}{3} + 6\cos 40°(\sin 20°)^2 \quad (c)$$

等号成立仅当$\triangle ABC$为正三角形.

(b)、(c)两式与式(a)相较,它们都比式(a)要强,但却没有式(a)娟秀漂亮.

③ 最后,我们将美妙优雅的(a)打扮得更如雍容华丽:

设正系数λ, μ, υ满足$\lambda^2 + \mu^2 + \upsilon^2 = 3$,则对于$\triangle ABC$有

$$\lambda \sin^2\left(60° - \frac{A}{3}\right) + \mu \sin^2\left(60° - \frac{B}{3}\right) + \upsilon \sin^2\left(60° - \frac{C}{3}\right) \leqslant$$

$$x\sin^2 \frac{A}{3} + y\sin^2 \frac{B}{3} + z\sin^2 \frac{C}{3} \quad (d)$$

其中

$$\begin{cases} x = [3 + (2\cos 40° - 1)\mu\upsilon]/\lambda \\ y = [3 + (2\cos 40° - 1)\upsilon\lambda]/\mu \\ z = [3 + (2\cos 40° - 1)\lambda\mu]/\upsilon \end{cases} \quad (15)$$

显然,当$\lambda = \mu = \upsilon = 1$时,有

$$x = y = z = 2(1 + \cos 40°) = (2\cos 20°)^2$$

此时,式(d)化为式(a),因此式(d)是式(a)的加权推广.

证明 应用前面的结论有

$$\lambda\sin^2\frac{B}{3}+\lambda\sin^2\frac{C}{3}+2\lambda\left(\prod\sin\frac{A}{3}\right)\frac{\cos\left(60°-\frac{A}{3}\right)}{\sin\frac{A}{3}}=\lambda\sin^2\left(60°-\frac{A}{3}\right)$$

$$\mu\sin^2\frac{C}{3}+\mu\sin^2\frac{A}{3}+2\mu\left(\prod\sin\frac{A}{3}\right)\frac{\cos\left(60°-\frac{B}{3}\right)}{\sin\frac{B}{3}}=\mu\sin^2\left(60°-\frac{B}{3}\right)$$

$$\upsilon\sin^2\frac{A}{3}+\upsilon\sin^2\frac{B}{3}+2\upsilon\left(\prod\sin\frac{A}{3}\right)\frac{\cos\left(60°-\frac{C}{3}\right)}{\sin\frac{C}{3}}=\upsilon\sin^2\left(60°-\frac{C}{3}\right)$$

以上三式相加,得

$$\sum\lambda\sin^2\left(60°-\frac{A}{3}\right)=\sum(\mu+\upsilon)\sin^2\frac{A}{3}+2t\left(\prod\sin\frac{A}{3}\right) \quad (16)$$

其中

$$t=\sum\lambda\frac{\cos\left(60°-\frac{A}{3}\right)}{\sin\frac{A}{3}} \quad (17)$$

注意到

$$2\left(60°-\frac{A}{3}\right),2\left(60°-\frac{B}{3}\right),2\left(60°-\frac{C}{3}\right)\in(0,120°)$$

且余弦函数 $f(x)=\cos x$ 在 $(0,120°)$ 内为凹函数,接式(a)的证明有,当

$$0<A\leqslant B\leqslant C<180°\Rightarrow$$

$$60°>60°-\frac{A}{3}\geqslant 60°-\frac{B}{3}\geqslant 60°-\frac{C}{3}>0\Rightarrow$$

$$\begin{cases}\dfrac{1}{\sin\frac{A}{3}}\geqslant\dfrac{1}{\sin\frac{B}{3}}\geqslant\dfrac{1}{\sin\frac{C}{3}}\\ \cos\left(60°-\frac{A}{3}\right)\leqslant\cos\left(60°-\frac{B}{3}\right)\leqslant\cos\left(60°-\frac{C}{3}\right)\end{cases}$$

(应用切比雪夫不等式的加权推广)

$$t=\sum\lambda\frac{\cos\left(60°-\frac{A}{3}\right)}{\sin\frac{A}{3}}\leqslant$$

$$\left[\frac{1}{\sum\lambda}\right]\left[\sum\frac{\lambda}{\sin\frac{A}{3}}\right]\cdot\sum\lambda\cos\left(60°-\frac{A}{3}\right)\leqslant$$

$$\frac{1}{\sqrt{3\sum\lambda^2}}\left[\sum\frac{\lambda}{\sin\frac{A}{3}}\right]\sum\lambda\cos\left(60°-\frac{A}{3}\right)=$$

$$\frac{1}{3}\left[\sum\frac{\lambda}{\sin\frac{A}{3}}\right]\sum\lambda\cos\left(60°-\frac{A}{3}\right) \tag{18}$$

应用柯西不等式有

$$\sum\lambda\cos\left(60°-\frac{A}{3}\right)\leqslant\sqrt{\left(\sum\lambda^2\right)\sum\cos^2\left(60°-\frac{A}{3}\right)} \tag{19}$$

且

$$\sum\cos^2\left(60°-\frac{A}{3}\right)=\frac{1}{2}\sum\left[1+\cos 2\left(60°-\frac{A}{3}\right)\right]=$$

$$\frac{3}{2}+\frac{1}{2}\sum\cos\left(120°-\frac{2}{3}A\right)\leqslant\frac{3}{2}+\frac{3}{2}\cos\frac{1}{3}\sum\left(120°-\frac{2}{3}A\right)=$$

$$\frac{3}{2}+\frac{3}{2}\cos\left(120°-\frac{2}{9}\sum A\right)=\frac{3}{2}+\frac{3}{2}\cos(120°-40°)=$$

$$\frac{3}{2}(1+\cos 80°)=3(\cos 40°)^2\Rightarrow$$

$$\sum\lambda\cos\left(60°-\frac{A}{3}\right)\leqslant\left(3\sum\lambda^2\right)^{\frac{1}{2}}\cos 40°=3\cos 40°\Rightarrow$$

$$t\leqslant\left[\sum\frac{\lambda}{\sin\frac{A}{3}}\right]\cos 40°\Rightarrow 2t\left(\prod\sin\frac{A}{3}\right)\leqslant 2\left(\sum\lambda\sin\frac{B}{3}\sin\frac{C}{3}\right)\cos 40°=$$

$$2\lambda\upsilon\left[\sum\frac{\sin\frac{B}{3}}{\mu}\cdot\frac{\sin\frac{C}{3}}{\upsilon}\right]\cos 40°\leqslant 2\lambda\upsilon\sum\left[\frac{\sin\frac{A}{3}}{\lambda}\right]^2\cos 40°\Rightarrow$$

$$\sum(\mu+\upsilon)\left(\sin\frac{A}{3}\right)^2+2t\left(\prod\sin\frac{A}{3}\right)\leqslant\sum x_1\sin^2\frac{A}{3} \tag{20}$$

$$x_1=\mu+\upsilon+2\frac{\mu\upsilon}{\lambda}\cos 40°$$

$$y_1=\upsilon+\lambda+2\frac{\upsilon\lambda}{\mu}\cos 40°$$

$$z_1=\lambda+\mu+2\frac{\lambda\mu}{\upsilon}\cos 40°$$

由于

$$x_1=\frac{1}{\lambda}[(\mu\upsilon+\upsilon\lambda+\lambda\mu)+\mu\upsilon(2\cos 40°-1)]\leqslant$$

$$\frac{1}{\lambda}[\lambda^2+\mu^2+\upsilon^2+\mu\upsilon(2\cos 40°-1)]=$$

$$[3+(2\cos 40°-1)\mu v]/\lambda = x$$

同理可得
$$y_1 \leqslant [3+(2\cos 40°-1)v\lambda]/\mu = y$$
$$z_1 \leqslant [3+(2\cos 40°-1)\lambda\mu]/v = z$$

由式(16)和式(20)结合即得
$$\sum \lambda \sin^2\left(60°-\frac{A}{3}\right) \leqslant \sum x_1 \sin^2 \frac{A}{3} \leqslant \sum x \sin^2 \frac{A}{3}$$

即式(d)成立,等号成立仅当 $\lambda = \mu = v = 1$ 且 $\triangle ABC$ 为正三角形.

④ 更有趣的是,我们还可建立一个更简洁紧凑的结果:
$$\sin \frac{A}{3} \sin \frac{B}{3} \sin \frac{C}{3} \leqslant \sin\left(30°-\frac{A}{6}\right)\sin\left(30°-\frac{B}{6}\right)\sin\left(30°-\frac{C}{6}\right) \quad (e)$$

证明 由前面的结论有
$$\sin^2\left(60°-\frac{A}{3}\right) = \sin^2 \frac{B}{3} + \sin^2 \frac{C}{3} + 2\sin \frac{B}{3} \sin \frac{C}{3} \cos\left(60°-\frac{A}{3}\right) \geqslant$$
$$2\sin \frac{B}{3} \sin \frac{C}{3} + 2\sin \frac{B}{3} \sin \frac{C}{3} \cos\left(60°-\frac{A}{3}\right) =$$
$$2\sin \frac{B}{3} \sin \frac{C}{3} \left[1 + \cos\left(60°-\frac{A}{3}\right)\right] =$$
$$\left[2\cos\left(30°-\frac{A}{6}\right)\right]^2 \sin \frac{B}{3} \sin \frac{C}{3} \quad (21)$$

同理可得
$$\sin^2\left(60°-\frac{B}{3}\right) \geqslant \left[2\cos\left(30°-\frac{B}{6}\right)\right]^2 \sin \frac{C}{3} \sin \frac{A}{3} \quad (22)$$
$$\sin^2\left(60°-\frac{C}{3}\right) \geqslant \left[2\cos\left(30°-\frac{C}{6}\right)\right]^2 \sin \frac{A}{3} \sin \frac{B}{3} \quad (23)$$

$\sqrt{(21) \cdot (22) \cdot (23)}$ 得
$$\prod \sin\left(60°-\frac{A}{3}\right) \geqslant 8\left(\prod \sin \frac{A}{3}\right)\left(\prod \cos\left(30°-\frac{A}{6}\right)\right) \Rightarrow$$
$$8\prod \sin\left(30°-\frac{A}{6}\right)\cos\left(30°-\frac{A}{6}\right) \geqslant$$
$$8\left(\prod \sin \frac{A}{3}\right)\prod \cos\left(30°-\frac{A}{6}\right) \Rightarrow$$
$$\prod \sin \frac{A}{3} \leqslant \prod \sin\left(30°-\frac{A}{6}\right)$$

⑤ 更令人惊喜的是:如果我们设 $\alpha, \beta, \gamma \in (0,3)$ 且 $\alpha+\beta+\gamma=3$,那么式(e)又可指数推广为
$$\sin^\alpha\left(30°-\frac{A}{6}\right)\sin^\beta\left(30°-\frac{B}{6}\right)\sin^\gamma\left(30°-\frac{C}{6}\right) \geqslant$$

$$\left(\sin\frac{A}{3}\right)^{\frac{3-\alpha}{2}}\left(\sin\frac{B}{3}\right)^{\frac{3-\beta}{2}}\left(\sin\frac{C}{3}\right)^{\frac{3-\gamma}{2}} \tag{f}$$

显然,当 $\alpha=\beta=\gamma=1$ 时,式(f) 化为式(e).

证明 应用上面的式(23) 有

$$\prod \sin^{2\alpha}\left(60°-\frac{A}{3}\right) \geqslant \prod\left[2\cos\left(30°-\frac{A}{6}\right)\right]^{2\alpha}\prod\left(\sin\frac{B}{3}\sin\frac{C}{3}\right)^{\alpha} \Rightarrow$$

$$\prod\left[2\sin\left(30°-\frac{A}{6}\right)\cos\left(30°-\frac{A}{6}\right)\right]^{2\alpha} \geqslant$$

$$\prod\left[2\cos\left(30°-\frac{A}{6}\right)\right]^{2\alpha}\prod\left(\sin\frac{B}{3}\sin\frac{C}{3}\right)^{\alpha} \Rightarrow$$

$$\prod\left[\sin\left(30°-\frac{A}{6}\right)\right]^{2\alpha} \geqslant \prod\left(\sin\frac{A}{3}\right)^{\beta+\gamma} \Rightarrow$$

$$\prod\left[\sin\left(30°-\frac{A}{6}\right)\right]^{2\alpha} \geqslant \prod\left(\sin\frac{A}{3}\right)^{3-\alpha} \Rightarrow$$

$$\prod \sin^{\alpha}\left(30°-\frac{A}{6}\right) \geqslant \prod\left(\sin\frac{A}{3}\right)^{\frac{3-\alpha}{2}}$$

此即为式(f),等号成立仅当 $\triangle ABC$ 为正三角形.

回首展望,前面的(a),(d),(e),(f) 是四个三角不等式,个个如花似玉,娟秀动人,恰如四季花开. 只要我们在春暖花开的季节辛勤耕种,就会在瓜果飘香的季节喜获丰收.

关于一道德国数奥题的解读

（一）

题目（德国） 某三角形的三条边长分别为 a,b,c，有 $a^2+b^2>5c^2$，证明：c 是该三角形的最短边.

本题是一道趣味组合几何问题，已知条件
$$a^2+b^2>5c^2 \tag{1}$$
是一个不等式，a^2,b^2,c^2 的系数依次是 $1,1,5$，这使我们联想到：如果设 x,y,z 为正实数，将式（1）改变（推广）为
$$xa^2+yb^2>zc^2 \tag{2}$$
时，那么，当 x,y,z 满足什么条件（关系）时，能保证 c 为 $\triangle ABC$ 的最短边？

分析 我们不妨设 $a\geqslant b$，由
$$b+c>a \Rightarrow x(b+c)^2>xa^2 \Rightarrow x(b+c)^2+yb^2>xa^2+yb^2>zc^2 \Rightarrow$$
$$x(b+c)^2+yb^2>zc^2 \Rightarrow$$
$$S(b,c)=x(b+c)^2+yb^2-zc^2>0 \Rightarrow$$
$$S(b,c)=(x+y)b^2+2xbc+(x-z)c^2=c^2g(t)>0 \tag{3}$$
其中
$$t=\frac{b}{c}, g(t)=(x+y)t^2+2xt+(x-z) \tag{4}$$

为了能达到目的，我们希望 $S(b,c)$ 能分解为
$$S(b,c)=(b-c)[(x+y)b+kc]>0 \tag{5}$$
其中 $k>0$.

于是方程
$$g(t)=(x+y)t^2+2xt+(x-z)=0 \tag{6}$$
应有一个正根 1，另一个为负根，即
$$(x+y)+2x+(x-z)=0 \Rightarrow z=4x+y \Rightarrow \tag{7}$$

$$S(b,c) = (x+y)b^2 + 2xbc - (3x+y)c^2 = \qquad (8)$$
$$(b-c)[(x+y)b + (3x+y)] > 0 \Rightarrow$$
$$\left.\begin{array}{l} b > c \\ a \geqslant b \end{array}\right\} \Rightarrow a \geqslant b > c \Rightarrow c = \min(a,b,c)$$

因此 $z = 4x + y$ 即为我们希望求得的 x, y, z 应满足的条件. 从而,原题可以推广为:

推广 1 设 a, b, c 为 $\triangle ABC$ 的三边之长, x, y 为正数, 如果 $xa^2 + yb^2 > (4x+y)c^2$, 那么 c 为 $\triangle ABC$ 的最短边.

显然, 当 $x = y = 1$ 时, $4x + y = 5$.

(二)

进一步地, 我们还可以从指数方面考虑: 当正数 x, y, z 在不等式
$$xa^n + yb^n \geqslant zc^n, 2 \leqslant n \in \mathbf{N} \qquad (1)$$
中具备什么条件时, c 为 $\triangle ABC$ 的最短边?

分析 仍然设 $a \geqslant b$, 由于
$$b + c > a \Rightarrow x(b+c)^n > xa^n \Rightarrow$$
$$x(b+c)^n + yb^n > xa^n + yb^n \geqslant zc^n \Rightarrow$$
$$S_n(b,c) = x(b+c)^n + yb^n - zc^n > 0 \qquad (2)$$

从前面的分析知, 须
$$S_n(b,b) = x(2b)^n + yb^n - zb^n = 0 \Rightarrow z = 2^n x + y \qquad (3)$$

显然, 当 $n = 2$ 时, $z = 4x + y$. 因此, 推广 1 又可以推广为:

推广 2 设 a, b, c 为 $\triangle ABC$ 的三边之长, x, y 为正数, $2 \leqslant n \in \mathbf{N}$, 如果 $xa^n + yb^n \geqslant (2^n x + y)c^n$, 那么 c 为 $\triangle ABC$ 的最短边.

证法 1 我们不妨设 $a \geqslant b$, 那么
$$b + c > a \Rightarrow x(b+c)^n \Rightarrow xa^n \Rightarrow$$
$$x(b+c)^n + yb^n > xa^n + yb^n \geqslant (2^n x + y)c^n \Rightarrow$$
$$S_n(b,c) = x(b+c)^n + yb^n - (2^n x + y)c^n > 0 \Rightarrow$$
$$S_n(b,c) = c^n f_n(t) > 0 \qquad (4)$$

其中
$$t = \frac{b}{c}, f_n(t) = x(t+1)^n + yt^n - (2^n x + y) > 0 \qquad (5)$$

但

$$f_n(t) = x[(t+1)^n - 2^n] + y(t^n - 1) =$$
$$x[(t+1) - 2][(t+1)^{n-1} + 2(t+1)^{n-2} + 2^2(t+1)^{n-3} + \cdots +$$
$$2^{n-2}(t+1) + 2^{n-1}] + y(t-1)(t^{n-1} + t^{n-2} + \cdots + t + 1) =$$
$$(t-1)g_n(t) \Rightarrow f_n(t) = (t-1)g_n(t)$$

其中
$$g_n(t) = x[(t+1)^{n-1} + 2(t-1)^{n-2} + 2^2(t+1)^{n-3} + \cdots +$$
$$2^{n-1}(t+1) + 2^{n-1}] + y(t^{n-1} + t^{n-2} + \cdots + t + 1) > 0 \Rightarrow \quad (6)$$
$$f_n(t) > 0 \Leftrightarrow S_n(b,c) > 0 \Rightarrow t > 1 \Rightarrow$$
$$\left.\begin{array}{c} b > c \\ a \geqslant b \end{array}\right\} \Rightarrow a \geqslant b > c \Rightarrow c = \min(a,b,c)$$
$$(\text{因 } S_n(b,c) = c^n(t-1)g_n(t))$$

证法 2　接证法 1 有
$$f_n(t) = x(t+1)^n + yt^n - (2^n x + y) =$$
$$x\left(t^n + \sum_{i=1}^{n-1} t^{n-i}C_n^i + 1\right) + yt^n - (2^n x + y) =$$
$$(x+y)t^n + \sum_{i=1}^{n-1} xC_n^i t^{n-i} - [(2^n - 1)x + y]$$

由于
$$f_n(1) = 2^n x + y - (2^n x + y) = 0 \Rightarrow f_n(t) = (t-1)g_n(t)$$

用综合除法求 $g_n(t)$

$$1\ \bigg|\ \begin{array}{cccccc} x+y & xC_n^1 & xC_n^2 & \cdots & xC_n^{n-2} & xC_n^{n-1} & -[(2^n-1)x+y] \\ & x+y & \lambda_1 & \cdots & \lambda_{n-3} & \lambda_{n-2} & [(2^n-1)x+y] \\ \hline x+y & \lambda_1 & \lambda_2 & \cdots & \lambda_{n-2} & [(2^n-1)x+y] & 0 \end{array}$$

所以
$$g_n(t) = [(x+y)t^{n-1} + \lambda_1 t^{n-2} + \lambda_2 t^{n-3} + \cdots +$$
$$\lambda_{n-2}t + (2^n - 1)x + y] > 0$$

其中
$$\lambda_1 = x(1 + C_n^1) + y, \lambda_2 = (1 + C_n^1 + C_n^2)x + y, \cdots,$$
$$\lambda_{n-1} = (1 + C_n^1 + C_n^2 + \cdots + C_n^{n-1})x + y = (2^n - 1)x + y$$

于是，从
$$S_n(b,c) = c^n f_n(t) = c^n(t-1)g_n(t) =$$
$$c^{n-1}(b-c)g_n(t) > 0 \Rightarrow \left.\begin{array}{c} b > c \\ a \geqslant b \end{array}\right\} \Rightarrow a \geqslant b > c \Rightarrow$$
$$c = \min(a,b,c)$$

证法 3　由证法 1 有
$$S(b,c) = x(c+c)^n + yb^n - (2^n x + y)c^n > 0 \tag{7}$$

当 $b > c$ 时
$$S(b,c) > x(c+c)^n + yc^n - (2^n x + y)c^n = 0$$

当 $b \leqslant c$ 时
$$S(b,c) \leqslant x(c+c)^n + yc^n - (2^n x + y)c^n = 0$$

这与式(7)矛盾,所以只能 $b > c$,结合假设 $a \geqslant b$ 有 $a \geqslant b > c$,因此 c 为 $\triangle ABC$ 的最短边.

(三)

如果我们转换思路,就可建立原题的配对题目:

配对 1　设 $\triangle ABC$ 的三边之长为 a,b,c,如果 $ab \geqslant 2c^2$,那么 c 为 $\triangle ABC$ 的最短边.

证明　不妨设 $a \geqslant b$,那么由
$$b+c > a \Rightarrow b(b+c) > ab \geqslant 2c^2 \Rightarrow$$
$$b(b+c) - 2c^2 > 0 \Rightarrow (b-c)(b+2c) > 0 \Rightarrow$$
$$\left.\begin{array}{l} b > c \\ a \geqslant b \end{array}\right\} \Rightarrow a \geqslant b > c$$

所以 c 为 $\triangle ABC$ 的最短边.

无独有偶,上述配对 1 也可以从指数方面推广为:

配对 2　设 $\triangle ABC$ 的三边之长为 a,b,c;x,y 为任意正实数.如果
$$a^x b^y \geqslant 2^x c^{x+y}$$
那么 c 为 $\triangle ABC$ 的最短边.

证明　不妨设 $a \geqslant b$,从
$$b+c > a \Rightarrow (b+c)^x > a^x \Rightarrow (b+c)^x b^y > a^x b^y \geqslant 2^x c^{x+y} \Rightarrow$$
$$S(b,c) = (b+c)^x b^y - 2^x c^{x+y} > 0 \tag{1}$$

当 $b > c$ 时
$$S(b,c) > (c+c)^x c^y - 2^x c^{x+y} = 0$$

当 $b \leqslant c$ 时
$$S(b,c) \leqslant (c+c)^x c^y - 2^x c^{x+y} = 0$$

这与式(1)矛盾.

所以只有

$$\left.\begin{array}{r}b>c\\a\geqslant b\end{array}\right\}\Rightarrow a\geqslant b>c$$

因此 c 为 $\triangle ABC$ 的最短边.

显然,配对 2 与前面的推广 2"鸳鸯并举,鸾凤齐鸣",相映成趣.

（四）

在数学探索的道路上,有时提出一个问题比解决一个问题更有意义.那么,我们能将配对 2 和推广 2 从三角形推广到凸多边形吗?

问题 1 设 $2\leqslant n\in \mathbf{N},\lambda_1,\lambda_2,\cdots,\lambda_{m-1}$ 均为正数,凸 m 边形 $A_1A_2\cdots A_m$ 的边长为 $a_1,a_2,\cdots,a_m(3\leqslant m\in \mathbf{N})$,记

$$k=(m-1)^n\lambda_1+\lambda_2+\cdots+\lambda_{m-1}$$

那么当

$$\lambda_1 a_1^n+\lambda_2 a_2^n+\cdots+\lambda_{m-1}a_{m-1}^n\geqslant Ka_m^n \tag{1}$$

时,a_m 为最短边吗?

分析 设 $a_1\geqslant a_2\geqslant\cdots\geqslant a_{m-1}$,那么

$$a_2+a_3+\cdots+a_m>a_1\Rightarrow$$
$$\lambda_1(a_2+a_3+\cdots+a_m)^n>\lambda_1 a_1^n\Rightarrow$$
$$\lambda_1(a_2+a_3+\cdots+a_m)^n+\lambda_2 a_2^n+\cdots+\lambda_{m-1}a_{m-1}^n>\lambda_1 a_1^n+\lambda_2 a_2^n+\cdots+\lambda_{m-1}a_{m-1}^n\geqslant Ka_m^n\Rightarrow$$
$$S(m,n)=\lambda_1(a_2+a_3+\cdots+a_m)^n+\lambda_2 a_2^n+\cdots+\lambda_{m-1}a_{m-1}^n-Ka_m^n>0 \tag{2}$$

如果

$$a_2\geqslant a_3\geqslant\cdots\geqslant a_{m-1}>a_m\Rightarrow S(m,n)>$$
$$[(m-1)^n\lambda_1+\lambda_2+\cdots+\lambda_{m-1}-K]a_m^n=0$$

此时式(2)成立.

如果

$$a_m\geqslant a_2\geqslant\cdots\geqslant a_{m-1}\Rightarrow S(m,n)\leqslant$$
$$[(m-1)^n\lambda_1+\lambda_2+\cdots+\lambda_{m-1}-K]a_m^n=0$$

此时与式(2)矛盾.

通过上述分析知,当式(1)成立(再附加 $a_1\geqslant a_2\geqslant\cdots\geqslant a_{m-1}$)时,不能肯定 a_m 为最短边.

问题 2 设 $x_1,x_2,\cdots,x_{m-1}$ 均为正数,记 $t=(m-1)^{x_1}$,凸 m 边形

$A_1A_2\cdots A_m$ 的边长为 $a_1,a_2,\cdots,a_m(3\leqslant m\in \mathbf{N})$，那么，当

$$a_1^{x_1}a_2^{x_2}\cdots a_{m-1}^{x_{m-1}} \geqslant ta_m^{(x_1+x_2+\cdots+x_{m-1})} \tag{3}$$

时，a_m 为最短边吗？

分析 由于

$$a_2+a_3+\cdots+a_m > a_1 \Rightarrow (a_2+a_3+\cdots+a_m)^{x_1} > a_1^{x_1} \Rightarrow$$

$$(a_2+a_3+\cdots+a_m)^{x_1} \cdot a_2^{x_2}\cdots a_{m-1}^{x_{m-1}} >$$

$$a_1^{x_1}a_2^{x_2}\cdots a_{m-1}^{x_{m-1}} \geqslant ta_m^{(x_1+\cdots+x_{m-1})} \Rightarrow$$

$$T(m,n) = (a_2+a_3+\cdots+a_m)^{x_1}a_2^{x_2}\cdots a_{m-1}^{x_{m-1}} - ta_m^{(x_1+\cdots+x_{m-1})} > 0 \tag{4}$$

当 $\min(a_2,\cdots,a_{m-1}) > a_m$ 时

$$T(m,n) > [(m-1)^{x_1} - t]a_m^{x_1+\cdots+x_{m-1}} = 0$$

当 $\max(a_2,\cdots,a_{m-1}) \leqslant a_m$ 时

$$T(m,n) \leqslant [(m-1)^{x_1} - t]a_m^{x_1+\cdots+x_{m-1}} = 0$$

此时与式(4)矛盾.

上述分析绕开了 a_1，也不能肯定 a_m 为最短边.

（五）

最后，我们新编两道题.

题 1 设 $0<\alpha<\beta, 0<q<p, \lambda_i>0, x_i>p(i=1,2,\cdots,n; 2\leqslant n\in \mathbf{N})$，求证：

$$\sum_{i=1}^{n}\lambda_i(x_i-p)^{\alpha} \leqslant k\sum_{i=1}^{n}\lambda_i(x_i-q)^{\beta} \tag{A}$$

其中

$$k = \frac{\alpha^{\alpha}}{\beta^{\beta}}\left(\frac{\beta-\alpha}{p-q}\right)^{\beta-\alpha} \tag{1}$$

证明 注意到 $0<\alpha<\beta, 0<q<p$，有 $\beta-\alpha>0, p-q>0$ 及 $(\beta-\alpha)+\alpha=\beta$，设参数 $\lambda>0$，应用加权不等式有

$$\frac{(x_i-p)^{\alpha}}{(x_i-q)^{\beta}} = \frac{1}{\lambda^{\alpha}}\left(\frac{\lambda x_i - \lambda p}{x_i-q}\right)^{\alpha}\left(\frac{1}{x_i-q}\right)^{\beta-\alpha} \leqslant$$

$$\frac{1}{\lambda^{\alpha}}\left[\frac{\alpha\left(\dfrac{\lambda x_i-\lambda p}{x_i-q}\right)+(\beta-\alpha)\left(\dfrac{1}{x_i-q}\right)}{\beta}\right]^{\beta} =$$

$$\frac{1}{\lambda^{\alpha}}\left[\frac{\dfrac{\alpha\lambda}{\beta}\left(x_i-\dfrac{\alpha+\alpha p\lambda-\beta}{\alpha\lambda}\right)}{x_i-q}\right]^{\beta} \tag{2}$$

令 $\dfrac{\alpha + \alpha p\lambda - \beta}{\alpha\lambda} = q \Rightarrow \lambda = \dfrac{\beta - \alpha}{\alpha(p-q)} \Rightarrow$

$$\dfrac{(x_i - p)^\alpha}{(x_i - q)^\beta} \leqslant \dfrac{(\alpha\lambda)^\beta}{\lambda^\alpha \beta^\beta} = \dfrac{\alpha^\alpha}{\beta^\beta}\left(\dfrac{\beta-\alpha}{p-q}\right)^{\beta-\alpha} = k \Rightarrow$$

$$\lambda_i(x_i - p)^\alpha \leqslant k\lambda_i(x_i - q)^\beta \,(i=1,2,\cdots,n) \Rightarrow \qquad (3)$$

$$\sum_{i=1}^n \lambda_i(x_i - p)^\alpha \leqslant k \sum_{i=1}^n \lambda_i(x_i - q)^\beta$$

即式(A)成立,等号成立仅当

$$\dfrac{\lambda(x_i - p)}{x_i - q} = \dfrac{1}{x_i - q} \Rightarrow x_i = p + \dfrac{1}{\lambda} =$$

$$p + \dfrac{\alpha(p-q)}{\beta - \alpha} = \dfrac{\beta p - \alpha q}{\beta - \alpha} \Rightarrow$$

$$x_i = \dfrac{\beta p - \alpha q}{\beta - \alpha}, i=1,2,\cdots,n$$

另证 注意到 $\beta - \alpha > 0$ 及 $(\beta-\alpha)+\alpha = \beta$,设参数 $t > 0$,应用加权不等式有

$$(x_i - p)^\alpha = \dfrac{1}{t^{\beta-\alpha}}[t^{\beta-\alpha}(x_i-p)^\alpha] \leqslant$$

$$\dfrac{1}{t^{\beta-\alpha}}\left[\dfrac{(\beta-\alpha)t + \alpha(x_i-p)}{\beta}\right]^\beta =$$

$$\dfrac{1}{t^{\beta-\alpha}}\left(\dfrac{\alpha}{\beta}\right)^\beta \left[x_i - \dfrac{\alpha p - (\beta-\alpha)t}{\alpha}\right]^\beta \qquad (4)$$

令 $\dfrac{\alpha p - (\beta-\alpha)t}{\alpha} = q \Rightarrow t = \dfrac{\alpha(p-q)}{\beta - \alpha} \Rightarrow$

$$(x_i - p)^\alpha \leqslant \dfrac{\alpha^\beta}{\beta^\beta} \cdot \dfrac{1}{t^{\beta-\alpha}}(x_i - q)^\beta =$$

$$\dfrac{\alpha^\beta}{\beta^\beta}\left[\dfrac{\beta-\alpha}{\alpha(p-q)}\right]^{\beta-\alpha}(x_i - q)^\beta =$$

$$\dfrac{\alpha^\alpha}{\beta^\beta}\left(\dfrac{\beta-\alpha}{p-q}\right)^{\beta-\alpha}(x_i - q)^\beta = k(x_i - q)^\beta \Rightarrow$$

$$\lambda_i(x_i - p)^\alpha \leqslant k\lambda_i(x_i - q)^\beta \Rightarrow$$

$$\sum_{i=1}^n \lambda_i(x_i - p)^\alpha \leqslant k \sum_{i=1}^n \lambda_i(x_i - q)^\beta$$

即式(A)成立,等号成立仅当

$$t = x_i - p \Rightarrow x_i = p + t = p + \dfrac{\alpha(p-q)}{\beta-\alpha} = \dfrac{\beta p - \alpha q}{\beta-\alpha} \Rightarrow$$

$$x_i = \dfrac{\beta p - \alpha q}{\beta - \alpha} \quad (i=1,2,\cdots,n)$$

可喜的是，式(A)还有配对题目：

题 2 设 $0<\alpha<\beta, 0<p<q, \frac{p}{\alpha}<\frac{q}{\beta}, \lambda_i>0, x_i>0 (i=1,2,\cdots,n; 2 \leqslant n \in \mathbf{N})$，则

$$\sum_{i=1}^{n} \lambda_i (x_i+p)^{\alpha} \leqslant \sum_{i=1}^{n} \lambda_i (x_i+q)^{\beta} m \qquad (B)$$

其中

$$m = \frac{\alpha^{\alpha}}{\beta^{\beta}} \cdot \left(\frac{\beta-\alpha}{q-p}\right)^{\beta-\alpha} \qquad (5)$$

观察可知，m 与 k 的表达式大同小异，式(A)与式(B)也如此，互相配对，好像"天生一对，地配一双"。

证明 设参数 $\lambda>0$，应用加权不等式有

$$\lambda^{\beta-\alpha}(x_i+p)^{\alpha} = \lambda^{\beta-\alpha}(x_i+p)^{\alpha} \leqslant$$

$$\left[\frac{(\beta-\alpha)\lambda + \alpha(x_i+p)}{\beta}\right]^{\beta} =$$

$$\left(\frac{\alpha}{\beta}\right)^{\beta} \left[x_i + \left(p + \frac{(\beta-\alpha)\lambda}{\alpha}\right)\right]^{\beta} \qquad (6)$$

令

$$p + \frac{(\beta-\alpha)\lambda}{\alpha} = q \Rightarrow \lambda = \frac{\alpha(q-p)}{\beta-\alpha} \Rightarrow$$

$$(x_i+p)^{\alpha} \leqslant \left(\frac{\alpha}{\beta}\right)^{\alpha} \left[\frac{\beta-\alpha}{\alpha(q-p)}\right]^{\beta-\alpha} (x_i+q)^{\beta} =$$

$$\frac{\alpha^{\alpha}}{\beta^{\beta}} \left(\frac{\beta-\alpha}{q-p}\right)^{\beta-\alpha} (x_i+q)^{\beta} = m(x_i+q)^{\beta} \Rightarrow$$

$$\lambda_i (x_i+p)^{\alpha} \leqslant m \lambda_i (x_i+q)^{\beta} \Rightarrow$$

$$\sum_{i=1}^{n} \lambda_i (x_i+p)^{\alpha} \leqslant m \sum_{i=1}^{n} \lambda_i (x_i+q)^{\beta}$$

即式(B)成立，等号成立仅当

$$\lambda = x_i + p \Rightarrow x_i = \lambda - p = \frac{\alpha(q-p)}{\beta-\alpha} - p =$$

$$\frac{\alpha q - \beta p}{\beta - \alpha} > 0, i=1,2,\cdots,n$$

仿照上述证法思路，我们不难新编：

题 3 设 $p, q \geqslant 0, m, K > 0, x_i > q, \lambda_i > 0$，证明

$$\sum_{i=1}^{n} \lambda_i (x_i+p)^{(m+1)k} \geqslant M \sum_{i=1}^{n} \lambda_i (x_i-q)^{k} \qquad (C)$$

其中

$$M = (m+1)^{(m+1)k}\left(\frac{p+q}{m}\right)^{mk} \tag{7}$$

证明 当 $p+q=0$ 时，$p=q=0$，式(C) 显然成立.

当 $p+q>0$ 时，应用加权不等式有

$$x_i + p = (x_i - q) + m\left(\frac{p+q}{m}\right) \geq$$

$$(m+1)\left[(x_i-q)\left(\frac{p+q}{m}\right)^m\right]^{\frac{1}{m+1}} \Rightarrow$$

$$(x_i+p)^{m+1} \geq (m+1)^{m+1}\left(\frac{p+q}{m}\right)^m (x_i-q) \Rightarrow$$

$$(x_i+p)^{(m+1)k} \geq (m+1)^{(m+1)k}\left(\frac{p+q}{m}\right)^{mk}(x_i-q)^k \Rightarrow$$

$$\lambda_i(x_i+p)^{(m+1)k} \geq M x_i (x_i-q)^k (1 \leq i \leq n) \Rightarrow$$

$$\sum_{i=1}^n \lambda_i(x_i+p)^{(m+1)k} \geq M \sum_{i=1}^n \lambda_i(x_i-q)^k$$

即式(C)成立，等号成立仅当

$$x_i - q = \frac{p+q}{m} \Rightarrow x_i = \frac{(m+1)q+p}{m}, i=1,2,\cdots,n$$

仿照上述方法，可用第三种方法证明前面的式(A)(式(B)也有三种证法)：

补证 注意到 $0<q<p \Rightarrow p-q>0$，设参数 $\lambda>0$，应用加权不等式

$$x_i - q = (x_i - p) + (p - q) = (x_i - p) + \lambda\left(\frac{p-q}{\lambda}\right) \geq$$

$$(1+\lambda)\left[(x_i-p)\left(\frac{p-q}{\lambda}\right)^\lambda\right]^{\frac{1}{1+\lambda}} \Rightarrow$$

$$(x_i-q)^{(1+\lambda)\alpha} \geq (1+\lambda)^{(1+\lambda)\alpha}(x_i-p)^\alpha \left(\frac{p-q}{\lambda}\right)^{\lambda\alpha}$$

令

$$(1+\lambda)\alpha = \beta \Rightarrow \lambda = \frac{\beta-\alpha}{\alpha} \Rightarrow$$

$$(x_i-q)^\beta \geq \left(\frac{\beta}{\alpha}\right)^\beta \left[\frac{\alpha(p-q)}{\beta-\alpha}\right]^{\beta-\alpha}(x_i-p)^\alpha =$$

$$\frac{1}{k}(x_i-p)^\alpha \Rightarrow \lambda_i(x_i-p)^\alpha \leq k\lambda_i(x_i-q)^\beta \Rightarrow$$

$$\sum_{i=1}^n \lambda_i(x_i-p)^\alpha \leq k \sum_{i=1}^n \lambda_i(x_i-q)^\beta$$

此即为式(A)，等号成立仅当

$$x_i - p = \frac{p-q}{\lambda} = \frac{\alpha(p-q)}{\beta-\alpha} \Rightarrow x_i = \frac{\beta p - \alpha q}{\beta - \alpha}$$

(六)

在数学探讨中,从一些众所周知的简单结论出发,并以此为出发点,会引申出一些意外的奇妙结论来.

如右图,设 P 为 $\triangle ABC$ 内任意一点,AP 交 BC 于 A',BP 交 CA 于 B',CP 交 AB 于 C',过 P 作 $PD \perp BC$ 于 D,$PE \perp CA$ 于 E,$PF \perp AB$ 于 F,那么显然有

$$PA' + PB' + PC' \geqslant PD + PE + PF$$

当 $P \equiv O$(O 为 $\triangle ABC$ 的外心)时

$$OA' + OB' + OC' \geqslant OD + OE + OF \quad (A_1)$$

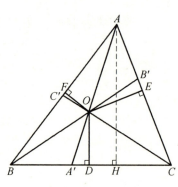

这一结论再简单不过了,但是,它却有一个漂亮的加权推广:

结论 1 设 O 为 $\triangle ABC$ 的外心,AO,BO,CO 依次交 BC,CA,AB 于 A',B',C',OD,OE,OF 依次垂直 BC,CA,AB 于 D,E,F,系数 $\alpha,\beta,\gamma \in (0,3)$,且 $\alpha + \beta + \gamma = 3$,则有

$$\alpha \cdot OA' + \beta \cdot OB' + \gamma \cdot OC' \geqslant m(OD + OE + OF) \quad (A_2)$$

其中

$$m = \frac{2}{3}(\sqrt{\beta\gamma} + \sqrt{\gamma\alpha} + \sqrt{\alpha\beta} - \frac{3}{2}) \quad (1)$$

显然,当 $\alpha = \beta = \gamma = 1$ 时,$m = 1$,式(A_2) 化为式(A_1).

证明 过 A 作 $AH \perp BC$ 于 H,设 $OA = OB = OC = 1$,于是

$$\frac{S_{\triangle BOC}}{S_{\triangle ABC}} = \frac{OD}{AH} = \frac{OA'}{AA'}$$

同理可知

$$\frac{S_{\triangle COB}}{S_{\triangle ABC}} = \frac{OB'}{BB'}, \frac{S_{\triangle AOB}}{S_{\triangle ABC}} = \frac{OC'}{CC'}.$$

从

$$S_{\triangle BOC} + S_{\triangle COB} + S_{\triangle AOB} = S_{\triangle ABC} \Rightarrow$$

$$\frac{OA'}{AA'} + \frac{OB'}{BB'} + \frac{OC'}{CC'} = 1 \quad (2)$$

设 $OA' = x, OB' = y, OC' = z$. 代入式(2) 得

$$\frac{x}{x+1}+\frac{y}{y+1}+\frac{z}{z+1}=1 \Rightarrow$$

$$\left(1-\frac{1}{x+1}\right)+\left(1-\frac{1}{y+1}\right)+\left(1-\frac{1}{z+1}\right)=1 \Rightarrow$$

$$\frac{1}{x+1}+\frac{1}{y+1}+\frac{1}{z+1}=2 \Rightarrow$$

$$2[\alpha(x+1)+\beta(y+1)+\gamma(z+1)]=$$

$$\left(\frac{1}{x+1}+\frac{1}{y+1}+\frac{1}{z+1}\right)[\alpha(x+1)+\beta(y+1)+\gamma(z+1)] \geqslant$$

$$(\sqrt{\alpha}+\sqrt{\beta}+\sqrt{\gamma})^2 \text{(应用柯西不等式)} \Rightarrow$$

$$\alpha x+\beta y+\gamma z+\alpha+\beta+\gamma \geqslant \frac{1}{2}(\sqrt{\alpha}+\sqrt{\beta}+\sqrt{\gamma})^2 \Rightarrow$$

$$\alpha x+\beta y+\gamma z \geqslant \sqrt{\beta\gamma}+\sqrt{\gamma\alpha}+\sqrt{\alpha\beta}-\frac{1}{2}(\alpha+\beta+\gamma) \Rightarrow$$

$$\alpha x+\beta y+\gamma z \geqslant \frac{3}{2}m \tag{3}$$

又应用熟知的"艾-莫"不等式有

$$OA+OB+OC \geqslant 2(OD+OE+OF) \Rightarrow$$

$$\frac{3}{2} \geqslant OD+OE+OF \tag{4}$$

由(3)和(4)得

$$\alpha \cdot OA'+\beta \cdot OB'+\gamma \cdot OC' \geqslant m(OD+OE+OF)$$

等号成立仅当

$$\alpha(x+1)^2=\beta(y+1)^2=\gamma(z+1)^2$$

且 O 为 $\triangle ABC$ 的中心,即 $\triangle ABC$ 为正三角形,且 $\alpha=\beta=\gamma=1$.

进一步地,如果

$$2(\beta\gamma+\gamma\alpha+\alpha\beta)-(\alpha^2+\beta^2+\gamma^2)>0 \Leftrightarrow$$

$$4(\beta\gamma+\gamma\alpha+\alpha\beta)-(\alpha+\beta+\gamma)^2>0 \Leftrightarrow$$

$$4(\beta\gamma+\gamma\alpha+\alpha\beta)-9>0 \Leftrightarrow$$

$$\beta\gamma+\gamma\alpha+\alpha\beta>\frac{9}{4}$$

那么,应用杨克昌不等式,有

$$\alpha x+\beta y+\gamma z \geqslant \sqrt{S(yz+zx+xy)} \tag{5}$$

其中 $S=4(\beta\gamma+\gamma\alpha+\alpha\beta)-9>0, \alpha+\beta+\gamma=3, \alpha,\beta,\gamma \in (0,3)$.

现在我们将式(5)当做伸缩的弹簧,将它拉长为一条漂亮的不等式链:

结论2 设 $\alpha,\beta,\gamma \in (0,2)$,且 $\alpha+\beta+\gamma=3$,$\triangle ABC$ 的外接圆半径为1,O

为其外接圆心（其余字母意义同前），则有
$$\alpha x + \beta y + \gamma z \geqslant \sqrt{S(yz+zx+yz)} \geqslant$$
$$t \geqslant Kt(x^{\alpha+2} y^{\beta+2} z^{\gamma+2})^{\frac{1}{9}} \tag{A_3}$$

其中
$$t = \sqrt{\frac{3}{4}S}, S = 4(\beta\gamma + \gamma\alpha + \alpha\beta) - 9$$
$$k = 2[(2-\alpha)^{\alpha-2}(2-\beta)^{\beta-2}(2-\gamma)^{\gamma-2}]^{\frac{1}{9}}$$

显然，当 $\alpha = \beta = \gamma = 1$ 时，式(A_3) 简化为
$$x+y+z \geqslant \sqrt{3(yz+zx+xy)} \geqslant \frac{3}{2} \geqslant 3\sqrt[3]{xyz}$$

（因此时 $S=3, t=\frac{3}{2}, k=2$）

证明 由前面的结论有
$$\frac{1}{x+1} + \frac{1}{y+1} + \frac{1}{z+1} = 2 \Rightarrow$$
$$(y+1)(z+1) + (z+1)(x+1) + (x+1)(y+1) =$$
$$2(x+1)(y+1)(z+1) \Rightarrow$$
$$3 + 2(x+y+z) + yz+zx+xy =$$
$$2 + 2(x+y+z) + 2(yz+zx+xy) + 2xyz \Rightarrow$$
$$1 = 2xyz + yz + zx + xy \tag{6}$$

注意到当 $\triangle ABC$ 为正三角形时，$x=y=z=\frac{1}{2}$，记 $S = yz+zx+xy$，有
$$S \geqslant 3(xyz)^{\frac{2}{3}} \Rightarrow 2xyz \leqslant 2\left(\frac{S}{3}\right)^{\frac{3}{2}}$$

再设 $\left(\frac{S}{3}\right)^{\frac{3}{2}} = t^3$，由(6)有
$$1 \leqslant 2t^3 + 3t^2 \Rightarrow (2t-1)(t+1)^2 \geqslant 0 \Rightarrow t \geqslant \frac{1}{2} \Rightarrow$$
$$\left(\frac{S}{3}\right)^{\frac{1}{2}} \geqslant \frac{1}{2} \Rightarrow S \geqslant \frac{3}{4} \Rightarrow \sqrt{S(yz+zx+xy)} \geqslant \sqrt{\frac{3}{4}S} \tag{7}$$

注意到 $1 + (2-\alpha) + (2-\beta) + (2-\gamma) = 7 - (\alpha+\beta+\gamma) = 7 - 3 = 4$，应用加权不等式有
$$1 = 2xyz + (2-\alpha)\left(\frac{yz}{2-\alpha}\right) + (2-\beta)\left(\frac{zx}{2-\beta}\right) + (2-\gamma)\left(\frac{xy}{2-\gamma}\right) \geqslant$$
$$4\left[(2xyz)\left(\frac{yz}{2-\alpha}\right)^{2-\alpha}\left(\frac{zx}{2-\beta}\right)^{2-\beta}\left(\frac{xy}{2-\gamma}\right)^{2-\gamma}\right]^{\frac{1}{4}} =$$
$$4[2(2-\alpha)^{\alpha-2}(2-\beta)^{\beta-2}(2-\beta)^{\beta-2} x^{(5-\beta-\gamma)} y^{(5-\gamma-\alpha)} z^{(5-\alpha-\beta)}]^{\frac{1}{4}} =$$

$$4[2(2-\alpha)^{\alpha-2}(2-\beta)^{\beta-2}(2-\beta)^{\beta-2}x^{\alpha+2}y^{\beta+2}z^{\gamma+2}]^{\frac{1}{4}} \Rightarrow$$
$$1 \geq 4^{\frac{4}{9}}[2(2-\alpha)^{\alpha-2}(2-\beta)^{\beta-2}(2-\beta)^{\beta-2}x^{\alpha+2}y^{\beta+2}z^{\gamma+2}]^{\frac{1}{9}} \Rightarrow$$
$$1 \geq k(x^{\alpha+2}y^{\beta+2}z^{\gamma+2})^{\frac{1}{9}} \tag{8}$$

式(7)与式(8)结合即得式(A_3). 等号成立仅当 $\triangle ABC$ 为正三角形，且 $\alpha=\beta=\gamma=1$.

我们在前面建立了基本结论
$$yz+zx+xy \geq \frac{3}{4} \tag{9}$$

如果能从系数方面推广它，那就再好不过了.

分析 我们设 $\lambda,\mu,\upsilon>0$，记
$$T_\lambda = \lambda yz + \mu zx + \upsilon xy \tag{10}$$

应用杨克昌不等式有
$$T_\lambda \geq [S(yz \cdot zx + zx \cdot xy + xy \cdot yz)]^{\frac{1}{2}} = \sqrt{Sxyz(x+y+z)} \tag{11}$$

其中
$$S = 2(\mu\upsilon + \upsilon\lambda + \lambda\mu) - (\lambda^2 + \mu^2 + \upsilon^2) \tag{12}$$

再联想到前面我们建立的
$$x+y+z \geq \frac{3}{2} \geq 3\sqrt[3]{xyz} \tag{13}$$

但直接应用式(13)显然不行. 因此，我们得"见风使舵"，调整思路.

结论 3 设正系数 $p,q,r > \frac{3}{4}$，且满足
$$(4p-3)(4q-3)(4r-3) = 1 \tag{14}$$

那么对于 $\triangle ABC$ 有(其余字母意义同前)
$$pyz + qzx + rxy \geq \frac{3}{4} \tag{A_4}$$

显然，当取 $p=q=r=1$ 时，式(A_4)化为
$$yz + zx + xy \geq \frac{3}{4} \tag{15}$$

因此，式(A_4)是一个非常简洁优美的结论.

证明 应用平均值不等式有
$$T_\lambda = \lambda yz + \mu zx + \upsilon xy \geq 3\sqrt[3]{\lambda\mu\upsilon(xyz)^2}$$

令
$$(\lambda,\mu,\upsilon) = (4p-3, 4q-3, 4r-3) \Rightarrow \lambda\mu\upsilon = 1 \Rightarrow$$

$$\left.\begin{array}{l}\sqrt[3]{(xyz)^2} \leqslant \dfrac{1}{3}T_\lambda \\ \sqrt[3]{xyz} \leqslant \dfrac{1}{2}\end{array}\right\} \Rightarrow 2xyz \leqslant \dfrac{1}{3}T_\lambda \Rightarrow$$

$$1 = 2xyz + yz + zx + xy (\text{前面的结论}) \leqslant$$

$$\dfrac{1}{3}(\lambda yz + \mu zx + \upsilon xy) + yz + zx + xy =$$

$$\dfrac{1}{3}[(\lambda+3)yz + (\mu+3)zx + (\upsilon+3)xy] =$$

$$\dfrac{1}{3}(4pyz + 4qzx + 4rxy) \Rightarrow$$

$$pyz + qzx + rxy \geqslant \dfrac{3}{4}$$

这即为式 (A_4)，等号成立仅当 $\triangle ABC$ 为正三角形，且 $p=q=r=1$.

可见，上述证法多么简洁明快，真是妙笔生花.

回顾前面的式 (A_3)，有

$$\alpha x + \beta y + \gamma z \geqslant \sqrt{\dfrac{3}{4}S} \tag{16}$$

其中，$\alpha,\beta,\gamma \in (0,3), \alpha+\beta+\gamma=3$.
$$S = 4(\beta\gamma + \gamma\alpha + \alpha\beta) - 9$$

结合 $xyz \leqslant \dfrac{1}{8}$ 可得式 (A_4) 的配对式

$$\dfrac{\alpha}{yz} + \dfrac{\beta}{zx} + \dfrac{\gamma}{xy} \geqslant 4\sqrt{3S} \tag{A_5}$$

将式 (A_4) 与式 (16) 结合，也可得式 (16) 的配对式

$$\dfrac{p}{x} + \dfrac{q}{y} + \dfrac{r}{z} \geqslant 6 \tag{A_6}$$

并且，式 (A_6) 还有一个"伴侣"便是

$$\dfrac{\mu+\upsilon}{x^k} + \dfrac{\upsilon+\lambda}{y^k} + \dfrac{\lambda+\mu}{z^k} \geqslant 2^{k+1}\sqrt{3(\mu\upsilon + \upsilon\lambda + \lambda\mu)} \tag{A_7}$$

（其中 λ,μ,υ,k 为任意正数）

有趣的是，如果我们在式 (A_7) 中令

$$(\lambda,\mu,\upsilon) = (\tan\dfrac{A}{2}, \tan\dfrac{B}{2}, \tan\dfrac{C}{2})$$

并应用三角恒等式

$$\tan\dfrac{B}{2}\tan\dfrac{C}{2} + \tan\dfrac{C}{2}\tan\dfrac{A}{2} + \tan\dfrac{A}{2}\tan\dfrac{B}{2} = 1$$

立即得到一个有趣的不等式

$$\frac{\tan\frac{B}{2}+\tan\frac{C}{2}}{OA'^k}+\frac{\tan\frac{C}{2}+\tan\frac{A}{2}}{OB'^k}+\frac{\tan\frac{A}{2}+\tan\frac{B}{2}}{OC'^k}\geqslant 2^{k+1}\sqrt{3} \quad (A_8)$$

如果再化简

$$\tan\frac{B}{2}+\tan\frac{C}{2}=\frac{\sin\left(\frac{B}{2}+\frac{C}{2}\right)}{\cos\frac{B}{2}\cos\frac{C}{2}}=\frac{\left(\cos\frac{A}{2}\right)^2}{M}$$

$$\tan\frac{C}{2}+\tan\frac{A}{2}=\frac{\left(\cos\frac{B}{2}\right)^2}{M}$$

$$\tan\frac{A}{2}+\tan\frac{B}{2}=\frac{\left(\cos\frac{C}{2}\right)^2}{M}$$

其中
$$M=\cos\frac{A}{2}\cos\frac{B}{2}\cos\frac{C}{2}$$

代入式(A_8)又得"焕然一新"的等价形式

$$\frac{\left(\cos\frac{A}{2}\right)^2}{OA'^k}+\frac{\left(\cos\frac{B}{2}\right)^2}{OB'^k}+\frac{\left(\cos\frac{C}{2}\right)^2}{OC'^k}\geqslant 2^{k+1}\cdot\sqrt{3}\cos\frac{A}{2}\cos\frac{B}{2}\cos\frac{C}{2} \quad (A_9)$$

这是一个不错的三角不等式,如果单独证明它,也许颇具难度.

最后,我们再补充趣味的:

结论 4 设 $\lambda,\mu,\upsilon>0$(其余字母意义同前,注意 $\triangle ABC$ 的外接圆半径为 1),则有

$$\lambda\sqrt{yz}+\mu\sqrt{zx}+\upsilon\sqrt{xy}\leqslant\frac{1}{2}\left(\frac{\mu\upsilon}{\lambda}+\frac{\upsilon\lambda}{\mu}+\frac{\lambda\mu}{\upsilon}\right) \quad (A_{10})$$

当 $\lambda=\mu=\upsilon$ 时,式(A_{10})简化为

$$\sqrt{yz}+\sqrt{zx}+\sqrt{xy}\leqslant\frac{3}{2} \quad (17)$$

结合结论 2 后面的结论有不等式链

$$x+y+z\geqslant\sqrt{3(yz+zx+xy)}\geqslant\frac{3}{2}\geqslant$$
$$\sqrt{yz}+\sqrt{zx}+\sqrt{xy}\geqslant 3\sqrt[3]{xyz} \quad (18)$$

这确实为一个有趣的"数学奇观"!

证明 由于最初的结论有

$$\frac{1}{x+1}+\frac{1}{y+1}+\frac{1}{z+1}=2\Rightarrow$$

$$\left(1-\frac{x}{x+1}\right)+\left(1-\frac{y}{y+1}\right)+\left(1-\frac{z}{z+1}\right)=2\Rightarrow$$

$$\frac{x}{x+1}+\frac{y}{y+1}+\frac{z}{z+1}=1\Rightarrow$$
$$[p(x+1)+q(y+1)+r(z+1)](p,q,r>0)=$$
$$[p(x+1)+q(y+1)+r(z+1)]\cdot$$
$$\left(\frac{x}{x+1}+\frac{y}{y+1}+\frac{z}{z+1}\right)\geq(\sqrt{px}+\sqrt{qy}+\sqrt{rz})^2\Rightarrow$$

（应用柯西不等式）
$$px+qy+rz+p+q+r\geq$$
$$px+qy+rz+2\sqrt{qryz}+2\sqrt{rpzx}+2\sqrt{pqxy}\Rightarrow$$
$$\sqrt{qryz}+\sqrt{rpzx}+\sqrt{pqxy}\leq\frac{1}{2}(p+q+r) \tag{19}$$

令 $(\sqrt{qr},\sqrt{rp},\sqrt{pq})=(\lambda,\mu,\upsilon)\Rightarrow(p,q,r)=\left(\frac{\mu\upsilon}{\lambda},\frac{\upsilon\lambda}{\mu},\frac{\lambda\mu}{\upsilon}\right)\Rightarrow$
$$\lambda\sqrt{yz}+\mu\sqrt{zx}+\upsilon\sqrt{xy}\leq\frac{1}{2}\left(\frac{\mu\upsilon}{\lambda}+\frac{\upsilon\lambda}{\mu}+\frac{\lambda\mu}{\upsilon}\right)$$

更为奇异的是，仿照上面的证法有
$$\sum px(x+1)=\left[\sum px(x+1)\right]\left(\sum\frac{x}{x+1}\right)\geq\left(\sum\sqrt{p}x\right)^2\Rightarrow$$
$$\sum px^2+\sum px\geq\sum px^2+2\sum\sqrt{qr}\,yz\Rightarrow$$
$$\sum px\geq2\sum\sqrt{qr}\,yz\Rightarrow$$
$$\sum\frac{\mu\upsilon}{\lambda}x\geq2\sum\lambda yz \tag{A_{11}}$$

这确实是一个奇特的结论，它与前面的式(5)
$$\alpha x+\beta y+\gamma z\geq\sqrt{S(yz+zx+xy)}$$
（其中 $S=4(\beta\gamma+\gamma\alpha+\alpha\beta)-9, \alpha+\beta+\gamma=3, \alpha,\beta,\gamma>0$）天然成趣．

特别地，如果取 $\lambda=\mu=\upsilon$，得
$$x+y+z\geq2(yz+zx+xy) \tag{20}$$

这样，前面的(18)又可加细为
$$x+y+z\geq2(yz+zx+xy)\geq$$
$$\sqrt{3(yz+zx+xy)}\geq\frac{3}{2}\geq\sqrt{yz}+\sqrt{zx}+\sqrt{xy}\geq \tag{21}$$
$$\sqrt{3\sqrt{xyz}(\sqrt{x}+\sqrt{y}+\sqrt{z})}\geq3\sqrt[3]{xyz}$$

这的确是一个有趣的现象！

最后我们顺便指出：上述证法启示我们，从代数角度上讲，式(A_{10})与式(A_{11})可以推广为

结论 5 设 $p_i, \lambda_i, x_i, k > 0$，满足 $p_1 p_2 \cdots p_n = \lambda_1 \lambda_2 \cdots \lambda_n = 1 (3 \leqslant n \in \mathbf{N})$ 及 $\sum_{i=1}^n \frac{1}{x_i + K} = \frac{n-1}{k}$，记 $G_i = \frac{x_1 x_2 \cdots x_n}{x_i} (1 \leqslant i \leqslant n)$，则有

$$\sum_{i=1}^n p_i x_i \geqslant \frac{n(n-1)}{k} \left(\frac{\sum_{i=1}^n \frac{G_i}{\sqrt{p_i}}}{n} \right)^{\frac{2}{n-1}} \tag{A_{12}}$$

$$\sum_{i=1}^n \lambda_i \sqrt{G_i} \leqslant n \left[\frac{k \sum_{i=1}^n \frac{1}{\lambda_i^2}}{n(n-1)} \right]^{\frac{n-1}{2}} \tag{A_{13}}$$

略证 记 $P_i = \left(\frac{p_1 p_2 \cdots p_n}{p_i} \right)^{\frac{1}{2}} = \frac{1}{\sqrt{p_i}}$，$\sum_{1 \leqslant j < t \leqslant n}$ 为 $\sum$，应用华罗庚介绍的定理有

$$\left[\frac{\sum (\sqrt{p_j} x_j) \cdot (\sqrt{p_t} x_t)}{C_n^2} \right]^{\frac{1}{2}} \geqslant \left[\frac{\sum_{i=1}^n P_i G_i}{n} \right]^{\frac{1}{n-1}} \Rightarrow$$

$$\sum (\sqrt{p_j p_t} x_j x_t) \geqslant C_n^2 \left[\frac{\sum_{i=1}^n \frac{G_i}{\sqrt{p_i}}}{n} \right]^{\frac{2}{n-1}} \tag{22}$$

由已知条件有

$$\sum_{i=1}^n \frac{1}{x_i + K} = \frac{n-1}{k} \Rightarrow \sum_{i=1}^n \frac{k}{x_i + K} = n - 1 \Rightarrow$$

$$\sum_{i=1}^n \left(1 - \frac{x_i}{x_i + K} \right) = n - 1 \Rightarrow n - \sum_{i=1}^n \frac{x_i}{x_i + K} = n - 1 \Rightarrow$$

$$\sum_{i=1}^n \frac{x_i}{x_i + K} = 1 \Rightarrow$$

$$\sum_{i=1}^n p_i x_i (x_i + K) = \tag{23}$$

$$\left[\sum_{i=1}^n p_i x_i (x_i + K) \right] \left(\sum_{i=1}^n \frac{x_i}{x_i + K} \right) \geqslant$$

(应用柯西不等式)$\left(\sum_{i=1}^n \sqrt{p_i} x_i \right)^2 \Rightarrow$

$$\sum_{i=1}^n p_i x_i^2 + K \sum_{i=1}^n p_i x_i \geqslant \sum_{i=1}^n p_i x_i^2 + 2 \sum \sqrt{p_j p_t} x_j x_t \Rightarrow$$

$$k \sum_{i=1}^n p_i x_i \geqslant 2 \sum \sqrt{p_j p_t} x_j x_t \geqslant (\text{应用式}(22))$$

$$2C_n^2\left(\frac{\sum_{i=1}^n \frac{G_i}{\sqrt{p_i}}}{n}\right)^{\frac{2}{n-1}} \Rightarrow \sum_{i=1}^n p_i x_i \geqslant \frac{n(n-1)}{k}\left(\frac{\sum_{i=1}^n \frac{G_i}{\sqrt{p_i}}}{n}\right)^{\frac{2}{n-1}}$$

等号成立仅当 $p_i = 1, x_i = \frac{k}{n-1}(1 \leqslant i \leqslant n)$.

同样,应用柯西不等式有

$$\sum_{i=1}^n p_i(x_i + K) = \left[\sum_{i=1}^n p_i(x_i + K)\right]\left(\sum_{i=1}^n \frac{x_i}{x_i + K}\right) \geqslant$$

$$\left(\sum_{i=1}^n \sqrt{p_i x_i}\right)^2 \Rightarrow \sum_{i=1}^n p_i x_i + K \sum_{i=1}^n p_i \geqslant \sum_{i=1}^n p_i x_i + 2 \sum \sqrt{p_j p_t x_j x_t} \Rightarrow$$

$$\frac{k}{2}\sum_{i=1}^n p_i \geqslant \sum (\sqrt{p_j x_j})(\sqrt{p_t x_t}) \geqslant$$

$$C_n^2\left(\frac{\sum_{i=1}^n P_i \sqrt{G_i}}{n}\right)^{\frac{2}{n-1}} = C_n^2\left(\frac{\sum_{i=1}^n \sqrt{\frac{G_i}{p_i}}}{n}\right)^{\frac{2}{n-1}}$$

$$\left(\diamondsuit \frac{1}{\sqrt{p_i}} = \lambda_i \Rightarrow \prod_{i=1}^n \lambda_i = 1 \Rightarrow \lambda_i^2 = \frac{1}{p_i} \Rightarrow \sum_{i=1}^n \lambda_i \sqrt{G_i} \leqslant n\left[\frac{k\sum_{i=1}^n \frac{1}{\lambda_i^2}}{n(n-1)}\right]^{\frac{n-1}{2}}\right)$$

等号成立的条件同上.

一滴水中见太阳 —— 从特殊到一般

(一)

题1 设非负实数 $x^2+y^2=1$,求证：
$$2(\sqrt{2}-1) \leqslant \frac{x}{1+y}+\frac{y}{1+x} \leqslant 1 \tag{A}$$

粗略一看,本题形态结构较好,结构简单,但证明并非很轻松,且它很会抛砖引玉 —— 引申出一系列趣味美妙的结论来.

分析 式(A)右边等价于
$$x(1+x)+y(1+y) \leqslant (1+x)(1+y) \Leftrightarrow$$
$$x^2+y^2 \leqslant 1+xy \Leftrightarrow 0 \leqslant xy$$

可见,式(A)右边的证明简单.

我们不妨记 $P=\dfrac{x}{1+y}+\dfrac{y}{1+x}$,那么应用柯西不等式有

$$P=\frac{x^2}{x+xy}+\frac{y^2}{y+xy} \geqslant \frac{(x+y)^2}{x+y+2xy} \geqslant$$
$$\frac{(x+y)^2}{x+y+\frac{1}{2}(x+y)^2}=\frac{2(x+y)}{2+x+y}=$$
$$2-\frac{4}{2+x+y} \Rightarrow$$
$$P \geqslant 2-\frac{4}{2+x+y} \tag{1}$$

但
$$x+y \leqslant \sqrt{2(x^2+y^2)}=\sqrt{2} \Rightarrow$$
$$2-\frac{4}{2+x+y} \leqslant 2-\frac{4}{2+\sqrt{2}}=2(\sqrt{2}-1)$$

可见，应用上述思路不能证明式(A)左边成立.

那么，我们调整方位，如下尝试

$$P = \frac{x^4}{x^3 + x^3 y} + \frac{y^4}{y^3 + xy^3} \geqslant$$
$$\frac{(x^2 + y^2)^2}{x^3 + y^3 + xy(x^2 + y^2)} = \frac{1}{x^3 + y^3 + xy} \quad (2)$$

但
$$x^3 + y^3 + xy = (x+y)(x^2 - xy + y^2) + xy =$$
$$(x+y)(1 - xy) + xy =$$
$$x + y + (1 - x - y)xy =$$
$$-(x+y-\sqrt{2})(xy - \frac{1}{2}) + t$$

其中
$$t = \frac{1}{2}(x+y) - (\sqrt{2} - 1)xy + \frac{\sqrt{2}}{2}$$

由于
$$\begin{cases} x + y \leqslant \sqrt{2} \\ xy \leqslant \frac{1}{2} \end{cases} \Rightarrow -(x+y-\sqrt{2})(xy - \frac{1}{2}) \leqslant 0 \Rightarrow$$
$$x^3 + y^3 + xy \leqslant t \quad (3)$$

前进到此，也不便运算.

现在，我们再改变思路，不妨设

$$0 \leqslant x \leqslant y \leqslant 1 \Rightarrow \frac{1}{1+x} \geqslant \frac{1}{1+y} \Rightarrow$$

(应用切比雪夫不等式)

$$P = \frac{y}{1+x} + \frac{x}{1+y} \geqslant \left(\frac{x+y}{2}\right)\left(\frac{1}{1+x} + \frac{1}{1+y}\right) \geqslant$$
$$\frac{2(x+y)}{(1+x)+(1+y)} = 2 - \frac{4}{2+x+y}$$

这又回到了前面的式(1)，因此这条思路也不通.

(二)

通过上述三种思路分析，至今我们还未寻觅到式(A)的证法来，难道小小的式(A)是一只下山的猛虎，我们无法征服它吗？其实，只要我们不怕失败，坚信自己，必能找到证法技巧.

证法1 我们设

$$P = \frac{x}{1+y} + \frac{y}{1+x}, \lambda = \frac{xy}{(1+x)(1+y)}$$

那么由题意知
$$x, y \in [0,1] \Rightarrow \lambda \in [0,1) \Rightarrow P = 1 - \lambda \leqslant 1$$

即式(A)右边不等式成立,等号成立仅当
$$\lambda = 0 \Rightarrow xy = 0 \Rightarrow (x, y) = (1, 0) = (0, 1)$$

注意到
$$x + y = \sqrt{x^2 + y^2 + 2xy} = \sqrt{1 + 2xy}$$

且
$$\left.\begin{array}{l} x^2 + y^2 = 1 \\ x, y \geqslant 0 \end{array}\right\} \Rightarrow \left\{\begin{array}{l} 0 \leqslant x \leqslant 1 \\ 0 \leqslant y \leqslant 1 \end{array}\right. \Rightarrow 0 \leqslant xy \leqslant 1$$

及
$$xy \leqslant \frac{1}{2}(x^2 + y^2) = \frac{1}{2} \Rightarrow 0 \leqslant xy \leqslant \frac{1}{2}$$

记
$$t = xy \in \left[0, \frac{1}{2}\right] \Rightarrow$$

$$\lambda = \frac{xy}{1 + x + y + xy} = \frac{t}{1 + t + \sqrt{1 + 2t}} \Rightarrow$$

$$\lambda \sqrt{1 + 2t} = (1 - \lambda)t - \lambda \Rightarrow$$
$$\lambda^2 (1 + 2t) = [(1 - \lambda)t - \lambda]^2 \Rightarrow$$
$$t[(1 - \lambda)^2 t - 2\lambda] = 0$$

当 $t = 0$ 时,$\lambda = 0 \Rightarrow P = 1$.

当 $0 < t \leqslant \frac{1}{2}$ 时,有

$$(1 - \lambda)^2 t - 2\lambda = 0 \Rightarrow 2\lambda = t(1 - \lambda)^2 \leqslant \frac{1}{2}(1 - \lambda)^2 \Rightarrow$$

$$\lambda^2 - 6\lambda + 1 \geqslant 0 \Rightarrow$$
$$[\lambda - (3 + 2\sqrt{3})][\lambda - (3 - 2\sqrt{3})] \geqslant 0 \Rightarrow$$
$$(\text{注意 } 0 \leqslant \lambda < 1)\lambda \leqslant 3 - 2\sqrt{2} \Rightarrow$$
$$P = 1 - \lambda \geqslant 1 - (3 - 2\sqrt{2}) = 2(\sqrt{2} - 1)$$

即式(A)左边不等式成立,等号成立仅当 $x = y = \frac{\sqrt{3}}{2}$.

对于区区一道小题,上述证法 1 显然"游山玩水"走了弯路,显得复杂,试问:"我们还能找到更简洁的方法吗?"请欣赏:

证法 2　记号同证法 1,只须证明当 $x, y > 0$ 时 $P \geqslant 2(\sqrt{2} - 1)$ 即可. 由于
$$xy \leqslant \frac{1}{2}(x^2 + y^2) = \frac{1}{2} \Rightarrow$$

$$\frac{1}{\lambda} = \left(1+\frac{1}{x}\right)\left(1+\frac{1}{y}\right) \geqslant \left(1+\sqrt{\frac{1}{xy}}\right)^2 \geqslant (1+\sqrt{2})^2 \Rightarrow$$

$$\lambda \leqslant \frac{1}{(\sqrt{2}+1)^2} = (\sqrt{2}-1)^2 \Rightarrow$$

$$P = 1-\lambda \geqslant 1-(\sqrt{2}-1)^2 = 2(\sqrt{2}-1)$$

故有 $2(\sqrt{2}-1) \leqslant P \leqslant 1$

当$(x,y)=(1,0)=(0,1)$时,$P_{\max}=1$.

当$(x,y)=\left(\frac{\sqrt{2}}{2},\frac{\sqrt{2}}{2}\right)$时,$P_{\min}=2(\sqrt{2}-1)$.

证法3 我们只须证明当$x,y>0$时式(A)左边不等式$P \geqslant 2(\sqrt{2}-1)$成立即可.即证

$$x(1+x)+y(1+y) \geqslant 2(\sqrt{2}-1)(1+x)(1+y) \Leftrightarrow$$
$$x^2+y^2+x+y \geqslant 2(\sqrt{2}-1)(1+x+y+xy) \Leftrightarrow$$
$$(3-2\sqrt{2})(1+x+y) \geqslant 2(\sqrt{2}-1)xy \Leftrightarrow$$
(因为 $x^2+y^2=1$)
$$(\sqrt{2}-1)^2(1+x+y) \geqslant 2(\sqrt{2}-1)xy \Leftrightarrow$$
$$2xy \leqslant (\sqrt{2}-1)(1+x+y) \tag{1}$$

不妨设

$$\left.\begin{array}{r}0<x \leqslant y \\ x^2+y^2=1\end{array}\right\} \Rightarrow 0<x \leqslant \frac{\sqrt{2}}{2} \leqslant y<1 \Rightarrow$$

$$2xy \leqslant \sqrt{2}(x+y)-1 \tag{2}$$

但

$$\sqrt{2}(x+y)-1 \leqslant (\sqrt{2}-1)(1+x+y) \Leftrightarrow x+y \leqslant \sqrt{2} \Rightarrow$$
$$2xy \leqslant \sqrt{2}(x+y)-1 \leqslant (\sqrt{2}-1)(1+x+y) \tag{3}$$

逆推之式(A)左边不等式成立,等号成立仅当$x=y=\frac{\sqrt{2}}{2}$,而当x,y中一个取1,另一个取0时,式(A)右边取等号.

证法4 证$m=(1+x)(1+y) \geqslant (1+\sqrt{xy})^2$,式(A)左边$P \geqslant 2(\sqrt{2}-1)$等价于

$$x(1+x)+y(1+y) \geqslant 2(\sqrt{2}-1)m \Leftrightarrow$$
$$x^2+y^2+x+y \geqslant 2(\sqrt{2}-1)m \Leftrightarrow$$
$$1+x+y \geqslant 2(\sqrt{2}-1)m \Leftrightarrow$$

$$m - xy \geqslant 2(\sqrt{2}-1)m \Leftrightarrow$$
$$(3-2\sqrt{2})m \geqslant xy \Leftrightarrow$$
$$(\sqrt{2}-1)^2 m \geqslant xy \tag{4}$$

但是 $(\sqrt{2}-1)^2(1+\sqrt{xy})^2 \geqslant xy \Leftrightarrow (\sqrt{2}-1)(1+\sqrt{xy}) \geqslant \sqrt{xy} \Leftrightarrow$
$$\sqrt{2}-1 \geqslant (2-\sqrt{2})\sqrt{xy} \Leftrightarrow xy \leqslant \frac{1}{2}$$

因为 $1 = x^2 + y^2 \geqslant 2xy \Rightarrow xy \leqslant \frac{1}{2} \Rightarrow$
$$(\sqrt{2}-1)^2 m \geqslant (\sqrt{2}-1)^2(1+\sqrt{xy})^2 \geqslant xy$$

即式(4)成立，从而
$$P \geqslant 2(\sqrt{2}-1)$$

等号成立仅当 $x = y = \frac{\sqrt{2}}{2}$.

当 $(x, y) = (1, 0) = (0, 1)$ 时 $P = 1$.

证法 5 从上述各证法知，式(A)在边易证，我们只须证明当 $x, y \in (0, 1)$ 时，式(A)左边成立即可，即证
$$P \geqslant 2(\sqrt{2}-1)$$

由已知条件 $x^2 + y^2 = 1$，我们设
$$\begin{cases} x = \cos\theta \\ y = \sin\theta \end{cases} (0 < \theta < \frac{\pi}{2}) \Rightarrow P = \frac{\cos\theta}{1+\sin\theta} + \frac{\sin\theta}{1+\cos\theta} =$$

$$\frac{(\cos\frac{\theta}{2})^2 - (\sin\frac{\theta}{2})^2}{(\cos\frac{\theta}{2} + \sin\frac{\theta}{2})^2} + \frac{2\sin\frac{\theta}{2}\cos\frac{\theta}{2}}{2(\cos\frac{\theta}{2})^2} =$$

$$\frac{\cos\frac{\theta}{2} - \sin\frac{\theta}{2}}{\cos\frac{\theta}{2} + \sin\frac{\theta}{2}} + \tan\frac{\theta}{2} = \frac{1-\tan\frac{\theta}{2}}{1+\tan\frac{\theta}{2}} + \tan\frac{\theta}{2} =$$

$$\tan(\frac{\pi}{4} - \frac{\theta}{2}) + \tan\frac{\theta}{2} \geqslant$$

$$2\tan\frac{1}{2}\left[(\frac{\pi}{4} - \frac{\theta}{2}) + \frac{\theta}{2}\right] = 2\tan\frac{\pi}{8} =$$

$$\frac{2\sin\frac{\pi}{4}}{1+\cos\frac{\pi}{4}} = \frac{2 \cdot \frac{\sqrt{2}}{2}}{1+\frac{1}{\sqrt{2}}} = 2(\sqrt{2}-1) \Rightarrow P \geqslant 2(\sqrt{2}-1)$$

即式(A)左边也成立,等号成立仅当

$$\theta = \frac{\pi}{4} \Rightarrow x = y = \frac{\sqrt{2}}{2}$$

回顾总结以上 5 种证法,除证法 1 较复杂外,其余 4 种证法均显简洁明快.

(三)

式(A)的已知条件是:$x, y \geq 0, x^2 + y^2 = 1$,外观结构是一个简洁的分式型双向不等式

$$2(\sqrt{2} - 1) \leq \frac{x}{1+y} + \frac{y}{1+x} \leq 1 \tag{A}$$

如果从外观结构上讲,式(A)有如下配对式

$$\frac{1}{2} \leq \frac{x}{1+x} + \frac{y}{1+y} \leq 2(\sqrt{2} - 1) \tag{B}$$

的话,那么(A)、(B)两式就美如一对在比翼双飞的春燕,这是幻想吗?其实,这是数学天空中的一幅美景.

证明 我们简记

$$m = (1+x)(1+y)$$

$$T = \frac{x}{1+x} + \frac{y}{1+y} = 2 - \left(\frac{1}{1+x} + \frac{1}{1+y}\right) =$$

$$2 - \frac{1}{m}(1 + m - xy) = 1 - \frac{1 - xy}{m} \tag{1}$$

从式(1)知,当 $xy \in [0, \frac{1}{2}]$ 取最小值 0 时,$1 - xy$ 取最大值,从而 $-(1-xy)$ 取小值,从而 T 也取小值,此时

$$(x, y) = (1, 0) = (0, 1) \Rightarrow T_{\min} = \frac{1}{1+1} = \frac{1}{2} \Rightarrow T \geq \frac{1}{2}$$

又由于

$$[(1+x) + (1+y)]\left(\frac{1}{1+x} + \frac{1}{1+y}\right) \geq 4 \Rightarrow$$

$$\frac{1}{1+x} + \frac{1}{1+y} \geq \frac{4}{2+x+y} \geq \frac{4}{2+\sqrt{2}} \Rightarrow$$

$$T \leq 2 - \frac{4}{2+\sqrt{2}} = 2(\sqrt{2} - 1)$$

等号成立仅当 $x = y = \frac{\sqrt{2}}{2}$.

式(B)也可这样证明:

$$T \leqslant 2(\sqrt{2}-1) \Leftrightarrow x+y+2xy \leqslant 2(\sqrt{2}-1)m \Leftrightarrow$$
$$m+xy-1 \leqslant 2(\sqrt{2}-1)m \Leftrightarrow (\sqrt{2}-1)^2 m \leqslant 1-xy \qquad (2)$$

由于
$$m=(1+x)(1+y)=1+x+y+xy \leqslant$$
$$1+\sqrt{2}+\frac{1}{2}=\frac{1}{2}(\sqrt{2}+1)^2 \Rightarrow$$
$$(\sqrt{2}-1)^2 m \leqslant \frac{1}{2}(\sqrt{2}-1)^2(\sqrt{2}+1)^2 = \frac{1}{2} \leqslant 1-xy$$

即式(2)成立,从而式(B)成立.

一方面,我们可以将(B)、(A)两式统一成一个命题:

设 x,y 为非负实数,且满足 $x^2+y^2=1$,则有"一条龙"
$$\frac{1}{2} \leqslant T \leqslant 2(\sqrt{2}-1) \leqslant P \leqslant 1 \qquad (C)$$

其中
$$\begin{cases} T=\dfrac{x}{1+x}+\dfrac{y}{1+y} \\ P=\dfrac{y}{1+x}+\dfrac{x}{1+y} \end{cases}$$

由于
$$(x-y)\left(\frac{1}{1+y}-\frac{1}{1+x}\right) \geqslant 0 \Leftrightarrow T \leqslant P \qquad (3)$$

因此式(C)是不等式(3)的插值加细,其长度被拉长了,即式(C)具有伸缩弹性,这正是它的奇趣之处,而且,它又可以"摇身一变",成为一个漂亮的三角命题:

设 $\theta \in \left[0,\dfrac{\pi}{2}\right]$,则有
$$\frac{1}{2} \leqslant T(\theta) \leqslant 2(\sqrt{2}-1) \leqslant P(\theta) \leqslant 1 \qquad (D)$$

其中
$$\begin{cases} T(\theta)=\dfrac{\sin\theta}{1+\sin\theta}+\dfrac{\cos\theta}{1+\cos\theta} \\ P(\theta)=\dfrac{\sin\theta}{1+\cos\theta}+\dfrac{\cos\theta}{1+\sin\theta} \end{cases}$$

如果我们换一个方位思虑,简记
$$P'=\frac{x}{1-y}+\frac{y}{1-x}, T'=\frac{x}{1-x}+\frac{y}{1-y}$$

这里必须 $x,y \in (0,1)$,且 $x^2+y^2=1$,那么,不妨设
$$0<x \leqslant y<1 \Rightarrow 0<\frac{1}{1-x} \leqslant \frac{1}{1-y}$$

(应用切比雪夫不等式)

$$2P' \leqslant (x+y)\left(\frac{1}{1-x} + \frac{1}{1-y}\right) \leqslant 2T' \quad (E)$$

因为当 $x \to 0$ 或 $x \to 1$ 时,$y \to 1$ 或 0,$P' \to 2$,$T' \to +\infty$,即 P' 有极值.

并且,如果 $x = y = \frac{\sqrt{2}}{2} \Rightarrow P' = T' = 2(\sqrt{2}+1)$,因此,我们猜测,有

$$2 \leqslant P' \leqslant 2(\sqrt{2}+1) \leqslant T' \quad (F')$$

这样,式(F)与式(C)就相映成趣了.

分析 设 $t = \sqrt{xy} \leqslant \sqrt{\frac{1}{2}(x^2+y^2)} = \frac{\sqrt{2}}{2} \Rightarrow t \in \left(0, \frac{\sqrt{2}}{2}\right]$

$$(1-x)(1-y) = 1 - x - y + xy \leqslant$$
$$1 - 2\sqrt{xy} + xy = (1-t)^2 \Rightarrow$$
$$P' = \frac{x}{1-y} + \frac{y}{1-x} \geqslant 2\sqrt{\frac{xy}{(1-x)(1-y)}} \geqslant$$
$$\frac{2t}{1-t} = 2\left(\frac{1}{1-t} - 1\right)$$

但
$$\frac{1}{1-t} \leqslant \frac{1}{1-\sqrt{2}/2} = \sqrt{2}(\sqrt{2}+1)$$

且
$$1 < \frac{1}{1-t} \leqslant \sqrt{2}(\sqrt{2}+1)$$

因此,用此法不能证实式(F').事实,式(F')是错误的,应当修正为

$$\frac{x}{1-x} + \frac{y}{1-y} \geqslant \frac{x}{1-y} + \frac{y}{1-x} \geqslant 2(\sqrt{2}+1) \quad (F)$$

这样,式(C)与(F)"鸳鸯并举",形成一道绝美的数学奇观.

分析 我们记 $S = x+y$,$t = xy$ 注意到

$$x^2 + y^2 = 1 \Rightarrow t \leqslant \frac{1}{4}S^2 \leqslant \frac{1}{2}$$

式(F)右边即为

$$x(1-x) + y(1-y) \geqslant 2(\sqrt{2}+1)(1-x)(1-y) \Leftrightarrow$$
$$x + y - 1 \geqslant 2(\sqrt{2}+1)(1-x-y+xy) \Leftrightarrow \quad (*)$$
$$S - 1 \geqslant 2(\sqrt{2}+1)(1-S+t) \Leftrightarrow$$
$$(\sqrt{2}+1)(S-1) \geqslant 2$$

若能证明式(*)的加强式

$$(\sqrt{2}+1)(S-1) \geqslant \frac{1}{2}S^2 \geqslant 2t \Leftrightarrow$$
$$S^2 - 2(\sqrt{2}+1)S + 2(\sqrt{2}+1) \leqslant 0 \Leftrightarrow$$

$$(S-1-\sqrt{2})^2 \leqslant 1 \Leftrightarrow (S-\sqrt{2})(S-2-\sqrt{2}) \leqslant 0 \quad (s)$$

矛盾,因此用此法不能成功.

证明 由于

$$(x-y)\left(\frac{1}{1-x} - \frac{1}{1-y}\right) \geqslant 0 \Rightarrow$$

$$\frac{x}{1-x} + \frac{y}{1-y} \geqslant \frac{x}{1-y} + \frac{y}{1-x} \quad (4)$$

由已知条件 $x, y \in (0,1)$ 及 $x^2 + y^2 = 1$ 我们可设

$$\begin{cases} x = \cos\theta \\ y = \sin\theta \end{cases} \left(0 < \theta < \frac{\pi}{2}\right) \Rightarrow P' = \frac{x}{1-y} + \frac{y}{1-x} =$$

$$\frac{\cos\theta}{1-\sin\theta} + \frac{\sin\theta}{1-\cos\theta} = \frac{\left(\cos\frac{\theta}{2}\right)^2 - \left(\sin\frac{\theta}{2}\right)^2}{\left(\cos\frac{\theta}{2} - \sin\frac{\theta}{2}\right)^2} + \frac{2\sin\frac{\theta}{2}\cos\frac{\theta}{2}}{2\left(\sin\frac{\theta}{2}\right)^2} =$$

$$\frac{\cos\frac{\theta}{2} + \sin\frac{\theta}{2}}{\left|\cos\frac{\theta}{2} - \sin\frac{\theta}{2}\right|} + \cot\frac{\theta}{2} =$$

$$\frac{1+\tan\frac{\theta}{2}}{1-\tan\frac{\theta}{2}} + \cot\frac{\theta}{2} \left(\text{因为}\ \theta \in \left(0, \frac{\pi}{2}\right) \Rightarrow \tan\frac{\theta}{2} \in (0,1)\right) =$$

$$\tan\left(\frac{\pi}{4} + \frac{\theta}{2}\right) + \tan\left(\frac{\pi}{2} - \frac{\theta}{2}\right) \geqslant 2\tan\frac{1}{2}\left[\left(\frac{\pi}{4} + \frac{\theta}{2}\right) + \left(\frac{\pi}{2} - \frac{\theta}{2}\right)\right] =$$

$$2\tan\frac{3\pi}{8} = 2(\sqrt{2}+1)$$

等号成立仅当

$$\frac{\pi}{4} + \frac{\theta}{2} = \frac{\pi}{2} - \frac{\theta}{2} \Rightarrow \frac{\pi}{4} = \theta \Rightarrow x = y = \frac{\sqrt{2}}{2}$$

综合上述,式(F)成立.

这种三角代换证法是仿照式(A)证法 5 的技巧,还可依照其他证法吗?(大家不妨一试).

现在,我们总结前文,作出总结:

在已知条件下,$x^2 + y^2 = 1$.

(i) 当 $x, y \in [0,1]$ 时,有

$$1 \geqslant \frac{y}{1+x} + \frac{x}{1+y} \geqslant 2(\sqrt{2}-1) \geqslant$$

$$\frac{x}{1+x} + \frac{y}{1+y} \geqslant \frac{1}{2} \quad (C)$$

(ii) 当 $x,y \in (0,1)$ 时,有

$$\frac{x}{1-x} + \frac{y}{1-y} \geq \frac{x}{1-y} + \frac{y}{1-x} \geq 2(\sqrt{2}+1) \quad \text{(F)}$$

式(C)和式(F)显然可以最终统一成"万里长城":

$$\frac{x}{1-x} + \frac{y}{1-y} \geq \frac{x}{1-y} + \frac{y}{1-x} \geq 2(\sqrt{2}+1) \geq$$

$$2(\sqrt{2}+1)\left(\frac{x}{1+y} + \frac{y}{1+x}\right) \geq 4 \geq$$

$$2(\sqrt{2}+1)\left(\frac{x}{1+x} + \frac{y}{1+y}\right) \geq \sqrt{2}+1 \quad \text{(G)}$$

这才是真正的数学奇观,但必须注意它们各个等号成立的条件和各式的定义域(有的是 $x,y \in (0,1)$,而有的是 $x,y \in [0,1]$).

(四)

题1是关于两个实变量 x,y 的条件双向不等式,我们可以把它抛砖引玉——推广到三个变量 x,y,z 的条件双向不等式:

题2 如果非负实数 x,y,z 满足 $x^2+y^2+z^2=1$,则有

$$1 \leq \frac{x}{1+yz} + \frac{y}{1+zx} + \frac{z}{1+xy} \leq \sqrt{2} \quad (A_1)$$

证明 (i) 我们简记

$$P = \frac{x}{1+yz} + \frac{y}{1+zx} + \frac{z}{1+xy}$$

$$\left.\begin{array}{r}x^2+y^2+z^2=1\\ x,y,z \geq 0\end{array}\right\} \Rightarrow 0 \leq x,y,z \leq 1 \Rightarrow$$

$$x^3 - 3x + 2 = (x-1)^2(x+2) \geq 0 \Rightarrow$$

$$\frac{1}{2}(3x - x^3) \leq 1 \Rightarrow$$

$$x + xyz \leq x + \frac{1}{2}x(y^2+z^2) =$$

$$x + \frac{1}{2}x(1-x^2) = \frac{1}{2}(3x - x^3) \leq 1 \Rightarrow$$

$$\left.\begin{array}{r}x + xyz \leq 1\\ \text{同理} \begin{cases} y + xyz \leq 1\\ z + xyz \leq 1\end{cases}\end{array}\right\} \Rightarrow P = \sum\left(\frac{x^2}{x+xyz}\right) \geq \sum x^2 = 1 \Rightarrow P \geq 1$$

(ii) 另一方面,由对称性,我们不妨设

$$0 \leqslant x \leqslant y \leqslant z \leqslant 1 \Rightarrow 0 \leqslant xy \leqslant zx \leqslant yz \leqslant 1 \Rightarrow$$
$$1 \leqslant 1+xy \leqslant 1+zx \leqslant 1+yz \leqslant 2 \Rightarrow \tag{1}$$
$$P = \sum \frac{x}{1+yz} \leqslant \frac{x+y+z}{1+xy}$$

于是,现在我们只须证
$$\frac{x+y+z}{1+xy} \leqslant \sqrt{2} \Leftrightarrow x+y+z-\sqrt{2}xy \leqslant \sqrt{2} \Leftrightarrow$$
$$x+y+\sqrt{1-x^2-y^2}-\sqrt{2}xy \leqslant \sqrt{2} \Leftrightarrow$$
$$(\diamondsuit\ \mu = x+y, v = xy)$$
$$\mu + \sqrt{1-\mu^2+2v} - \sqrt{2}v \leqslant \sqrt{2} \Leftrightarrow$$
$$1-\mu^2+2v \leqslant (\sqrt{2}+\sqrt{2}v-\mu)^2 \Leftrightarrow$$
$$2\mu^2 - 2\sqrt{2}\mu v + 2v^2 + 2v - 2\sqrt{2}\mu + 1 \geqslant 0 \Leftrightarrow$$
$$(\sqrt{2}\mu - v - 1)^2 + v^2 \geqslant 0$$

即式(1)成立,从而 $P \leqslant \sqrt{2}$.

综合上述,有 $1 \leqslant P \leqslant \sqrt{2}$.

现在我们讨论式(A_1)等号成立的条件

① 易推得,当 x, y, z 中一个取 1,两个取 0 时,$P_{\min}=1$;

② 在假设 $0 \leqslant x \leqslant y \leqslant z \leqslant 1$ 的条件下:
$$\left.\begin{array}{l}\sqrt{2}\mu - v - 1 = 0 \\ v = 0\end{array}\right\} \Rightarrow \begin{cases} \mu = \frac{\sqrt{2}}{2} \\ v = 0\end{cases} \Rightarrow \begin{cases} x+y = \frac{\sqrt{2}}{2} \\ xy = 0 \end{cases} \Rightarrow \begin{cases} x=0 \\ y = \frac{\sqrt{2}}{2}\end{cases} \Rightarrow$$
$$(x, y, z) = \left(0, \frac{\sqrt{2}}{2}, \frac{\sqrt{2}}{2}\right)$$

即当 x, y, z 中有一个为 0,两个取 $\frac{\sqrt{2}}{2}$ 时,$P_{\max} = \sqrt{2}$.

可见,式(A_1)不仅优美,且证法也不常见,技巧性较强,必然性里面带着偶然性,且等号成立的条件也不常见,不对称(即不是 $x=y=z=\sqrt{3}/3$),总之,题 2 的题意简单,结论却不平凡,证法不常见. 如此奇趣优美的题目,自然具有收藏性;它不甘"孤单寂寞",还有一个漂亮的"伴侣":

题 3 设 $x, y, z \geqslant 0$,且 $x^2+y^2+z^2=1$,则
$$1 \leqslant \frac{x}{1-yz} + \frac{y}{1-zx} + \frac{z}{1-xy} \leqslant \frac{3}{2}\sqrt{3} \tag{B_1}$$

显然,题 2 与题 3 的已知条件一致,式(A_1)与式(B_1)的外形结构极其相似(只有细微的区别),既似一对"双胞胎",又似"天生一对,地配一双"的伴侣.

证明 (i) 先证式(B_1)左边成立,由于
$$\left.\begin{array}{l} x^2+y^2+z^2=1 \\ x,y,z \geqslant 0 \end{array}\right\} \Rightarrow 0 \leqslant x,y,z \leqslant 1 \Rightarrow$$
$$0 \leqslant 1-yz, 1-zx, 1-xy \leqslant 1 \Rightarrow$$
$$\begin{cases} 0 \leqslant 1-yz \leqslant 1+yz \\ 0 \leqslant 1-zx \leqslant 1+zx \\ 0 \leqslant 1-xy \leqslant 1+xy \end{cases} \Rightarrow 1 \leqslant P \leqslant T \tag{2}$$

其中
$$\begin{cases} P = \dfrac{x}{1+yz} + \dfrac{y}{1+zx} + \dfrac{z}{1+xy} \\ T = \dfrac{x}{1-yz} + \dfrac{y}{1-zx} + \dfrac{z}{1-xy} \end{cases} \tag{3}$$

仅当 x,y,z 中有一个取 1,两个取 0 时,式(1)取等号;

(ii) 再证 $T \leqslant \dfrac{3}{2}\sqrt{3}$,如果 $xyz=0$,如 $x=0$ 时
$$T = y+z \leqslant \sqrt{2(y^2+z^2)} = \sqrt{2} < \frac{3}{2}\sqrt{3}$$

若 $x=y=0 \Rightarrow z=1$,则
$$T = z = 1 < \frac{3}{2}\sqrt{3}$$

即当 $xyz=0$ 时,式(B_1)右边成立;

$$\left.\begin{array}{l} 如果 xyz \neq 0 \\ x^2+y^2+z^2=1 \end{array}\right\} \Rightarrow x,y,z \in (0,1)$$

且有 $yz \leqslant \dfrac{1}{2}(y^2+z^2) = \dfrac{1}{2}(1-x^2) \Rightarrow$

$$1-yz \geqslant 1 - \frac{1}{2}(1-x^2) = \frac{1}{2}(1+x^2) =$$
$$\frac{1}{6}(1+1+1+3x^2) \geqslant$$
$$\frac{4}{6}(\sqrt[4]{1 \cdot 1 \cdot 1 \cdot 3x^2}) = \frac{2}{3}\sqrt[4]{3x^2} \Rightarrow$$
$$T = \sum \frac{x}{1-yz} \leqslant \frac{3\sum \sqrt{x}}{\sqrt[4]{3}} =$$
$$\frac{9}{2\sqrt[4]{3}} \left(\frac{\sum \sqrt{x}}{3}\right) \leqslant \frac{9}{2\sqrt[4]{3}} \left(\frac{\sum x^2}{3}\right)^{\frac{1}{4}} =$$
$$\frac{9}{2\sqrt[4]{3}} \left(\frac{1}{3}\right)^{\frac{1}{4}} = \frac{3}{2}\sqrt{3} \Rightarrow T \leqslant \frac{3}{2}\sqrt{3}$$

即式(B_1)成立,且式(B_1)右边等号成立仅当 $x=y=z=\frac{\sqrt{3}}{3}$,左边等号成立仅当 x,y,z 中有一个取 1,两个取 0.

由此可知,上述证法技巧仍然较强,也很优美. 其中当 $xyz \neq 0$ 时,也可以这样处理:

$$1-yz \geqslant \frac{1}{2}(1+x^2) = \frac{1}{2}(x^2+x^2+y^2+z^2) \geqslant$$
$$2(\sqrt[4]{x^2 \cdot x^2 \cdot y^2 \cdot z^2}) = 2x\sqrt{yz} \Rightarrow$$
$$\frac{x}{1-yz} \leqslant \frac{x}{2x\sqrt{yz}} = \frac{1}{2\sqrt{yz}} \Rightarrow \frac{xyz}{1-yz} \leqslant \frac{1}{2}\sqrt{yz} \Rightarrow$$
$$T = \sum \frac{x}{1-yz} = \sum \left(x + \frac{xyz}{1-yz}\right) \leqslant$$
$$\sum \left(x + \frac{1}{2}\sqrt{yz}\right) = \sum x + \frac{1}{2}\sum \sqrt{yz} \leqslant$$
$$\sum x + \frac{1}{2}\sum x = \frac{3}{2}\sum x \leqslant$$
$$\frac{3}{2}\sqrt{3\sum x^2} = \frac{3}{2}\sqrt{3} \Rightarrow T \leqslant \frac{3}{2}\sqrt{3}$$

等号成立仅当
$$\left. \begin{array}{l} x^2 = y^2 = z^2 \\ x^2 + y^2 + z^2 = 1 \end{array} \right\} \Rightarrow x = y = z = \frac{\sqrt{3}}{3}$$

由于式(A_1)与式(B_1)"天生一对,地配一双",我们干脆将它俩"喜结良缘,珠联璧合"成美妙的双向不等式(缩写):

$$1 \leqslant \sum \frac{x}{1+yz} \leqslant \sum \frac{x}{1-yz} \leqslant \frac{3}{2}\sqrt{3} \tag{H}$$

(五)

从上述证法知,我们易从系数方面推广不等式 $T \leqslant \frac{3}{2}\sqrt{3}$ 为:

推广 1 设 λ,μ,υ 为正数,非负实数 x,y,z 满足 $x^2+y^2+z^2=1$,则有

$$\frac{\lambda x}{1-yz} + \frac{\mu y}{1-zx} + \frac{\upsilon z}{1-xy} \leqslant \frac{3}{2}\sqrt{\lambda^2+\mu^2+\upsilon^2} \tag{C_1}$$

证明 (i) 当 x,y,z 中 2 个取 0 时,如 $y=z=0 \Rightarrow x=1$,记式(C_1)左边为 T_λ,有 $T_\lambda = \lambda < \frac{3}{2}\lambda < \frac{3}{2}\sqrt{\lambda^2+\mu^2+\upsilon^2}$ 式(C_1)成立;

当 x,y,z 中有 1 个取 0 时,如 $z=0$
$$T_\lambda = \lambda x + \mu y \leqslant \sqrt{(\lambda^2+\mu^2)(x^2+y^2)} = \sqrt{\lambda^2+\mu^2} < \frac{3}{2}\sqrt{\lambda^2+\mu^2+v^2}$$

式(C_1)仍然成立:

(ii) 当 $xyz>0$ 时,由前面的证法知,有
$$T_\lambda = \sum \frac{\lambda x}{1-yz} \leqslant \frac{3\sum \lambda\sqrt{x}}{2\sqrt[4]{3}} \leqslant \frac{3}{2\sqrt[4]{3}}\sqrt{(\sum \lambda^2)(\sum x)} \leqslant \frac{3}{2\sqrt[4]{3}}\sqrt{(\sum \lambda^2)}\sqrt{3\sum x^2} = \frac{3}{2}\sqrt{\sum x^2}$$

即式(C_1)成立,等号成立仅当 $x=y=z=\frac{\sqrt{3}}{3}$ 及 $\lambda=\mu=v$.

有了推广 1 作基础,我们不难从参数、指数方面将式(C_1)再推广为:

推广 2 设正数 x,y,z 满足 $x^2+y^2+z^2=1$,参数 $m>\frac{1}{2}$,系数 $\lambda,\mu,v>0$,指数 $\alpha,\beta>0$,且满足 $\alpha-\frac{\beta}{3m-1}=\theta \in (0,1)$,则有

$$\frac{\lambda x^\alpha}{(m-yz)^\beta} + \frac{\mu y^\alpha}{(m-zx)^\beta} + \frac{v z^\alpha}{(m-xy)^\beta} \leqslant k\sqrt{\lambda^2+\mu^2+v^2} \quad (\text{I})$$

其中
$$k = \left(\frac{3^{\frac{6m-3}{6m-2}}}{3m-1}\right)^\beta 3^{\frac{1-\theta}{2}} \quad (1)$$

特别地,当取 $m=1, \alpha=\beta=1$ 时,$\theta=\frac{1}{2} \in (0,1)$,$k=\frac{3}{2}$,式(I)化为式($C_1$).

证明 由已知条件有
$$m-yz \geqslant m-\frac{1}{2}(y^2+z^2) = m-\frac{1}{2}(1-x^2) = \frac{1}{6}[(6m-3)\cdot 1+3x^2](\text{应用加权不等式}) \geqslant$$
$$\frac{(6m-3)+1}{6}[(1^{6m-3})3x^2]^{\frac{1}{(6m-3)+1}} =$$
$$(3m-1)\cdot 3^{-(\frac{6m-3}{6m-2})} x^{\frac{1}{3m-1}} \Rightarrow$$
$$T_\lambda^{(m)} = \sum \frac{\lambda x^\alpha}{(m-yz)^\beta} \leqslant t\sum \lambda x^\theta \quad (2)$$

其中
$$t = \left(\frac{3^{\frac{6m-3}{6m-2}}}{3m-1}\right)^\beta = k\cdot 3^{-\frac{1}{2}(1-\theta)} \quad (3)$$

由于 $\theta \in (0,1)$，应用柯西不等式和幂平均不等式有

$$T_\lambda^{(m)} \leqslant t\sum \lambda x^\theta \leqslant t\left[\left(\sum \lambda^2\right)\left(\sum x^{2\theta}\right)\right]^{\frac{1}{2}} \leqslant$$
$$t\left[\left(\sum \lambda^2\right)3\left[\frac{\sum x^2}{3}\right]^\theta\right]^{\frac{1}{2}} = t\left[\left(\sum \lambda^2\right)3\left(\frac{1}{3}\right)^\theta\right]^{\frac{1}{2}} \Rightarrow$$
$$T_\lambda^{(m)} \leqslant k\sqrt{\lambda^2 + \mu^2 + \upsilon^2}$$

等号成立仅当 $x = y = z = \dfrac{\sqrt{3}}{3}, \lambda = \mu = \upsilon$.

在上述推导时，得到

$$T_\lambda^{(m)} \leqslant t\sum \lambda x^\theta \tag{4}$$

然后先应用柯西不等式，再应用幂平均不等式，得到式(I).

如果我们先应用加权幂平均不等式，再应用柯西不等式，行吗？若行，又能推导出什么样的结论呢？为此，记 $S = \sum x = x + y + z$，有

$$\sum \lambda x^\theta = S\left[\frac{\sum \lambda x^\theta}{S}\right] \leqslant S\left[\frac{\sum \lambda x}{S}\right]^\theta =$$
$$S^{1-\theta}\left(\sum \lambda x\right)^\theta \leqslant S^{1-\theta}\left[\left(\sum \lambda^2\right)\left(\sum x^2\right)\right]^{\frac{\theta}{2}} =$$
$$S^{1-\theta}\left(\sum \lambda^2\right)^{\frac{\theta}{2}} \Rightarrow T_\lambda^{(m)} \leqslant t\sum \lambda x^\theta \leqslant M\left(\sum \lambda^2\right)^{\frac{\theta}{2}} \tag{J}$$

其中

$$M = tS^{1-\theta} = \left(\frac{3^{\frac{6m-3}{6m-2}}}{3m-1}\right)^\beta \left(\sum \lambda\right)^{1-\theta} \tag{5}$$

式(I)与式(J)的右边显然不一样，那么，试问，它们谁强谁弱呢？可以比较吗？其实

$$S^{1-\theta}\left(\sum \lambda^2\right)^{\frac{\theta}{2}} = \left(\sum \lambda\right)^{1-\theta}\left(\sum \lambda^2\right)^{\frac{\theta}{2}} \leqslant$$
$$\left(3\sum \lambda^2\right)^{\frac{1}{2}(1-\theta)}\left(\sum \lambda^2\right)^{\frac{\theta}{2}} = 3^{\frac{1}{2}(1-\theta)}\left(\sum \lambda^2\right)^{\frac{1}{2}} \Rightarrow$$
$$M\left(\sum \lambda^2\right)^{\frac{\theta}{2}} \leqslant k\left(\sum \lambda^2\right)^{\frac{1}{2}} \tag{6}$$

因此式(J)经式(I)强.

顺便指出，如果在式(J)中取 $\alpha = \beta = 1, \lambda = \mu = \upsilon$，得其特例

$$\frac{x}{m-yz} + \frac{y}{m-zx} + \frac{z}{m-xy} \leqslant \frac{3\sqrt{3}}{3m-1}, m > \frac{1}{2} \tag{7}$$

显然，这是一个非常简洁漂亮的结果.

现在，我们从结构上建立式(I)的配对式：

配对　设正数 x, y, z 满足 $x^2 + y^2 + z^2 = 1$，参数 $p \geqslant 0, q > \dfrac{1}{2}$，正指数 α，

β 满足

$$\theta = \frac{\beta}{3q-1} + \frac{\alpha}{1+\sqrt{3}\,p} > 2 \tag{8}$$

系数 λ, μ, υ 为正数,则有

$$S_\lambda = \lambda(p+x)^\alpha(q-yz)^\beta + \mu(p+y)^\alpha(q-zx)^\beta + \upsilon(p+z)^\alpha(q-xy)^\beta \geqslant M\left[\sum \lambda^{-\left(\frac{2}{\theta-2}\right)}\right]^{-\left(\frac{\theta-2}{2}\right)} \tag{K}$$

其中

$$M = 3^t(1+\sqrt{3}\,p)^\alpha(3q-1)^\beta \tag{9}$$

$$t = -\left[\frac{\sqrt{3}\,p\alpha}{1+\sqrt{3}\,p} + \frac{(6q-3)\beta}{6q-2}\right] \tag{10}$$

特别地,当取 $p=0, \alpha=1, \beta=3, q=1$ 时,$\theta=\frac{5}{2}>2, \lambda=\mu=\upsilon=1, t=-\frac{9}{4}$, $M=3^{-\frac{9}{4}} \cdot 2^3$,这时式(K)简化为

$$x(1-yz)^3 + y(1-zx)^3 + z(1-xy)^3 \geqslant \frac{8}{27}\sqrt{3} \tag{11}$$

证明 由前的证论有

$$(q-yz)^\beta \geqslant \left[(3q-1)3^{-\left(\frac{6q-3}{6q-2}\right)}\right]^\beta x^{\frac{\beta}{3q-1}} \tag{12}$$

$$p+x = \sqrt{3}\,p\left(\frac{1}{\sqrt{3}}\right) + x (\text{应用加权不等式}) \geqslant$$

$$(\sqrt{3}\,p+1)\left[\left(\frac{1}{\sqrt{3}}\right)^{\sqrt{3}\,p} x\right]^{\frac{1}{1+\sqrt{3}\,p}} =$$

$$(\sqrt{3}\,p+1)3^{-\left(\frac{\sqrt{3}\,p}{1+\sqrt{3}\,p}\right)} x^{\left(\frac{1}{1+\sqrt{3}\,p}\right)} \tag{13}$$

设

$$a = (p+x)^\alpha(q-yz)^\beta \geqslant Mx^\theta \tag{14}$$

同理可得

$$b = (p+y)^\alpha(q-zx)^\beta \geqslant My^\theta \tag{15}$$

$$c = (p+z)^\alpha(q-xy)^\beta \geqslant Mz^\theta \tag{16}$$

于是

$$S_\lambda = \sum \lambda a \geqslant M(\lambda x^\theta + \mu y^\theta + \upsilon z^\theta) \tag{17}$$

注意到 $\theta > 2, \dfrac{2}{\theta} + \dfrac{\theta-2}{\theta} = 1$.

应用赫尔特不等式有

$$\left(\sum \lambda x^{\theta}\right)^{\frac{2}{\theta}}\left(\sum \lambda^{-\left(\frac{2}{\theta-2}\right)}\right)^{\frac{\theta-2}{\theta}} \geqslant$$
$$\sum x^{2}=1 \Rightarrow \sum \lambda x^{\theta} \geqslant \left[\sum \lambda^{-\left(\frac{2}{\theta-2}\right)}\right]^{-\left(\frac{\theta-2}{2}\right)} \Rightarrow$$
$$S_{\lambda} \geqslant M \sum \lambda x^{\theta} \geqslant M\left[\sum \lambda^{-\left(\frac{2}{\theta-2}\right)}\right]^{-\left(\frac{\theta-2}{2}\right)}$$

即式（K）成立，等号成立仅当 $\lambda = \mu = v, x = y = z = \dfrac{\sqrt{3}}{3}$.

（六）

总结前文，回顾我们的探索历程，使我们明白了一个道理：我们平常司空见惯的一个小题目，只要你认真思索，不断探讨，必有收获. 如题 2 中的式（A_1）是关于 3 个非负实数 x, y, z（满足 $x^2 + y^2 + z^2 = 1$）的分式型不等式

$$1 \leqslant \frac{x}{1+yz} + \frac{y}{1+zx} + \frac{z}{1+xy} \leqslant \sqrt{2} \tag{A_1}$$

我们就可以将式（A_1）从 3 元非负实数推广到多元非负实数.

推广 3 设 $a_i \geqslant 0$，且 $\sum\limits_{i=1}^{n} a_i^2 = 1$，设

$$A_i = \frac{a_1 a_2 \cdots a_n}{a_i}, 1 \leqslant i \leqslant n; 3 \leqslant n \in \mathbf{N}$$

则

$$1 \leqslant \sum_{i=1}^{n} \frac{a_i}{1+A_i} \leqslant \sqrt{n-1} \tag{A_2}$$

显然，当 $n = 3$ 时，式（A_2）与式（A_1）等价.

证明 设

$$P_n = \sum_{i=1}^{n} \frac{a_i}{1+A_i} = \sum_{i=1}^{n} \left(\frac{a_i^2}{a_i + a_i A_i}\right)$$

应用平均值不等式有

$$A_i^2 = a_1^2 \cdots a_{i-1}^2 a_{i+1}^2 \cdots a_n^2 \leqslant$$
$$\left(\frac{a_1^2 + \cdots + a_{i-1}^2 + a_{i+1}^2 + \cdots + a_n^2}{n-1}\right)^{n-1} = \left(\frac{1-a_i^2}{n-1}\right)^{n-1} \tag{1}$$

现在我们证明

$$a_i + a_i A_i \leqslant 1 \Leftrightarrow a_i^2 A_i^2 \leqslant (1-a_i)^2 \tag{2}$$

由（1）知，只须证

$$a_i^2 \left(\frac{1-a_i^2}{n-1}\right)^{n-1} \leqslant (1-a_i)^2 \Leftrightarrow$$

$$a_i^2(1-a_i^2)^{n-1} \leqslant (n-1)^{n-1}(1-a_i)^2 \Leftrightarrow$$
$$(1-a_i)^2[a_i^2(1+a_i)^{n-1}(1-a_i)^{n-3} - (n-1)^{n-1}] \leqslant 0 \quad (3)$$

(i) 如果 $a_1, a_2, \cdots, a_n$ 中某个 $a_i = 1$, 则其余 $n-1$ 个均为 0, 于是有 $P_n = 1$, 式(A_2) 左边取等号;

如果 $0 \leqslant a_i \leqslant 1$, 则由式(3) 知, 必须
$$a_i^2(1+a_i)^{n-1}(1-a_i)^{n-3} \leqslant (n-1)^{n-1} \quad (4)$$

但式(4) 左边 $\leqslant (1+a_i)^{n-1} \leqslant (1+1)^{n-1} =$
$$(3-1)^{n-1} \leqslant (n-1)^{n-1} \Rightarrow P_n \geqslant \sum_{i=1}^n a_i^2 = 1$$

等号成立仅当 $a_1, a_2, \cdots, a_n$ 中有一个取 1, 其余 $n-1$ 个取 0.

(ii) 现证 $P_n \leqslant \sqrt{n-1}$, 不妨设
$$0 \leqslant a_1 \leqslant a_2 \leqslant \cdots \leqslant a_n \leqslant 1 \Rightarrow$$
$$1 \geqslant A_1 \geqslant A_2 \geqslant \cdots \geqslant A_n \geqslant 0 \Rightarrow$$
$$1 \geqslant \frac{1}{1+A_n} \geqslant \cdots \geqslant \frac{1}{1+A_2} \geqslant \frac{1}{1+A_2} \geqslant \frac{1}{2} \Rightarrow$$
$$P_n \leqslant \sum_{i=1}^n \frac{a_i}{1+A_n} = \frac{\sum_{i=1}^n a_i}{1+A_n} \quad (5)$$

应用柯西不等式, 有
$$\sum_{i=2}^n a_i \leqslant \sqrt{(n-1)\sum_{i=2}^n a_i^2} = \sqrt{(n-1)(1-a_1^2)} \Rightarrow$$
$$\sum_{i=1}^n a_i = a_1 + \sum_{i=2}^n a_i \leqslant a_1 + \sqrt{(n-1)(1-a_1^2)} \Rightarrow$$
$$P_n \leqslant \frac{a_1 + \sqrt{(n-1)(1-a_1^2)}}{1+A_n} \quad (6)$$

于是, 欲证 $P_n \leqslant \sqrt{n-1}$, 须证
$$\sqrt{(n-1)(1-a_1^2)} \leqslant \sqrt{n-1}(1+A_n) - a_1 \quad (7)$$

须证
$$(n-1)(1-a_1^2) \leqslant [\sqrt{n-1}(1+A_n) - a_1]^2 \quad (8)$$

记 $a_1 = x \in [0,1]$, 关于 x 的函数为
$$f(x) = [\sqrt{n-1}(1+A_n) - x]^2 - (n-1)(1-x^2) =$$
$$nx^2 - 2\sqrt{n-1}(1+A_n)x + (n-1)A_n(A_n+2)$$

是开口向上的二次函数, 且
$$f(0) = (n-1)A_n(A_n+2) \geqslant 0$$

$$f(1) = [\sqrt{n-1}(1+A_n) - 1]^2 > 0$$

又 $f(x)$ 的顶点横坐标 $x_0 = \frac{\sqrt{n-1}}{n}(1+A_n) > 0$ 及 $x_0 \in (0,1)$，故有 $f(x) \geq 0$，从而有

$$P_n \leq \sqrt{n-1}$$

等号成立仅当 $a_1, a_2, \cdots, a_n$ 中 1 个取 0，其余 $n-1$ 个均取 $\frac{1}{\sqrt{n-1}}$，此时

$$P_n = 0 + (n-1)\left[\frac{\frac{1}{\sqrt{n-1}}}{1+0}\right] = \sqrt{n-1}$$

式(A_1) 的配对是式(B_1)：

$$1 \leq \frac{x}{1-yz} + \frac{y}{1-zx} + \frac{z}{1-xy} \leq \frac{3}{2}\sqrt{3} \tag{B_1}$$

它的多元推广便是式(A_2) 的"理想伴侣"：

推广 4 设非负实数 $a_1, a_2, \cdots, a_n$ 满足 $a_1^{n-1} + a_2^{n-1} + \cdots + a_n^{n-1} = 1 (3 \leq n \in \mathbf{N})$ 记

$$G_i = \frac{a_1 a_2 \cdots a_n}{a_i}, 1 \leq i \leq n$$

则有

$$1 \leq \sum_{i=1}^{n} \frac{a_i}{1-G_i} \leq \frac{n}{n-1} \sqrt[n-1]{n^{n-2}} \tag{B_2}$$

显然，当 $n=3$ 时，式(B_2) 与式(B_1) 等价.

证法 1 我们设

$$\lambda = \frac{n}{n-1}\left(\sqrt[n-1]{n^{n-2}}\right), T_n = \sum_{i=1}^{n} \frac{a_i}{1-G_i}$$

$$m = a_1 a_2 \cdots a_n = a_i G_i, 1 \leq i \leq n$$

(i) 当 $m=0$ 时，显然有当 $a_1, a_2, \cdots, a_n$ 中一个取 0，$n-1$ 个均不为 0 时，T_n 最大为

$$T_n = a_2 + \cdots + a_n < n-1 < \lambda$$

当 $a_1, a_2, \cdots, a_n$ 中有 1 个取 1，$n-1$ 个取 0 时，T_n 最小为 1，此时式(B_2) 成立.

(ii) 当 $m \neq 0 \Rightarrow a_i \neq 0 \Rightarrow G_i \neq 0 (1 \leq i \leq n)$，由已知有 $0 < a_i < 1, 0 < G_i < 1$，于是

$$G_i = a_1 \cdots a_{i-1} a_{i+1} \cdots a_n \leq$$

$$\frac{1}{n-1}(a_1^{n-1}+\cdots+a_{i-1}^{n-1}+a_{i+1}^{n-1}+\cdots+a_n^{n-1}) = \frac{1-a_i^{n-1}}{n-1} \Rightarrow$$

$$1-G_i \geqslant 1-\frac{1-a_i^{n-1}}{n-1} = \frac{n-2+a_i^{n-1}}{n-1} =$$

$$\frac{(n-2)(a_1^{n-1}+\cdots+a_n^{n-1})+a_i^{n-1}}{n-1}$$

（注意到 $n(n-2)+1=(n-1)^2$）$\geqslant$

$$\frac{(n-1)^2}{n-1}\left[(a_1\cdots a_n)^{(n-1)(n-2)}a_i^{n-1}\right]^{\frac{1}{(n-1)^2}} =$$

$$(n-1)(m^{n-2}a_i)^{\frac{1}{n-1}} \Rightarrow \frac{m}{1-G_i} \leqslant \frac{m}{(n-1)\sqrt[n-1]{m^{n-2}a_i}} =$$

$$\frac{1}{n-1}\left(\frac{m}{a_i}\right)^{\frac{1}{n-1}} = \frac{1}{n-1}(a_1\cdots a_{i-1}a_{i+1}\cdots a_n)^{\frac{1}{n-1}} \leqslant$$

$$\frac{1}{(n-1)^2}(a_1+\cdots+a_{i-1}+a_{i+1}+\cdots+a_n) =$$

$$\frac{p-a_i}{(n-1)^2}\left(p=\sum_{i=1}^n a_i\right) \Rightarrow T_n = \sum_{i=1}^n \frac{a_i}{1-G_i} = \sum_{i=1}^n \left(a_i+\frac{m}{1-G_i}\right) =$$

$$\sum_{i=1}^n a_i + \sum_{i=1}^n \frac{m}{1-G_i} \leqslant p + \frac{1}{(n-1)^2}\sum_{i=1}^n (p-a_i) =$$

$$p + \frac{(n-1)p}{(n-1)^2} = \frac{n^2}{n-1}\left(\frac{p}{n}\right) \leqslant$$

$$\frac{n^2}{n-1}\left[\frac{\sum_{i=1}^n a_i^{n-1}}{n}\right]^{\frac{1}{n-1}} = \frac{n^2}{n-1}\left(\frac{1}{n}\right)^{\frac{1}{n-1}} = \lambda \Rightarrow$$

$$1 \leqslant T_n \leqslant \lambda$$

当 $a_i=\left(\frac{1}{n}\right)^{\frac{1}{n-1}}(i=1,2,\cdots,n)$ 时，$\max T_n = \lambda$，式 (B_2) 右边取等号.

证法 2 由证法 1 有

$$1-G_i \geqslant \frac{n-2+a_i^{n-1}}{n-1} = \frac{n(n-2)+(na_i^{n-1})}{n(n-1)} \geqslant$$

$$\frac{(n-1)^2}{n(n-1)}\left[(1^{n(n-2)})(na_i^{n-1})\right]^{\frac{1}{(n-1)^2}} =$$

$$\frac{n-1}{n}(na_i^{n-1})^{\frac{1}{(n-1)^2}} \Rightarrow$$

$$\frac{a_i}{1-G_i} \leqslant \frac{n}{n-1} \cdot \frac{a_i}{(na_i^{n-1})^{1/(n-1)^2}} = \frac{n}{n-1} \cdot n^{\frac{-1}{(n-1)^2}} \cdot (a_i^{n-2})^{\frac{1}{n-1}} \Rightarrow T_n =$$

$$\sum_{i=1}^{n} \frac{a_i}{1-G_i} \leq \frac{n^2}{n-1} \cdot n^{\frac{-1}{(n-1)^2}} \left[\frac{\sum_{i=1}^{n} (a_i^{n-1})^{\frac{n-2}{(n-1)^2}}}{n} \right] \leq$$

(注意 $(n-2)/(n-1)^2 < 1$)

$$\frac{n^2}{n-1} n^{\frac{-1}{(n-1)^2}} \left[\frac{\sum_{i=1}^{n} a_i^{n-1}}{n} \right]^{\frac{n-2}{(n-1)^2}} =$$

$$\frac{n^2}{n-1} \cdot n^{\frac{-1}{(n-1)^2}} \left(\frac{1}{n} \right)^{\frac{n-2}{(n-1)^2}} = \left(\frac{n}{n-1} \right) n^\theta \Rightarrow$$

$$T_n \leq \left(\frac{n}{n-1} \right) n^\theta$$

其中
$$\theta = 1 - \frac{1}{(n-1)^2} - \frac{n-2}{(n-1)^2} = \frac{n-2}{n-1}$$

故有 $T_n \leq \lambda$,即式(B_2)成立,等号成立仅当
$$n a_i^{n-1} = 1 \Rightarrow a_i = n^{-1/(n-1)}, 1 \leq i \leq n$$

(七)

推广 3 中的式(A_2),奇趣美妙,但证法独特,不便于再作推广,但它的配对式式(B_2)却推广潜力较大,且个个新奇精彩.

我们先从参数方面推广式(B_2):

推广 5 设正数 $a_1, a_2, \cdots, a_n$ 满足 $\sum_{i=1}^{n} a_i^{n-1} = 1 (3 \leq n \in \mathbf{N})$,参数 $q > 1/(n-1)$,记
$$G_i = (a_1 a_2 \cdots a_n)/a_i, 1 \leq i \leq n$$

则有
$$T_n(q) \equiv \sum_{i=1}^{n} \frac{a_i}{q - G_i} \leq \frac{(n-1)n^\theta}{S} \tag{B_3}$$

其中 $S = n[q(n-1)-1] + 1$
$$\theta = 2 - \frac{1}{n-1} \tag{1}$$

显然,当 $n=3$ 时,$\theta = \frac{3}{2}$,$n^\theta = 3\sqrt{3}$,$S = 3(2q-1)+1 = 2(3q-1)$,式(B_3)化为
$$\frac{a_1}{q - a_2 a_3} + \frac{a_2}{q - a_3 a_1} + \frac{a_3}{q - a_1 a_2} \leq \frac{3\sqrt{3}}{3q-1} \tag{2}$$

这与我们在前面得到的简洁漂亮的特例
$$\frac{x}{m-yz}+\frac{y}{m-zx}+\frac{z}{m-xy}\leqslant\frac{3\sqrt{3}}{3m-1} \quad (3)$$
是等价的.

证明 由前面的证明有
$$G_i\leqslant\frac{1-a_i^{n-1}}{n-1}\Rightarrow q-G_i\geqslant\frac{k'+a_i^{n-1}}{n-1}=$$
$$\frac{k+na_i^{n-1}}{n(n-1)}(k=n[(n-1)q-1])\geqslant$$
$$\frac{S}{n(n-1)}[1^k(na^{n-1})]^{\frac{1}{S}}=\frac{S\sqrt[S]{n}}{n(n-1)}\cdot a_i^{\frac{n-1}{S}}\Rightarrow$$
$$T_n(q)=\sum_{i=1}^n\frac{a_i}{q-G_i}\leqslant\frac{n(n-1)}{S\sqrt[S]{n}}\sum_{i=1}^n(a_i^{n-1})^{\frac{S-n-1}{(n-1)S}}\leqslant$$
$$\frac{n^2(n-1)}{S\sqrt[S]{n}}\left(\frac{\sum_{i=1}^n a_i^{n-1}}{n}\right)^{\frac{S-n+1}{(n-1)S}}=\frac{n^2(n-1)}{S\sqrt[S]{n}}\left(\frac{1}{n}\right)^{\frac{S-(n-1)}{(n-1)S}}\Rightarrow$$
$$T_n(q)\leqslant\frac{n-1}{S}n^\theta$$
其中
$$\theta=2-\frac{1}{S}-\frac{S-(n-1)}{(n-1)S}=2-\frac{1}{n-1}$$
因此,式(B_3)成立,等号成立仅当
$$na_i^{n-1}=1\Rightarrow a_i=\left(\frac{1}{n}\right)^{\frac{1}{n-1}},1\leqslant i\leqslant n$$

现在我们从指数方面推广式(B_2):

推广6 设正数 $a_1,a_2,\cdots,a_n(3\leqslant n\in\mathbf{N})$ 满足 $\sum_{i=1}^n a_i^{n-1}=1$,指数 $\alpha,\beta>0$ 满足 $\alpha-\dfrac{\beta}{n-1}\in(0,n-1)$,设
$$G_i=\frac{a_1a_2\cdots a_n}{a_i},i=1,2,\cdots,n$$
则有
$$T_n(\alpha)\equiv\sum_{i=1}^n\frac{a_i^\alpha}{(1-G_i)^\beta}\leqslant\frac{n^x}{(n-1)^\beta} \quad (B_4)$$
其中
$$x=1+\beta-\frac{\alpha}{n-1} \quad (4)$$
特别地,当 $\alpha=\beta=1$ 时,$x=2-\dfrac{1}{n-1}$,式(B_4)化为式(B_2).

证明 由式(B_2)的证法 2 有

$$1 - G_i \geqslant \frac{n-1}{n}(na_i^{n-1})^{\frac{1}{(n-1)^2}} \Rightarrow$$

$$T_n(\alpha) = \sum_{i=1}^n \frac{a_i^\alpha}{(1-G_i)^\beta} \leqslant M \sum_{i=1}^n (a_i^{n-1})^\theta$$

其中
$$M = \left[\frac{n^{(1-\frac{1}{(n-1)^2})}}{n-1}\right]^\beta$$

$$\theta = \frac{\alpha}{n-1} - \frac{\beta}{(n-1)^2} \in (0,1)$$

于是 $\quad T_n(\alpha) \leqslant nM\left(\frac{\sum_{i=1}^n a_i^{n-1}}{n}\right)^\theta = nM\left(\frac{1}{n}\right)^\theta \Rightarrow T_n(\alpha) \leqslant \frac{n^x}{(n-1)^\beta}$

其中
$$x = \beta\left(1 - \frac{1}{(n-1)^2}\right) - \theta + 1 =$$

$$1 + \beta - \frac{\beta}{(n-1)^2} - \left(\frac{\alpha}{n-1} - \frac{\beta}{(n-1)^2}\right) =$$

$$1 + \beta - \frac{\alpha}{n-1}$$

如果按次序排队编号的话,那么该轮到从系数方面加权推广式(B_2)了：

推广 7 设正数 $a_1, a_2, \cdots, a_n$ 满足 $\sum_{i=1}^n a_i^{n-1} = 0$,记 $G_i = \frac{a_1 a_2 \cdots a_n}{a_i}$,系数 $\lambda_i > 0 (1 \leqslant i \leqslant n; 3 \leqslant n \in \mathbf{N})$,则有

$$T_n(\lambda) = \sum_{i=1}^n \frac{\lambda_i a_i}{1-G_i} \leqslant \frac{n}{(n-1)^2}\left(\sum_{i=1}^n k_i^{\frac{n-1}{n-2}}\right)^{\frac{n-2}{n-1}} \tag{B_5}$$

其中 $\quad k_i = (n-2)\lambda_i + 1(1 \leqslant i \leqslant n), \sum_{i=1}^n \lambda_i = n$

特别地,当 $\lambda_i = 1$ 时,$K_i = n-1$,上式化为

$$T_n \leqslant \frac{n}{(n-1)^2}\left[n(n-1)^{\frac{n-1}{n-2}}\right]^{\frac{n-2}{n-1}} = \frac{\sqrt[n-1]{n^{n-2}}}{n-1}$$

这正好是式(B_2).

证明 由式(B_2)的证法 1 有

$$\frac{m}{1-G_i} \leqslant \frac{p-a_i}{(n-1)^2} \tag{5}$$

其中 $m = a_1 a_2 \cdots a_n = G_i a_i, p = \sum_{i=1}^n a_i$,于是

$$T_n(\lambda) = \sum_{i=1}^n \frac{\lambda_i a_i}{1-G_i} = \sum_{i=1}^n \lambda_i\left(a_i + \frac{m}{1-G_i}\right) =$$

$$\sum_{i=1}^{n}\lambda_i a_i + \sum_{i=1}^{n}\frac{\lambda_i m}{1-G_i} \leqslant$$

$$\sum_{i=1}^{n}\lambda_i a_i + \frac{\sum_{i=1}^{n}\lambda_i(p-a_i)}{(n-1)^2} =$$

$$\sum_{i=1}^{n}\lambda_i a_i + \frac{p\sum_{i=1}^{n}\lambda_i - \sum_{i=1}^{n}\lambda_i a_i}{(n-1)^2} =$$

$$\sum_{i=1}^{n}\lambda_i a_i + \frac{np - \sum_{i=1}^{n}\lambda_i a_i}{(n-1)^2} =$$

$$\frac{1}{(n-1)^2}\Big[\sum_{i=1}^{n}(n-1)^2\lambda_i a_i + \sum_{i=1}^{n}na_i - \sum_{i=1}^{n}\lambda_i a_i\Big] =$$

$$(n-1)^{-2}\sum_{i=1}^{n}[(n-1)\lambda_i - \lambda_i + n]a_i =$$

$$\frac{n}{(n-1)^2}\sum_{i=1}^{n}[(n-2)\lambda_i + 1]a_i \Rightarrow$$

$$T_n(\lambda) = \sum_{i=1}^{n}\frac{\lambda_i G_i}{1-G_i} \leqslant \frac{n}{(n-1)^2}\Big(\sum_{i=1}^{n}k_i a_i\Big) \qquad (6)$$

注意到 $\frac{1}{n-1} + \frac{n-2}{n-1} = 1$,应用赫尔特不等式有

$$\sum_{i=1}^{n}k_i a_i \leqslant \Big(\sum_{i=1}^{n}k_i^{\frac{n-1}{n-2}}\Big)^{\frac{n-2}{n-1}}\Big(\sum_{i=1}^{n}a_i^{n-1}\Big)^{\frac{1}{n-1}} =$$

$$\Big(\sum_{i=1}^{n}k_i^{\frac{n-1}{n-2}}\Big)^{\frac{n-2}{n-1}} \Rightarrow T_n(\lambda) \leqslant \frac{n}{(n-1)^2}\Big(\sum_{i=1}^{n}k_i^{\frac{n-1}{n-2}}\Big)^{\frac{n-2}{n-1}}$$

即式(B_5)成立,等号成立仅当 $\lambda_i = 1, a_i = \Big(\frac{1}{n}\Big)^{\frac{1}{n-1}}$.

(八)

我们刚才一鼓作气,马不停蹄地依次建立了式(B_2)的参数推广、指数推广、加权推广,在此基础上,我们不难将这三个推广"三国归晋",统一成趣妙无穷的

推广 8 设正数 $a_1, a_2, \cdots, a_n$ 满足 $\sum_{i=1}^{n}a_i^{n-1} = 1, q > 1/(n-1), \alpha, \beta > 0, S =$

$n[(n-1)q-1]+1$,满足

$$\theta = \frac{\alpha}{n-1} - \frac{\beta}{S} \in (0,1)$$

则有

$$T = \sum_{i=1}^{n} \frac{\lambda_i a_i^\alpha}{(q-G_i)^\beta} \leqslant N \Big(\sum_{i=1}^{n} \lambda_i^{\frac{1}{1-\theta}}\Big)^{1-\theta} \tag{B_6}$$

其中 $N = \Big(\dfrac{n(n-1)}{S\sqrt[S]{n}}\Big)^\beta$.

如果我们取 $q=1, \alpha=\beta=1$,那么 $S=n(n-2)+1=(n-1)^2$, $\theta = \dfrac{1}{n-1} - \dfrac{1}{(n-1)^2}$, $N = \dfrac{n}{n-1}\Big(\dfrac{1}{n}\Big)^{\frac{1}{(n-1)^2}}$.

这样,又可得到式(B_2)的一个新的加权推广.

略证 应用前面的结论有

$$q - G_i \geqslant \frac{S\sqrt[S]{n}}{n(n-1)} a_i^{\frac{n-1}{S}} \quad (1 \leqslant i \leqslant n) \Rightarrow$$

$$x_i = \frac{a_i^\alpha}{(q-G_i)^\beta} \leqslant N a_i^{(n-1)\theta} \Rightarrow$$

$$T = \sum_{i=1}^{n} \lambda_i x_i \leqslant N \sum_{i=1}^{n} \lambda_i a_i^{(n-1)\theta} \tag{1}$$

注意到 $\theta \in (0,1)$ 及 $\theta + (1-\theta) = 1$,应用赫尔特不等式有

$$\sum_{i=1}^{n} \lambda_i a_i^{(n-1)\theta} \leqslant \Big(\sum_{i=1}^{n} \lambda_i^{\frac{1}{1-\theta}}\Big)^{1-\theta} \Big(\sum_{i=1}^{n} a_i^{n-1}\Big)^\theta =$$

$$\Big(\sum_{i=1}^{n} \lambda_i^{\frac{1}{1-\theta}}\Big)^{1-\theta} \Rightarrow T \leqslant N \Big(\sum_{i=1}^{n} \lambda_i^{\frac{1}{1-\theta}}\Big)^{1-\theta}$$

式(B_6)成立,等号成立仅当 $\lambda_i = 1, a_i = \Big(\dfrac{1}{n}\Big)^{\frac{1}{n-1}}$ $(i=1,2,\cdots,n)$.

最后,我们再将式(B_6)从一组基本元素 $A_n \equiv \{a_1, a_2, \cdots, a_n\}$,推广到 m 组基本元素 $A_{1j}, A_{2j}, \cdots, A_{nj}$,其中 $A_{nj} \equiv \{a_{1j}, a_{2j}, \cdots, a_{nj}\}(j=1,2,\cdots,m; 1 \leqslant m \in \mathbf{N})$ 的情形.

推广 9 设元素 $3 \leqslant n \in \mathbf{N}$,组数 $1 \leqslant m \in \mathbf{N}$,参数 $q > 1/(n-1)$,系数 $\lambda_i > 0 (1 \leqslant i \leqslant n)$,指数 $\alpha, \beta > 0$,且满足条件

$$\sum_{i=1}^{n} a_{ij}^{n-1} = 1, \sum_{j=1}^{m} \varphi_j = 1, 1 \leqslant j \leqslant m, 0 < \varphi_j < 1$$

记

$$S = n[(n-1)q - 1] + 1$$

$$\theta = \frac{\alpha}{n-1} - \frac{\beta}{S} \in (0,1)$$

$$G_{ij} = \frac{a_{1j}a_{2j}\cdots a_{nj}}{a_{ij}}$$

$$t_m = G_{i1}^{\varphi_1} G_{i2}^{\varphi_2} \cdots G_{im}^{\varphi_m} = \prod_{j=1}^{m} G_{ij}^{\varphi_j}$$

$$x_i = \lambda_i \Big(\prod_{i=1}^{n} a_{ij}^{\varphi_j}\Big) / (q - t_m)^\beta$$

那么

$$T(n,m) = \sum_{i=1}^{n} x_i \leqslant N\Big(\sum_{i=1}^{n} \lambda_i^{\frac{1}{1-\theta}}\Big) \tag{B_7}$$

其中 $N = \Big(\dfrac{n(n-1)}{S\sqrt[s]{n}}\Big)^\beta$.

显然,当 $m=1$ 或 $a_{ij}=a_i (1 \leqslant i \leqslant n, 1 \leqslant j \leqslant m)$ 时,式(B_7) 有式(B_6) 等价.

提示 先记式(B_7) 右边为 M,注意到

$$\lambda_i = \lambda_i^{\sum_{j=1}^{m}\varphi_j} = \prod_{j=1}^{m} \lambda_i^{\varphi_j}$$

应用我们过去建立的引理

$$\prod_{j=1}^{m} (q - G_{ij})^{\varphi_j} \leqslant q - t_m$$

于是

$$x_i = \frac{\lambda_i \Big(\prod_{j=1}^{m} a_{ij}^{\varphi_j}\Big)^\alpha}{(q-t_m)^\beta} \leqslant$$

$$\frac{\lambda_i \Big(\prod_{j=1}^{m} (a_{ij}{}^\alpha)^{\varphi_j}\Big)}{\prod_{j=1}^{m}(q-G_{ij})^{\varphi_j \beta}} = \frac{\prod_{j=1}^{m}(\lambda_i a_{ij}^\alpha)^{\varphi_j}}{\prod_{j=1}^{m}[(q-G_{ij})^\beta]^{\varphi_j}} =$$

$$\prod_{j=1}^{m}\Big[\frac{\lambda_i a_{ij}^\alpha}{(q-G_{ij})^\beta}\Big]^{\varphi_j} \Rightarrow$$

$$T(n,m) = \sum_{i=1}^{m} x_i \leqslant \sum_{i=1}^{n} \prod_{j=1}^{m}\Big[\frac{\lambda_i a_{ij}^\alpha}{(q-G_{ij})^\beta}\Big]^{\varphi_j} \leqslant$$

(应用赫尔特不等式)

$$\prod_{j=1}^{m}\Big[\sum_{i=1}^{n}\frac{\lambda_i a_{ij}^\alpha}{(q-G_{ij})^\beta}\Big]^{\varphi_j} \leqslant \prod_{j=1}^{m} M^{\varphi_j} =$$

$$M^{\sum_{j=1}^{m}\varphi_j} = M \Rightarrow T(n,m) \leqslant M$$

这样便一气呵成地证明了式(B_7).

（九）

探讨到现在，我们静下心来，回顾前面的历程，生怕有所疏忽遗漏。

推广 3 中的约束条件是：非负实数 $a_1, a_2, \cdots, a_n$ 满足 $\sum_{i=1}^{n} a_i^2 = 1$，美妙的式（A_2）即

$$1 \leqslant \sum_{i=1}^{n} \frac{a_i}{1+A_i} \leqslant \sqrt{n-1} \qquad (A_2)$$

但式（A_2）漂亮的配对式

$$1 \leqslant \sum_{i=1}^{n} \frac{a_i}{1-A_i} \leqslant \frac{n^{(1+\frac{1}{n-1})}}{n-1} \qquad (B_2)$$

的约束条件却是：非负实数 $a_1, a_2, \cdots, a_n$ 满足 $\sum_{i=1}^{n} a_i^{n-1} = 1$。

比较起来，这两个约束条件是不同的。如果将式（A_2）的约束条件改为式（B_2）的约束条件，那将是什么结果呢？

如果记 $P_n = \sum_{i=1}^{n} \frac{a_i}{1+A_i}$，其中

$$A_i = \frac{a_1 a_2 \cdots a_n}{a_i}, 1 \leqslant i \leqslant n; 3 \leqslant n \in \mathbf{N}$$

那么当 $A = \{a_1, a_2, \cdots, a_n\}$ 中 1 个取 1，其余 $n-1$ 个取 0 时

$$P_n = \frac{1}{1+0} + \frac{0}{1+0}(n-1) = 1$$

当 A 中 1 个取 0，其余 $n-1$ 个取 $\left(\frac{1}{n-1}\right)^{\frac{1}{n-1}}$ 时

$$P_n = \frac{0}{1+\frac{1}{n-1}} + \frac{\left(\frac{1}{n-1}\right)^{\frac{1}{n-1}}}{1+0}(n-1) = (n-1)^{(1-\frac{1}{n-1})}$$

因此，相应地，式（A_2）应随着约束条件的改变而改变为

$$1 \leqslant \sum_{i=1}^{n} \frac{a_i}{1+A_i} \leqslant (n-1)^{(1-\frac{1}{n-1})} \qquad (?)$$

当然，当 $n=3$ 时，式（A_2）与式（?）均化为式（A_1），但这并不能过早地肯定（?）在 $n>3$ 时成立，并能取到等号。实践是检验真理的唯一标准，还是让我们动笔严密地推证吧。

应用前面的结论有
$$P_n = \sum_{i=1}^{n} \frac{a_i^{n-1}}{a_i^{n-2}(1+A_i)} \tag{1}$$

及
$$A_i \leqslant \frac{1}{n-1}(1-a_i^{n-1}) \Rightarrow$$
$$a_i^{n-2}(1+A_i) \leqslant \frac{1}{n-1}a_i^{n-2}(n-a_i^{n-1}) \tag{2}$$

若能证明
$$a_i^{n-2}(1+A_i) \leqslant \frac{1}{n-1}a_i^{n-2}(n-a_i^{n-1}) \leqslant 1 \Leftrightarrow \tag{3}$$
$$f_n(t) = t^{2n-3} - nt^{n-2} + (n-1) \geqslant 0$$
（其中 $t = a_i$）$\Leftrightarrow$
$$f_n(t) = (t-1)g_n(t) \geqslant 0$$

其中（用综合除法可求得）
$$g_n(t) = (t^{2n-4} + \cdots + t^{n-2}) -$$
$$(n-1)(t^{n-3} + \cdots + t + 1) =$$
$$t^{2n-4} + (t^{n-2}+1-n)(t^{n-3} + \cdots + t + 1)$$

由于
$$g_n(1) = 1 + (2-n)(n-2) = (n-1)(3-n)$$

显然,只有当 $n=3$ 时,才有
$$g_3(1) = 0 \Leftrightarrow (t-1) \mid g_n(t) \Rightarrow f_n(t) = (t-1)^2 e(t)$$

但还不能保证
$$e(t) = f_n(t)/(t-1)^2 > 0$$

事实上,也只有当 $n=3$ 时
$$g_3(t) = t^2 + t - 2 = (t-1)(t+2) \Rightarrow$$
$$f_3(t) = (t-1)^2(t+2) \geqslant 0 \Rightarrow$$
$$a_i(1+A_i) \leqslant \frac{1}{2}a_i(3-a_i^2) \leqslant 1 (1 \leqslant i \leqslant 3) \Rightarrow$$
$$P_3 = \sum_{i=1}^{3} \frac{a_i^2}{a_i(1+A_i)} \geqslant \sum_{i=1}^{3} a_i^2 = 1$$

这正是前面式（A_1）左边的证明.

综合上述,（?）只有当 $n=3$ 时才成立,即式（A_1）不能推广成式（?）,只能推广成式（A_2）.

事到如今,我们并不灰心,还可建立更好更妙的新奇结论来.

推广 10 设正数 $a_1, a_2, a_3, \cdots, a_n$ 满足 $\sum_{i=1}^{n} a_i^{n-1} = 1 (3 \leqslant n \in \mathbf{N})$,记 $G_i =$

$\dfrac{a_1 a_2 \cdots a_n}{a_i}$ $(1 \leqslant i \leqslant n)$,参数 $m > 0$,$k = m(n-1)+1$,正指数 α,β 满足

$$\theta = \frac{\alpha}{1+\beta} > n-1,\quad \varphi = \frac{n-1}{(\theta-n+1)(1+\beta)}$$

则有
$$P_n(\lambda) \equiv \sum_{i=1}^{n} \frac{\lambda_i a_i^{\alpha}}{(m+G_i)^{\beta}} \geqslant \left(\frac{n-1}{nk-1}\right)^{\beta} \left(\sum_{i=1}^{n} \lambda_i^{-\varphi}\right)^{-\frac{1}{\varphi}} \tag{Q}$$

略证 首先注意到
$$m > 0 \Rightarrow k > 1 > a_i^{n-1} > 0$$

及
$$\theta > n-1 \Rightarrow \frac{n-1}{\theta} \in (0,1)$$

且
$$\frac{n-1}{\theta} + \left(1 - \frac{n-1}{\theta}\right) = 1$$

应用过去的结论有
$$G_i \leqslant \frac{1}{n-1}(1 - a_i^{n-1}) \Rightarrow m + G_i \leqslant \frac{k - a_i^{n-1}}{n-1} \Rightarrow$$

$$P_n(\lambda) = \sum_{i=1}^{n} \frac{\lambda_i a_i^{\alpha}}{(m+G_i)^{\beta}} \geqslant (n-1)^{\beta} \sum_{i=1}^{n} \frac{\lambda_i a_i^{\alpha}}{(K - a_i^{n-1})^{\beta}} =$$

$$(n-1)^{\beta} \sum_{i=1}^{n} \frac{(\lambda_i^{\frac{1}{1+\beta}} a_i^{\theta})^{1+\beta}}{(K - a_i^{n-1})^{\beta}} \geqslant$$

（应用权方和不等式） \hfill (4)

$$(n-1)^{\beta} \frac{\left(\sum_{i=1}^{n} \lambda_i^{\frac{1}{1+\beta}} a_i^{\theta}\right)^{1+\beta}}{\left[\sum_{i=1}^{n}(K - a_i^{n-1})\right]^{\beta}} = (n-1)^{\beta} \frac{\left(\sum_{i=1}^{n} \lambda_i^{\frac{1}{1+\beta}} a_i^{\theta}\right)^{1+\beta}}{(nK - \sum_{i=1}^{n} a_i^{n-1})^{\beta}} \Rightarrow$$

$$P_n(\lambda) \geqslant \left(\frac{n-1}{nK-1}\right)^{\beta} \left(\sum_{i=1}^{n} \lambda_i^{\frac{1}{1+\beta}} a_i^{\theta}\right)^{1+\beta}$$

应用赫尔特不等式有
$$\left(\sum_{i=1}^{n} \lambda_i^{\frac{1}{1+\beta}} a_i^{\theta}\right)^{\frac{n-1}{\theta}} \left(\sum_{i=1}^{n} \lambda_i^{-x}\right)^{(1-\frac{n-1}{\theta})} \geqslant \sum_{i=1}^{n} a_i^{n-1} = 1 \Rightarrow$$

$$\left(\sum_{i=1}^{n} \lambda_i^{\frac{1}{1+\beta}} a_i^{\theta}\right)^{1+\beta} \geqslant \left(\sum_{i=1}^{n} \lambda_i^{-x}\right)^{y} \tag{5}$$

其中 x,y 为待定指数,满足
$$-x\left(1 - \frac{n-1}{\theta}\right) + \frac{n-1}{\theta(1+\beta)} = -\frac{x(\theta-n+1)}{\theta} + \frac{n-1}{\theta(1+\beta)} =$$
$$0 \Rightarrow x = \frac{n-1}{(\theta-n+1)(1+\beta)} = \varphi$$

$$y = -\frac{\theta}{n-1}\left(1-\frac{n-1}{\theta}\right)(1+\beta) = \frac{(\theta-n+1)(1+\beta)}{-(n-1)} = -\frac{1}{\varphi}$$

下面,我们先建立式(Q)的配对推广.

推广 11 设正数 $a_1, a_2, \cdots, a_n$ 满足 $\sum_{i=1}^{n} a_i^{n-1} = 1 (3 \leqslant n \in \mathbf{N})$,正指数 α, β 满足 $\alpha+\beta \in (0,1)$,正参数 $m > 0$,记

$$k = m(n-1)+1, G = \prod_{i=1}^{n} a_i, G_i = G/a_i, \lambda_i > 0, 1 \leqslant i \leqslant n$$

则有

$$L_n(\lambda) = \sum_{i=1}^{n} \frac{\lambda_i (m+G_i)^\alpha}{a_i^\beta} \leqslant \frac{M}{G} \tag{Q_1}$$

其中

$$M = \left(\frac{nK-1}{n-1}\right)^\alpha \left(\sum_{i=1}^{n} \lambda_i^{\left(\frac{1}{1-\alpha-\beta}\right)}\right)^{1-\alpha-\beta} \tag{6}$$

如果在式(Q_1)中取 $m=1 \Rightarrow k=n, \lambda_i = 1 (1 \leqslant i \leqslant n)$ 时,得到简洁漂亮的特例

$$M = (n+1)^\alpha n^{1-\alpha-\beta}$$

即

$$L_n = \sum_{i=1}^{n} \frac{(m+G_i)^\alpha}{a_i^\beta} \leqslant \frac{M}{G} \tag{7}$$

证明 应用我们前面的结论,有

$$G_i \leqslant \frac{1-a_i^{n-1}}{n-1} \Rightarrow m+G_i \leqslant \frac{k-a_i^{n-1}}{n-1} \Rightarrow$$

$$L_n(\lambda) = \sum_{i=1}^{n} \frac{\lambda_i (m+G_i)^\alpha}{a_i^\beta} \leqslant$$

$$(n-1)^{-\alpha} \sum_{i=1}^{n} \frac{\lambda_i (K-a_i^{n-1})^\alpha}{a_i^\beta}$$

令 $x = 1-\alpha-\beta \in (0,1)$,应用赫尔特不等式

$$\left(\sum_{i=1}^{n} \lambda_i^{\frac{1}{x}}\right)^x \left[\sum_{i=1}^{n} (K-a_i^{n-1})\right]^\alpha \left(\sum_{i=1}^{n} \frac{1}{a_i}\right)^\beta \geqslant \sum_{i=1}^{n} \frac{\lambda_i (K-a_i^{n-1})^\alpha}{a_i^\beta} \tag{8}$$

并注意到 $\sum_{i=1}^{n}(K-a_i^{n-1}) = nK - \sum_{i=1}^{n} a_i^{n-1} = nk-1$ 有

$$L_n(\lambda) \leqslant M \left(\sum_{i=1}^{n} \frac{1}{a_i}\right)^\beta \tag{9}$$

应用 n 元对称不等式有

$$\sum_{i=1}^{n}\frac{1}{a_i} \leqslant \frac{n}{G}\left(\frac{\sum_{i=1}^{n}a_i}{n}\right)^{n-1} \leqslant \frac{n}{G}\left(\frac{\sum_{i=1}^{n}a_i^{n-1}}{n}\right) = \frac{1}{G} \Rightarrow L_n(\lambda) \leqslant \frac{M}{G}$$

即式(Q_1)得证,等号成立仅当

$$\lambda_1 = \lambda_2 = \cdots = \lambda_n, a_1 = a_2 = \cdots = a_n = \left(\frac{1}{n}\right)^{\frac{1}{n-1}}$$

同样,推广 8 中的式(B_6)为

$$T_n(\lambda) = \sum_{i=1}^{n}\frac{\lambda_i a_i^{\alpha}}{(m-G_i)^{\beta}} \leqslant N\left(\sum_{i=1}^{n}\lambda_i^{\frac{1}{1-\theta}}\right)^{1-\theta} \tag{B_6}$$

其中

$$m > 1/(n-1), S = n[(n-1)m-1] + 1$$

$$\theta = \frac{\alpha}{n-1} - \frac{\beta}{S} \in (0,1)$$

$$N = \left(\frac{n(n-1)}{S \cdot \sqrt[S]{n}}\right)^{\beta}$$

在式(B_6)中作交换$(\alpha,\beta) \rightleftarrows (\beta,\alpha)$,得

$$T_n(\lambda) = \sum_{i=1}^{n}\frac{\lambda_i a_i^{\beta}}{(m-a_i)^{\alpha}} \leqslant N\left(\sum_{i=1}^{n}\lambda_i^{\frac{1}{1-\theta}}\right)^{1-\theta} \tag{B'_6}$$

这样

$$\theta = \frac{\beta}{n-1} - \frac{\alpha}{S} \in (0,1)$$

$$N = \left(\frac{n(n-1)}{S \cdot \sqrt[S]{n}}\right)^{\alpha} \tag{10}$$

如果记

$$F_n(\lambda) = \sum_{i=1}^{n}\frac{\lambda_i (m-a_i)^{\alpha}}{a_i^{\beta}}$$

那么应用柯西不等式,有

$$T_n(\lambda)F_n(\lambda) \geqslant \left(\sum_{i=1}^{n}\lambda_i\right)^2 \Rightarrow F_n(\lambda) \geqslant$$

$$\left(\sum_{i=1}^{n}\lambda_i\right)^2 / T_n(\lambda) \geqslant N'\left(\sum_{i=1}^{n}\lambda_i^{\frac{1}{1-\theta}}\right)^{-(1-\theta)} \tag{F_1}$$

其中

$$N' = \left(\frac{S\sqrt[S]{n}}{n(n-1)}\right)^{\alpha} = \frac{1}{N} \tag{11}$$

这是一个来得轻便的简洁结果.

下面我们再建立一个与式(F_1)做伴.

推广 12 设正数 $a_1, a_2, \cdots, a_n$ 满足 $\sum_{i=1}^{n}a_i^{n-1} = 1 (3 \leqslant n \in \mathbf{N}), m >$

$1/(n-1), \beta > 0, \alpha > 1 + \dfrac{\beta}{n-1}, t = m(n-1) - 1 > 0$，则

$$F_n(\lambda) = \sum_{i=1}^{n} \dfrac{\lambda_i (m - G_i)^\alpha}{a_i^\beta} \geqslant$$
$$\left(\dfrac{nt+1}{n-1}\right)^\alpha \left(\sum_{i=1}^{n} \lambda_i^{-x}\right)^{-y} \tag{F}$$

其中 $\begin{cases} x = \dfrac{n-1}{(n-1)(\alpha-1) - \beta} > 0 \\ y = \alpha - 1 - \beta/(n-1) \end{cases}$

略证 应用以前的结论有

$$G_i \leqslant \dfrac{1 - a_i^{n-1}}{n-1} \Rightarrow m - G_i \geqslant \dfrac{t + a_i^{n-1}}{n-1} \Rightarrow$$

$$F_n(\lambda) = \sum_{i=1}^{n} \dfrac{\lambda_i (m - G_i)^\alpha}{a_i^\beta} \geqslant$$

$$(n-1)^{-\alpha} \sum_{i=1}^{n} \dfrac{\lambda_i (t + a_i^{n-1})^\alpha}{a_i^\beta} =$$

$$(n-1)^{-\alpha} \sum_{i=1}^{n} \left\{ \dfrac{[\lambda_i^\varphi (t + a_i^{n-1})^\theta]^{(1+\frac{\beta}{n-1})}}{(a_i^{n-1})^{\beta/(n-1)}} \right\}$$

$$\left(\varphi = 1/\left(1 + \dfrac{\beta}{n-1}\right) = \dfrac{n-1}{n-1+\beta}, \theta = \dfrac{\alpha}{1 + \dfrac{\beta}{n-1}} = \dfrac{(n-1)\alpha}{n-1+\beta} > 1\right)$$

$$F_n(\lambda) \geqslant (n-1)^{-\alpha} \dfrac{\left[\sum_{i=1}^{n} \lambda_i^\varphi (t + a_i^{n-1})^\theta\right]^{\frac{n-1+\beta}{n-1}}}{\left(\sum_{i=1}^{n} a_i^{n-1}\right)^{\beta/(n-1)}} =$$

$$(n-1)^{-\alpha} \left[\sum_{i=1}^{n} \lambda_i^\varphi (t + a_i^{n-1})^\theta\right]^{\frac{n-1+\beta}{n-1}} \tag{12}$$

注意到 $\theta > 1 \Rightarrow \dfrac{1}{\theta}, \dfrac{\theta-1}{\theta} \in (0,1)$

且 $\dfrac{1}{\theta} + \dfrac{\theta-1}{\theta} = 1$

应用赫尔特不等式有

$$\left[\sum_{i=1}^{n} \lambda_i^\varphi (t + a_i^{n-1})^\theta\right]^{\frac{1}{\theta}} \left(\sum_{i=1}^{n} \lambda_i^{-x}\right)^{\frac{\theta-1}{\theta}} \geqslant$$

$$\sum_{i=1}^{n} (t + a_i^{n-1}) = nt + \sum_{i=1}^{n} a_i^{n-1} = nt + 1 \Rightarrow$$

$$\sum_{i=1}^{n}\lambda_i{}^{\varphi}(t+a_i{}^{n-1})^{\theta} \geqslant (nt+1)^{\theta}\Big(\sum_{i=1}^{n}\lambda_i{}^{-x}\Big)^{-(\theta-1)} \tag{13}$$

其中 $\dfrac{\varphi}{\theta} - x\Big(\dfrac{\theta-1}{\theta}\Big) = 0 \Rightarrow x = \dfrac{\varphi}{\theta-1}$

(12)、(13)结合得

$$F_n(\lambda) \geqslant \dfrac{(nt+1)^{\theta\left(\frac{n-1+\beta}{n-1}\right)}}{(n-1)^{\alpha}}\Big(\sum_{i=1}^{n}\lambda_i{}^{-x}\Big)^{(1-\theta)\left(\frac{n-1+\beta}{n-1}\right)} =$$

$$\Big(\dfrac{nt+1}{n-1}\Big)^{\alpha}\Big(\sum_{i=1}^{n}\lambda_i{}^{-x}\Big)^{-y}$$

（十）

回顾我们前面的题 2 和题 3,发现它们有一个共同点:已知条件完全一样:非负实数 x,y,z 满足 $x^2+y^2+z^2=1$.

它们还均有闪光点

$$1 \leqslant \dfrac{x}{1+yz} + \dfrac{y}{1+zx} + \dfrac{z}{1+xy} \leqslant \sqrt{2} \tag{A_1}$$

$$1 \leqslant \dfrac{x}{1-yz} + \dfrac{y}{1-zx} + \dfrac{z}{1-xy} \leqslant \dfrac{3}{2}\sqrt{3} \tag{B_1}$$

它俩的结构如此相似,简直"天生一对,地配一双",它俩的外观这样漂亮,交相辉映,令人难忘.而且,它们又新生了一个漂亮的特例

$$x(1-yz)^3 + y(1-zx)^3 + z(1-xy)^3 \geqslant \dfrac{8}{27}\sqrt{3} \tag{1}$$

如果我们将它们的共同条件略加改变为:

新题 设非负实数 x,y,z 满足条件:$x^2+y^2+z^2=2$,则有

$$x+y+z \leqslant xyz + 2 \tag{P}$$

如此以旧翻新,得到的结论式(P)更简洁,更新奇,更奇妙!

仅从外观看,式(P)确实足够简洁,容易记住,但证明容易吗?让我们先分析一下吧!

分析 (i)本题的已知条件并非十分奇特,但结论与通常的不等式

$$x+y+z \geqslant 3\sqrt[3]{xyz} \tag{2}$$

难以联系.如果将已知条件与平均值不等式结合

$$2 = x^2+y^2+z^2 \geqslant \dfrac{1}{3}(x+y+z)^2 \Rightarrow$$

$$x+y+z \leqslant \sqrt{6} \tag{3}$$

需证
$$xyz \geqslant \sqrt{6} - 2 \tag{4}$$
但
$$2 = x^2 + y^2 + z^2 \geqslant 3(xyz)^{2/3} \Rightarrow xyz \leqslant \left(\frac{2}{3}\right)^{\frac{2}{3}} \tag{5}$$

显然,式(4)与式(5)方向相反,数值相异,没有"缘分".

(ii) 如果我们令
$$\begin{cases} x = \sqrt{2-z^2}\cos\alpha \\ y = \sqrt{2-z^2}\sin\alpha \end{cases}, \alpha \in \left[0, \frac{\pi}{2}\right]$$

代入式(P)希望有所转机:
$$\sqrt{2-z^2}(\cos\alpha + \sin\alpha) + z \leqslant z(2-z^2)\sin\alpha\cos\alpha + 2$$

即
$$\sqrt{2(2-z^2)}\sin\left(\alpha + \frac{\pi}{4}\right) + z \leqslant \frac{1}{2}z(2-z^2)\sin 2\alpha + 2 \tag{6}$$

很明显,式(6)虽然是一个漂亮的三角不等式,但我们却没有找到证明它的突破口.

(ii) 现在,我们又变换思路,设
$$S = x + y + z, t = xyz$$

那么由 $x^2 + y^2 + z^2 = 2 \Rightarrow yz + zx + xy = \frac{1}{2}(S^2 - 2)$,因此,关于 x, y, z 的一元三次方程为
$$X^3 - SX^2 + \frac{1}{2}(S^2 - 2)X - t = 0 \tag{7}$$

令 $X = Y + \frac{1}{3}S$,式(6)转化为关系 $x + \frac{1}{3}S, y + \frac{1}{3}S, z + \frac{1}{3}S$ 为根的新方程
$$Y^3 + pY + q = 0 \tag{8}$$

其中 p, q 为关于 s, t 的代数表达式(可求出). 由于方程(8)的三个根均为实数,故其判别式
$$\Delta = \left(\frac{q}{2}\right)^2 + \left(\frac{p}{3}\right)^3 \geqslant 0 \tag{9}$$

这样,也许有希望证明式(P)(但不能肯定).

分析至此,我们至今还没找到式(P)的证法思路. 难道式(P)真是下山猛虎,入水蛟龙吗? 我们真的对它无可奈何吗? 也许问题就出在我们的思路上. 让我们调整方向,变换思路吧!

证法1 由对称性,不妨设

$$\left.\begin{aligned}0 \leqslant x \leqslant y \leqslant z \\ x^2 + y^2 + z^2 = 2\end{aligned}\right\} \Rightarrow \begin{cases} 2 \geqslant z^2 \\ 2 \leqslant 3z^2 \end{cases} \Rightarrow$$

$$\frac{2}{3} \leqslant z^2 \leqslant 2 \Rightarrow \frac{\sqrt{6}}{3} \leqslant z \leqslant \sqrt{2} \quad (10)$$

于是 $\quad x + y + z - xyz = x + y + z - \frac{1}{2}[(x+y)^2 - (x^2 + y^2)]z =$

$$x + y + z - \frac{1}{2}(x+y)^2 z + \frac{1}{2}(2 - z^2)z =$$

$$\left[-\frac{1}{2}(x+y)^2 z + (x+y) - \frac{1}{2z}\right] + \frac{1}{2z} + 2z - \frac{1}{2}z^3 =$$

$$-z(x + y - \frac{1}{z})^2 + \frac{1}{2z} + 2z - \frac{1}{2}z^3 \leqslant \frac{1}{2z} + 2z - \frac{1}{2}z^3 =$$

$$-\frac{1}{2z}(z^4 - 4z^2 + 4z - 1) + 2 =$$

$$-\frac{z}{2z}(z-1)^2(z^2 + 2z - 1) + 2 \leqslant 2$$

(因 $z^2 + 2z - 1 \geqslant \frac{2}{3} + \frac{2}{3}\sqrt{2} - 1 = \frac{2\sqrt{6} - 1}{3} > 0$) $\Rightarrow$

$$x + y + z \leqslant xyz + 2$$

等号成立仅当

$$\begin{cases} x + y - \frac{1}{2} = 0 \\ z = 1 \\ x^2 + y^2 + z^2 = 2 \end{cases} \Rightarrow \begin{cases} x = 0 \\ y = 1 \\ z = 1 \end{cases}$$

由对称性得

$$(x, y, z) = (0, 1, 1) = (1, 0, 1) = (1, 1, 0)$$

证法 2 我们证明

$$E = 4 - (x + y + z - xyz)^2 \geqslant 0$$

令 $p = x + y + z, r = xyz$,可推出

$$p^2 = (x+y+z)^2 = 2 + 2(xy + yz + zx) \Rightarrow 4E = 16 - 4(p-r)^2 =$$

$$16 - 4p^2 + 8pr - 4r^2 = 8 - 4(p^2 - 2) + 2 \cdot 4pr - 4r^2 =$$

$$2^3 - 2^2(2yz + 2zx + 2xy) +$$

$$2(4x^2 yz + 4xy^2 z + 4xyz^2) -$$

$$8x^2 y^2 z^2 + 4r^2 =$$

$$(2 - 2yz)(2 - 2zx)(2 - 2xy) + 4r^2$$

但是

$$\begin{cases} 2-2yz = x^2+(y-z)^2 \geqslant 0 \\ 2-2zx = y^2+(z-x)^2 \geqslant 0 \\ 2-2xy = z^2+(x-y)^2 \geqslant 0 \end{cases} \Rightarrow 4E = 16-4(p-r)^2 \geqslant$$

$$4r^2 \geqslant 0 \Rightarrow (2+p-r)(2-p+r) \geqslant 0$$

若 $\begin{matrix} 2+p-r \leqslant 0 \\ 2-p+r \leqslant 0 \end{matrix} \Big\} \Rightarrow 4 \leqslant 0$,矛盾.

故只有

$$\begin{cases} 2+p-r \geqslant 0 \\ 2-p+r \geqslant 0 \end{cases} \Rightarrow 4 \geqslant 0$$

于是 $2+p \geqslant r$ 或 $2+r \geqslant p$.

由于等号成号成立的充要条件是 $xyz=r=0$,且 $x^2+(y-z)^2, y^2+(z-x)^2, z^2+(x-y)^2$ 中至少有一个为 0,即 (x,y,z) 取值为 $(1,1,0),(1,0,1),(0,1,1)$ 之一,此时只能有不等式

$$x+y+z \leqslant xyz+2$$

取等号,故原不等式成立.

证法 3 (i) 若 x,y,z 中有 1 个数小于等于 0,由对称性,不妨设 $z \leqslant 0 \Rightarrow z^2 \geqslant 0$.

$$x^2+y^2+z^2 = 2 \Rightarrow xy \leqslant \frac{1}{4}(x+y)^2 \leqslant \frac{1}{2}(x^2+y^2) = \frac{1}{2}(2-z^2) \leqslant 1 \Rightarrow$$

$$\begin{cases} xy \leqslant 1 \\ x+y \leqslant 2 \end{cases} \Rightarrow 2+xyz-(x+y+z) =$$

$$(2-x-y)+z(xy-1) \geqslant 0 \Rightarrow$$

$$x+y+z \leqslant 2+xyz$$

(ii) 若 x,y,z 全为正数,不妨设 $0 < x \leqslant y \leqslant z$.

① 若 $z \leqslant 1$,则 $0 < x \leqslant 1, 0 < y \leqslant 1$,则

$$2+xyz-(x+y+z) = (1-x)(1-y)+(1-z)(1-xy) \geqslant 0 \Rightarrow$$

$$x+y+z \leqslant 2+xyz$$

② 若 $z > 1$ 时,则

$$x+y+z \leqslant \sqrt{2[z^2+(x+y)^2]} =$$

$$\sqrt{2(x^2+y^2+z^2+2xy)} = \sqrt{4(1+xy)} \leqslant$$

$$\sqrt{4+4xy+x^2y^2} = 2+xy \leqslant 2+xyz \Rightarrow$$

$$x+y+z \leqslant 2+xyz$$

综合上述,式(P)成立,等号成立仅当 x,y,z 中 1 个取 0,2 个取 1.

可见,式(P)是只纸老虎,它再也不敢向我们示威、挑战,而且我们用了 3 种

方法均可征服它. 仔细比较,发现证法 3 最简洁明快,它还启示我们:式(P)还可推广为:

设非负实数 $a_1, a_2, \cdots, a_n (3 \leqslant n \in \mathbf{N})$ 满足 $\sum_{i=1}^{n} a_i^2 = n - 1$,是否有

$$\sum_{i=1}^{n} a_i \leqslant n - 1 + \prod_{i=1}^{n} a_i \qquad (?)$$

分析 (i) 当 $a_i \in (0,1)$ 时,对于 $n=3$ 式(?)代为式(P)的等价形式,显然成立.

假设当 $n=k$ 时,式(?)成立,即

$$\sum_{i=1}^{k} a_i \leqslant k - 1 + \prod_{i=1}^{k} a_i \qquad (11)$$

那么当 $n=k+1$ 时,由式(11)有

$$\sum_{i=1}^{k+1} a_i \leqslant k - 1 + \prod_{i=1}^{k} a_i + a_{k+1} \qquad (12)$$

欲证

$$\sum_{i=1}^{k+1} a_i \leqslant k + a_{k+1} \prod_{i=1}^{k} a_i \qquad (13)$$

比较式(12)和式(13)知,只须证

$$k - 1 + a_{k+1} + t \leqslant k + a_{k+1} t \Leftrightarrow \qquad (14)$$
$$(1-t)(1-a_{k+1}) \geqslant 0 \qquad (15)$$

其中 $t = \prod_{i=1}^{k} a_i \in (0,1)$,显然式(15)成立.

综合上述,当 $a_i \in (0,1)$ 时式(?)成立.

(ii) 但当 $a_1, a_2, \cdots, a_n$ 中至少有 1 个大于等于 1 时,如设 $a_n \geqslant 1$,仿照前面的证法 3,有

$$S_n = \sum_{i=1}^{n} a_i = \sum_{i=1}^{n-1} a_i + a_n \leqslant \sqrt{(n-1)\left[a_n^2 + \left(\sum_{i=1}^{n-1} a_i\right)^2\right]} =$$

$$\left[(n-1)\left(\sum_{i=1}^{n} a_i^2 + 2 \sum_{1 \leqslant i < j \leqslant n-1} a_i a_j\right)\right]^{\frac{1}{2}} =$$

$$\left[(n-1)\left(n - 1 + 2 \sum_{1 \leqslant i < j \leqslant n-1} a_i a_j\right)\right]^{\frac{1}{2}} =$$

$$\left[(n-1)^2 + 2(n-1) \sum_{1 \leqslant i < j \leqslant n-1} a_i a_j\right]^{\frac{1}{2}} \leqslant$$

$$n - 1 + \sum_{1 \leqslant i < j \leqslant n-1} a_i a_j \leqslant n - 1 + a_n \left(\sum_{1 \leqslant i < j \leqslant n-1} a_i a_j\right) \Rightarrow$$

$$S_n \leqslant n - 1 + a_n \sum_{1 \leqslant i < j \leqslant n-1} a_i a_j \qquad (16)$$

采用轮换法,同理可得其余 $n-1$ 个如此不等式,然后将这 n 个不等式相加后再除以 n,得到

$$S_n = \sum_{i=1}^n a_i \leqslant (n-1) + \lambda \sum_{1 \leqslant i<j<k \leqslant n} a_i a_j a_k \qquad (17)$$

其中
$$x = \frac{C_{n-1}^2}{C_n^3} = \frac{3}{n}$$

式(17)即为

$$\sum_{i=1}^n a_i \leqslant n-1 + \frac{3}{n} \sum_{1 \leqslant i<j<k \leqslant n} a_i a_j a_k \qquad (18)$$

取 $n=3$ 式(18)化为式(P)的等价形式.

但当 $n \geqslant 4$ 时,式(16)等号成立仅当 $\sum_{1 \leqslant i<j \leqslant n-1} a_i a_j = 0$,这表明 $a_1, a_2, \cdots, a_{n-1}$ 这 $n-1$ 个非负数只能最多1个取1,其余 $n-2$ 个取0,这样 $a_1, a_2, \cdots, a_n$ 中1个大于等于1,最多还有1个等于1,且至少还有 $n-2$ 个为0.

如果这样的话,从 $\sum_{i=1}^n a_i^2 = n-1$,知,只能 $a_n = \sqrt{n-2} \geqslant 1, a_{n-1} = 1$, $a_{n-2} = \cdots = a_1 = 0$. 于是

$$\sum_{i=1}^n a_i = 1 + \sqrt{n-2}$$

$$n-1 + \prod_{i=1}^n a_i = n-1$$

式(?)等号成号成立时,必须

$$1 + \sqrt{n-2} = n-1 \Rightarrow \sqrt{n-2} = n-2 \Rightarrow n-2 = 1 \Rightarrow n = 3$$

这充分表明:

当 $a_i \in (0,1)(1 \leqslant i \leqslant n; 3 \leqslant n \in \mathbf{N})$ 时,式(?)恒成立;但当 $a_1, a_2, \cdots, a_n$ 中至少有1个大于等于1时,必须 $n=3$ 式(?)才成立.

这就是说,当新题的已知条件不变时,式(P)不能推广成式(?),也不能推广成式(18). 如取 $n=4$,式(18)化为

$$S_4 \leqslant 3 + 3m \qquad (19)$$

其中
$$m = a_1 a_2 a_3 + a_1 a_2 a_4 + a_1 a_3 a_4 + a_2 a_3 a_4$$

式(19)等号成立的条件应当是 a_1, a_2, a_3, a_4 中3个取1,1个取0,此时有 $m=1$

$$3 = 3 + 3$$

矛盾.

尽管如此,我们仍然有新的收获,将式(?)演化成两个互相配对的三角不等式

$$\begin{cases} \sum_{i=1}^{n} \cos \theta_i \leqslant \prod_{i=1}^{n} \cos \theta_i + n - 1 \\ \sum_{i=1}^{n} \sin \theta_i \leqslant \prod_{i=1}^{n} \sin \theta_i + n - 1 \end{cases} \quad (Q)$$

其中 $\theta_i \in [0, \frac{\pi}{2}] (1 \leqslant i \leqslant n; 2 \leqslant n \in \mathbf{N})$.

另外,如果我们在式(P)的已知条件
$$x^2 + y^2 + z^2 = 2 \quad (20)$$
中设
$$\begin{cases} x = \sqrt{2} \cos \alpha \cos \beta \\ y = \sqrt{2} \cos \alpha \sin \beta \\ z = \sqrt{2} \sin \alpha \end{cases}, \alpha, \beta \in [0, \frac{\pi}{2}]$$

代入式(P)得

$$\sqrt{2} \cos^2 \alpha \sin \alpha \sin 2\beta + 2 \geqslant \sqrt{2} \cos \alpha (\cos \beta + \sin \beta) + \sqrt{2} \sin \alpha \Leftrightarrow$$
$$\frac{1}{2} \cos \alpha \sin 2\alpha \sin 2\beta + \sqrt{2} \geqslant \sqrt{2} \cos \alpha \cos(\alpha - \frac{\pi}{4}) + \sin \alpha \quad (R)$$

如果未经点拨,故直接证明式(R)是很困难的.

最后申明:由于探索无限,希望广大读者提供式(P)的新推广.

几道数奥妙题的多种解证

（一）

题 1 设 x,y,z 是实数，k_1,k_2,k_3 满足 $k_1,k_2,k_3 \in (0,\dfrac{1}{2})$，且 $k_1+k_2+k_3=1$，则

$$k_1k_2k_3(x+y+z)^2 \geqslant yzk_1(1-2k_1)+ \\ zxk_2(1-2k_2)+xyk_3(1-2k_3). \qquad (A)$$

分析 式（A）的外观和结构匀称美观，但明显复杂，因此有难度，它是典型的条件不等式题．可先考虑特殊情形，取其特例，如取 $x=y=z$，则式（A）化为

$$9k_1k_2k_3+2(k_1^2+k_2^2+k_3^2) \geqslant 1 \qquad (1)$$

式（1）用调整法可证：

当取 $k_1=k_2=k_3=\dfrac{1}{3}$ 时，式（A）化为关于 x,y,z 的 3 元对称不等式

$$(x+y+z)^2 \geqslant 3(xy+yz+zx) \qquad (2)$$

因此，式（A）既是式（2）的一个新的加权推广，又是（1）、（2）两式的和谐统一．

观察式（A），联想到若将 y,z 视为常量，x 为变量，这样可将问题转化成关于 x 的二次函数为

$$f(x)=k_1k_2k_3(x+y+z)^2-[xyk_3(1-2k_3)+ \\ yzk_1(1-2k_1)+zxk_2(1-2k_2)] \qquad (3)$$

对 $f(x)$ 连续求得

$$f'(x)=2k_1k_2k_3(x+y+z)-[k_3y(1-2k_3)+zk_2(1-2k_2)]= \\ 2k_1k_2k_3\left[x-\dfrac{1}{2}\left(\dfrac{1-2k_3}{k_1k_2}y+\dfrac{1-2k_2}{k_1k_3}y\right)+(y+z)\right] \qquad (4)$$

$$f''(x)=2k_1k_2k_3>0$$

因此 $f(x)$ 有最小值，解方程 $f'(x)=0$，求驻点（最小值点），得

$$x = x_0 = \frac{1}{2}\left[\left(\frac{1-2k_3}{k_1 k_2}y + \frac{1-2k_2}{k_1 k_3}z\right) - 2(y+z)\right] \Rightarrow \quad (5)$$

$$x + y + z = \frac{1}{2}\left[\frac{1-2k_3}{k_1 k_2}y + \frac{1-2k_2}{k_1 k_3}z\right] \Rightarrow$$

$$f(x) \geqslant f(x)_{\min} = f(x_0) = M\left(\frac{y}{k_2} - \frac{z}{k_3}\right)^2 \geqslant 0$$

其中 M 为关于参数 k_1, k_2, k_3 的表达式.

此种思路虽然可行,到最后却异常复杂,令人灰心. 对付这类颇具难度却又优美无比的不等式,经验告诉我们,可应用配方法或三角法及判别式法.

证法 1(判别法) 将式(A)展开整理成等价形式

$$x^2 + px + q \geqslant 0 \quad (6)$$

其中

$$q = -\left(\frac{1-2k_1}{k_2 k_3}\right)yz + (y+z)^2$$

$$p = 2(y+z) - \left(\frac{1-2k_3}{k_1 k_2}y + \frac{1-2k_2}{k_3 k_1}z\right)$$

显然,这个不等式可以看做一个关于 x 的二次不等式,由于 x^2 的系数为正,因此要证明式(A)成立,只须证明式(1)的判别式 $\Delta x \leqslant 0$ 即可,事实上,我们有 $\Delta x = p^2 - 4q =$

$$\left[2(y+z) - \left(\frac{1-2k_3}{k_1 k_2}y + \frac{1-2k_2}{k_1 k_3}z\right)\right]^2 - 4\left[(y+z)^2 - \frac{1-2k_1}{k_2 k_3}yz\right] =$$

$$Ay^2 + Bz^2 + Cyz \quad (7)$$

其中

$$A = \frac{(1-2k_3)^2}{(k_1 k_2)^2} - \frac{4(1-2k_3)}{k_1 k_2}$$

$$B = \frac{(1-2k_2)^2}{(k_1 k_3)^2} - \frac{4(1-2k_2)}{k_1 k_3}$$

$$C = \frac{2(1-2k_2)(1-2k_1)}{k_1^2 k_2 k_3} - \frac{4(1-2k_2)}{k_1 k_3} - \frac{4(1-2k_3)}{k_1 k_2} + \frac{4(1-2k_1)}{k_2 k_3}$$

利用 $k_1 + k_2 + k_3 = 1$,把上式化简得

$$\Delta x = -\frac{1}{k_1^2}(1-2k_1)(1-2k_2)(1-2k_3) \cdot$$

$$\left(\frac{y^2}{k_2^2} - 2\frac{y}{k_2} \cdot \frac{z}{k_3} + \frac{z^2}{k_3^2}\right) =$$

$$-\frac{1}{k_1^2}(1-2k_1)(1-2k_2)(1-2k_3)\left(\frac{y}{k_2} - \frac{z}{k_3}\right)^2$$

因为 $k_1, k_2, k_3 \in (0, \frac{1}{2}) \Rightarrow \Delta x \leqslant 0$. 这样一来,我们就证明了式(A)成立.

显然,当且仅当
$$\frac{y}{k_2} - \frac{z}{k_3} = 0 \Rightarrow \frac{y}{k_2} = \frac{z}{k_3} \Rightarrow \Delta x = 0$$

关于 x 的二次方程
$$x^2 + px + q = 0$$

有两个相等的实根,其根为 $x = -\frac{p}{2}$,将 $z = \frac{k_3}{k_2}y$ 代入得 $x = \frac{k_1}{k_2}y$,即为
$$\frac{x}{k_1} = \frac{y}{k_2} = \frac{z}{k_3}$$

证明(代换法) 由轮换对称性,可设
$$\frac{x}{k_1} \geqslant \frac{y}{k_2} \geqslant \frac{z}{k_3}$$

且令 $\left(\frac{x}{k_1}, \frac{y}{k_2}, \frac{z}{k_3}\right) = (q + \alpha, q, q - \beta)(\alpha, \beta \geqslant 0) \Rightarrow x = k_1(q + \alpha), y = k_2 q,$
$z = k_3(q - \beta)$,将它们代入原不等式,并利用 $k_1 + k_2 + k_3 = 1$,有

式(A) $\Leftrightarrow (x + y + z)^2 \geqslant \frac{x}{k_1} \cdot \frac{y}{k_2}(1 - 2k_3) +$

$\frac{y}{k_2} \cdot \frac{z}{k_3}(1 - 2k_1) + \frac{z}{k_3} \cdot \frac{x}{k_1}(1 - 2k_2) \Leftrightarrow$

$(k_1 q + k_1 \alpha + k_2 q + k_3 q - k_3 \beta)^2 \geqslant$

$(q + \alpha)q(1 - 2k_3) + q(q - \beta)(1 - 2k_1) +$

$(q - \beta)(q + \alpha)(1 - 2k_2) \Leftrightarrow$

$[q + (k_1 \alpha - k_3 \beta)]^2 \geqslant q^2 + 2q(k_1 \alpha - k_3 \beta) - \alpha\beta(1 - 2k_2) \Leftrightarrow$

$(k_1 \alpha - k_3 \beta)^2 \geqslant -\alpha\beta(1 - 2k_2)$

因 $k_2 \in \left(0, \frac{1}{2}\right), \alpha \geqslant 0, \beta \geqslant 0$.则上式成立,且等号成立仅当
$$\alpha = \beta = 0 \Rightarrow \frac{x}{k_1} = \frac{y}{k_2} = \frac{z}{k_3}$$

证法 3(三角法) 由于
$$k_3 \in \left(0, \frac{1}{2}\right) \Rightarrow 1 - 2k_3 > 0 \Rightarrow$$
$$k_1 + k_2 = 1 - k_3 = k_3 + (1 - 2k_3) > k_3$$

同理可证 $k_1 + k_3 > k_2, k_2 + k_3 > k_1$,因此长为 k_1, k_2, k_3 的三条线段可以构成一个三角形,设为 $\triangle ABC$,其对角依次为 A, B, C,则

$$\cos A = \frac{k_2^2 + k_3^2 - k_1^2}{2k_2 k_3} = \frac{(k_2 + k_3)^2 - k_1^2 - 2k_2 k_3}{2k_2 k_3} =$$

$$\frac{(1 - k_1)^2 - k_1^2 - 2k_2 k_3}{2k_2 k_3} = \frac{1 - 2k_1}{2k_2 k_3} - 1$$

相应地,同理可求得
$$\cos B = \frac{1-2k_2}{2k_1k_3} - 1, \cos C = \frac{1-2k_3}{2k_1k_2} - 1$$
代入著名的三角母不等式
$$x^2 + y^2 + z^2 \geqslant 2yz\cos A + 2zx\cos B + 2xy\cos C \Rightarrow$$
$$x^2 + y^2 + z^2 \geqslant 2yz\left(\frac{1-2k_1}{2k_2k_3} - 1\right) +$$
$$2zx\left(\frac{1-2k_2}{2k_1k_3} - 1\right) + 2xy\left(\frac{1-2k_3}{2k_1k_2} - 1\right)$$

去括号,移项,去分母立即得式(A).

从以上3种证法知,证法2、证法3最简洁优美,且证法3中式(A)等号成立的条件推导最简单
$$\frac{x}{\sin A} = \frac{y}{\sin B} = \frac{z}{\sin C} \Rightarrow \frac{x}{k_1} = \frac{y}{k_2} = \frac{z}{k_3}$$

另外,由于三角母不等式可以从指数方面进行推广,因此本题中的式(A)也可以再推广.

(二)

在罗增儒教授编写的《高中数学竞赛教程》一书中,有一道漂亮的例题:

题2 设 $x_i > 0 (i=1,2,\cdots,n; n \in \mathbf{N})$,$\sum_{i=1}^{n} \frac{x_i^2}{x_i^2+1} = p$,求证:

$$\sum_{i=1}^{n} \frac{x_i}{x_i^2+1} \leqslant \sqrt{p(n-p)} \tag{B}$$

本题的已知条件奇特而又复杂,显然 $p > 0$,且 $p < n$,即 $p \in (0, n)$,p 的左边与式(A)左边相比较,各加项的分母相同,均为 $x_i^2 + 1$,但分子只有项数不同,相差1次,如果是没有约束条件 p 的存在,那么显然有
$$\frac{x_i}{x_i^2+1} \leqslant \frac{x_i}{2x_i} \Rightarrow \sum_{i=1}^{n} \frac{x_i}{x_i^2+1} \leqslant \frac{n}{2}$$

我们就会易如反掌地得到这一结论. 但是
$$\sqrt{p(n-p)} \leqslant \frac{p+(n-p)}{2} = \frac{n}{2}$$

这说明式(B)是一个较强的结论.

再观察已知条件 p 的左边,似乎可用正切函数作代换为突破口,还是让我们"投石问路"吧.

证法 1(代换法) 简记 $\sum_{i=1}^{n}$ 为 $\sum$,并设

$$\theta_i \in (0, \frac{\pi}{2}), i = 1, 2, \cdots, n$$

$$x_i = \tan \theta_i \Rightarrow p = \sum \frac{x_i^2}{1 + x_i^2} = \sum \frac{\tan^2 \theta_i}{1 + \tan^2 \theta_i} = \sum \sin^2 \theta_i \Rightarrow$$

$$\sum \cos^2 \theta_i = n - p \Rightarrow T_n = \sum \frac{x_i}{x_i^2 + 1} = \sum \frac{\tan \theta_i}{\tan^2 \theta_i + 1} =$$

$$\sum \sin \theta_i \cos \theta_i \leqslant \sqrt{\left(\sum \sin^2 \theta_i\right)\left(\sum \cos^2 \theta_i\right)} \Rightarrow$$

$$(\text{应用柯西不等式}) T_n \leqslant \sqrt{p(n-p)}$$

即式(B)成立,等号成立仅当

$$\frac{\sin \theta_1}{\cos \theta_1} = \frac{\sin \theta_2}{\cos \theta_2} = \cdots = \frac{\sin \theta_n}{\cos \theta_n} \Rightarrow \tan \theta_1 = \tan \theta_2 = \cdots = \tan \theta_n \Rightarrow$$

$$x_1 = x_2 = \cdots = x_n \Rightarrow \frac{nx_i^2}{x_i^2 + 1} = p \Rightarrow x_i = \sqrt{\frac{p}{n-p}}, i = 1, 2, \cdots, n$$

证法 2(代换法) 我们设

$$\frac{x_i^2}{x_i^2 + 1} = a_i \Rightarrow \begin{cases} 0 < a_i < 1 \\ x_i = \sqrt{\frac{a_i}{1 - a_i}} \end{cases} \quad (1 \leqslant i \leqslant n) \Rightarrow$$

$$\begin{cases} p = \sum a_i \\ \dfrac{x_i}{x_i^2 + 1} = \sqrt{a_i(1 - a_i)} \end{cases} \Rightarrow$$

$$T_n = \sum \sqrt{a_i(1 - a_i)} \quad (\text{应用柯西不等式}) \leqslant$$

$$\sqrt{\left(\sum a_i\right) \sum (1 - a_i)} = \sqrt{\left(\sum a_i\right)\left(n - \sum a_i\right)} \Rightarrow$$

$$T_n \leqslant \sqrt{p(n-p)}$$

等号成立仅当

$$\frac{a_1}{1 - a_1} = \frac{a_2}{1 - a_2} = \cdots = \frac{a_n}{1 - a_n} \Rightarrow$$

$$a_1 = a_2 = \cdots = a_n = \frac{p}{n} \Rightarrow$$

$$\frac{x_i^2}{x_i^2 + 1} = \frac{p}{n} \Rightarrow x_i = \sqrt{\frac{p}{n-p}}, 1 \leqslant i \leqslant n$$

证法 3(综合法) 由已知有 $0 < p < n$,

$$\sum \frac{x_i^2}{x_i^2+1} = p \Rightarrow \sum \left(1 - \frac{x_i^2}{x_i^2+1}\right) = n - p \Rightarrow \sum \frac{1}{x_i^2+1} = n - p \Rightarrow$$

$$T_n = \sum \frac{x_i}{x_i^2+1} = \sum \left(\frac{x_i}{\sqrt{x_i^2+1}} \cdot \frac{1}{\sqrt{x_i^2+1}}\right) \leqslant$$

$$(\text{应用柯西不等式}) \left(\sum \frac{x_i^2}{x_i^2+1}\right)^{\frac{1}{2}} \left(\sum \frac{1}{x_i^2+1}\right)^{\frac{1}{2}} =$$

$$\sqrt{p(n-p)} \Rightarrow T_n \leqslant \sqrt{p(n-p)}$$

即式(B)成立,等号成立仅当

$$x_1 = x_2 = \cdots = x_n \Rightarrow \frac{nx_i^2}{x_i^2+1} = p \Rightarrow x_i = \sqrt{\frac{p}{n-p}}, 1 \leqslant i \leqslant n$$

上述3种证法中,证法1代换得巧,证法2代换得妙,证法3代换得奇.总之,本题算是一道中等难度的妙题.

如果记 $X = \{x_1, x_2, \cdots, x_n\}$,则本题的已知和结论只涉及 X, p(附带 n)的条件和结论关系.其实,我们可以从 x 的系数及 p 中各项的参数上考虑推广,即

$$\frac{x_i^2}{x_i^2+1} \to \frac{p_i x_i^2}{\lambda x_i^2 + \mu} \quad \begin{array}{l} p_i : \text{系数} \\ \lambda, \mu : \text{参数} \end{array}$$

$$(p \to S)$$

推广 1 设 $x_i > 0$, $p_i \in (0,1) (1 \leqslant i \leqslant n \in \mathbf{N})$, $\lambda, \mu > 0$ 且 $\sum_{i=1}^{n} p_i = 1$,满足

$$\sum_{i=1}^{n} \frac{p_i x_i^2}{\lambda x_i^2 + \mu} = S < 1$$

求证:

$$\sum_{i=1}^{n} \frac{p_i x_i}{\lambda x_i^2 + \mu} = \sqrt{\frac{S(1-\lambda S)}{\mu}} \tag{B_1}$$

可以验证:当我们取 $\lambda = \mu = 1$, $p_i = \frac{1}{n}$ 时,$S = \frac{1}{n} p$,代入式(B_1)即式(B).

经过这么一推广,式(B_1)比式(B)更好更妙了,它的证明难度如何呢?显然,欲仿照前面的三角代换是不行的,那么就只有作另两种代换了.

证法 1 作代换(简记 $\sum_{i=1}^{n}$ 为 $\sum$)

$$\frac{x_i^2}{\lambda x_i^2 + \mu} = a_i \Rightarrow x_i = \sqrt{\frac{\mu a_i}{1 - \lambda a_i}} \quad (1 \leqslant i \leqslant n) \Rightarrow$$

$$\frac{x_i}{\lambda x_i^2 + \mu} = x_i \cdot \frac{a_i}{x_i^2} = \frac{a_i}{x_i} =$$

$$a_i\sqrt{\frac{1-\lambda a_i}{\mu a_i}} = \sqrt{\frac{a_i}{\mu}(1-\lambda a_i)} \Rightarrow$$

$$T_n = \sum \frac{p_i x_i}{\lambda x_i^2+\mu} = \sum p_i\sqrt{\frac{a_i}{\mu}(1-\lambda a_i)} =$$

$$\frac{1}{\sqrt{\mu}}\sum(\sqrt{p_i a_i}\sqrt{p_i-\lambda p_i a_i}) \leqslant$$

（应用柯西不等式）

$$\frac{1}{\sqrt{\mu}}\left(\sqrt{\sum p_i a_i}\right)\sqrt{\sum(p_i-\lambda p_i a_i)} =$$

$$\frac{1}{\sqrt{\mu}}\sqrt{\sum p_i a_i}\sqrt{\sum p_i-\lambda \sum p_i a_i} \Rightarrow$$

（注意 $S=\sum p_i a_i$）$T_n \leqslant \sqrt{\frac{S(1-\lambda S)}{\mu}}$

易推得 $1-\lambda a_i > 0, 1-\lambda S > 0$，等号成立仅当

$$\frac{p_i-\lambda p_i a_i}{p_i a_i} = t > 0 \Rightarrow \frac{1}{a_i}-\lambda = t \Rightarrow$$

$$a_1=a_2=\cdots=a_n=a>0 \Rightarrow$$

$$S = \sum a_i a = a = x_i^2/(\lambda x_i^2+\mu) \Rightarrow$$

$$x_i = \sqrt{\mu S/(1-\lambda S)}, i=1,2,\cdots,n$$

证法 2　由于

$$\frac{1}{\lambda} - \frac{x_i^2}{\lambda x_i^2+\mu} = \frac{\mu}{\lambda(\lambda x_i^2+\mu)} =$$

$$\frac{p_i}{\lambda} - \frac{p_i x_i^2}{\lambda x_i^2+\mu} = \frac{\mu p_i}{\lambda(\lambda x_i^2+\mu)} \Rightarrow$$

$$\sum\left(\frac{p_i}{\lambda} - \frac{p_i x_i^2}{\lambda x_i^2+\mu}\right) = \sum \frac{p_i \mu}{\lambda(\lambda x_i^2+\mu)} \Rightarrow$$

$$\frac{\sum p_i}{\lambda} - \sum \frac{p_i x_i^2}{\lambda x_i^2+\mu} = \frac{\mu}{\lambda}\sum \frac{p_i}{\lambda x_i^2+\mu} \Rightarrow$$

$$\frac{1}{\lambda} - S = \frac{\mu}{\lambda}\sum \frac{p_i}{\lambda x_i^2+\mu} \Rightarrow$$

$$\sum \frac{p_i}{\lambda x_i^2+\mu} = \frac{1-\lambda S}{\mu} \quad (\lambda S < 1) \Rightarrow$$

$$T_n = \sum\left(\frac{\sqrt{p_i}\,x_i}{\sqrt{\lambda x_i^2+\mu}} \cdot \frac{\sqrt{p_i}}{\sqrt{\lambda x_i^2+\mu}}\right) \leqslant$$

$$\left(\sum \frac{p_i x_i^2}{\lambda x_i^2+\mu}\right)^{\frac{1}{2}}\left(\sum \frac{p_i}{\lambda x_i^2+\mu}\right)^{\frac{1}{2}} =$$

$$\sqrt{S}\sqrt{\frac{1-\lambda S}{\mu}} = \sqrt{\frac{S(1-\lambda S)}{\mu}} \Rightarrow$$

$$T_n \leqslant \sqrt{\frac{S(1-\lambda S)}{\mu}}$$

显然,等号成立仅当

$$\frac{\sqrt{p_i}x_i}{\sqrt{\lambda x_i^2 + \mu}} : \frac{\sqrt{p_i}}{\sqrt{\lambda x_i^2 + \mu}} = t > 0 \Rightarrow x_i = t \Rightarrow S = \sum\left(\frac{p_i t^2}{\lambda t^2 + \mu}\right) = \frac{t^2 \sum p_i}{\lambda t^2 + \mu} = \frac{t^2}{\lambda t^2 + \mu} \Rightarrow x_i = t = \sqrt{\frac{\mu S}{1-\lambda S}}, i = 1, 2, \cdots, n$$

由此看来,式(B_1)虽然略难了点,但它只相当于 IMO 的难度,并非像月宫里的桂花树——高不可攀.

指数与系数常常相邀结伴,一路同行,并驾齐驱.式(B)既然可以从系数、参数方面推广成式(B_1),也应当有指数推广.

推广2 设 $x_i > 0, 0 < \lambda_i < 1 (1 \leqslant i \leqslant n; 2 \leqslant n \in \mathbf{N})$,且 $\sum_{i=1}^{n}\lambda_i \leqslant 1, 0 < k \leqslant 2$,满足 $\sum_{i=1}^{n}\frac{\lambda_i x_i^2}{x_i^2+1} = p$,则

$$\sum_{i=1}^{n}\frac{\lambda_i x_i^k}{x_i^2+1} \leqslant \sqrt{p^k(1-p)^{2-k}} \tag{B_2}$$

证明 设

$$\frac{x_i^2}{x_i^2+1} = a_i \Rightarrow 0 < a_i < 1 \Rightarrow x_i = \sqrt{\frac{a_i}{1-a_i}}, 1 \leqslant i \leqslant n$$

且 $p = \sum_{i=1}^{n}\lambda_i a_i$.

(i) 当 $k=1$ 时,式(B_2)化为式(B_1),成立.

(ii) 当 $0 < k < 2$ 时

$$\frac{x_i^k}{x_i^2+1} = \sqrt{a_i^k(1-a_i)^{2-k}} \Rightarrow$$

$$P_n = \sum_{i=1}^{n}\frac{\lambda_i x_i^k}{x_i^2+1} = \sum_{i=1}^{n}\lambda_i\sqrt{a_i^k(1-a_i)^{2-k}} = \sum_{i=1}^{n}\left[(\lambda_i a_i)^{\frac{k}{2}}(\lambda_i - \lambda_i a_i)^{1-\frac{k}{2}}\right] \leqslant$$

(应用赫尔特不等式)

$$\left(\sum_{i=1}^{n}\lambda_i a_i\right)^{\frac{k}{2}}\left[\sum_{i=1}^{n}(\lambda_i - \lambda_i a_i)\right]^{1-\frac{k}{2}} \leqslant$$

$$p^{\frac{k}{2}}\left(\sum_{i=1}^{n}\lambda_i - \sum_{i=1}^{n}\lambda_i a_i\right)^{1-\frac{k}{2}} \leqslant p^{\frac{k}{2}}(1-p)^{1-\frac{k}{2}} \Rightarrow$$

$$P_n \leqslant \sqrt{p^k(1-p)^{2-k}}$$

即式(B_2)成立. 等号成立仅当 $\sum_{i=1}^{n}\lambda_i = 1$ 及

$$\frac{\lambda_1 - \lambda_1 a_1}{\lambda_1 a_1} = \frac{\lambda_2 - \lambda_2 a_2}{\lambda_2 a_2} = \cdots = \frac{\lambda_n - \lambda_n a_n}{\lambda_n a_n} \Rightarrow a_1 = a_2 = \cdots = a_n \Rightarrow$$

$$x_1 = x_2 = \cdots = x_n = \sqrt{\frac{p}{1-p}}$$

对于数奥选手而言,式(B_2)算是一个简洁漂亮的推广,且难度不大,颇具技巧,还可得到美的享受. 为了让大家再获得有益的启示,我们干脆从参数、系数、指数方面全面系统地推广式(B).

推广 3 设 $\mu, m > 0, 0 \leqslant e < m/\mu, 0 < k < t\theta \leqslant t, x_i > 0, \lambda_i > 0 (1 \leqslant i \leqslant n; 2 \leqslant n \in \mathbf{N}), \sum_{i=1}^{n}\lambda_i = S$,且满足

$$\sum_{i=1}^{n}\frac{\lambda_i(x_i^t + e)}{\mu x_i^t + m} = p$$

则有

$$T_\lambda(\theta) = \sum_{i=1}^{n}\frac{\lambda_i^\theta x_i^k}{(\mu x_i^t + m)^\theta} \leqslant n^{1-\theta} p^{\frac{k}{t}}\left(\frac{S - \mu p}{m - \mu e}\right)^{\theta - \frac{k}{t}} \quad (B_3)$$

显然,当取 $e=0, t=2, k=\theta=1, S=n, \lambda_i=1 (1 \leqslant i \leqslant n), m=\mu=1$ 时,(B_3) 立刻现"原形"还原成式(B)

$$T \leqslant \sqrt{p(n-p)} \quad (B)$$

并且式(B_3)明显包括了(B)、(B_1)、(B_2)三式,将它们"三国归晋".

证明 由于

$$0 < k < t\theta \leqslant t \Rightarrow \begin{cases} 0 < \theta \leqslant 1 \\ 0 < \frac{k}{\theta t} < 1 \end{cases}$$

(i) 当 $e=0$ 时,令

$$a_i = \frac{x_i^t}{\mu x_i^t + m} \Rightarrow x_i = \left(\frac{ma_i}{1 - \mu a_i}\right)^{\frac{1}{t}} (1 \leqslant i \leqslant n) \Rightarrow$$

$$b_i = \frac{\lambda_i^\theta x_i^k}{(\mu x_i^t + m)^\theta} = \lambda_i^\theta x_i^k \left(\frac{a_i}{x_i^t}\right)^\theta =$$

$$(\lambda_i a_i)^\theta x_i^{k - \theta t} = (\lambda_i a_i)^\theta \left(\frac{ma_i}{1 - \mu a_i}\right)^{\frac{k}{t} - \theta} =$$

$$(\lambda_i a_i)^{\frac{k}{t}} \left(\frac{\lambda_i - \mu \lambda_i a_i}{m}\right)^{\theta - \frac{k}{t}} \Rightarrow T_\lambda(\theta) = \sum_{i=1}^{n} b_i =$$

$$\sum_{i=1}^{n} \left\{ \left[(\lambda_i a_i)^\theta\right]^{\frac{k}{\theta t}} \left[\left(\frac{\lambda_i - \mu \lambda_i a_i}{m}\right)^\theta\right]^{1-\frac{k}{\theta t}} \right\} \text{（应用赫尔特不等式）} =$$

$$\left[\sum_{i=1}^{n} (\lambda_i a_i)^\theta\right]^{\frac{k}{\theta t}} \left[\sum_{i=1}^{n} \left(\frac{\lambda_i - \mu \lambda_i a_i}{m}\right)^\theta\right]^{1-\frac{k}{\theta t}} =$$

$$n \left[\frac{\sum_{i=1}^{n} (\lambda_i a_i)^\theta}{n}\right]^{\frac{k}{\theta t}} \left[\frac{1}{n} \sum_{i=1}^{n} \left(\frac{\lambda_i - \mu \lambda_i a_i}{m}\right)^\theta\right]^{1-\frac{k}{\theta t}} \leq$$

（应用幂平均不等式）

$$n \left[\frac{\sum_{i=1}^{n} \lambda_i a_i}{n}\right]^{\frac{k}{t}} \left[\frac{1}{n} \sum_{i=1}^{n} \left(\frac{\lambda_i - \mu \lambda_i a_i}{m}\right)\right]^{\theta(1-\frac{k}{\theta t})} =$$

$$n \left(\frac{p}{n}\right)^{\frac{k}{t}} \left[\frac{\sum_{i=1}^{n} \lambda_i - \mu \sum_{i=1}^{n} \lambda_i a_i}{mn}\right]^{\theta-\frac{k}{t}} = n \left(\frac{p}{n}\right)^{\frac{k}{t}} \left(\frac{S - \mu p}{mn}\right)^{\theta-\frac{k}{t}} \Rightarrow$$

$$T_\lambda(\theta) \leq n^{1-\theta} p^{\frac{k}{t}} \left(\frac{S - \mu p}{m}\right)^{\theta-\frac{k}{t}}$$

此时式(B_3)成立，等号成立仅当

$$\begin{cases} \left(\dfrac{\lambda_1 - \mu \lambda_1 a_1}{m \lambda_1 a_1}\right)^\theta = \left(\dfrac{\lambda_2 - \mu \lambda_2 a_2}{m \lambda_2 a_2}\right)^\theta = \cdots = \left(\dfrac{\lambda_n - \mu \lambda_n a_n}{m \lambda_n a_n}\right)^\theta \\ \lambda_1 a_1 = \lambda_2 a_2 = \cdots = \lambda_n a_n \\ \lambda_1 - \mu \lambda_1 a_1 = \lambda_2 - \mu \lambda_2 a_2 = \cdots = \lambda_n - \mu \lambda_n a_n \end{cases} \Rightarrow$$

$$\begin{cases} \lambda_1 = \lambda_2 = \cdots = \lambda_n = S/n \\ a_1 = a_2 = \cdots = a_n \end{cases} \Rightarrow$$

$$\begin{cases} \lambda_1 = \lambda_2 = \cdots = \lambda_n = \dfrac{S}{n} \\ x_1 = x_2 = \cdots = x_n = \left(\dfrac{mp}{S - \mu p}\right)^{\frac{1}{t}} \end{cases}$$

(ii) 当 $0 < e < \dfrac{m}{\mu}$ 时，令

$$x_i^t + e = y_i^t \Rightarrow \mu x_i^t + m = \mu y_i^t + m^1, 1 \leq i \leq n$$

其中
$$m^1 = m - \mu e > 0$$

应用刚才(i)中的结论，有

$$T_\lambda(\theta) \leq n^{1-\theta} p^{\frac{k}{t}} \left(\frac{S - \mu p}{m^1}\right)^{\theta-\frac{k}{t}} = n^{1-\theta} p^{\frac{k}{t}} \left(\frac{S - \mu p}{m - \mu e}\right)^{\theta-\frac{k}{t}}$$

等号成立仅当

$$\begin{cases}\lambda_1=\lambda_2=\cdots=\lambda_n=\dfrac{S}{n}\\ x_1=x_2=\cdots=x_n=\left[\dfrac{(m-\mu e)p}{S-\mu p}\right]^{\frac{1}{t}}\end{cases}$$

总括上述(i)和(ii),式(B_3)成立.

式(B)的推广 3 虽然比较全面系统,却不够深刻彻底.其实,我们还可从一组基本元素$\{x_1,x_2,\cdots,x_n\}$推广到多组基本元素$\{x_{1j},x_{2j},\cdots,x_{nj}\}(1\leqslant j\leqslant M\in\mathbf{N})$中:

推广 4 设 $\mu,m>0, 0\leqslant e<\dfrac{m}{\mu}, 0<k<t\theta\leqslant t,\lambda_i>0,x_{ij}>0(1\leqslant i\leqslant n,1\leqslant j\leqslant M;2\leqslant n\in\mathbf{N},M\in\mathbf{N}), \sum_{i=1}^n\lambda_i=S,\varphi_j\in(0,1),\sum_{j=1}^M\varphi_j=1$,满足 $\sum_{i=1}^n\dfrac{\lambda_i(x_{ij}^t+e)}{\mu x_{ij}^t+m}=p$,则有

$$\sum_{i=1}^n\left\{\lambda_i^\theta\prod_{j=1}^M\left[\dfrac{x_{ij}^k}{(\mu x_{ij}^t+m)^\theta}\right]^{\varphi_j}\right\}\leqslant n^{1-\theta}p^{\frac{k}{t}}\left(\dfrac{S-\mu p}{m-\mu e}\right)^{\theta-\frac{k}{t}} \tag{B_4}$$

最后指出,从结构上讲,式(B)还有配对式:

配对 设 $x_i>1(i=1,2,\cdots,n;n\in\mathbf{N}),\sum_{i=1}^n\dfrac{x_i^2}{x_i^2-1}=p$,求证:

$$\sum_{i=1}^n\dfrac{x_i}{x_i^2-1}\leqslant\sqrt{p(p-n)} \tag{B_5}$$

更为有趣的是,如果我们设 $x_i>0(1\leqslant i\leqslant n)$,则由前面的结论有

$$T\leqslant\sqrt{p(n-p)} \tag{1}$$

如果改 p 为未知,而 T 为已知,则

$$\begin{aligned}&T\leqslant\sqrt{p(n-p)}\Rightarrow T^2\leqslant p(n-p)\Rightarrow\\ &p^2-np+T^2\leqslant 0(\text{注意 }T\leqslant\dfrac{n}{2})\Rightarrow\\ &\dfrac{1}{2}(n-\sqrt{n^2-4T^2})\leqslant p\leqslant\dfrac{1}{2}(n+\sqrt{n^2-4T^2})\end{aligned} \tag{B_6}$$

(三)

题 3(第 31 届 IMO 预选题) 设有自然数集
$$A=\{a_1,a_2,\cdots,a_n\}=\{1,2,\cdots,n\}$$

求证：
$$\frac{a_1}{a_2}+\frac{a_2}{a_3}+\cdots+\frac{a_{n-1}}{a_n} \geqslant \frac{1}{2}+\frac{2}{3}+\cdots+\frac{n-1}{n} \quad (C)$$

本题的文字精练，但题意清楚明白，容易记住：集合 A 中所有元素 a_1, $a_2,\cdots,a_n$ 是自然数 $1,2,\cdots,n$ 的一个排列，成为单一对应，互不相等，如果记式 (C) 右边为 S，则要求证明 $n-1$ 个分数 $\frac{a_1}{a_2},\frac{a_2}{a_3},\cdots,\frac{a_{n-1}}{a_n}$ 的和 S 的值，不小于 $\frac{1}{2}+\frac{2}{3}+\cdots+\frac{n-1}{n}$，对于这类离散不等式题型，通常应用排序原理最见效，最快捷.

证法 1 我们设 $b_1,b_2,\cdots,b_{n-1}$ 是 $a_1,a_2,\cdots,a_{n-1}$ 的一个排列，且
$$b_1<b_2<\cdots<b_{n-1} \quad (1)$$
$c_1,c_2,\cdots,c_{n-1}$ 是 $a_2,a_3,\cdots,a_n$ 的一个排列，且 $c_1<c_2<\cdots<c_{n-1}$，则
$$\frac{1}{c_1}>\frac{1}{c_2}>\cdots>\frac{1}{c_{n-1}} \quad (2)$$
于是
$$\begin{cases} b_1\geqslant 1, b_2\geqslant 2,\cdots,b_{n-1}\geqslant n-1 \\ c_1\leqslant 2, c_2\leqslant 3,\cdots,c_{n-1}\leqslant n \end{cases} \quad (3)$$
由排序原理得
$$S=\frac{a_1}{a_2}+\frac{a_2}{a_3}+\cdots+\frac{a_{n-1}}{a_n}\geqslant\frac{b_1}{c_2}+\frac{b_2}{c_2}+\cdots+\frac{b_{n-1}}{c_{n-1}}\geqslant$$
$$\frac{1}{2}+\frac{2}{3}+\cdots+\frac{n-1}{n}$$
即式 (C) 得证，等号成立仅当 $a_k=k(k=1,2,\cdots,n)$.

证法 2 由题有
$$a_1 a_2 \cdots a_n = 1\cdot 2\cdot 3\cdot\cdots\cdot n =$$
$$(1+1)(2+1)\cdots(n-1+1)\leqslant$$
$$(a_1+1)(a_2+1)\cdots(a_{n-1}+1)$$
又
$$S+\left(\frac{1}{1}+\frac{1}{2}+\cdots+\frac{1}{n}\right)=$$
$$\left(\frac{a_1}{a_2}+\frac{a_2}{a_3}+\cdots+\frac{a_{n-1}}{a_n}\right)+\left(\frac{1}{a_1}+\frac{1}{a_2}+\cdots+\frac{1}{a_n}\right)=$$
$$\frac{1}{a_1}+\frac{a_1+1}{a_2}+\frac{a_2+1}{a_3}+\cdots+\frac{a_{n-1}+1}{a_n}\geqslant$$
$$n\sqrt[n]{\frac{1\cdot(a_1+1)(a_2+1)\cdots(a_{n-1}+1)}{a_1 a_2\cdots a_n}}\geqslant$$
$$n=(1+\frac{1}{2}+\frac{1}{3}+\cdots+\frac{1}{n})+(\frac{1}{2}+\frac{2}{3}+\cdots+\frac{n-1}{n})\Rightarrow$$

$$S \geqslant \frac{1}{2} + \frac{2}{3} + \cdots + \frac{n-1}{n}$$

等号成立仅当 $a_k = k(k=1,2,\cdots,n)$.

(i) 本题是一道趣味离散不等式题,证法 1 巧妙地应用排序原理,轻如春风,快如光电,简洁得令人惊叹,看后使人感到身心愉快;

证法 2 巧妙地应用平均值不等式和自然数的优美特性,思路新奇,方法独特,能给人以美的享受和有益的启迪:

$$\prod_{i=1}^{n} a_i = \prod_{i=1}^{n} i = n! = 1 \cdot 2 \cdots n$$

$$\sum_{i=1}^{n} a_i = \sum_{i=1}^{n} i = 1 + 2 + 3 + \cdots + n$$

$$\sum_{i=1}^{n} \frac{1}{a_i} = 1 + \frac{1}{2} + \cdots + \frac{1}{n}$$

$$n = (1 + \frac{1}{2} + \frac{1}{3} + \cdots + \frac{1}{n}) + (\frac{1}{2} + \frac{2}{3} + \cdots + \frac{n-1}{n})$$

这些基本性质,司空见惯,普通平凡,但有时在证明离散不等式中却能起到关键作用.

(ii) 有趣的是,应用排序原理,我们不难将式(A)完善成一个双向不等式:

$$\frac{1}{2} + \frac{2}{3} + \cdots + \frac{n-1}{n} \leqslant S \leqslant \frac{n}{1} + \frac{n-1}{2} + \cdots + \frac{2}{n-1} \tag{C_1}$$

(iii) 奇妙的是,式(C)居然不是"单身汉",它早有"配偶":

题 4(第 20 届 IMO 竞赛题):设 $a_1, a_2, \cdots, a_n$ 为两两相异的自然数,证明:

$$\sum_{k=1}^{n} \frac{a_k}{k^2} \geqslant \sum_{k=1}^{n} \frac{1}{k} \tag{D}$$

与式(C)相比较,本题的已知条件略有不同,相应地,结论也不同,但在结构和意义上却有异曲同工之妙.当然,我们也可以试探用排序原理和和式变换,甚至用数学归纳法证明.

证法 1 令 $S_k = \sum_{i=1}^{k} a_i \geqslant \sum_{i=1}^{k} i = \frac{1}{2}k(k+1)$, $b_k = \frac{1}{k^2}$, 应用阿贝尔恒等式,有

$$\sum_{k=1}^{n} \frac{a_k}{k^2} = \sum_{k=1}^{n} a_K b_k = S_n b_n + \sum_{k=1}^{n-1} S_k (b_k - b_{k+1}) \geqslant$$

$$\frac{1}{n^2} S_n + \sum_{k=1}^{n-1} \left\{ \frac{k(k+1)}{2} \left[\frac{1}{k^2} - \frac{1}{(k+1)^2} \right] \right\} \geqslant$$

$$\frac{1}{n^2} \cdot \frac{1}{2} n(n+1) + \sum_{k=1}^{n-1} \frac{(k+1)+k}{2k(k+1)} =$$

$$\frac{n+1}{2n} + \frac{1}{2}\left(\sum_{k=1}^{n-1}\frac{1}{k} + \sum_{k=1}^{n-1}\frac{1}{k+1}\right) =$$

$$\frac{n+1}{2n} + \frac{1}{2}\left[\left(\sum_{k=1}^{n}\frac{1}{k} - \frac{1}{n}\right) + \left(\sum_{k=1}^{n}\frac{1}{k} - 1\right)\right] =$$

$$\frac{n+1}{2n} + \left(\sum_{k=1}^{n}\frac{1}{k} - \frac{n+1}{2n}\right) = \sum_{k=1}^{n}\frac{1}{k}$$

即式(D)成立,等号成立仅当 $a_k = k(k=1,2,\cdots,n)$.

证法 2 根据题意,不妨设 $1 \leqslant a'_1 < a'_2 < \cdots < a'_n$ 是相异 n 个正整数 a_1, $a_2,\cdots,a_n$ 的一个排列,则

$$a'_k \geqslant K \Rightarrow \frac{1}{a'_K} \leqslant \frac{1}{k}(1 \leqslant k \leqslant n) \Rightarrow$$

$$\sum_{k=1}^{n}\frac{1}{a_K} = \sum_{k=1}^{n}\frac{1}{a'_K} \leqslant \sum_{k=1}^{n}\frac{1}{k} \Rightarrow$$

$$\left(\sum_{k=1}^{n}\frac{1}{k}\right)\left(\sum_{k=1}^{n}\frac{a_k}{k^2}\right) \geqslant \left(\sum_{k=1}^{n}\frac{1}{a_K}\right)\left(\sum_{k=1}^{n}\frac{a_k}{k^2}\right) \geqslant$$

(应用柯西不等式)

$$\left(\sum_{k=1}^{n}\frac{1}{k}\right)^2 \Rightarrow \sum_{k=1}^{n}\frac{a_k}{k^2} \geqslant \sum_{k=1}^{n}\frac{1}{k}$$

显然,等号成立仅当 $a_k = k(k=1,2,\cdots,n)$.

以上两种证法中,第二种证法巧妙地应用柯西不等式显得尤其简洁明快. 本题还有 3 种证法,将在下述推广的证法中体现.

推广 5 $a_1,a_2,\cdots,a_n$ 是相异的 n 个自然数,则当 $\alpha,\beta > 0$ 时,有

$$\sum_{k=1}^{n}\frac{a_k^\alpha}{k^\beta} \geqslant \sum_{k=1}^{n}\left(\frac{1}{k}\right)^{\beta-\alpha} \tag{D_1}$$

显然,当取 $\alpha=1, \beta=2$ 时,式(D_1)化为式(D);

当 $\beta-\alpha=1$ 时,式(D_1)又化为

$$\sum_{k=1}^{n}\frac{a_k^\alpha}{k^{\alpha+1}} \geqslant \sum_{k=1}^{n}\frac{1}{k} \tag{D_2}$$

当 $\beta-\alpha=-1$ 时,式(D_1)化为

$$\sum_{k=1}^{n}\frac{a_k^\alpha}{k^{\alpha-1}} \geqslant \sum_{k=1}^{n}k = \frac{1}{2}n(n+1) \tag{D_3}$$

证法 1 设 $1 \leqslant a'_1 < a'_2 < \cdots < a'_n$ 为 $a_1,a_2,\cdots,a_n$ 的一个排列,由排序原理,有

$$\left.\begin{aligned}a'^\alpha_1 < a'^\alpha_2 < \cdots < a'^\alpha_n \\ \frac{1}{1^\beta} > \frac{1}{2^\beta} > \cdots > \frac{1}{n^\beta}\end{aligned}\right\} \Rightarrow \sum_{k=1}^{n}\frac{a_k^\alpha}{k^\beta} \geqslant \sum_{k=1}^{n}\frac{a'^\alpha_k}{k^\beta} \geqslant \sum_{k=1}^{n}\frac{k^\alpha}{k^\beta} = \sum_{k=1}^{n}k^{\alpha-\beta}$$

等号成立仅当 $a_k = k(k=1,2,\cdots,n)$.

证法 2 (i) 当 $n=1$ 时,有
$$\frac{a_1^\alpha}{1^\beta} \geqslant 1^\alpha = 1$$
显然成立.

(ii) 假设当 $n=k$ 时,命题成立.那么当 $n=k+1$ 时,当 $a_{k+1} \geqslant k+1$ 时,利用归纳假设,有
$$\sum_{i=1}^{k+1} \frac{a_i^\alpha}{i^\beta} = \sum_{i=1}^{k} \frac{a_i^\alpha}{i^\beta} + \frac{a_{k+1}^\alpha}{(k+1)^\beta} \geqslant \sum_{i=1}^{k} \left(\frac{1}{i}\right)^{\beta-\alpha} + \frac{(k+1)^\alpha}{(k+1)^\beta} = \sum_{i=1}^{k+1} \left(\frac{1}{i}\right)^{\beta-\alpha}$$
此时命题成立.

当 $a_{k+1} < k+1$ 时,因为 $a_1, a_2, \cdots, a_K, a_{k+1}$ 是相异的 $k+1$ 个自然数,故在 $a_1, a_2, \cdots, a_K$ 中至少有一个 $a_i \geqslant k+1 (1 \leqslant i \leqslant k)$,命
$$a_i^\alpha = a_{k+1}^\alpha + (a_i^\alpha - a_{k+1}^\alpha) > a_{k+1}^\alpha$$
则
$$\sum_{i=1}^{k+1} \frac{a_i^\alpha}{i^\beta} = \sum_{i=1}^{k} \frac{a_i^\alpha}{i^\beta} + \left[\frac{a_{k+1}^\alpha}{(k+1)^\beta} + \frac{a_i^\alpha - a_{k+1}^\alpha}{i^\beta}\right] \geqslant$$
$$\sum_{i=1}^{k} \left(\frac{1}{i}\right)^{\beta-\alpha} + \frac{a_{k+1}^\alpha}{(k+1)^\beta} + \frac{a_i^\alpha - a_{k+1}^\alpha}{i^\beta} \geqslant$$
$$\sum_{i=1}^{k} \left(\frac{1}{i}\right)^{\beta-\alpha} + \frac{a_i^\alpha - a_{k+1}^\alpha}{(k+1)^\beta} =$$
$$\sum_{i=1}^{k} \left(\frac{1}{i}\right)^{\beta-\alpha} + \frac{a_i^\alpha}{(k+1)^\beta} \geqslant$$
$$\sum_{i=1}^{k} \left(\frac{1}{i}\right)^{\beta-\alpha} + \frac{(k+1)^\alpha}{(k+1)^\beta} = \sum_{i=1}^{k+1} \left(\frac{1}{i}\right)^{\beta-\alpha}$$

综合上述,命题对任何 $n \in \mathbf{N}$ 成立.

证法 3 为了便于比较,将式(C)两边对应的分母统一起来,即把 $\sum_{k=1}^{n} \left(\frac{1}{k}\right)^{\beta-\alpha}$ 写成 $\sum_{k=1}^{n} \frac{k^\alpha}{k^\beta}$,注意到 $a_1, a_2, \cdots, a_K$ 是 n 个相异的自然数,所以
$$a_1^\alpha \geqslant 1^\alpha, a_1^\alpha + a_2^\alpha \geqslant 1^\alpha + 2^\alpha, \cdots$$
$$a_1^\alpha + a_2^\alpha + \cdots + a_n^\alpha \geqslant 1^\alpha + 2^\alpha + \cdots + n^\alpha$$

从而
$$\sum_{k=1}^{n} \frac{a_k^\alpha}{k^\beta} - \sum_{k=1}^{n} \left(\frac{1}{k}\right)^{\beta-\alpha} = \sum_{k=1}^{n} \frac{a_k^\alpha - k^\alpha}{k^\beta} =$$
$$\frac{a_1^\alpha - 1^\alpha}{1^\alpha} + \frac{a_2^\alpha - 2^\alpha}{2^\beta} + \sum_{k=3}^{n} \frac{a_k^\alpha - k^\alpha}{k^\beta} \geqslant$$
$$\frac{a_1^\alpha - 1^\alpha}{2^\beta} + \frac{a_2^\alpha - 2^\alpha}{2^\beta} + \sum_{k=3}^{n} \frac{a_k^\alpha - k^\alpha}{k^\beta} =$$

$$\frac{a_1^\alpha + a_2^\alpha - (1^\alpha + 2^\alpha)}{2^\beta} + \sum_{k=3}^{n} \frac{a_k^\alpha - k^\alpha}{k^\beta} \geqslant$$

$$\frac{a_1^\alpha + a_2^\alpha - (1^\alpha + 2^\alpha)}{3^\beta} + \sum_{k=3}^{n} \frac{a_k^\alpha - k^\alpha}{k^\beta} -$$

$$\frac{a_1^\alpha + a_2^\alpha + a_3^\alpha - (1^\alpha + 2^\alpha + 3^\alpha)}{3^\beta} + \sum_{k=4}^{n} \frac{a_k^\alpha - k^\alpha}{k^\alpha} \geqslant \cdots \geqslant$$

$$\frac{1}{n^\beta}[(a_1^\alpha + a_2^\alpha + \cdots + a_n^\alpha) - (1^\alpha + 2^\alpha + \cdots + n^\alpha)] \geqslant 0 \Rightarrow$$

$$\sum_{k=1}^{n} \frac{a_k^\alpha}{k^\beta} \geqslant \sum_{k=1}^{n} k^{\alpha-\beta}$$

等号成立仅当 $a_k = k (k = 1, 2, \cdots, n)$.

以上 3 种证法中,证法 1 最简.

(四)

题 5 设正数 x, y, z 满足 $x + y + z = 1$,则

$$\frac{xy}{\sqrt{xy + yz}} + \frac{yz}{\sqrt{yz + zx}} + \frac{zx}{\sqrt{zx + xy}} \leqslant \frac{\sqrt{2}}{2} \quad (E)$$

本题的已知条件是我们所熟悉的,要求证明的结论式(E)左边是三个根式型分式之和,仔细观察,发现其左边虽然美观,但并不对称,因此,证明时需要技巧性,小心"触雷".

证明 柯西设式(E)左边为 P,由于

$$xy + yz + zx \leqslant \frac{1}{3}(x + y + z)^2 = \frac{1}{3} \quad (1)$$

欲证式(E),由柯西不等式,须证

$$P^2 = \left(\sum \frac{xy}{\sqrt{xy + yz}}\right)^2 \leqslant \left(\sum xy\right)\left(\sum \frac{xy}{xy + yz}\right) \leqslant \frac{1}{2} \Leftrightarrow \quad (2)$$

$$\left(\sum xy\right)\left(\sum \frac{x}{xy + yz}\right) \leqslant \frac{1}{2}\left(\sum x\right)^2 \Leftrightarrow$$

$$[zx + y(z + x)]\left(\sum \frac{x}{z + x}\right) \leqslant \frac{1}{2}\left(\sum x\right)^2 \Leftrightarrow$$

$$\sum \frac{zx^2}{z + x} + \sum xy \leqslant \frac{1}{2}\left(\sum x^2 + 2\sum xy\right) \Leftrightarrow$$

$$2\sum \frac{zx^2}{z + x} \leqslant \sum x^2 \quad (3)$$

但
$$2\sum \frac{zx^2}{z+x} \leqslant \frac{1}{2}\sum \frac{x(z+x)^2}{z+x} = \frac{1}{2}\sum x(z+x) =$$
$$\frac{1}{2}\sum zx + \frac{1}{2}\sum x^2 = \frac{1}{2}\sum yz + \frac{1}{2}\sum x^2 \leqslant$$
$$\frac{1}{2}\sum x^2 + \frac{1}{2}\sum x^2 = \sum x^2$$

即式(3)成立,逆推之,式(E)成立.等号成立仅当 $x=y=z=\frac{1}{3}$.

从上述证法可见,本题新奇独特,简单而不平凡,且证法颇具技巧.
下面我们以题 5 的条件,建立一个漂亮的不等式链.

新题 1 设正数 x,y,z 满足 $x+y+z=1$,则有
$$2\sum \frac{\sqrt{yz}}{x+1} \leqslant \sum \sqrt{\frac{yz}{(1-y)(1-z)}} \leqslant \frac{3}{2} \leqslant$$
$$2\sum \frac{yz}{(1-y)(1-z)} \leqslant \begin{cases} \frac{2}{3}\left(\sum \frac{x}{y+z}\right)^2 \\ 2\sum \frac{yz}{(x+\sqrt{yz})^2} \end{cases} \tag{F}$$

粗略一看,式(F)"气贯长虹",美丽壮观,结构对称,宜用代换法证明.

证明 由已知条件有
$$\left.\begin{array}{r} x,y,z>0 \\ x+y+z=1 \end{array}\right\} \Rightarrow x,y,z \in (0,1) \Rightarrow$$
$$1-x < 1+x \Rightarrow y+z < (x+y)+(z+x)$$

同理 $z+x < (x+y)+(y+z), x+y < (y+z)+(z+x)$

则以 $y+z, z+x, x+y$ 为边可以构成 $\triangle ABC$,由余弦定理
$$\cos A = \frac{(x+y)^2+(x+z)^2-(y+z)^2}{2(x+y)(z+x)} = \frac{x^2+xy+zx-yz}{(x+y)(z+x)} =$$
$$1 - \frac{2yz}{(x+y)(z+x)} \Rightarrow$$
$$2(\sin \frac{A}{2})^2 = 1 - \cos A = \frac{2yz}{(x+y)(z+x)} \Rightarrow$$
$$\sin \frac{A}{2} = \sqrt{\frac{yz}{(x+y)(z+x)}}$$

同理可得
$$\sin \frac{B}{2} = \sqrt{\frac{zx}{(y+z)(x+y)}}, \sin \frac{C}{2} = \sqrt{\frac{xy}{(y+z)(z+x)}}$$

应用三角不等式

$$\sum \sin \frac{A}{2} \leqslant \frac{3}{2} \leqslant 2 \sum \left(\sin \frac{A}{2}\right)^2 \qquad (4)$$

有

$$\sum \sqrt{\frac{yz}{(x+y)(z+x)}} \leqslant \frac{3}{2} \leqslant 2 \sum \frac{yz}{(x+y)(z+x)} \qquad (5)$$

一方面,应用平均值不等式有

$$\sqrt{(x+y)(z+x)} \leqslant \frac{(x+y)+(z+x)}{2} = \frac{x+1}{2} \Rightarrow$$

$$2 \sum \frac{\sqrt{yz}}{x+1} \leqslant \sum \sqrt{\frac{yz}{(x+y)(z+x)}} \leqslant \frac{3}{2} \qquad (6)$$

另一方面,应用 3 元对称不等式有

$$2 \sum \frac{yz}{(x+y)(z+x)} = 2 \sum \frac{yz}{(1-y)(1-z)} \leqslant$$

$$\frac{2}{3}\left(\sum \frac{x}{1-x}\right)^2 = \frac{2}{3}\left(\sum \frac{x}{y+z}\right)^2 \qquad (7)$$

$$(x+y)(z+x) \geqslant (x+\sqrt{yz})^2 \Rightarrow$$

$$2 \sum \frac{yz}{(x+y)(z+x)} \leqslant 2 \sum \frac{yz}{(x+\sqrt{yz})^2} \qquad (8)$$

总括上面(5)、(6)、(7)、(8)知,不等式式(F)成立,等号成立仅当 $x=y=z=\frac{1}{3}$.

从上述证法知,如果取消约束条件 $x+y+z=1$,式(2)仍然成立,即仍有

$$\sum \sqrt{\frac{yz}{(x+y)(z+x)}} \leqslant \frac{3}{2} \leqslant 2 \sum \frac{yz}{(x+y)(z+x)} \qquad (9)$$

它的等价形式是三角不等式

$$\sum \sin \frac{A}{2} \leqslant \frac{3}{2} \leqslant 2 \sum \left(\sin \frac{A}{2}\right)^2 \qquad (4)$$

从式(4)可派生出指数推广

$$\left[\frac{\sum \left(\sin \frac{A}{2}\right)^k}{3}\right]^{\frac{\theta(k)}{k}} \leqslant \frac{1}{2} \qquad (G)$$

其中 $k \in (-\infty, 1] \cup [2, +\infty)$(即 $k \leqslant 1$ 或 $k \geqslant 2$), $\theta(k) = |k-2| - |k-1|$.

显然有:当 $k \leqslant 1$ 时, $\theta(k) = 1$;当 $k \geqslant 2$ 时, $\theta(k) = -1$,这样,式(9)就可"旧貌换新颜",指数推广为

$$\left[\frac{1}{3}\sum \left(\frac{yz}{(x+y)(z+x)}\right)^{\frac{k}{2}}\right]^{\frac{\theta(k)}{k}} \leqslant \frac{1}{2} \qquad (H)$$

此外,如果我们设 λ, μ, υ 为任意实数,那么有著名的三角母不等式

$$\mu v\cos A+v\lambda\cos B+\lambda\mu\cos C\leqslant\frac{1}{2}(\lambda^2+\mu^2+v^2)\Rightarrow$$

$$\sum\mu v\left(1-\frac{2yz}{(x+y)(z+x)}\right)\leqslant\frac{1}{2}\sum\lambda^2\Rightarrow$$

$$\sum\frac{\mu v\,yz}{(x+y)(z+x)}\geqslant\frac{1}{2}\sum\mu v-\frac{1}{4}\sum\lambda^2 \tag{I}$$

等号成立仅当

$$\mu v\sin A=v\lambda\sin B=\lambda\mu\sin C\Rightarrow$$

$$\mu v(y+z)=v\lambda(z+x)=\lambda\mu(x+y)$$

下面,我们将新题中的已知条件"$x+y+z=1$"作变化"$a^4+b^4+c^4=3$",这样又得到一道新题:

新题 2 已知 a,b,c 为正实数,且 $a^4+b^4+c^4=3$,则有

$$\frac{1}{4-bc}+\frac{1}{4-ca}+\frac{1}{4-ca}\leqslant 1 \tag{J}$$

显然,式(J)的左边外形又是分式之和,且结构简洁紧凑.

证明 如果我们设关于 $x\in\left[0,\dfrac{16}{9}\right]$ 的函数为

$$f(x)=\frac{1}{4-\sqrt{x}}$$

那么有

$$f'(x)=1/g(x)$$

其中

$$g(x)=2\sqrt{x}(4-\sqrt{x})^2=2(16\sqrt{x}-8x+\sqrt{x^3})$$

$$f''(x)=\frac{-1}{\sqrt{x}\,(g(x))^2}(3x-16\sqrt{x}+16)=$$

$$\frac{(4-\sqrt{x})(3\sqrt{x}-4)}{\sqrt{x}\,(g(x))^2}\leqslant 0$$

因此,$f(x)$ 为凹函数,于是有

$$f(b^2c^2)+f(c^2a^2)+f(a^2b^2)\leqslant\frac{3}{4-f\left(\dfrac{b^2c^2+c^2a^2+a^2b^2}{3}\right)}=$$

$$\frac{3}{4-\sqrt{\dfrac{b^2c^2+c^2a^2+a^2b^2}{3}}}\leqslant\frac{3}{4-\sqrt{\dfrac{a^4+b^4+c^4}{3}}}=1$$

即

$$T=\frac{4}{4-bc}+\frac{1}{4-ca}+\frac{1}{4-ab}\leqslant 1$$

等号成立仅当 $a=b=c=1$.

本题也可用初等方法证明.

另证 设 $x \in \left[0, \dfrac{16}{9}\right]$，且 $f(x) = \dfrac{1}{4-\sqrt{x}}$，下面证明它在定义域上为凹函数，则要证

$$f(x) + f(y) \leqslant 2f\left(\dfrac{x+y}{2}\right)$$

即 $$\dfrac{1}{4-\sqrt{x}} + \dfrac{1}{4-\sqrt{y}} \leqslant \dfrac{2}{4-\sqrt{\dfrac{x+y}{2}}}$$

即 $$\left(4 - \sqrt{\dfrac{x+y}{2}}\right)(8 - \sqrt{x} - \sqrt{y}) \leqslant$$
$$32 - 8(\sqrt{x} + \sqrt{y}) + 2\sqrt{xy}$$

设 $a = \sqrt{x} + \sqrt{y}, b = \sqrt{\dfrac{x+y}{2}}$，则 $2\sqrt{xy} = a^2 - 2b^2$，所以原式化为

$$(4-b)(8-a) \leqslant 32 - 8a + a^2 - 2b^2$$

即 $$4(a-2b) = a^2 - 2b^2 - ab = (a+b)(a-2b)$$

由 $$\sqrt{x} + \sqrt{y} \leqslant 2\sqrt{\dfrac{x+y}{2}}$$

所以只需证 $a + b \leqslant 4$，由定义域 $\left[0, \dfrac{16}{9}\right]$ 易知成立. 因

$$a^2 b^2 \leqslant \dfrac{a^4 + b^4}{2} < \dfrac{3}{2} < \dfrac{16}{9}$$

（以下过程同前证法）

现在我们首先建立式 (J) 的第一个加权推广：

推广 6 设正数 a, b, c 满足 $a^4 + b^4 + c^4 \leqslant 3$，正系数 λ, μ, υ 满足 $\lambda + \mu + \upsilon = 3$，则有不等式

$$\dfrac{\lambda}{4-bc} + \dfrac{\mu}{4-ca} + \dfrac{\upsilon}{4-ab} \leqslant \dfrac{3}{4 - \sqrt{\dfrac{\lambda^2 + \mu^2 + \upsilon^2}{3}}} \tag{J_1}$$

显然，当 $\lambda = \mu = \upsilon = 1$ 时，式 (J_1) 化为式 (J).

证明 仍然设 $x \in \left[0, \dfrac{16}{3}\right]$ 且关于 x 的函数为

$$f(x) = \dfrac{1}{4-\sqrt{x}}$$

从前面的证明法知 $(bc)^2, (ca)^2, (ab)^2 \in \left[0, \dfrac{16}{3}\right]$ 且 $f(x)$ 为凹函数，应用琴生不等式有

$$\frac{1}{3}(\lambda f(b^2c^2)+\mu f(c^2a^2)+\upsilon f(a^2b^2))\leqslant$$

$$f\left(\frac{\lambda b^2c^2+\mu c^2a^2+\upsilon a^2b^2}{3}\right)=\frac{1}{4-\sqrt{\dfrac{\lambda b^2c^2+\mu c^2a^2+\upsilon a^2b^2}{3}}} \quad (10)$$

应用柯西不等式和 3 元对称不等式有

$$\sum \lambda b^2c^2 \leqslant \left[\left(\sum \lambda^2\right)\left(\sum b^2c^2\right)\right]^{\frac{1}{2}} \leqslant$$

$$\left[\left(\frac{1}{3}\sum\lambda^2\right)\left(\sum a^4\right)^2\right]^{\frac{1}{2}} \leqslant \sqrt{3}\sum\lambda^2$$

结合式(10)得

$$\sum \frac{\lambda}{4-bc} \leqslant \frac{3}{4-\sqrt{\dfrac{\sum\lambda^2}{3}}}$$

即式(J_1)成立,等号成立仅当 $a=b=c=1$ 及 $\lambda=\mu=\upsilon=1$.

下面我们再从参数、指数、元数三个方面将式(J_1)推广成:

推广 7 设正元数 $a_1,a_2,\cdots,a_n$ 满足 $\sum_{i=1}^{n}a_i^k \leqslant n(3\leqslant n\in \mathbf{N},k\geqslant 2(n-1))$,

参数 $m\geqslant 3\sqrt{\dfrac{n}{n-1}}$,权系数 $\lambda_1,\lambda_2,\cdots,\lambda_n$ 满足 $\sum_{i=1}^{n}\lambda_i=n$,则有

$$T_n(\lambda)=\sum_{i=1}^{n}\frac{\lambda_i}{m-\sqrt{x_i}} \leqslant \frac{n}{m-\sqrt{\dfrac{\sum_{i=1}^{n}\lambda_i^2}{n}}} \quad (J_2)$$

其中

$$x_i=\left(\frac{a_1a_2\cdots a_n}{a_i}\right)^2, 1\leqslant i\leqslant n$$

证明 (i) 设 $x\in\left[0,\dfrac{m^2}{9}\right]$,关于 x 的函数为

$$f(x)=\frac{1}{m-\sqrt{x}}$$

求导得

$$f'(x)=1/g(x), g(x)=2\sqrt{x}(m-\sqrt{x})^2=$$

$$2(m^2\sqrt{x}-2mx+\sqrt{x^3})>0$$

$$f''(x)=-\frac{3x-4m\sqrt{x}+m^2}{\sqrt{x}(g(x))^2}=$$

$$\frac{(m-\sqrt{x})(3\sqrt{x}-m)}{\sqrt{x}(g(x))^2}\leqslant 0$$

因此 $f(x)$ 在 $[0,\dfrac{m^2}{9}]$ 上是凹函数.

(ii) 注意到 $3\leqslant n\in \mathbf{N}\Rightarrow k\geqslant 2(n-1)\geqslant 4$ 且 $0<\dfrac{2(n-1)}{k}\leqslant 1$,有

$$\sqrt{x_i^k}=\dfrac{a_1^k a_2^k\cdots a_n^k}{a_i^k}\leqslant \left(\dfrac{a_1^k+a_2^k+\cdots+a_n^k-a_i^k}{n-1}\right)^{n-1}\leqslant$$

$$\left(\dfrac{n-a_1^k}{n-1}\right)^{n-1}<\left(\dfrac{n}{n-1}\right)^{n-1}\Rightarrow$$

$$x_i<\left(\dfrac{n}{n-1}\right)^{\frac{2(n-1)}{k}}=\left(1+\dfrac{1}{n-1}\right)^{\frac{2(n-1)}{k}}\leqslant$$

$$1+\dfrac{1}{n-1}=\dfrac{n}{n-1}\leqslant\dfrac{m^2}{9}\Rightarrow$$

$$x_i\in\left[0,\left(\dfrac{m}{3}\right)^2\right],i=1,2,\cdots,n$$

应用 n 元对称不等式有

$$x_i^2=\dfrac{a_1^4 a_2^4\cdots a_n^4}{a_i^4}$$

$$\dfrac{1}{n}\sum_{i=1}^{n}x_i^2=\dfrac{1}{n}\left(\prod_{i=1}^{n}a_i^4\right)\left(\sum_{i=1}^{n}\dfrac{1}{a_i^4}\right)\leqslant$$

$$\left(\dfrac{\sum_{i=1}^{n}a_i^4}{n}\right)^{(n-1)}\leqslant\left(\dfrac{\sum_{i=1}^{n}a_i^k}{n}\right)^{\frac{4(n-1)}{k}}\leqslant 1\Rightarrow \sum_{i=1}^{n}x_i^2\leqslant n$$

(iii) 应用琴生不等式和柯西不等式有

$$\sum_{i=1}^{n}\lambda_i f(x_i)\leqslant nf\left(\dfrac{\sum_{i=1}^{n}\lambda_i x_i}{n}\right)=$$

$$\dfrac{n}{m-\sqrt{\dfrac{\sum_{i=1}^{n}\lambda_i x_i}{n}}}\leqslant \dfrac{n}{m-\sqrt[4]{\dfrac{\left(\sum_{i=1}^{n}\lambda_i^2\right)\left(\sum_{i=1}^{n}x_i^2\right)}{n^2}}}\leqslant$$

$$\dfrac{n}{m-\sqrt{\dfrac{\sum_{i=1}^{n}\lambda_i^2}{n}}}\Rightarrow T_n(\lambda)\leqslant n\left(m-\sqrt{\dfrac{\sum_{i=1}^{n}\lambda_i^2}{n}}\right)^{-1}$$

即式 (J_2) 成立,等号成立仅当 $\lambda_i=1,a_i=1(1\leqslant i\leqslant n)$.

可以说推广式值得赞美,它美观、优雅、精致,具有美的三要素.而且,它还有一个"如花似玉,貌若天仙"的配对式:

推广 8 设 $k \geqslant 2(n-1), a_i > 0 (1 \leqslant i \leqslant n, 3 \leqslant n \in \mathbf{N})$ 且 $\sum\limits_{i=1}^{n} a_i^k \leqslant n$, 记

$$x_i = \left(\frac{a_1 a_2 \cdots a_n}{a_i}\right)^2, 1 \leqslant i \leqslant n$$

$\theta \in [0,1], \lambda_i > 0 (1 \leqslant i \leqslant n)$, 则有

$$T_\lambda(\theta) = \sum_{i=1}^{n} \frac{\lambda_i^{1-\theta}}{(4-\sqrt{x_i})^\theta} \leqslant \left(\sum_{i=1}^{n} \lambda_i\right)^{1-\theta} \tag{J_3}$$

显然, 当式(J_2) 中 $m=4, \lambda_i = 1 (1 \leqslant i \leqslant n)$ 时, 化漂亮的特例

$$T_n = \sum_{i=1}^{n} \frac{1}{4-\sqrt{x_i}} \leqslant 1 \tag{J_4}$$

当 $\theta = 0$ 时, 式(J_3) 取等号显然成立, 当 $\theta = 1$ 时, 式(J_3) 化为式(J_4), 成立. 因此, 下面我们只须证明当 $\theta \in (0,1)$ 时, 式(J_3) 成立即可. 注意到 $1-\theta \in (0,1)$ 及 $\theta + (1-\theta) = 1$, 有应用式(J_4) 和赫尔特不等式, 有(设 $4 - \sqrt{x_i} = t_i > 0, 1 \leqslant i \leqslant n$)

$$T_\lambda(\theta) = \sum_{i=1}^{n} \frac{\lambda_i^{1-\theta}}{t_i^\theta} \leqslant \left(\sum_{i=1}^{n} \lambda_i\right)^{1-\theta} \left(\sum_{i=1}^{n} \frac{1}{t_i}\right)^\theta =$$

$$\left(\sum_{i=1}^{n} \lambda_i\right)^{1-\theta} T_n^\theta \leqslant \left(\sum_{i=1}^{n} \lambda_i\right)^{1-\theta} \Rightarrow$$

$$T_\lambda(\theta) = \left(\sum_{i=1}^{n} \lambda_i\right)^{1-\theta}$$

等号成立仅当

$$\begin{cases} x_1 = x_2 = \cdots = x_n \\ \lambda_1 t_1 = \lambda_2 t_2 = \cdots = \lambda_n t_n \end{cases} (t_i = 4 - \sqrt{x_i}) \Rightarrow$$

$$\begin{cases} x_1 = x_2 = \cdots = x_n \\ \lambda_1 = \lambda_2 = \cdots = \lambda_n \end{cases} \Rightarrow$$

$$\begin{cases} a_1 = a_2 = \cdots = a_n = n^{-1/K} \\ \lambda_1 = \lambda_2 = \cdots = \lambda_n \end{cases}$$

有趣的是, 式(J_3) 还可再推广成:

推广 9 设 $\theta \in [0,1], \lambda_i > 0, a_{ij} > 0$, 且满足 $\sum\limits_{i=1}^{n} a_{ij}^k \leqslant n (1 \leqslant i \leqslant n, 3 \leqslant n \in \mathbf{N}; 1 \leqslant j \leqslant m \in \mathbf{N}; k \geqslant 2(n-1))$, 记

$$x_{ij} = \left(\frac{a_{1j} a_{2j} \cdots a_{nj}}{a_{ij}}\right)^2, \sum_{j=1}^{m} \varphi_j = 1$$

$$T_n(\theta) = \sum_{i=1}^{n} \frac{\lambda_i^{1-\theta}}{\left[4 - \prod\limits_{j=1}^{m} (\sqrt{x_{ij}})^{\varphi_j}\right]^\theta} \leqslant \left(\sum_{i=1}^{n} \lambda_i\right)^{1-\theta} \tag{J_5}$$

提示 注意到

$$\lambda_i = \lambda_i^{\sum_{j=1}^{n}\varphi_j} = \prod_{j=1}^{m}\lambda_i^{\varphi_j}$$

和我们过去建立的引理有

$$4 - \prod_{j=1}^{m}(\sqrt{x_{ij}})^{\varphi_j} \geqslant \prod_{j=1}^{m}(4-\sqrt{x_{ij}})^{\varphi_j} \Rightarrow$$

$$T_n(\theta) \leqslant \sum_{i=1}^{n}\left[\frac{\lambda_i^{1-\theta}}{\prod_{j=1}^{m}(4-\sqrt{x_{ij}})^{\theta\varphi_j}}\right] = \sum_{i=1}^{n}\prod_{j=1}^{m}\left[\frac{\lambda_i^{1-\theta}}{(4-\sqrt{x_{ij}})^{\theta}}\right]^{\varphi_j} \leqslant$$

（应用赫尔特不等式）

$$\prod_{j=1}^{m}\left[\sum_{i=1}^{n}\frac{\lambda_i^{1-\theta}}{(4-\sqrt{x_{ij}})^{\theta}}\right]^{\varphi_j} \leqslant$$

$$\prod_{j=1}^{m}\left[\left(\sum_{i=1}^{n}\lambda_i\right)^{1-\theta}\right]^{\varphi_j} = \left[\left(\sum_{i=1}^{n}\lambda_i\right)^{1-\theta}\right]^{\sum_{j=1}^{m}\varphi_j} = \left(\sum_{i=1}^{n}\lambda_i\right)^{1-\theta} \Rightarrow$$

$$T_n(\theta) \leqslant \left(\sum_{i=1}^{n}\lambda_i\right)^{1-\theta}$$

（五）

第 35 届 IMO 中国队选拔赛第 4 题,是

题 6 已知 $5n$ 个实数 $r_i,s_i,t_i,\mu_i,\upsilon_i(1\leqslant i\leqslant n)$ 都大于 1,记 $R=\frac{1}{n}\sum_{i=1}^{n}r_i$, $S=\frac{1}{n}\sum_{i=1}^{n}s_i, T=\sum_{i=1}^{n}t_i, U=\frac{1}{n}\sum_{i=1}^{n}\mu_i, V=\frac{1}{n}\sum_{i=1}^{n}\upsilon_i$,求证:

$$\prod_{i=1}^{n}\left(\frac{r_is_it_i\mu_i\upsilon_i+1}{r_is_it_i\mu_i\upsilon_i-1}\right) \geqslant \left(\frac{RSTUV+1}{RSTUV-1}\right)^n \tag{K}$$

这是一道既优美又偏难的题目,因此对广大中学数奥选手,既有吸引力,又有挑战性. 在本节,我们先用 4 种漂亮的技巧证明它,再推广它.

证法 1（调整法） 我们先建立一个引理:设 $x_1,x_2,\cdots,x_n$ 为 n 个大于 1 的实数

$$A = \sqrt[n]{x_1x_2\cdots x_n} \tag{1}$$

$$\prod_{i=1}^{n}\left(\frac{x_i+1}{x_i-1}\right) \geqslant \left(\frac{A+1}{A-1}\right)^n \tag{2}$$

记

$$x_i = \max\{x_1,\cdots,x_n\}$$
$$x_j = \min\{x_1,\cdots,x_n\}$$

则 $x_ix_j > x_i \geqslant A \geqslant x_j$,现证

$$\frac{(x_i+1)(x_j+1)}{(x_i-1)(x_j-1)} \geqslant \left(\frac{A+1}{A-1}\right)\left[\frac{\frac{x_ix_j}{A}+1}{\frac{x_ix_j}{A}-1}\right] \tag{3}$$

由于
$$(x_i+1)(x_j+1)(A-1)(x_ix_j-A) - $$
$$(x_i-1)(x_j-1)(A+1)(x_ix_j+A) = $$
$$2(x_ix_j+1)(A-x_i)(x_j-A) \geqslant 0$$

所以式(3)成立(注意 A 的定义).

利用式(3),我们有

$$\prod_{k=1}^{n}\left(\frac{x_k+1}{x_k-1}\right) \geqslant \prod_{\substack{k\neq i\\k\neq j}}\left(\frac{x_k+1}{x_k-1}\right)\left[\frac{\frac{x_ix_j}{A}+1}{\frac{x_ix_j}{A}-1}\right]\left(\frac{A+1}{A-1}\right) \tag{4}$$

再考虑 $n-1$ 个实数:$n-2$ 个 $x_k(k \neq i, k \neq j)$ 和 $\frac{x_ix_j}{A}$,这 $n-1$ 个数的几何平均值仍然为 A. 如果这 $n-1$ 个数的最大值大于 A,最小值小于 A,再采用上述步骤,至多经过 $n-1$ 步,有式(2)成立.

现在来证明原题:
令 $x_i = r_is_it_i\mu_iv_i(1 \leqslant i \leqslant n)$,由引理有

$$\prod_{i=1}^{n}\left(\frac{x_i+1}{x_i-1}\right) \geqslant \left(\frac{B+1}{B-1}\right)^n \tag{5}$$

其中 $B = \left(\prod_{i=1}^{n} x_i\right)^{\frac{1}{n}}$,如果能证明

$$\frac{B+1}{B-1} \geqslant \frac{RSTUV+1}{RSTUV-1} \tag{6}$$

问题就解决了,而

$$RSTUV = \left(\prod_{i=1}^{n} r_is_it_i\mu_iv_i\right)^{\frac{1}{n}} = \left(\prod_{i=1}^{n} x_i\right)^{\frac{1}{n}} = B$$

设 $t = RSTUV$,那么
$$(B+1)(t-1) - (B-1)(t+1) = 2(t-B) = $$
$$2(RSTUV - B) \geqslant 0$$

即式(6)成立,从而由(5)、(6)得

$$\prod_{i=1}^{n}\left(\frac{x_i+1}{x_i-1}\right) \geqslant \left(\frac{RSTUV+1}{RSTUV-1}\right)^n \tag{7}$$

即式(K)成立.

证法 2(凸函数法) 先证函数

$$f(x) = \ln\left(\frac{e^x+1}{e^x-1}\right) (x>0)$$

是下凸函数，为此，只须证明对函数 $a,b>1$，有

$$\left(\frac{a+1}{a-1}\right)\left(\frac{b+1}{b-1}\right) \geq \left[\frac{\sqrt{ab}+1}{\sqrt{ab}-1}\right] \Leftrightarrow \quad (8)$$

$$\frac{ab+a+b+1}{ab-a-b+1} \geq \frac{ab+2\sqrt{ab}+1}{ab-2\sqrt{ab}+1} \Leftrightarrow \quad (9)$$

$$1+\frac{ab+a+b+1}{ab-a-b+1} \geq 1+\frac{ab+2\sqrt{ab}+1}{ab-2\sqrt{ab}+1} \Leftrightarrow$$

$$\frac{2(ab+1)}{ab-a-b+1} \geq \frac{2(ab+1)}{ab-2\sqrt{ab}+1} \Leftrightarrow$$

$$ab-a-b+1 \leq ab-2\sqrt{ab}+1 \Leftrightarrow$$

$$a+b \geq 2\sqrt{ab}$$

记 $x_i = r_i s_i t_i \mu_i \upsilon_i$，$G = \left(\prod_{i=1}^{n} x_i\right)^{\frac{1}{n}}$，由于 $f(x)$ 是下凹函数，所以

$$\prod_{i=1}^{n}\left(\frac{x_i+1}{x_i-1}\right) \geq \left(\frac{G+1}{G-1}\right)^n \quad (10)$$

又由于 x 的函数

$$f(x) = \frac{x+1}{x-1} = 1 + \frac{2}{x-1} \quad (11)$$

是减函数，所以由

$$G \leq RSTUV = M \quad (12)$$

$$\left(\frac{G+1}{G-1}\right)^n \geq \left(\frac{M+1}{M-1}\right)^n \quad (13)$$

由(10)和(13)得

$$\prod_{i=1}^{n}\left(\frac{x_i+1}{x_i-1}\right) \geq \left(\frac{M+1}{M-1}\right)^n \quad (14)$$

即式(K)成立.

证法 3（归纳法） 记 $x_i = r_i s_i t_i \mu_i \upsilon_i$，$(1 \leq i \leq n)$，$G = \left(\prod_{i=1}^{n} x_i\right)^{1/n}$，$M = RSTUV$，由平均值不等式易得 $M \geq G > 1$，于是

$$M \geq G \Rightarrow M-G \geq 0 \geq G-M \Rightarrow$$
$$GM+M-G-1 \geq GM-M+G+1 \Rightarrow$$
$$(G+1)(M-1) \geq (G-1)(M+1) \Rightarrow$$
$$\frac{G+1}{G-1} \geq \frac{M+1}{M-1} \quad (15)$$

如果 $a>1, b>1$，有

$$(a+1)(b+1) = ab+a+b+1 \geqslant$$
$$ab+2\sqrt{ab}+1 = (\sqrt{ab}+1)^2 \Rightarrow$$
$$\left.\begin{array}{l}(a+1)(b+1) \geqslant (\sqrt{ab}+1)^2 \\ \text{同理}: (a-1)(b-1) \leqslant (\sqrt{ab}-1)^2\end{array}\right\} \Rightarrow \quad (16)$$

$$\left(\frac{a+1}{a-1}\right) \cdot \left(\frac{b+1}{b-1}\right) \geqslant \left[\frac{\sqrt{ab}+1}{\sqrt{ab}-1}\right]^2$$

现用归纳法证明

$$P_n = \prod_{i=1}^{n}\left(\frac{x_i+1}{x_i-1}\right) \geqslant \left(\frac{G+1}{G-1}\right)^n \quad (17)$$

(i) 当 $n=1$ 时, 式(17) 显然成立, 当 $n=2$ 时由式(16) 知式(17) 成立.

(ii) 假设 $n=k+1$ 时, 式(17) 成立, 此时

$$G = \left(\prod_{i=1}^{k} x_i\right)^{1/k}$$

记

$$G' = (x_1 x_2 \cdots x_k G)^{1/(k+1)} = (G^k \cdot G)^{\frac{1}{k+1}} = G$$

即

$$G' = G \quad (18)$$

$$\prod_{i=1}^{k}\left(\frac{x_i+1}{x_i-1}\right)\frac{G+1}{G-1} \geqslant \left(\frac{G'+1}{G'-1}\right)^{k+1} = \left(\frac{G+1}{G-1}\right)^{k+1} \Rightarrow$$

$$\prod_{i=1}^{k}\left(\frac{x_i+1}{x_i-1}\right) \geqslant \left(\frac{G+1}{G-1}\right)^k \quad (19)$$

即当 $n=k$ 时式(17) 仍然成立. 从而对于任意 $n \in \mathbf{N}$, 式(17) 成立.

(i) 和(ii) 结合得

$$\prod_{i=1}^{n}\left(\frac{x_i+1}{x_i-1}\right) \geqslant \left(\frac{M+1}{M-1}\right)^n \quad (20)$$

即式(K) 成立.

证法 4(函数法) 为了方便起见, 我们简记 $\sum_{i=1}^{n}$ 为 $\sum$, $\prod_{i=1}^{n}$ 为 $\prod$, 由 $x_i > 1$ 时, 算术-几何平均不等式得

$$\left.\begin{array}{l}\left(\prod \dfrac{x_i}{x_i+1}\right)^{\frac{1}{n}} \leqslant \dfrac{1}{n}\sum \dfrac{x_i}{x_i+1} \\ \left(\prod \dfrac{1}{x_i+1}\right)^{\frac{1}{n}} \leqslant \dfrac{1}{n}\sum \dfrac{1}{x_i+1}\end{array}\right\} \Rightarrow \quad (21)$$

$$\sqrt[n]{\prod \frac{x_i}{x_i+1}} + \sqrt[n]{\prod \frac{1}{x_i+1}} \leqslant 1 \Rightarrow \quad (22)$$

$$\sqrt[n]{\prod(x_i+1)} \geqslant \sqrt[n]{\prod x_i} + 1 \tag{23}$$

用 $x_i - 1$ 替代(23)中的 $x_i (1 \leqslant i \leqslant n)$，得

$$\sqrt[n]{\prod x_i} \geqslant \sqrt[n]{\prod(x_i-1)} + 1 \Rightarrow \sqrt[n]{\prod(x_i-1)} \leqslant \sqrt[n]{\prod x_i} - 1 \tag{24}$$

(23) ÷ (24) 得

$$\prod\left(\frac{x_i+1}{x_i-1}\right) \geqslant \left(\frac{G+1}{G-1}\right)^n \tag{25}$$

其中 $G = \sqrt[n]{\prod x_i}$.

由于函数

$$f(x) = \frac{x+1}{x-1} = 1 + \frac{2}{x-1} \tag{26}$$

当 $x > 1$ 时是减函数，取 $x_i = r_i s_i t_i \mu_i v_i (1 \leqslant i \leqslant n)$，易知此时

$$G \leqslant RSTUV = A \Rightarrow \tag{27}$$

$$\prod\left(\frac{x_i+1}{x_i-1}\right) \geqslant \left(\frac{G+1}{G-1}\right)^n \geqslant \left(\frac{A+1}{A-1}\right)^n \tag{28}$$

即式(K)成立.

(i) 本题是有一定难度的妙题. 前述 4 种证法中，证法 3 最初等通俗，证法 4 最简洁巧妙.

(ii) 特别地，当 $x_i > 1 (1 \leqslant i \leqslant n)$ 时，由证法 3 易得如下有趣的不等式

$$\sqrt[n]{\prod_{i=1}^{n}(x_i+1)} - \sqrt[n]{\prod_{i=1}^{n}(x_i-1)} \geqslant 2 \tag{29}$$

记

$$G_n(x) = \sqrt[n]{\prod_{i=1}^{n} x_i}, \quad A_n(x) = \frac{1}{n}\sum_{i=1}^{n} x_i$$

式(29)化为

$$G_n(x+1) - G_n(x-1) \geqslant A_n(x+1) - A_n(x-1), x_i > 1 \tag{30}$$

这确为一个新的趣味不等式，它和我们在前面建立的结论

$$\frac{G_n(x)+1}{G_n(x)-1} \geqslant \frac{A_n(x)+1}{A_n(x)-1}, x_i > 1 \tag{31}$$

相映成趣，妙配成双. 同时，我们在前面已证得了不等式

$$\frac{G_n(x+1)}{G_n(x-1)} \geqslant \frac{A_n(x+1)}{A_n(x-1)} \tag{32}$$

(31) 和 (32) 结合得

$$\frac{G_n(x+1)}{G_n(x-1)} \geqslant \frac{G_n(x)+1}{G_n(x)-1} \geqslant \frac{A_n(x)+1}{A_n(x)-1} = \frac{A_n(x+1)}{A_n(x-1)} \tag{33}$$

这一奇妙结论，真是妙不可言.

(iii) 式(K)本身就很美,我们再从指数、组数两个方面推广它,使它更加光彩夺目.

推广 10 设 $a_{ij} > 1, \theta_i > 0$,且 $\sum_{i=1}^{n} \theta_i = 1$,记

$$A_j = \sum_{i=1}^{n} \theta_i a_{ij}$$

则 $(1 \leqslant i \leqslant n, 1 \leqslant j \leqslant m)$

$$\prod_{i=1}^{n} \left(\frac{\prod_{j=1}^{m} a_{ij} + 1}{\prod_{j=1}^{m} a_{ij} - 1} \right)^{\theta_i} \geqslant \frac{\prod_{j=1}^{m} A_j + 1}{\prod_{j=1}^{m} A_j - 1} \tag{K_1}$$

特别地,如果取 $\theta_i = \frac{1}{n}, m = 5$,式($K_1$)等价于式(K).如果 $a_{ij} > \lambda > 0 (1 \leqslant i \leqslant n, 1 \leqslant j \leqslant m, m, n \in \mathbf{N})$,那么式($K_1$)可参数推广为

$$\prod_{i=1}^{n} \left(\frac{\prod_{j=1}^{m} a_{ij} + \lambda}{\prod_{j=1}^{m} a_{ij} - \lambda} \right)^{\theta_i} \geqslant \frac{\prod_{j=1}^{m} A_j + \lambda}{\prod_{j=1}^{m} A_j - \lambda} \tag{K_2}$$

略证 记式(K_2)左边为 $P_n(\theta)$,应用加权不等式或赫尔特不等式易得

$$\begin{cases} \prod_{i=1}^{n} (x_i + \lambda)^{\theta_i} \geqslant \prod_{i=1}^{n} x_i^{\theta_i} + \lambda \\ \prod_{i=1}^{n} (x_i - \lambda)^{\theta_i} \leqslant \prod_{i=1}^{n} x_i^{\theta_i} - \lambda \end{cases} \Rightarrow$$

$$P_n(\theta) = \prod_{i=1}^{n} \left(\frac{x_i + \lambda}{x_i - \lambda} \right)^{\theta_i} \geqslant \frac{\prod_{i=1}^{n} x_i^{\theta_i} + \lambda}{\prod_{i=1}^{n} x_i^{\theta_i} - \lambda} = 1 + \frac{2\lambda}{\prod_{i=1}^{n} x_i^{\theta_i} - \lambda} \tag{34}$$

取 $x_i = \prod_{j=1}^{m} a_{ij}, A_j = \sum_{i=1}^{n} \theta_i a_{ij}$,则有

$$\prod_{i=1}^{n} x_i^{\theta_i} = \prod_{i=1}^{n} (\prod_{j=1}^{m} a_{ij})^{\theta_i} = \prod_{i=1}^{n} (\prod_{j=1}^{m} a_{ij}^{\theta_i}) =$$

$$\prod_{j=1}^{m} (\prod_{i=1}^{n} a_{ij}^{\theta_i}) \leqslant \prod_{j=1}^{m} (\sum_{i=1}^{n} \theta_i a_{ij}) = \prod_{j=1}^{m} A_{ij} \Rightarrow$$

$$\prod_{i=1}^{n} x_i^{\theta_i} \leqslant \prod_{j=1}^{m} A_{ij} \text{(代入式(34))} \Rightarrow \tag{35}$$

$$P_n(\theta) \geqslant 1 + \frac{2\lambda}{\prod\limits_{j=1}^{m} A_{ij} - \lambda} = \frac{\prod\limits_{j=1}^{m} A_{ij} + \lambda}{\prod\limits_{j=1}^{m} A_{ij} - \lambda}$$

特别,在式(k_1)中取 $\theta_i = \frac{1}{n}(1 \leqslant i \leqslant n)$,即得式(K) 的 m 组推广

$$\prod_{i=1}^{n} \left(\frac{\prod\limits_{j=1}^{m} a_{ij} + 1}{\prod\limits_{j=1}^{m} a_{ij} - 1} \right) \geqslant \left(\frac{\prod\limits_{j=1}^{m} A_j + 1}{\prod\limits_{j=1}^{m} A_j - 1} \right)^n \tag{k_3}$$

如果我们记

$$A_n(x) = \sum_{i=1}^{n} \theta_i x_i, \; G_n(x) = \prod_{i=1}^{n} x_i^{\theta_i}, \; x_i > \lambda > 0$$

仍然有

$$\underbrace{\frac{G_n(x+\lambda)}{G_n(x-\lambda)}}_{T_1(x)} \geqslant \underbrace{\frac{G_n(x)+\lambda}{G_n(x)-\lambda}}_{T_2(x)} \geqslant \underbrace{\frac{A_n(x)+\lambda}{A_n(x)-\lambda}}_{T_3(x)} = \underbrace{\frac{A_n(x+\lambda)}{A_n(x-\lambda)}}_{T_4(x)}$$

如果依次记上式中 4 个比例式为 $T_1(x), T_2(x), T_3(x), T_4(x)$,那么上式又可将不等式链改写成不等式环:

$$\begin{array}{ccc} T_1(x) & \geqslant & T_4(x) \\ \mathrel{\rotatebox{90}{$\geqslant$}} & & \| \\ T_2(x) & \geqslant & T_3(x) \end{array}$$

这简直是五彩缤纷的数学奇观!

(六)

题 7 设 $x \in \mathbf{R}^+, n \in \mathbf{N}$,求证:

$$\sum_{i=1}^{n} \frac{x^{k^2}}{k} \geqslant \sqrt{x^{n(n+1)}} \tag{1}$$

分析 观察式(1)的结构,右边 x 的指数是 $\frac{1}{2}n(n+1) = \sum\limits_{k=1}^{n} k$,再记 $t = \sum\limits_{k=1}^{n} \frac{1}{k}$,应用加权不等式有

$$P_n = \sum_{k=1}^{n} \frac{x^{k^2}}{k} \geqslant t \left(\prod_{k=1}^{n} x^{\frac{k^2}{k}} \right)^{\frac{1}{t}} = t \left(\sum_{k=1}^{n} x^k \right)^{\frac{1}{t}} = t \left(x^{\sum\limits_{k=1}^{n} k} \right)^{\frac{1}{t}} = t \left[x^{\frac{1}{2}n(n+1)} \right]^{\frac{1}{t}} \tag{2}$$

与式(1)比较,须证明
$$t\left[x^{\frac{1}{2}n(n+1)}\right]^{\frac{1}{t}} \geqslant x^{\frac{1}{2}n(n+1)} \Leftrightarrow t^t \geqslant x^{\frac{1}{2}n(n+1)(t-1)} \tag{3}$$

由于 $t = \sum_{k=1}^{n} \frac{1}{k} > 1$,因此当 $0 < x \leqslant 1$ 时式(3)显然成立,而当 $x > 1$ 时,式(3)就不好判断了.

由此看来,直接应用加权不等式证明本题是不行的,得采用数学归纳法一试.

证法 1 对 n 用数学归纳法. 记式(1)左边为 P_n. 显然,当 $n=1$ 时
$$P_1 = x$$
式(1)成立并取等号.

假设当 $n=s$ 时,式(1)成立,即
$$P_s \geqslant x^{\frac{1}{2}s(s+1)}$$

那么,当 $n=s+1$ 时
$$P_{s+1} = P_s + \frac{x^{(s+1)^2}}{s+1} \geqslant x^{\frac{1}{2}s(s+1)} + \frac{x^{(s+1)^2}}{s+1}$$

因此,欲证明当 $n=s+1$ 时式(1)成立
$$P_{s+1} \geqslant x^{\frac{1}{2}(s+1)(s+2)}$$

须证明
$$x^{\frac{1}{2}s(s+1)} + \frac{x^{(s+1)^2}}{s+1} \geqslant x^{\frac{1}{2}(s+1)(s+2)} \tag{4}$$

令 $y = x^{\frac{1}{2}(s+1)} > 0$,式(4)等价于
$$1 + \frac{y^{s+2}}{s+1} \geqslant y^2 \Leftrightarrow \tag{5}$$
$$(s+1) + y^{s+2} \geqslant (s+1)y^2 \tag{6}$$

设待定系数 λ, μ 满足 $\lambda + \mu = s+1$,应用加权不等式有
$$(s+1) + y^{s+2} = \lambda\left(\frac{s+1}{\lambda}\right) + \mu\left(\frac{y^{s+2}}{\mu}\right) \geqslant$$
$$(s+1)\left[\left(\frac{s+1}{\lambda}\right)^\lambda \left(\frac{y^{s+2}}{\mu}\right)^\mu\right]^{\frac{1}{s+1}} \tag{7}$$

式(6)与式(7)右边相比较使 y 的指数相等,令
$$\left.\begin{array}{l} \mu(s+2) = 2(s+1) \\ \lambda + \mu = s+1 \end{array}\right\} \Rightarrow \left\{\begin{array}{l} \mu = \dfrac{2(s+1)}{s+2} \\ \lambda = \dfrac{s(s+1)}{s+2} \end{array}\right.$$

代入式(7)得

$$(s+1) + y^{s+2} \geqslant (s+1)ky^2 \qquad (8)$$

其中

$$k = \left[\left(\frac{s+1}{\lambda}\right)^{\lambda}\left(\frac{1}{\mu}\right)^{\mu}\right]^{\frac{1}{1+s}} \qquad (9)$$

如能证明 $k \geqslant 1$,那么式(6)成立. 但

$$k \geqslant 1 \Leftrightarrow (s+1)^{\lambda} \geqslant \lambda^{\lambda}\mu^{\mu} \Leftrightarrow s^s(2s+2)^2 \leqslant (s+2)^{s+2} \qquad (10)$$

应用加权不等式,显然有

$$(2s+2)^2 s^s \leqslant \left(\frac{2(2s+2) + s \cdot s}{s+2}\right)^{s+2} = (s+2)^{s+2}$$

因此式(10)成立,从而 $k \geqslant 1$,逆推之,式(4)成立,即当 $n = s+1$ 时,式(1)成立.

综合上述,对于任意 $n \in \mathbf{N}$ 和 $x > 0$,命题成立.

证法 2 由证法 1 知,我们只须证明式(5)成立即可. 设关于 y 的函数为

$$f(y) = 1 + \frac{y^{s+2}}{s+1} - y^2 \Rightarrow \qquad (11)$$

$$\begin{cases} f'(y) = \left(\frac{s+2}{s+1}\right) y^{s+1} - 2y \\ f''(y) = (s+2) y^s - 2 \end{cases}$$

设 $y_0 > 0$ 为 $f(y_0)$ 的驻点,则

$$f'(y_0) = 0 \Rightarrow \left(\frac{s+2}{s+1}\right) y_0^{s+1} - 2y_0 = 0 \Rightarrow$$

$$y_0 = \sqrt[s]{\frac{2(s+1)}{s+2}} \Rightarrow f''(y_0) = 2s > 0 \Rightarrow$$

$$f(y) \geqslant f(y)_{\min} = f(y_0) \qquad (12)$$

即从 $f''(y_0) > 0$ 知 $f(y)$ 有最小值 $f(y_0)$,但

$$f(y_0) = 1 + \frac{y_0^s \cdot y_0^2}{s+1} - y_0^2 = 1 + \frac{2y_0^2}{s+2} - y_0^2 = 1 - \frac{sy_0^2}{s+2} \qquad (13)$$

显然,当 $s = 1$ 时,$y_0 = \frac{4}{3}$, $f(y_0) = 1 - \frac{16}{27} > 0$.

当 $s \geqslant 2$ 时,现在证明

$$f(y_0) = 1 - \frac{sy_0^2}{s+2} \geqslant 0 \Leftrightarrow s^s y_0^{2s} \leqslant (s+2)^s \Leftrightarrow$$

$$s^s \left(\frac{2s+2}{s+2}\right)^2 \leqslant (s+2)^s \Leftrightarrow (2s+2)^2 s^s \leqslant (s+2)^{s+2}$$

这正好是证法 1 中的式(10),成立. 故命题成立.

证法 3 由证法 1 知,只须证明式(5)成立. 设

$$f(y) = 1 + y^2 \left(\frac{y^s}{s+1} - 1\right), y > 0 \qquad (14)$$

(i) 如果 $y \geqslant (s+1)^{1/s} \Rightarrow f(y) \geqslant 1 > 0$, 式(5) 显然成立;

当 $0 < y \leqslant 1$ 时, 式(5) 也自然成立.

(ii) 当 $1 < y < \sqrt[s]{s+1}$ 时, $y^s/(s+1) < 1$, 故
$$f(y) = 1 - y^2\left(1 - \frac{y^s}{s+1}\right)$$

设 A 为待定系数, 于是
$$A^2\left[y^2\left(1-\frac{y^s}{s+1}\right)\right]^s = $$
$$(Ay^s)(Ay^s)\overbrace{\left(1-\frac{y^s}{s+1}\right)\cdots\left(1-\frac{y^s}{s+1}\right)}^{s} \leqslant \tag{15}$$
$$\left\{\frac{1}{s+2}\left[2Ay^s + s\left(1-\frac{y^s}{s+1}\right)\right]\right\}^{s+2} = $$
$$\left\{\frac{1}{s+2}\left[\left(2A-\frac{s}{s+1}\right)y^s + s\right]\right\}^{s+2}$$

取
$$A = \frac{s}{2(s+1)} \Rightarrow \left(\frac{s}{2(s+1)}\right)^2\left[y^2\left(1-\frac{y^s}{1+s}\right)\right]^s \leqslant \left(\frac{s}{s+2}\right)^{s+2} \Rightarrow$$
$$y^2\left(1-\frac{y^s}{s+1}\right) \leqslant \frac{s}{s+2}\left[\frac{2(s+1)}{s+2}\right]^{\frac{2}{s}}$$

当 $s=1$ 时
$$y^2\left(1-\frac{y}{2}\right) \leqslant \frac{16}{27} < 1 \Rightarrow f(y) > 0$$

当 $s \geqslant 2$ 时
$$f(y) > 0 \Leftrightarrow \left[\frac{2(s+1)}{s+2}\right]^{\frac{2}{s}} < \frac{s+2}{s} \Rightarrow$$
$$\left(1+\frac{2}{s}\right)^{\frac{s}{2}} > \frac{2(s+1)}{s+2} \tag{16}$$

但
$$\left(1+\frac{2}{s}\right)^s = 1 + s\left(\frac{2}{s}\right) + C_s^2\left(\frac{2}{s}\right)^2 + \cdots \geqslant$$
$$1 + 2 + \frac{2(s-1)}{s} = 4 + \frac{s-2}{s} \geqslant 4 \Rightarrow$$
$$\left(1+\frac{2}{s}\right)^{\frac{s}{2}} \geqslant 2 = \frac{2(s+2)}{s+2} > \frac{2(s+1)}{s+2}$$

即式(16)成立, 从而命题成立.

注 易知式(1) 等号成立的条件是 $n=1$.

当我们初次与式(1) 见面时, 觉得它没有对称美, 外观也不够漂亮, 但当我

们逐渐了解它认识它之后,才发现证明它并非轻松容易,且上述 3 种证法也各具特色,非常漂亮,因此本题的美妙之光便破云而出,光亮灿烂.

(七)

题 8(1988 年 CMO 试题) 设 n 个正数 $a_1, a_2, \cdots, a_n$ 满足不等式

$$\left(\sum_{i=1}^n a_i^2\right)^2 > (n-1)\sum_{i=1}^n a_i^4, \quad 3 \leqslant n \in \mathbf{N} \qquad (*)$$

则这些数中的任何 3 个一定是某个三角形的 3 条边长.

分析 本题从"横空出世"至今也算是妙龄 20 的青春少女,但距我们却略显"遥远","古色古香".本题的已知条件既少又复杂,使我们颇感不便应用,难于下手.

让我们先取其特例,从最简单的情况入手.

取 $n=3$,式(*)化为

$$(a_1^2 + a_2^2 + a_3^2)^2 > 2(a_1^4 + b_1^4 + c_1^4) \Leftrightarrow$$
$$2(a_1^2 a_2^2 + a_2^2 a_3^2 + a_3^2 a_1^2) - a_1^4 - a_2^4 - a_3^4 > 0 \qquad (1)$$

由三角形面积的海仑公式知,如果面积为 Δ 的三角形的三边长为 a_1, a_2, a_3,则

$$16\Delta^2 = 2(a_1^2 a_2^2 + a_2^2 a_3^2 + a_3^2 a_1^2) - a_1^4 - a_2^4 - a_3^4 > 0$$

命题成立.因此本题可用归纳法证明.

证法 1 当 $n=3$ 时已证,现假设当 $n=k\geqslant 3$ 时命题结论成立.如果 $k+1$ 个正数 $a_1, a_2, \cdots, a_{k+1}$ 满足不等式

$$\begin{cases} (a_1^2 + \cdots + a_k^2 + a_{k+1}^2)^2 > k(a_1^4 + \cdots + a_k^4 + a_{k+1}^4) \\ 令 \begin{cases} A = a_1^2 + a_2^2 + \cdots + a_k^2 \\ B = a_1^4 + a_2^4 + \cdots + a_k^4 \end{cases} \end{cases} \Rightarrow$$

$$(A + a_{k+1}^2)^2 > k(B + a_{k+1}^4) \Rightarrow$$
$$A^2 - (k-1)B + 2A a_{k+1}^2 > B + (k-1)a_{k+1}^4 >$$
$$2\sqrt{B(k-1)} a_{k+1}^2 \Rightarrow$$
$$[A^2 - B(k-1)] + 2[A - \sqrt{B(k-1)}]a_{k+1}^2 > 0 \Rightarrow$$
$$[A - \sqrt{B(k-1)}][A + \sqrt{B(k-1)} + 2a_{k+1}^2] > 0 \Rightarrow$$
$$A > \sqrt{B(k-1)} \Rightarrow A^2 > (k-1)B \Rightarrow$$
$$(a_1^2 + a_2^2 + \cdots + a_k^2)^2 > (k-1)(a_1^4 + a_2^4 + \cdots + a_k^4)$$

由归纳假设,$a_1, a_2, \cdots, a_k$ 中任三个都必是某个三角形的三边长,由 a_1,

$a_2, \cdots, a_{k+1}$ 的对称性,令

$$\begin{cases} A_j = a_1^2 + \cdots + a_{k+1}^2 - a_j^2 \\ B_j = a_1^4 + \cdots + a_{k+1}^2 - a_j^4 \end{cases}, 1 \leqslant j \leqslant k+1$$

类似地可知,$a_1, a_2, \cdots, a_{j-1}, a_{j+1}, \cdots$ 中任 3 个都必是三角形的三边长.

证法 2 当 $n=3$ 时我们在前面已证.因此下面我们只须证明当 $n>3$ 时的情形.

应用柯西不等式,得

$$\left(\sum_{i=1}^{n} a_i^2\right)^2 = \left[\left(\frac{a_1^2 + a_2^2 + a_3^2}{2}\right) + \left(\frac{a_1^2 + a_2^2 + a_3^2}{2}\right) + \sum_{i=1}^{n} a_i^2\right]^2 (\text{共 } n-1 \text{ 项}) \leqslant$$

$$(1^2 + 1^2 + \cdots + 1^2) \left[\left(\frac{a_1^2 + a_2^2 + a_3^2}{2}\right)^2 + \left(\frac{a_1^2 + a_2^2 + a_3^2}{2}\right)^2 + \sum_{i=1}^{n} a_i^4\right] =$$

$$(n-1) \left[\frac{1}{2}(a_1^2 + a_2^2 + a_3^2) + \cdots + \sum_{i=4}^{n} a_i^4\right] \Rightarrow$$

$$(n-1) \sum_{i=1}^{n} a_i^4 < \left(\sum_{i=1}^{n} a_i^2\right)^2$$

$$(n-1) \left[\frac{1}{2}(a_1^2 + a_2^2 + a_3^2)^2 + \sum_{i=4}^{4} a_i^4\right] > (n-1) \sum_{i=1}^{n} a_i^4 =$$

$$(n-1)(a_1^4 + a_2^4 + a_3^4 + \sum_{i=4}^{n} a_i^4) \Rightarrow (a_1^2 + a_2^2 + a_3^2)^2 > 2(a_1^4 + a_2^4 + a_3^4)$$

由此可知,以 a_1, a_2, a_3 为边的三角形存在.

同理可证:以 $a_i, a_j, a_k (1 \leqslant i < j < k \leqslant n)$ 为边的三角形存在.

证法 3 我们设参数 $1 > \lambda > 0$,应用柯西不等式有

$$\left(\sum_{i=1}^{n} a_i^2\right)^2 = \left[\lambda(a_1^2 + a_2^2 + a_3^2) + (1-\lambda)(a_1^2 + a_2^2 + a_3^2) + \sum_{i=4}^{n} a_i^2\right]^2 \leqslant$$

$$(n-1) \left[\lambda^2(a_1^2 + a_2^2 + a_3^2)^2 + (1-\lambda)^2(a_1^2 + a_2^2 + a_3^2)^2 + \sum_{i=4}^{n} a_i^4\right] \Rightarrow$$

$$(n-1) \left\{[\lambda^2 + (1-\lambda)^2](a_1^2 + a_2^2 + a_3^2)^2 + \sum_{i=4}^{n} a_i^4\right\} \Rightarrow$$

$$[\lambda^2 + (1-\lambda)^2](a_1^2 + a_2^2 + a_3^2)^2 > \sum_{i=1}^{n} a_i^4 - \sum_{i=4}^{n} a_i^4 =$$

$$a_1^4 + a_2^4 + a_4^4$$

观察上式知,欲使 a_1, a_2, a_3 为三边的三角形存在,必须且只须

$$\begin{cases} 2\lambda^2 - 2\lambda + 1 = \dfrac{1}{2} \\ 0 < \lambda < 1 \end{cases} \Rightarrow \lambda = \dfrac{1}{2}$$

同理,以 $a_i, a_j, a_k (1 < i < j < k \leqslant n)$ 为边的三角形存在.

证法 4 (i) 当 $n=3$ 时,已证命题成立.

(ii) 假设当 $n=k+1$ 时命题成立,即有不等式
$$\left(\sum_{i=1}^{k+1} a_i^2\right)^2 > k \sum_{i=1}^{k+1} a_i^4 \tag{2}$$

且以 $a_1, a_2, \cdots, a_{k+1}$ 中任意三个 $a_i, a_j, a_k (1 \leqslant i < j < k \leqslant n)$ 为边可以构成三角形,现记 $\sum_{i=1}^{k} a_i^2 = P, \sum_{i=1}^{k} a_i^4 = Q$,则应用柯西不等式有

$$k(Q + a_{k+1}^4) < (P + a_{k+1}^2)^2 = \left[(k-1)\left(\frac{P}{k-1}\right) + a_{k+1}^2\right]^2 \leqslant$$
$$[(k-1)+1]\left[(k-1)\left(\frac{P}{k-1}\right)^2 + a_{k+1}^4\right] =$$
$$k\left(\frac{P^2}{k-1} + a_{k+1}^4\right) \Rightarrow Q + a_{k+1}^4 < \frac{P^2}{k-1} + a_{k+1}^4 \Rightarrow$$
$$P^2 > (k-1)Q \Rightarrow \left(\sum_{i=1}^{k} a_i^2\right)^2 > (k-1)\sum_{i=1}^{k} a_i^4$$

即当 $n=k$ 时命题也成立.

综合上述,对任意 $3 \leqslant n \in \mathbf{N}$ 命题成立.

证法 5 (i) 当 $n=3$ 时命题可证.

(ii) 假设当 $n=k+1$ 时命题成立,即 $a_1, a_2, \cdots, a_{k+1}$ 中任意 3 个为边可以构成三角形,则

$$\left(\sum_{i=1}^{k+1} a_i^2\right)^2 > k \sum_{i=1}^{k+1} a_i^4$$

由 $\left(a_{k+1}^2 - \frac{P}{k-1}\right)^2 \geqslant 0$(记号 P, Q 同上) $\Rightarrow$

$$a_{k+1}^4 - \frac{2}{k-1} P a_{k+1}^2 + \left(\frac{P}{k-1}\right)^2 \geqslant 0 \Rightarrow$$
$$(k-1) a_{k+1}^4 - 2 P a_{k+1}^2 + \frac{P^2}{k-1} \geqslant 0 \Rightarrow$$
$$P^2 + 2 P a_{k+1}^2 + a_{k+1}^4 \leqslant \frac{k}{k-1} P^2 + k a_{k+1}^4 \Rightarrow$$
$$\left.\begin{array}{l}(P + a_{k+1}^2)^2 \leqslant k\left(\frac{P^2}{k-1} + a_{k+1}^4\right) \\ (P + a_{k+1}^2)^2 > k(Q + a_{k+1}^4)\end{array}\right\} \Rightarrow$$
$$k\left(\frac{P^2}{k-1} + a_{k+1}^4\right) > k(Q + a_{k+1}^4) \Rightarrow$$

$$P^2 > (k-1)Q \Rightarrow \left(\sum_{i=1}^{k} a_i^2\right)^2 > (k-1)\sum_{i=1}^{k} a_i^4$$

即当 $n = k$ 时命题仍然成立.

综合上述,对任意 $3 \leqslant n \in \mathbf{N}$ 命题成立.

证法 6 (i) 当 $n=3$ 时已证.

(ii) 当 $n > 3$ 时,设参数 $\lambda > 0$,应用柯西不等式有

$$(n-1)(a_1^4 + a_2^4 + \cdots + a_n^4) < (a_1^2 + a_2^2 + \cdots + a_n^2)^2 =$$

$$[\lambda(a_1^2 + a_2^2 + a_3^2)\frac{1}{\lambda} + a_4^2 + \cdots + a_n^2]^2 \leqslant$$

$$[\lambda^2(a_1^2 + a_2^2 + a_3^2)^2 + a_4^4 + \cdots + a_n^4](\frac{1}{\lambda^2} + n - 3)$$

为了将 $a_4, \cdots, a_n$ 从不等式中消去,令

$$\frac{1}{\lambda^2} + n - 3 = n - 1 \Rightarrow \lambda^2 = \frac{1}{2} \Rightarrow \lambda = \frac{1}{\sqrt{2}} \Rightarrow$$

$$(a_1^2 + a_2^2 + a_3^2)^2 > 2(a_1^4 + a_2^4 + a_3^4)$$

即以 a_1, a_2, a_3 为边的三角形存在.

同理可证:以 $a_i, a_j, a_k (1 \leqslant i < j \leqslant n)$ 为边的三角形存在.

证法 7 (i) 当 $n=3$ 时命题成立.

(ii) 假设对于 $n > 3$ 时命题成立,设参数 $\lambda > 0$,记

$$\begin{cases} A = a_1^2 + \cdots + a_{n-1}^2 \\ B = a_1^4 + \cdots + a_{n-1}^4 \end{cases}$$

$$(n-1)\sum_{i=1}^{n} a_i^4 < \left(\sum_{i=1}^{n} a_i^2\right)^2 = (A + a_n^2)^2 \Rightarrow$$

$$(n-1)(B + a_n^4) < A^2 + 2Aa_n^2 + a_n^4 \leqslant$$

$$A^2 + \lambda A^2 + \frac{1}{\lambda}a_n^4 + a_n^4 =$$

$$(1+\lambda)A^2 + (1+\frac{1}{\lambda})a_n^4$$

为了消去 a_n^4,令

$$1 + \frac{1}{\lambda} = n - 1 \Rightarrow \lambda = \frac{1}{n-2} \Rightarrow$$

$$(n-1)(B + a_n^4) < (1+\lambda)A^2 + (n-1)a_n^4 \Rightarrow$$

$$(n-1)B < (1 + \frac{1}{n-2})A^2 \Rightarrow$$

$$A^2 > (n-2) \Rightarrow \left(\sum_{i=1}^{n-1} a_i^2\right)^2 > (n-2)\sum_{i=1}^{n-1} a_i^4$$

这表明对于 $n-1$ 时命题也成立.

综合上述,对于任意 $3 \leqslant n \in \mathbf{N}$ 命题成立.

评注 我们刚才用了 7 种方法证明了本题,其中证法 3、证法 6、证法 7 属待定系数法,证法 1、证法 2、证法 4、证法 5 属反向归纳法,即待定系数法与反向归纳法在本题证明中"平分天下",可见这两种方法在不等式证明中的重要性.

让我们对本题"推根溯源".

众所周知,如果正数 a,b,c 能构成某个三角形的三边长,设其面积为 Δ,则由海伦公式

$$16\Delta^2 = (a+b+c)(b+c-a)(c+a-b)(a+b-c) =$$
$$[(b+c)^2 - a^2][a^2 - (b-c)^2] =$$
$$-\{a^4 - [(b+c)^2 + (b-c)^2]a^2 + (b+c)^2(b-c)^2\} =$$
$$-\{a^4 - 2(b^2+c^2)a^2 + (b^2-c^2)^2\} =$$
$$-\{a^4 - 2(b^2+c^2)a^2 - 2b^2c^2 + b^4 + c^4\} =$$
$$2(a^2b^2 + b^2c^2 + c^2a^2) - (a^4 + b^4 + c^4) =$$
$$(a^2+b^2+c^2)^2 - 2(a^4+b^4+c^4)$$

由于 $\Delta > 0$,所以

$$(a^2+b^2+c^2)^2 > 2(a^4+b^4+c^4) \tag{3}$$

式(1) 表明,如果 a,b,c 是三角形的三边,那么不等式式(1) 恒成立,反之,如果不等式式(1) 恒成立,那么由于

$$(a^2+b^2+c^2)^2 - 2(a^4+b^4+c^4) =$$
$$(a+b+c)(b+c-a)(c+a-b)(a+b-c) > 0$$

那么,$x=b+c-a, y=c+a-b, z=a+b-c$ 中只能全为正数,或一正两负.如果 x,y,z 均为正数,即 $b+c>a, c+a>b, a+b>c$,因此 a,b,c 为边可以构成三角形.

如果 x,y,z 中一正两负,不妨设

$$\begin{cases} x=b+c-a>0 \\ y=c+a-b<0 \\ z=a+b-c<0 \end{cases} \Rightarrow 2a<0$$

矛盾.因此,x,y,z 中不能有负数,只有全为正数,即如果不等式式(3) 恒成立,那么以 a,b,c 为边一定可以构成三角形.

在式(3)中作置换

$$(a,b,c) \to (a_1, a_2, a_3)$$

得

$$(a_1^2 + a_2^2 + a_3^2)^2 > 2(a_1^4 + a_2^4 + a_3^4) \tag{4}$$

如果将 3 元正数 a_1, a_2, a_3 扩展到 $n(3 \leqslant n \in \mathbf{N})$ 元正数 $a_1, a_2, \cdots, a_n$，那么满足不等式

$$\left(\sum_{i=1}^n a_i^2\right)^2 > (n-1)\sum_{i=1}^n a_i^4 \tag{5}$$

的 $a_1, a_2, \cdots, a_n$ n 个正数中，任选 3 个能构成三角形的三边吗？

于是，本妙题"横空出世，喜降人间"了.

(iii) 联想到应用柯西不等式，有

$$n\sum_{i=1}^n a_i^4 \geqslant \left(\sum_{i=1}^n a_i^2\right)^2$$

因此有双向不等式

$$n\sum_{i=1}^n a_i^4 \geqslant \left(\sum_{i=1}^n a_i^2\right)^2 > (n-1)\sum_{i=1}^n a_i^4 \tag{!}$$

这样，我们就可以新编妙题：

题 9 设满足条件 $\sum_{i=1}^n a_i^4 = 1$ 的 n 个正数 $a_1, a_2, \cdots, a_n (3 \leqslant n \in \mathbf{N})$ 中，任意选出 3 个可以构成三角形的三边，则有

$$\sqrt{n} \geqslant \sum_{i=1}^n a_i^2 > \sqrt{n-1}$$

这表明 $\sum_{i=1}^n a_i^2$ 的值域为 $(\sqrt{n-1}, \sqrt{n})$，这不失为一个有趣的新题.

（八）

至今，我们已见识了许多妙趣横生的优美命题，赏析完之后，常常使我们反思——如此优美的题目，它是怎样诞生的呢？我们不妨先举例，后总结.

(1) 比如，如果我们设 $a, b \in (0, 1)$，并记

$$P = \frac{(1+a)(1+b)}{ab(1-ab)} \tag{1}$$

那么有

$$(1+a)(1+b) = 1 + a + b + ab \geqslant$$
$$1 + 2\sqrt{ab} + ab = (1+\sqrt{ab})^2 \Rightarrow$$
$$P \geqslant \frac{(1+\sqrt{ab})^2}{ab(1-ab)} \tag{2}$$

我们再设 $\sqrt{ab} = x \in (0, 1)$，且关于 x 的函数为

$$f(x) = \frac{(1+x)^2}{x^2(1-x^2)} = \frac{1+x}{x^2(1-x)}$$

即有
$$P = \frac{(1+a)(1+b)}{ab(1-ab)} \geqslant f(x) = \frac{1+x}{x^2(1-x)} \tag{3}$$

如果我们能设法求出函数 $f(x)$ 的最小值,那么就能求出表达式 T 的最小值,设这个最小值为 K,这样就建立了一个结论
$$P \geqslant K \tag{4}$$

然后我们又以此结论为关键的基本出发点,进行一系列"孙悟空"变换,就能编造出一系列的新奇美妙的题目,从而,数学妙题从此诞生.

(2) 为了方便起见,我们又设
$$T(x) = 1/f(x) = \frac{x^2(1-x)}{1+x}$$

对函数 $T(x)$ 求导得
$$T(x) = -x^2 + 2x - 2 + \frac{2}{x+1} \tag{5}$$

$$T'(x) = 2(1-x) - \frac{2}{(x+1)^2} \tag{6}$$

$$J''(x) = -2 + \frac{4}{(x+1)^3} \tag{7}$$

在定义域 $(0,1)$ 内解方程 $T'(x) = 0$,求驻点

$$1 - x - \frac{1}{(x+1)^2} = 0 \Rightarrow (1-x)(1+x)^2 = 1 \Rightarrow$$

$$x(x^2 + x - 1) = 0 \Rightarrow x_0 = \frac{\sqrt{5}-1}{2} \in (0,1) (\text{驻点}) \Rightarrow$$

$$J''(x_0) = \frac{4}{(x_0+1)^3} - 2 = \frac{4}{\left(\frac{\sqrt{5}+1}{2}\right)^3} - 2 = 4\left(\frac{\sqrt{5}-1}{2}\right)^3 - 2 =$$

$$4\left[\left(\frac{\sqrt{5}-1}{2}\right)^3 - \frac{1}{2}\right] \tag{8}$$

注意到
$$(\sqrt{5}-1)^3 < 4 \Leftrightarrow 5\sqrt{5} - 3 \cdot 5 \cdot 1 + 3\sqrt{5} \cdot 1^2 - 1 < 4 \Leftrightarrow$$
$$8(\sqrt{5}-2) < 4 \Leftrightarrow \sqrt{5} - 2 < \frac{1}{2} \Leftrightarrow \sqrt{5} < 2.5 \Leftrightarrow 5 < 6.25$$

因此有
$$T''(x_0) = 4\left[\frac{(\sqrt{5}-1)^3}{8} - \frac{1}{2}\right] < 4\left(\frac{4}{8} - \frac{1}{2}\right) = 0$$

因此 $T(x)$ 为凹函数,有最大值 $T(x_0)$,即

$$T(x) \leqslant T(x)_{\max} = T(x_0) = T\left(\frac{\sqrt{5}-1}{2}\right) = \frac{5\sqrt{5}-11}{2} \Rightarrow \qquad (9)$$

$$f(x) \geqslant f(x)_{\min} = f(x_0) = 1/T(x_0) = \frac{11+5\sqrt{5}}{2} \Rightarrow$$

$$P \geqslant f(x) \geqslant \frac{11+5\sqrt{5}}{2} \Rightarrow \qquad (10)$$

$$\frac{(1+a)(1+b)}{ab(1-ab)} \geqslant \frac{11+5\sqrt{5}}{2} \qquad (11)$$

或

$$\frac{ab(1-ab)}{(1+a)(1+b)} \leqslant \frac{5\sqrt{5}-11}{2} \qquad (12)$$

(3) 前面,我们是用求导数的方法求出函数 $T(x)$ 的最大值, $f(x)$ 的最小值,从而建立了上面的基本不等式(11)和(12). 也许有人要问,可以应用初等的方法建立吗? 为此,我们设

$$\left.\begin{array}{l}\lambda \in (0,1), t \geqslant 0 \\ x \in (0,1)\end{array}\right\} \Rightarrow (x-\lambda)^2(x+t) \geqslant 0 \Rightarrow$$

$$(x^2 - 2\lambda x + \lambda^2)(x+t) \geqslant 0 \Rightarrow$$

$$x^3 - (2\lambda - t)x^2 + \lambda(\lambda - 2t)x + t\lambda^2 = 0 \qquad (13)$$

为了使 x^2 的系数为 -1,只须取

$$2\lambda - t = 1 \Rightarrow t = 2\lambda - 1(\text{代入式}(13)) \Rightarrow$$

$$\frac{x^2(1-x)}{1+x} \leqslant \frac{\lambda(2-3\lambda)x + \lambda^2(2\lambda+1)}{x+1} \qquad (14)$$

为了使式(14)右边为左边的最大值,须使右边为常数,因此应消去变量 x,即使右边分子是分母 $x+1$ 的倍数,只须令

$$\lambda(2-3\lambda) = \lambda^2(2\lambda - 1) \Rightarrow$$

$$\lambda^2 + \lambda - 1 = 0 \Rightarrow \lambda = \frac{\sqrt{5}-1}{2} \in (0,1) \Rightarrow$$

$$\lambda(2-3\lambda) = \frac{5\sqrt{5}-11}{2} \Rightarrow$$

$$P' = \frac{ab(1-ab)}{(1+a)(1+b)} \leqslant \frac{x^2(1-x)}{1+x} \leqslant \lambda(2-3\lambda) =$$

$$\frac{5\sqrt{5}-11}{2} \Rightarrow \frac{(1+a)(1+b)}{ab(1-ab)} \geqslant \frac{11+5\sqrt{5}}{2}$$

可见,不仅可以用初等方法推导建立基本结论式(11),(12),而且还显得非常简洁有趣.

(4) 现在,我们应用基本结论编造新题:

设 $a,b,c \in (0,1)$, $k=\dfrac{1}{2}(-11+5\sqrt{5})$, 易得

$$A = \dfrac{a}{1+b} + \dfrac{b}{1+a} + (1-a)(1-b) =$$

$$\dfrac{a(1+a)+b(1+b)+(1-a^2)(1-b^2)}{(1+a)(1+b)} =$$

$$1 - \dfrac{ab(1-ab)}{(1+a)(1+b)} \geqslant 1-k \Rightarrow$$

$$A = \dfrac{a}{1+b} + \dfrac{b}{1+a} + (1-a)(1-b) \geqslant 1-k$$

同理可得

$$\dfrac{b}{1+c} + \dfrac{c}{1+b} + (1-b)(1-c) \geqslant 1-k$$

$$\dfrac{c}{1+a} + \dfrac{a}{1+c} + (1-c)(1-a) \geqslant 1-k$$

将以上三式相加,得

$$\dfrac{b+c}{1+a} + \dfrac{c+a}{1+b} + \dfrac{a+b}{1+c} + (1-a)(1-b) +$$

$$(1-b)(1-c) + (1-c)(1-a) \geqslant 3(1-k) \Rightarrow$$

$$\dfrac{b+c}{1+a} + \dfrac{c+a}{1+b} + \dfrac{a+b}{1+c} + ab+bc+ca \geqslant$$

$$2(a+b+c) - 3k =$$

$$2(a+b+c) - \dfrac{3}{2}(5\sqrt{5}-11) \tag{15}$$

显然,式(15)是一个不错的结论,等号成立仅当

$$a = b = c = \dfrac{\sqrt{5}-1}{2}$$

如果我们未知基本结论式(11)、式(12),欲直接证明式(14),那难度将超过 CMO、IMO 试题.

(5) 同理,我们应用式(11)、(12),有

$$\dfrac{(1+a)(1+b)}{ab(1-ab)} \cdot \dfrac{(1+b)(1+c)}{bc(1-bc)} \cdot \dfrac{(1+c)(1+a)}{ca(1-ca)} \geqslant \left(\dfrac{11+5\sqrt{5}}{2}\right)^3 \Rightarrow$$

$$\dfrac{[(1+a)(1+b)(1+c)]^2}{(abc)^2(1-ab)(1-bc)(1-ca)} \geqslant \left(\dfrac{11+5\sqrt{5}}{2}\right)^3 \tag{16}$$

可见式(14)也是一个较强的漂亮结论.

式(15)也可以分步证明:设 $t = \sqrt[3]{abc}$,先证

$$(1+a)(1+b)(1+c) \geqslant (1+t)^3$$

$$(1-ab)(1-bc)(1-ca) \leqslant (1-t^2)^3$$

这样,式(15)转化成了更强的结论

$$\frac{(1+t)^6}{t^6(1-t^2)^3} \geqslant \left(\frac{11+5\sqrt{5}}{2}\right)^3 \Leftrightarrow \frac{1+t}{t^2(1-t)} \geqslant \frac{11+5\sqrt{5}}{2} \tag{17}$$

这又回到了我们前面的结论.

如果我们再设 $a_i \in (0,1)(i=1,2,\cdots,n; 2 \leqslant n \in \mathbf{N})$,显然式(15)可推广为

$$\frac{\left[\prod_{i=1}^{n}(1+a_i)\right]^2}{\left(\prod_{i=1}^{n}a_i\right)^2 \prod_{i=1}^{n}(1-a_i a_{i+1})} \geqslant \left(\frac{11+5\sqrt{5}}{2}\right)^n \tag{18}$$

(约定 $a_{n+1} \equiv a_1$),等号成立仅当 $a_i = \frac{\sqrt{5}-1}{2}(i=1,2,\cdots,n)$.

(6) 如果我们记

$$M_a = \frac{(1+b)(1+c)}{bc(1-bc)}, M_b = \frac{(1+c)(1+a)}{ca(1-ca)}$$

$$M_c = \frac{(1+a)(1+b)}{ab(1-ab)}, \theta \in [0,1]$$

则有 $m = (M_a M_b)^\theta + (M_b M_c)^\theta + (M_c M_a)^\theta \geqslant 3\left(\frac{11+5\sqrt{5}}{2}\right)^{2\theta}$

再设 λ,μ,υ 为任意正数,那么对于 $a,b,c \in (0,1)$,应用杨克昌不等式有

$$(\mu+\upsilon)M_a^\theta + (\upsilon+\lambda)M_b^\theta + (\lambda+\upsilon)M_c^\theta \geqslant 2\sqrt{(\mu\upsilon+\upsilon\lambda+\lambda\mu)m} \geqslant 2\left(\frac{11+5\sqrt{5}}{2}\right)^\theta \sqrt{3(\mu\upsilon+\upsilon\lambda+\lambda\mu)} \tag{19}$$

显然,等号成立仅当 $\lambda = \mu = \upsilon$,且 $a=b=c=(\sqrt{5}-1)/2$.

特别地,当 $\theta = 0$ 时,(19)化为3元对称不等式

$$\mu + \upsilon + \lambda \geqslant \sqrt{3(\mu\upsilon+\upsilon\lambda+\lambda\mu)} \tag{20}$$

(7) 现在,我们设 $a_i \in (0,1), k_i \in (0,1)(i=1,2,\cdots,n; 2 \leqslant n \in \mathbf{N})$,约定 $a_{n+1} \equiv a_1$,且 $\sum_{i=1}^{n} k_i \leqslant 1, \theta \in [0,1]$,则有

$$P_n(k) = \sum_{i=1}^{n} k_i^{1-\theta} x_i^\theta \leqslant \left[\frac{n}{2}(5\sqrt{5}-11)\right]^\theta \tag{21}$$

其中

$$x_i = \frac{a_i a_{i+1}(1-a_i a_{i+1})}{(1+a_i)(1+a_{i+1})}, 1 \leqslant i \leqslant n$$

证明 应用基本结论式(12)有

$$x_i \leqslant \frac{5\sqrt{5}-11}{2} \Rightarrow \sum_{i=1}^{n} x_i \leqslant \frac{n}{2}(5\sqrt{5}-11)$$

当 $\theta = 0$ 时，式(21)化为

$$\sum_{i=1}^{n} k_i \leqslant 1$$

成立；当 $\theta = 1$ 时，式(20)化为上式，成立.

当 $\theta \in (0,1)$ 时，应用赫尔特不等式有

$$P_n(k) = \sum_{i=1}^{n} k_i^{1-\theta} x_i^{\theta} \leqslant \left(\sum_{i=1}^{n} k_i\right)^{1-\theta} \left(\sum_{i=1}^{n} x_i\right)^{\theta} \leqslant$$

$$\left(\sum_{i=1}^{n} x_i\right)^{\theta} \leqslant \left[\frac{n}{2}(5\sqrt{5}-11)\right]^{\theta}$$

很明显，当 $\theta = 0$ 时，式(21)等号成立仅当 $\sum_{i=1}^{n} k_i = 1$；当 $0 < \theta < 1$ 时，式(20)等号成立仅当 $k_i = \frac{1}{n}, a_i = \frac{\sqrt{5}-1}{2} (1 \leqslant i \leqslant n)$；当 $\theta = 1$ 时，式(20)等号成立仅当 $a_i = \frac{1}{2}(\sqrt{5}-1)(1 \leqslant i \leqslant n)$.

如果我们又设 $0 < a_i < \lambda (1 \leqslant i \leqslant n)$ 且

$$X_i = \frac{a_i a_{i+1}(\lambda^2 - a_i a_{i+1})}{(\lambda + a_i)(\lambda + a_{i+1})}, 1 \leqslant i \leqslant n$$

那么

$$X_i = \lambda^2 \left[\frac{\frac{a_i}{\lambda} \cdot \frac{a_{i+1}}{\lambda}\left(1 - \frac{a_i}{\lambda} \cdot \frac{a_{i+1}}{\lambda}\right)}{\left(1 + \frac{a_i}{\lambda}\right)\left(1 + \frac{a_{i+1}}{\lambda}\right)}\right] \leqslant \left(\frac{5\sqrt{5}-11}{2}\right)\lambda^2 \left(因 0 < \frac{a_i}{\lambda} < 1\right)$$

这样，式(21)又可以推广为

$$\sum_{i=1}^{n} k_i^{1-\theta} X_i^{\theta} \leqslant \left[\frac{n\lambda^2}{2}(5\sqrt{5}-11)\right]^{\theta} \tag{22}$$

有趣的是，如果 $m \geqslant 1$，且 $\sum_{i=1}^{n} k_i^m \leqslant 1$，那么有

$$\sum_{i=1}^{n} k_i^{m-1} X_i^m = \sum_{i=1}^{n} \left[(k_i^m)^{\frac{m-1}{m}}(x_i^{m^2})^{\frac{1}{m}}\right] (应用赫尔特不等式) \leqslant$$

$$\left(\sum_{i=1}^{n} k_i^m\right)^{\frac{m-1}{m}} \left(\sum_{i=1}^{n} X_i^{m^2}\right)^{\frac{1}{m}} \leqslant \left(\sum_{i=1}^{n} X_i^{m^2}\right)^{\frac{1}{m}} \leqslant$$

$$\left\{n\left[\frac{\lambda^2}{2}(5\sqrt{5}-11)\right]^{m^2}\right\}^{\frac{1}{m}} = \sqrt[m]{n}\left[\frac{\lambda^2}{2}(5\sqrt{5}-11)\right]^m$$

即

$$\sum_{i=1}^{n} k_i^{m-1} X_i^m \leqslant \sqrt[m]{n} \left[\frac{\lambda^2}{2}(5\sqrt{5}-11) \right]^m \tag{23}$$

式(21)中指数 $0 < \theta < 1$($\theta = 0$ 和 1 除开),式(22)中指数 $m > 1$($m=1$ 除开),而且式(21)和式(22)的方向相同,这一奇特现象暗示我们,如果我们记

$$t(\theta) = \frac{|1-\theta|}{1-\theta}, \theta > 0, \theta \neq 1$$

那么式(22)可以统一成一个合并式

$$\sum_{i=1}^{n} (k_i^{(1-\theta)t(\theta)} X_i^\theta) \leqslant (n^{\theta t(\theta)}) \left[\frac{\lambda^2}{2}(5\sqrt{5}-11) \right]^\theta \tag{24}$$

这是因为当 $0 < \theta < 1$ 时,$t(\theta) = 1$;当 $\theta > 1$ 时,$t(\theta) = -1$,此时

$$k_i^{(1-\theta)t(\theta)} = k_i^{(\theta-1)}, n^{\theta t(\theta)} = n^{\theta^{-1}} = n^{\frac{1}{\theta}} = \sqrt[\theta]{n}$$

可见,式(23)中的指数 θ 除了 0 和 1 未包含,含意扩到了 $\theta \in (0,1) \cup (1, +\infty)$,现在,我们不妨将

$$t(\theta) = \frac{|1-\theta|}{1-\theta} = \begin{cases} 1, 0 < \theta < 1 \\ -1, \theta > 1 \end{cases} \tag{25}$$

叫做式(23)的指数函数,它的图象如下,它是一条不包括终点(1,1)的线段,和一条不包括起点(1,-1)的射线.

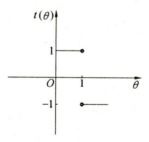

(九)

(1) 如果我们设锐角 $\theta \in (0, \frac{\pi}{2})$,$a > 0$,$b > 0$,$n \in \mathbf{N}$ 为自然数,关于 θ 的三角函数为

$$P_n(\theta) = (a\sec^n\theta + b)(a\csc^n\theta + b)$$

应用赫尔特不等式有

$$P_n(\theta) \geqslant [a(\sec\theta\csc\theta)^{\frac{n}{2}} + b]^2 = \tag{1}$$

$$\left[a\left(\frac{2}{\sin 2\theta} \right)^{\frac{n}{2}} + b \right]^2 \geqslant [a(\sqrt{2})^n + b]^2 \Rightarrow$$

$$P_n(\theta) \geqslant \left[(\sqrt{2})^n a + b\right]^2 \quad (2)$$

等号成立仅当 $a = b$ 且 $\theta = \frac{\pi}{4}$.

从结构上讲,式(2)有配对形式

$$T_n(\theta) = (a\sec^n\theta - b)(a\csc^n\theta - b) \geqslant \left[(\sqrt{2})^n a - b\right]^2 \quad (3)$$

或

$$T_n(\theta) \leqslant \left[(\sqrt{a})^n a - b\right]^2 \quad (4)$$

吗? 显然,当 n, a, b 具备一定的约束条件是(3)、(4)只有一个不等式成立.那么,它们哪个成立呢? n 和 a, b 又分别要有什么约束条件呢? 让我们从最简单的情况入手进行探讨吧.

取 $a = b = 1, n = 1$, 有

$$T_1(\theta) = (\sec\theta - 1)(\csc\theta - 1) = $$
$$\sec\theta\csc\theta - \sec\theta - \csc\theta + 1$$

注意到

$$\theta \in (0, \frac{\pi}{2}) \Rightarrow \begin{cases} \sec\theta > 0 \\ \csc\theta > 0 \end{cases} \Rightarrow$$

$$T_1(\theta) \leqslant \sec\theta\csc\theta - 2\sqrt{\sec\theta\csc\theta} + 1 = (\sqrt{\sec\theta\csc\theta} - 1)^2$$

但是

$$\sec\theta\csc\theta = 2/\sin 2\theta \geqslant 2$$

因此,以上述思路既不能得出

$$(\sec\theta - 1)(\csc\theta - 1) \geqslant (\sqrt{2} - 1)^2 \quad (\cdot)$$

也不能推出

$$(\sec\theta - 1)(\csc\theta - 1) \leqslant (\sqrt{2} - 1)^2 \quad (*)$$

事实上,式($*$)是成立的.

(2)式($*$)是一道简洁紧凑的不等式,下面我们用 4 种方法证明它:

证法 1 我们设关于 θ 的函数为

$$f(\theta) = (\sec\theta - 1)(\csc\theta - 1) = $$
$$\sec\theta\csc\theta - \sec\theta - \csc\theta + 1$$

求导得

$$f'(\theta) = -\frac{4\cos 2\theta}{(\sin 2\theta)^2} + \frac{\cos\theta}{\sin^2\theta} - \frac{\sin\theta}{(\cos\theta)^2} = 4M(\theta)(\csc 2\theta)^2 \quad (5)$$

其中

$$M(\theta) = (\cos\theta)^3 - (\sin\theta)^3 - \cos 2\theta =$$
$$(\cos\theta - \sin\theta)[\cos^2\theta + \cos\theta\sin\theta + \sin^2\theta - (\cos\theta + \sin\theta)] =$$
$$(\cos\theta + \sin\theta)\left[1 + \frac{1}{2}\sin 2\theta - \sqrt{2}\cos(\theta - \frac{\pi}{4})\right]$$

显然当 $\theta = \dfrac{\pi}{4}$ 时,$M(\dfrac{\pi}{4}) = 0$,因此 $\dfrac{\pi}{4}$ 是 $f(\theta)$ 的驻点.

又因为对 $M(\theta)$ 求导有
$$M'(\theta) = -3\cos^2\theta\sin\theta - 3\sin^2\theta\cos\theta + 2\sin 2\theta =$$
$$(2 - \dfrac{3}{2}\sin\theta - \dfrac{3}{2}\cos\theta)\sin 2\theta$$

且
$$M'(\dfrac{\pi}{4}) = 2 - \dfrac{3}{4}\sqrt{2} - \dfrac{3}{4}\sqrt{2} = 2 - \dfrac{3}{2}\sqrt{2} < 0$$

因此 $M(\theta)$ 为减函数,从而 $f(\theta)$ 为凹函数,于是有
$$f(\theta) \leqslant f(\theta)_{\max} = f(\dfrac{\pi}{4}) = (\sqrt{2} - 1)^2$$

即式(*)得证,等号成立仅当 $\theta = \dfrac{\pi}{4}$.

证法 2 由于
$$1 = (\sec^2\theta - 1)(\csc^2\theta - 1) = T_1(\theta)(\sec\theta + 1)(\csc\theta + 1) \geqslant$$
$$T_1(\theta)(\sqrt{\sec\theta\csc\theta} + 1)^2 = T_1(\theta)(\sqrt{2\csc 2\theta} + 1)^2 \geqslant$$
$$(\sqrt{2} + 1)^2 T_1(\theta) \Rightarrow T_1(\theta) \leqslant \dfrac{1}{(\sqrt{2} + 1)^2} = (\sqrt{2} - 1)^2$$

即式(*)成立,等号成立仅当 $\theta = \dfrac{\pi}{4}$.

证法 3 我们作代换
$$\left.\begin{array}{l} t = \tan\dfrac{\theta}{2} \\ \theta \in (0, \dfrac{\pi}{2}) \end{array}\right\} \Rightarrow t \in (0, 1) \Rightarrow y = T_1(\theta) = (\sec\theta - 1)(\csc\theta - 1) =$$
$$(\sqrt{1 + \tan^2\theta} - 1)(\sqrt{1 + \cot^2\theta} - 1) =$$
$$\left[\sqrt{1 + \left(\dfrac{2t}{1-t^2}\right)^2} - 1\right]\left[\sqrt{1 + \left(\dfrac{1-t^2}{2t}\right)^2} - 1\right] =$$
$$\left(\dfrac{1+t^2}{1-t^2} - 1\right)\left(\dfrac{1+t^2}{2t} - 1\right) = \dfrac{2t^2}{1-t^2} \cdot \dfrac{(1-t)^2}{2t} = \dfrac{t(1-t)}{1+t} \Rightarrow$$
$$\left.\begin{array}{l} t^2 + (y-1)t + y = 0 \\ t > 0, y > 0 \end{array}\right\} \Rightarrow \Delta_t = y^2 - 6y + 1 \geqslant \Rightarrow$$
$$[y - (\sqrt{2} - 1)^2][y - (\sqrt{2} + 1)^2] \geqslant 0$$

又 $t \in (0, 1) \Rightarrow t(1-t) \in (0, 1) \Rightarrow$
$$y = \dfrac{t(1-t)}{1+t} \in (0, 1) \Rightarrow y < (\sqrt{2} + 1)^2 \Rightarrow$$
$$y \leqslant (\sqrt{2} - 1)^2 \Rightarrow T_1(\theta) \leqslant (\sqrt{2} - 1)^2$$

即式(*)成立,等号成立仅当

$$\Delta t = 0 \Rightarrow t \Rightarrow \frac{1}{2}(y-1) = \sqrt{2} - 1 \Rightarrow$$

$$\tan\frac{\theta}{2} = \sqrt{2} - 1 \Rightarrow \tan\frac{\theta}{2} = \tan\frac{\pi}{8} \Rightarrow \theta = \frac{\pi}{4}$$

证法 4 应用三角恒等式,有

$$1 - \sin\theta = (\sin\frac{\theta}{2} - \cos\frac{\theta}{2})^2$$

$$1 - \cos\theta = 2\sin^2\frac{\theta}{2}, \sin\theta = 2\sin\frac{\theta}{2}\cos\frac{\theta}{2}$$

$$\cos\theta = -\left(\sin\frac{\theta}{2} + \cos\frac{\theta}{2}\right)\left(\sin\frac{\theta}{2} - \cos\frac{\theta}{2}\right)$$

代入

$$T_1(\theta) = (\csc\theta - 1)(\sec\theta - 1) = \left(\frac{1-\sin\theta}{\sin\theta}\right)\left(\frac{1-\cos\theta}{\cos\theta}\right) =$$

$$-\left[\frac{\sin\frac{\theta}{2} - \cos\frac{\theta}{2}}{\sin\frac{\theta}{2} + \cos\frac{\theta}{2}}\right]\frac{\sin\frac{\theta}{2}}{\cos\frac{\theta}{2}} =$$

$$-\left(\frac{t-1}{t+1}\right)t(\text{其中 } t = \tan\frac{\theta}{2}) =$$

$$-\left(1 - \frac{2}{1+t}\right)t = -t + \frac{2t}{1+t} =$$

$$3 - \left[(1+t) + \frac{2}{1+t}\right] \leqslant 3 - 2\sqrt{2} \Rightarrow$$

$$T_1(\theta) \leqslant (\sqrt{2} - 1)^2$$

即式(*)成立,等号成立仅当

$$1 + t = \frac{2}{1+t} \Rightarrow 1 + t = \sqrt{2} > 0 \Rightarrow$$

$$t = \tan\frac{\theta}{2} = \sqrt{2} - 1 = \tan\frac{\pi}{8} \Rightarrow \theta = \frac{\pi}{4}$$

以上 4 种证法中,证法 2 最简洁明快.

(3) 按照我们在前面约定的记号

$$T_n(\theta) = (\sec^n\theta - 1)(\csc^n\theta - 1)$$

结合刚才已证明的结论

$$T_1(\theta) \leqslant (\sqrt{2} - 1)^2, T_2(\theta) = (\sqrt{2^2} - 1)^2$$

那么,我们猜测,是否有结论

$$T_n(\theta) = (\sec^n\theta - 1)(\csc^n\theta - 1) \leqslant (\sqrt{2^n} - 1)^2 \qquad (?)$$

显然,当 $n=1,2$ 时式(?)成立,但这并不能肯定式(?)就一定成立. 事实上,当 $n=2k(1\leqslant k\in \mathbf{N})$ 为偶数时,应用结论 $T_2(\theta)=1$,有

结论 1 设 $1\leqslant k\in \mathbf{N}, \theta\in (0,\frac{\pi}{2})$,则有

$$[(\sec\theta)^{2k}-1][(\csc\theta)^{2k}-1]\geqslant (2^k-1)^2 \qquad (L)$$

证明 应用不等式

$$\sec\theta\csc\theta=2\csc 2\theta\geqslant 2$$

及赫尔特不等式,有

$$T_{2k}(\theta)=T_2(\theta)\Big[\sum_{i=1}^{k}(\sec^2\theta)^{i-1}\Big]\Big[\sum_{i=1}^{k}(\csc^2\theta)^{i-1}\Big]\geqslant$$
$$\Big[\sum_{i=1}^{k}(\sec\theta\csc\theta)^{i-1}\Big]^2=\Big(\sum_{i=1}^{k}2^{i-1}\Big)^2=(2^k-1)^2$$

即式(L)成立,等号成立仅当 $\theta=\frac{\pi}{4}$.

式(L)还可以从参数方面推广为:

结论 2 设 $1\leqslant k\in \mathbf{N}, \theta\in (0,\frac{\pi}{2})$,则当 $a\geqslant b>0$ 时,有

$$[a(\sec\theta)^{2k}-b][a(\csc\theta)^{2k}-b]\geqslant (2^k a-b)^2 \qquad (M)$$

从式(L)知,当 $a=b$ 时,式(M)退化为式(L),当然成立,因此我只须证明当 $a>b>0$ 时的情形即可.

证法 1 简记式(M)左边为 T,应用式(L)和柯西不等式有

$$T=[a(\sec^{2k}\theta-1)+(a-b)][a(\csc^{2k}\theta-1)+(a-b)]\geqslant$$
$$[a(T_{2k}(\theta))^{\frac{1}{2}}+(a-b)]^2\geqslant [a(2^k-1)+a-b]^2=$$
$$(2^k a-b)^2$$

即式(M)成立,等号成立仅当 $\theta=\frac{\pi}{4}$(与 a,b 无关).

证法 2 应用三角公式有

$$T=[a(1+\tan^2\theta)^k-b][a(1+\cot^2\theta)^k-b]=$$
$$\Big[a\sum_{i=1}^{k}(C_k^i\tan^{2i}\theta)+(a-b)\Big]\cdot$$
$$\Big[a\sum_{i=1}^{k}(C_k^i\cot^{2i}\theta)+(a-b)\Big]\geqslant$$

(应用柯西不等式)

$$\Big[a\sum_{i=1}^{k}C_k^i(\tan\theta\cot\theta)^i+(a-b)\Big]^2=$$

$$[a\sum_{i=1}^{k}C_k^i + a - b]^2 = [a(2^k - 1) + (a-b)]^2 =$$
$$(2^k a - b)^2 \Rightarrow T \geqslant (2^k a - b)^2$$

即式(M)成立,等号成立仅当 $\theta = \dfrac{\pi}{4}$.

(4) 其实,式(L)可以推广为

结论 3 设 $2 \leqslant n \in \mathbf{N}, \theta \in (0, \dfrac{\pi}{2})$,有

$$T_n(\theta) = (\sec^n \theta - 1)(\csc^n \theta - 1) \geqslant (\sqrt{2^n} - 1)^2 \tag{N}$$

当 $n = 2k(1 \leqslant k \in \mathbf{N})$ 时,式(N)化为式(L).

证法 1 应用串值归纳法:

(i) 当 $n = 2$ 时,式(N)成立.

(ii) 假设当 $n \leqslant k$ 时,式(N)成立,那么当 $n = k - 1$ 时自然成立,即

$$T_{k-1}(\theta) = (\sec^{k-1} \theta - 1)(\csc^{k-1} \theta - 1) \geqslant (\sqrt{2^{k-1}} - 1)^2$$

于是,有

$$T_{k+1}(\theta) = (\sec^{k+1} \theta - 1)(\csc^{k+1} \theta - 1) =$$
$$[(\sec^{k-1} \theta - 1)\sec^2 \theta + (\sec^2 \theta - 1)] \cdot$$
$$[(\csc^{k-1} \theta - 1)\csc^2 \theta + (\csc^2 \theta - 1)] \geqslant$$
$$[(T_{k-1}(\theta))^{\frac{1}{2}} \sec\theta \csc\theta + (\sec^2\theta - 1)(\csc^2\theta - 1)]^2 =$$
$$[(T_{k-1}(\theta))^{\frac{1}{2}}(\sec\theta\csc\theta) + 1]^2 \geqslant$$
$$[(\sqrt{2^{k-1}} - 1) \cdot 2 + 1]^2 = (\sqrt{2^{k+1}} - 1)^2$$

即对于 $n = k + 1$ 时,式(N)仍然成立.

综合(i)和(ii)知,对于任意 $2 \leqslant n \in \mathbf{N}$,式(N)成立,等号成立仅当 $\theta = \dfrac{\pi}{4}$.

证法 2 应用常用归纳法:

(i) 当 $n = 2$ 时,式(N)成为等式
$$(\sec^2 \theta - 1)(\csc^2 \theta - 1) = 1$$
显然成立.

(ii) 假设当 $n \geqslant 2$ 时式(N)成立,那么对于 $n + 1$ 时

$$T_{n+1}(\theta) = \left(\dfrac{1}{(\sin\theta)^{n+1}} - 1\right)\left(\dfrac{1}{(\cos\theta)^{n+1}} - 1\right) =$$
$$\dfrac{1}{(\sin\theta\cos\theta)^{n+1}}(1 - (\sin\theta)^{n+1})(1 - (\cos\theta)^{n+1}) =$$
$$\dfrac{1 - (\sin\theta)^{n+1} - (\cos\theta)^{n+1}}{(\sin\theta\cos\theta)^{n+1}} + 1 =$$

$$\frac{1}{\sin\theta\cos\theta}\left(\frac{1}{(\sin\theta\cos\theta)^n}-\frac{\cos\theta}{\sin^n\theta}-\frac{\sin\theta}{\cos^n\theta}\right)+1=$$

$$\frac{1}{\sin\theta\cos\theta}\left[\begin{array}{c}\left(\frac{1}{\sin^n\theta}-1\right)\left(\frac{1}{\cos^n\theta}-1\right)+\\ \frac{1-\cos\theta}{\sin^n\theta}+\frac{1-\sin\theta}{\cos^n\theta}-1\end{array}\right]+1\geqslant$$

（应用归纳假设）

$$\frac{1}{\sin\theta\cos\theta}\left[(\sqrt{2^n}-1)^2-1+2x\right] \tag{6}$$

其中

$$x=\sqrt{\frac{(1-\cos\theta)(1-\sin\theta)}{(\sin\theta\cos\theta)^n}} \tag{7}$$

但

$$x^2=\frac{(1-\cos^2\theta)(1-\sin^2\theta)}{(\sin\theta\cos\theta)^n(1+\sin\theta)(1+\cos\theta)}=$$

$$\frac{(\sec\theta\csc\theta)^{n-2}}{(1+\cos\theta)(1+\sin\theta)} \tag{8}$$

由于

$$(\sec\theta\csc\theta)^{n-2}=(2\csc 2\theta)^{n-2}\geqslant 2^{n-2}$$

及

$$\sin\theta\cos\theta=\frac{1}{2}\sin 2\theta\leqslant\frac{1}{2}$$

$$(1+\cos\theta)(1+\sin\theta)\leqslant\left(1+\frac{\cos\theta+\sin\theta}{2}\right)^2=$$

$$\left[1+\frac{\sqrt{2}}{2}\cos\left(\theta-\frac{\pi}{4}\right)\right]^2\leqslant\left(1+\frac{\sqrt{2}}{2}\right)^2=$$

$$\frac{1}{2}(\sqrt{2}+1)^2$$

所以

$$x^2\geqslant\frac{2^{n-1}}{(\sqrt{2}+1)^2}=2^{n-1}(\sqrt{2}-1)^2 \tag{9}$$

(9)代入式(6)得

$$T_{n+1}(\theta)=(\sec^{n+1}\theta-1)(\csc^{n+1}\theta-1)\geqslant$$

$$2\left[(2^n-2\sqrt{2^n})+2\left(\sqrt{2^n}-\frac{1}{2}\sqrt{2^n}\right)\right]+1=$$

$$2(2^n-\sqrt{2^{n+1}})+1=2^{n+1}-2\sqrt{2^{n+1}}+1\Rightarrow$$

$$T_{n+1}(\theta)\geqslant(\sqrt{2^{n+1}}-1)^2 \tag{10}$$

即对于 $n+1$ 时式(N)仍然成立．

综合(i)和(ii)知对任意 $2 \leqslant n \in \mathbf{N}$ 式(E)成立,等号成立仅当 $\theta = \dfrac{\pi}{4}$.

(5) 让我们回顾式
$$(a\sec^n\theta + b)(a\csc^n\theta + b) \geqslant [(\sqrt{2})^n a + b]^2 \tag{N_1}$$
它的配对形式便是式(L)的参数推广
$$(a\sec^n\theta - b)(a\csc^n\theta - b) \geqslant [(\sqrt{2})^n a - b]^2 \tag{O}$$
其中 $a \geqslant b > 0$.

证明 $(a\sec^n\theta - b)(a\csc^n\theta - b) =$
$[a(\sec^n\theta - 1) + (a - b)][a(\csc^n\theta - 1) + (a - b)] \geqslant$
(应用柯西不等式)
$\left[a\sqrt{T_n(\theta)} + (a - b)\right]^2 \geqslant$
$\left[a(\sqrt{2^n} - 1) + a - b\right]^2 = (a\sqrt{2^n} - b)^2$

即式(O)成立,等号成立仅当 $\theta = \dfrac{\pi}{4}$ (与 a,b 无关).

这样一来,式(N_1) 和式(O) 可以合并成一个不等式:

结论 4 设 $a \geqslant b > 0, 2 \leqslant n \in \mathbf{N}, \theta \in (0, \dfrac{\pi}{2})$,则有
$$(a\sec^n\theta \pm b)(a\csc^n\theta \pm b) \geqslant (\sqrt{2^n}\, a \pm b)^2 \tag{P}$$
等号成立仅当 $\theta = \dfrac{\pi}{4}$.

这明显是结论 2 的一个推广.

前面的式(N_1) 即为式(P) 的"半边天"
$$(a\sec^n\theta + b)(a\csc^n\theta + b) \geqslant (\sqrt{2^n}\, a + b)^2 \tag{N_1}$$
我们先从两个方面推广式(N_1),再建立式(N_1)的配对推广(式(P)的另一半推广):

结论 5 设 $a, b, k > 0, p, q \in (0, 1)$,且 $p + q = 1, \theta \in (0, \dfrac{\pi}{2})$ 则有
$$(a\sec^k\theta + b)^p (a\csc^k\theta + b)^q \geqslant \dfrac{a}{(p^p q^q)^{k/2}} + b \tag{Q}$$

显然,当 $p = q = \dfrac{1}{2}$ 时,式(Q) 代为式(N_1).

证明 记式(Q) 左边为 P,$x = \sin^p\theta \cos^q\theta$,应用加权不等式有
$$x^2 = p^p q^q \left(\dfrac{\sin^2\theta}{p}\right)^p \left(\dfrac{\cos^2\theta}{q}\right)^q \leqslant p^p q^q \left[p\left(\dfrac{\sin^2\theta}{p}\right) + q\left(\dfrac{\cos^2\theta}{q}\right)\right] = \tag{11}$$
$p^p q^q \Rightarrow x \leqslant (p^p q^q)^{1/2}$

应用赫尔特不等式有

$$P \leqslant (a\sec^k\theta)^p(a\csc^k\theta)^q + b^p \cdot b^q =$$

$$a(\sec^p\theta\csc^q\theta)^k + b = a/x^k + b \geqslant a(p^pq^q)^{-\frac{k}{2}} + b$$

即式(Q)得证,等号成立仅当

$$\begin{cases}\sin^2\theta/p = \cos^2\theta/q \\ \dfrac{a\sec^k\theta}{a\csc^k\theta} = \dfrac{b}{b}\end{cases} \Rightarrow \begin{cases}\theta = \dfrac{\pi}{4} \\ p = q = \dfrac{1}{2}\end{cases}$$

式(N_1)的第二个推广便是:

结论 6 设 $\theta_i \in (0, \dfrac{\pi}{4})$,$p_i \in (0,1)$,且 $n\theta = \sum\limits_{i=1}^{n}\theta_i$,$\sum\limits_{i=1}^{n}p_i = 1$,$(1 \leqslant i \leqslant n, 2 \leqslant n \in \mathbf{N})$,$a,b,k > 0$,则有

$$\prod_{i=1}^{n}(a\sec^k\theta_i + b)^{p_i} \geqslant a\left(\dfrac{\sec\theta}{nt}\right)^k + b \qquad (R)$$

其中 $t = \prod\limits_{i=1}^{n}p_i^{p_i}$.

特别地,当 $n=2$,$\theta = \dfrac{\pi}{4}$ 时,式(R) 化为

$$(a\sec^k\theta_1 + b)^{p_1}(a\sec^k\theta_2 + b)^{p_2} \geqslant a(\sqrt{2}\,p_1^{p_1}p_2^{p_2})^{-k} + b \qquad (S)$$

即

$$(a\sec^k\theta_1 + b)^{p_1}(a\sec^k\theta_1 + b)^{p_2} \geqslant a(\sqrt{2}\,p_1^{p_1}p_2^{p_2})^{-k} + b \qquad (S_1)$$

式(S) 与式(R) 略有区别. 其实,当 $p_1 = p_2 = \dfrac{1}{2}$ 时,式(S) 化为

$$(a\sec^k\theta_1 + b)(a\csc^k\theta_1 + b) \geqslant (\sqrt{2^k}\,a + b)^2$$

这与式(N_1)等价.

证明 应用加权不等式,并注意到 $t = \prod\limits_{i=1}^{n}p_i^{p_i}$,有

$$T = \prod_{i=1}^{n}\cos^{p_i}\theta_i = t\prod_{i=1}^{n}\left(\dfrac{\cos\theta_i}{p_i}\right)^{p_i} \leqslant t\sum_{i=1}^{n}p_i\left(\dfrac{\cos\theta_i}{p_i}\right) = t\sum_{i=1}^{n}\cos\theta_i \leqslant$$

$$nt\cos\left(\dfrac{\sum\limits_{i=1}^{n}\theta_i}{n}\right) = nt\cos\theta \Rightarrow$$

(应用赫尔特不等式)

$$\prod_{i=1}^{n}(a\sec^k\theta_i + b)^{p_i} \geqslant \prod_{i=1}^{n}(a\sec^k\theta_i)^{p_i} + \prod_{i=1}^{n}b^{p_i} =$$

$$(a^{\sum_{i=1}^{n}p_i})\left(\prod_{i=1}^{n}\sec^{p_i}\theta_i\right)^k + b^{\sum_{i=1}^{n}p_i} = a/T^k + b \geqslant$$
$$a/(nt\cos\theta)^k + b \Rightarrow$$
$$\prod_{i=1}^{n}(a\sec^k\theta_i + b)^{p_i} \geqslant a\left(\frac{\sec\theta}{nt}\right)^k + b$$

即式(R)成立,等号成立仅当 $\theta_i = \frac{\pi}{4}, p_i = \frac{1}{n}(1 \leqslant i \leqslant n)$.

(6) 设 $k \geqslant 2, a \geqslant b > 0, \theta_i \in (0, \frac{\pi}{2}), p_i \in (0,1)(1 \leqslant i \leqslant n; 2 \leqslant n \in \mathbf{N})$

且 $\sum_{i=1}^{n}p_i = 1, \theta = \sum_{i=1}^{n}p_i\theta_i$,并且,当 $k=2$ 时 $\frac{\pi}{2} > \theta_i \geqslant \frac{\pi}{4}(1 \leqslant i \leqslant n)$,那么有

$$\prod_{i=1}^{n}(a\sec^k\theta_i - b)^{p_i} \geqslant a\sec^k\theta - b \qquad (T)$$

特别地,当取 $n=2, p_1 = p_2 = \frac{1}{2}, \theta = \frac{\pi}{4}$ 时,式(T) 化为

$$(a\sec^k\theta_1 - b)(a\sec^k\theta_2 - b) =$$
$$(a\sec^k\theta_1 - b)(a\csc^k\theta_1 - b) \geqslant (\sqrt{2^k}a - b)^2 \qquad (12)$$

此时,式(12) 与式(O)(式(N_1) 的配对式) 等价.

证明 (i) 当 $a = b > 0$ 时,我们设关于 $x \in (0, \frac{\pi}{2})$ 的函数为

$$f(x) = \ln(\sec^k x - 1) = \ln\left(\frac{1-\cos^k x}{\cos^k x}\right) \qquad (13)$$

对函数 $f(x)$ 求导得

$$f'(x) = \left(\frac{\cos^k x}{1-\cos^k x}\right)\frac{k\sin x}{(\cos x)^{k+1}} = \frac{k\sin x}{(1-\cos^k x)\cos x} > 0 \qquad (14)$$

$$f''(x) = \frac{k\cos x}{(1-\cos^k x)\cos x} - \frac{k\sin x[-\sin x + (k+1)\cos^k x \sin x]}{(\cos x - \cos^{k+1})^2} =$$
$$\frac{kT(x)}{(1-\cos^k x)^2 \cos^2 x} \qquad (15)$$

其中

$$T(x) = (1-\cos^k x)\cos^2 x + [1-(k+1)\cos^k x]\sin^x =$$
$$k(\cos x)^{k+2} - (k+1)\cos^k x + 1 \qquad (16)$$

当 $k = 2$ 时,如果

$$x \leqslant \frac{\pi}{4} \Rightarrow \cos x \geqslant \frac{\sqrt{2}}{2} \Rightarrow T(x) = 2(\cos x)^4 - 3\cos^2 x + 1 =$$
$$(1-2\cos^2 x)(1-\cos^2 x) = (1-2\cos^2 x)\sin^2 x \leqslant 0$$

当 $k > 2$ 时,注意到 $x \in (0, \frac{\pi}{2})$ 有 $\sec x > 1$,应用平均值不等式有

$$T(x) = k(\cos x)^{k+2} + 1 - (k+1)\cos^k x >$$
$$(k+1)\left[1 \cdot (\cos x)^{k(k+2)}\right]^{\frac{1}{k+1}} - (k+1)\cos^k x =$$
$$(k+1)\cos^k x\left[(\cos x)^{-\frac{1}{k+1}} - 1\right] =$$
$$(k+1)\cos^k x\left[(\sec x)^{\frac{1}{k+1}} - 1\right] > 0$$

因此,当 $k \geqslant 2$ 时,$f(x)$ 为凸函数,应用琴生不等式有

$$\sum_{i=1}^{n} p_i f(\theta_i) \geqslant f\left(\sum_{i=1}^{n} p_i \theta_i\right) = f(\theta) \Rightarrow$$
$$\sum_{i=1}^{n} p_i \ln(\sec^k \theta_i - 1) \geqslant \ln(\sec^k \theta - 1) \Rightarrow$$
$$\ln \prod_{i=1}^{n} (\sec^k \theta_i - 1)^{p_i} \geqslant \ln(\sec^k \theta - 1) \Rightarrow$$
$$\prod_{i=1}^{n} (\sec^k \theta_i - 1)^{p_i} \geqslant \sec^k \theta - 1 \quad\quad \text{(U)}$$

等号成立仅当 $\theta_i = \theta \in \left(0, \dfrac{\pi}{2}\right)(1 \leqslant i \leqslant n)$.

(ii) 当 $a > b > 0$ 时,应用赫尔特不等式有

$$\prod_{i=1}^{n} (a\sec^k \theta_i - b)^{p_i} =$$
$$\prod_{i=1}^{n} \left[a(\sec^k \theta_i - 1) + (a-b)\right]^{p_i} \geqslant$$
$$\prod_{i=1}^{n} \left[a(\sec^k \theta_i - 1)\right]^{p_i} + \prod_{i=1}^{n} (a-b)^{p_i} \geqslant$$
$$a(\sec^k \theta - 1) + (a-b) = a\sec^k \theta - b \Rightarrow$$
$$\prod_{i=1}^{n} (a\sec^k \theta_i - b)^{p_i} \geqslant a\sec^k \theta - b$$

综合上述(i)和(ii)知,式(T)成立,等号成立仅当 $\theta_1 = \theta_2 = \theta = \cdots = \dfrac{\pi}{4}$.

特别地,当取 $p_1 = p_2 = \cdots = p_n = \dfrac{1}{n}$,当 $k \geqslant 2$ 时,有珠联璧合的"龙凤"不等式为

$$\prod_{i=1}^{n} (a\sec^k \theta_i \pm b) \geqslant (a\sec^k \theta \pm b)^n \quad\quad \text{(V)}$$

式(V)的美丽与风采,太迷人了!

几道数奥妙题的初探与多种证明

（一）

当你翻开《奥数教程·高二年级》（刘诗雄主编，单墫，熊斌总主编）第20页时，有一道新奇美妙的题目映入眼帘：

题 1 已知 $x,y,z \in \mathbf{R}^+$，$x+y+z=1$，证明：
$$\frac{1}{1+x^2}+\frac{1}{1+y^2}+\frac{1}{1+z^2} \leqslant \frac{27}{10} \tag{A}$$

放眼观察，式(A)左边是三个分式之和，但结构简洁对称，容易记住，且易验证当 $x=y=z=\dfrac{1}{3}$ 时，式(A)等号成立．因此，也许有人要轻视本题，认为能轻松证明它．还是让我们先分析它吧！

分析 （i）本题的已知条件是许多相关不等式所共有的，设关于 x 的函数为
$$f(x)=\frac{1}{x(1+x^2)},\ x\in(0,1)$$

那么在 $(0,1)$ 内 $f(x)$ 为减函数，因此有
$$(x-\frac{1}{3})[f(x)-f(\frac{1}{3})] \leqslant 0 \Rightarrow$$
$$(x-\frac{1}{3})\left[\frac{1}{x(1+x^2)}-\frac{27}{10}\right] \leqslant 0 \Rightarrow$$
$$\frac{1}{1+x^2} \leqslant \frac{27}{10}x-\frac{9}{10}+\frac{1}{3x(1+x^2)}$$

同理 $\begin{cases}\dfrac{1}{1+y^2} \leqslant \dfrac{27}{10}y-\dfrac{9}{10}+\dfrac{1}{3y(1+y^2)} \\ \dfrac{1}{1+z^2} \leqslant \dfrac{27}{10}z-\dfrac{9}{10}+\dfrac{1}{3z(1+z^2)}\end{cases} \Rightarrow$

$$T = \sum\left(\frac{1}{1+x^2}\right) \leqslant \frac{27}{10}\sum x - \frac{27}{10} + \frac{1}{3}\sum \frac{1}{x(1+x^2)} =$$

$$\frac{27}{10} - \frac{27}{10} + \frac{1}{3}\sum \frac{1}{x(1+x^2)} \Rightarrow$$

$$T = \sum\left(\frac{1}{1+x^2}\right) \leqslant \frac{1}{3}\sum \frac{1}{x(1+x^2)} \tag{1}$$

可见,到此情况更复杂了,证明不了本题;

(ii) 注意到当 $3x = 3y = 3z = 1$ 时,式(A) 取等号,应用平均值不等式有

$$1 + x^2 = \frac{1}{9}[9 \cdot 1^2 + (3x)^2] \geqslant \frac{10}{9}[1^9 \cdot (3x)^2]^{\frac{1}{10}} = \frac{10}{9}(3x)^{\frac{1}{5}} \Rightarrow$$

$$\left.\begin{array}{l} \dfrac{1}{1+x^2} \leqslant \dfrac{9}{10}(3x)^{-\frac{1}{5}} \\ \dfrac{1}{1+y^2} \leqslant \dfrac{9}{10}(3y)^{-\frac{1}{5}} \\ \dfrac{1}{1+z^2} \leqslant \dfrac{9}{10}(3z)^{-\frac{1}{5}} \end{array}\right\} \Rightarrow$$

$$T = \sum\left(\frac{1}{1+x^2}\right) \leqslant \frac{9}{10}\sum(3x)^{-1/5} \tag{2}$$

但是

$$\sum(3x)^{-1/5} \geqslant 3\left[\prod(3x)\right]^{-1/15} = 3^{1-\frac{1}{5}}(xyz)^{-\frac{1}{15}} \geqslant 3^{1-\frac{1}{5}}\left(\frac{x+y+z}{3}\right)^{-\frac{3}{15}} =$$

$$3^{1-\frac{1}{5}}\left(\frac{1}{3}\right)^{-\frac{1}{5}} = 3 \Rightarrow \frac{9}{10}\sum(3x)^{-\frac{1}{5}} \geqslant \frac{27}{10} \tag{3}$$

因此,从(2)和(3)两式知,用此种思路也不能证明本题.

(iii) 现在我们改变思路,设关于 x 的函数为

$$f(x) = \frac{1}{1+x^2}, \quad x \in (0,1)$$

求导得

$$f'(x) = \frac{-2x}{(1+x^2)^2} < 0$$

$$f''(x) = \frac{2(3x^2-1)}{(1+x^2)^3}$$

从 $f'(x) < 0$ 只能判定 $f(x)$ 是关于 x 的减函数,而不能判定 $f''(x)$ 在 $(0,1)$ 内的正负性,于是不能判定 $f(x)$ 在 $(0,1)$ 内的凸凹性,因此不能作推导

$$f(x) + f(y) + f(z) \leqslant 3f\left(\frac{x+y+z}{3}\right) = 3f\left(\frac{1}{3}\right) = 3 \cdot \frac{1}{1+\left(\frac{1}{3}\right)^2} = \frac{27}{10}$$

(iv) 我们刚才的以上3种思路均告失败,难道本题是难于上于天吗?请看《数奥教程》书中作者的奇妙分析吧!

显然 $0 < x, y, z < 1$，注意到当 $x = y = z = \frac{1}{3}$ 时不等式(A)中等号成立，为了运用条件 $x + y + z = 1$，我们来一点异想天开，猜测：存在常数 A, B，使对 $x \in (0, 1)$，局部的不等式 $\frac{1}{1+x^2} \leqslant Ax + B$ 成立，将 3 个类似的局部不等式相加，问题似乎迎刃而解，由 $x = \frac{1}{3}$ 时不等式 $\frac{1}{1+x^2} \leqslant Ax + B$ 应取等号知，方程
$$(1 + x^2)(Ax + B) = 1$$
有重根 $x = \frac{1}{3}$，令
$$(3x - 1)^2 (ax + b) = 0$$
比较系数可得 $A = -\frac{27}{50}, B = \frac{27}{25}, a = -\frac{3}{50}, b = \frac{2}{25}$.

上述分析大胆、新奇、独特，自然会产生美妙的证明，请欣赏：

证明 因为
$$\left.\begin{array}{l} x, y, z \in \mathbf{R}^+ \\ x + y + z = 1 \end{array}\right\} \Rightarrow x, y, z \in (0, 1) \Rightarrow (3x-1)^2 \left(x - \frac{4}{3}\right) \leqslant 0 \Rightarrow$$
$$x^3 - 2x + x - \frac{4}{27} \leqslant 0 \Rightarrow (x-2)(1+x^2) + \frac{50}{27} \leqslant 0 \Rightarrow$$
$$(1+x^2)(2-x) \geqslant \frac{50}{27} \Rightarrow$$
$$\left.\begin{array}{l} \frac{1}{1+x^2} \leqslant \frac{27}{50}(2-x) \\ \text{同理} \left\{\begin{array}{l} \frac{1}{1+y^2} \leqslant \frac{27}{50}(2-y) \\ \frac{1}{1+z^2} \leqslant \frac{27}{50}(2-z) \end{array}\right. \end{array}\right\} \Rightarrow \frac{1}{1+x^2} + \frac{1}{1+y^2} + \frac{1}{1+z^2} \leqslant$$
$$\frac{27}{50}[6 - (x+y+z)] = \frac{27}{50}(6-1) = \frac{27}{10}$$

即式(A)成立，等号成立仅当 $x = y = z = \frac{1}{3}$.

可以说，这种证法初等、通俗、漂亮，且能给人美的享受和有益的启迪. 并且，本题具有美的三要素——简洁、对称、和谐，因此本题具有收藏性.

更好更强，是我们的追求，如此美妙的题目，还可以再加强吗？首先，我们想到
$$1 + x^2 = \frac{1}{9}[9 \cdot 1^2 + (3x)^2] \geqslant \frac{1}{9} \cdot \frac{1}{10}(9 \cdot 1 + 3x)^2 = \frac{1}{10}(3+x)^2 \Rightarrow$$

$$\frac{1}{1+x^2} \leqslant \frac{10}{(3+x)^2} \Rightarrow T = \sum\left(\frac{1}{1+x^2}\right) \leqslant 10\sum\frac{1}{(3+x)^2} \quad (4)$$

但

$$\sum\frac{1}{(3+x)^2} = \sum\frac{1^{1+2}}{(3+x)^2} \geqslant$$

（应用权方和不等式）

$$\frac{(1+1+1)^{1+2}}{[\sum(3+x)]^2} = \frac{3^3}{(9+\sum x)^2} =$$

$$\frac{27}{(9+1)^2} = \frac{27}{10^2} \Rightarrow 10\sum\frac{1}{(3+x)^2} \geqslant \frac{27}{10} \quad (5)$$

可见，式(A)太强了，不好建立它的加强式．但是，如果我们将式(A)和式(5)"珠联璧合"，则意外地建立了式(A)的完善式：

完善 设正数 x,y,z 满足 $x+y+z=1$，则有

$$\sum\left(\frac{1}{1+x^2}\right) \leqslant \frac{27}{10} \leqslant 10\sum\frac{1}{(3+x)^2} \quad (B)$$

等号成立仅当 $x=y=z=\dfrac{1}{3}$.

式(B)的结构和外观是非常美的，似孔雀开屏，如凤凰飞舞，像雄鹰展翅．

(二)

现在，我们先建立式(B)的参数推广：

推广1 设正数 x,y,z 满足 $x+y+z=1$，参数 $\lambda \geqslant \dfrac{7}{9}$，则有

$$\sum\frac{1}{\lambda+x^2} \leqslant \frac{27}{9\lambda+1} \leqslant (9\lambda+1)\sum\frac{1}{(3\lambda+x)^2} \quad (C)$$

显然，当 $\lambda=1$ 时，式(C)化为式(B).

证明 （i）先证式(C)右边成立．应用权方和不等式有

$$\sum\frac{1}{(3\lambda+x)^2} = \sum\frac{1^{1+2}}{(3\lambda+x)^2} \geqslant$$

$$\frac{(1+1+1)^{1+2}}{[\sum(3\lambda+x)]^2} = \frac{27}{(9\lambda+\sum x)^2} = \frac{27}{(9\lambda+1)^2} \Rightarrow$$

$$(9\lambda+1)\sum\frac{1}{(3\lambda+x)^2} \geqslant \frac{27}{9\lambda+1}$$

即式(C)右边成立，等号成立仅当 $x=y=z=\dfrac{1}{3}$.

(ii) 再证式(C) 左边成立. 设新参数

$$m \geqslant 1 > x, y, z > 0 \Rightarrow$$
$$(3x-1)^2(x-m) \leqslant 0 \Rightarrow \quad (1)$$
$$x^3 - \left(\frac{3m+2}{3}\right)x^2 + \left(\frac{6m+1}{9}\right)x \leqslant \frac{m}{9} \Rightarrow$$
$$\left(x^2 + \frac{6m+1}{9}\right)\left(x - \frac{3m+2}{3}\right) \leqslant$$
$$\frac{m}{9} - \frac{(3m+2)(6m+1)}{27} \Rightarrow$$
$$(\lambda + x^2)\left(\frac{3m+2}{3} - x\right) \geqslant \frac{2}{27}(3m+1)^2 \Rightarrow$$
$$\frac{1}{\lambda + x^2} \leqslant \frac{27\left(\frac{3m+2}{3} - x\right)}{2(3m+1)^2} \quad (2)$$

其中

$$\lambda = \frac{6m+1}{9} \geqslant \frac{7}{9} \Rightarrow 2(3m+1) = 9\lambda + 1$$

同理可得

$$\frac{1}{\lambda + y^2} \leqslant \frac{27\left(\frac{3m+2}{3} - y\right)}{2(3m+1)^2} \quad (3)$$

$$\frac{1}{\lambda + z^2} \leqslant \frac{27\left(\frac{3m+2}{3} - z\right)}{2(3m+1)^2} \quad (4)$$

$$(2)+(3)+(4) \Rightarrow T_\lambda = \sum\left(\frac{1}{\lambda + x^2}\right) \leqslant \frac{27\sum\left(\frac{3m+2}{3} - x\right)}{2(3m+1)^2} =$$
$$\frac{27(3m+2-\sum x)}{2(3m+1)^2} =$$
$$\frac{27(3m+2-1)}{2(3m+1)^2} = \frac{27}{2(3m+1)} \Rightarrow$$
$$T_\lambda \leqslant \frac{27}{2(3m+1)} = \frac{27}{9\lambda + 1} \quad (5)$$

即式(C) 左边成立, 等号成立仅当 $x = y = z = \frac{1}{3}$.

综合上述(i) 和(ii) 知, 式(C) 成立, 等号成立仅当 $x = y = z = \frac{1}{3}$.

(三)

现在,我们将式(C)从3个基本正元素x,y,z推广到多个基本正元素中去:

推广2 设$x_i \in (0,1)(1 \leqslant i \leqslant n; 2 \leqslant n \in \mathbf{N})$,且$\sum_{i=1}^{n} x_i = 1$,参数$\lambda \geqslant \frac{2n+1}{n^2}$,则有

$$\sum_{i=1}^{n}\left(\frac{1}{\lambda+x_i^2}\right) \leqslant \frac{n^3}{n^2\lambda+1} \leqslant (n^2\lambda+1)\sum_{i=1}^{n}\frac{1}{(n\lambda+x_i)^2}$$

特别地,当取$\lambda=1$时,式(D)化为式(B)的n元推广

$$\sum_{i=1}^{n}\left(\frac{1}{1+x_i^2}\right) \leqslant \frac{n^3}{n^2+1} \leqslant (n^2+1)\sum_{i=1}^{n}\frac{1}{(n+x_i)^2} \quad (D_1)$$

若在式(D)中取$n=2$,得到

$$\frac{1}{\lambda+x_1^2}+\frac{1}{\lambda+x_2^2} \leqslant \frac{8}{4\lambda+1} \leqslant (4\lambda+1)\cdot\left[\frac{1}{(2\lambda+x_1)^2}+\frac{1}{(2\lambda+x_2)^2}\right]$$
$$(D_2)$$

其中$\lambda \geqslant \frac{5}{4}$.

再取$x_1=\sin^2\theta, x_2=\cos^2\theta, \theta \in \left(0,\frac{\pi}{2}\right), \lambda=\frac{5}{4}$,这样我们又得到一个新题:

新题1 设$\theta \in \left(0,\frac{\pi}{2}\right)$,则有

$$\frac{1}{5+4\sin^4\theta}+\frac{1}{5+4\cos^4\theta} \leqslant \frac{1}{3} \leqslant$$
$$6\left[\frac{1}{(5+2\sin^2\theta)^2}+\frac{1}{(5+2\cos^2\theta)^2}\right] \quad (D_3)$$

特别地,在式(A)中作置换

$$(x,y,z)=\left(\tan\frac{B}{2}\tan\frac{C}{2},\tan\frac{C}{2}\tan\frac{A}{2},\tan\frac{A}{2}\tan\frac{B}{2}\right)$$

得到:

新题2 对于任意$\triangle ABC$,有不等式

$$\frac{1}{1+\left(\tan\frac{B}{2}\tan\frac{C}{2}\right)^2}+\frac{1}{1+\left(\tan\frac{C}{2}\tan\frac{A}{2}\right)^2}+\frac{1}{1+\left(\tan\frac{A}{2}\tan\frac{B}{2}\right)^2} \leqslant \frac{27}{10}$$
$$(A_1)$$

显然,式(A_1)是具有一定难度的美妙不等式.

现在我们证明式(D).

证明 (i) 先证式(D) 右边成立.

$$\sum_{i=1}^{n} \frac{1}{(n\lambda+x_i)^2} = \sum_{i=1}^{n} \frac{1^{1+2}}{(\lambda n+x_i)^i} \geqslant$$

(应用权方和不等式)

$$\frac{n^3}{\left[\sum_{i=1}^{n}(n\lambda+x_i)\right]^2} = \frac{n^3}{(n^2\lambda+\sum_{i=1}^{n}x_i)^2} = \frac{n^3}{(n^2\lambda+1)^2} \Rightarrow$$

$$(n^2\lambda+1)\sum_{i=1}^{n}\frac{1}{(n\lambda+x_i)^2} \geqslant \frac{n^3}{n^2\lambda+1}$$

即式(D) 右边成立,等号成立仅当 $x_1=x_2=\cdots=x_n=\dfrac{1}{n}$.

(ii) 再证式(D) 左边成立:设 $t \geqslant 1$,有

$$(nx_i-1)^2(x_i-t) \leqslant 0 \Rightarrow$$

$$(n^2x_i^2-2nx_i+1)(x_i-t) \leqslant 0 \Rightarrow$$

$$x_i^3 - \frac{nt+2}{n}x_i^2 + \left(\frac{2nt+1}{n^2}\right)x_i \leqslant \frac{t}{n^2} \Rightarrow \quad (6)$$

$$(x_i^2+\lambda)\left(\frac{nt+2}{n}-x_i\right) \geqslant \frac{(tn+2)(2nt+1)}{n^3} - \frac{t}{n^2} \Rightarrow$$

$$(\lambda+x_i^2)\left(\frac{nt+2}{n}-x_i\right) \geqslant \frac{2}{n^3}(nt+1)^2 \Rightarrow$$

(其中 $\lambda = \dfrac{2nt+1}{n^2} \geqslant \dfrac{2n+1}{n^2} \Rightarrow 2(nt+1) = n^2\lambda+1) \Rightarrow$

$$\frac{1}{\lambda+x_i^2} \leqslant \frac{n^3\left(\dfrac{nt+2}{n}-x_i\right)}{2(nt+1)^2} \Rightarrow T_n(\lambda) = \sum_{i=1}^{n}\left(\frac{1}{\lambda+x_i^2}\right) \leqslant$$

$$\frac{n^3}{2(nt+1)^2}\sum_{i=1}^{n}\left(\frac{nt+2}{n}-x_i\right) = \frac{n^3(tn+2-\sum_{i=1}^{n}x_i)}{2(nt+1)^2} =$$

$$\frac{n^3(nt+2-1)}{2(nt+1)^2} = \frac{n^3}{2(nt+1)} = \frac{n^3}{n^2\lambda+1} \Rightarrow$$

$$T_n(\lambda) \leqslant \frac{n^3}{n^2\lambda+1}$$

即式(D) 右边成立,等号成立仅当 $x_1=x_2=\cdots=x_n=\dfrac{1}{n}$.

综合上述(i) 和(ii) 知,式(D) 成立,等号成立仅当 $x_1=x_2=\cdots=x_n=\dfrac{1}{n}$.

（四）

我们在前面从参数、元素两个方面推广了式(B)，现在该从指数方面去推广式(B)了．

分析 设参数 $t \geq 1$，指数 $k \geq 2$，有
$$(nx_i - 1)^2(x_i^{k-1} - t) \leq 0 \Rightarrow$$
$$(n^2 x_i^2 - 2nx_i + 1)(x_i^{k-1} - t) \leq 0 \Rightarrow$$
$$x_i^{k+1} - \frac{2}{n}x_i^k + \frac{2t}{n}x_i \leq \frac{t}{n^2} + tx_i^2 - \frac{x_i^{k-1}}{n^2} \Rightarrow$$
$$\left(x_i^k + \frac{2t}{n}\right)\left(x_i - \frac{2}{n}\right) \leq tx_i^2 - \frac{x_i^{k-1}}{n^2} - \frac{3t}{n^2} \tag{1}$$

观察式(1)右边知，它与已知条件 $\sum_{i=1}^{n} x_i = 1$ 不便联系．若再从
$$[(nx_i)^{\frac{k}{2}} - 1]^2(x_i - t) \leq 0 \Rightarrow$$
$$[(nx_i)^k - 2(nx_i)^{\frac{k}{2}} + 1](nx_i - tn) \leq 0 \Rightarrow$$
$$[(nx_i)^k + 1][(nx_i) - tn] \leq 2(nx_i)^{\frac{k}{2}+1} - 2tn(nx_i)^{\frac{k}{2}} \tag{2}$$

此式(2)右边也与已知条件难以联系．

从以上分析可见，欲建立式(D)的指数推广，须另寻新路．

推广3 设 $x_i \in (0,1)(1 \leq i \leq n, 2 \leq n \in \mathbf{N})$，且 $\sum_{i=1}^{n} x_i = 1, k \geq 1, m \geq \frac{2n+1}{n^{2k}}$，则
$$T_n(k) = \sum_{i=1}^{n} \frac{1}{\sqrt[k]{m + x_i^{2k}}} \leq \frac{n^3}{\sqrt[k]{mn^{2k} + 1}} \tag{E}$$
$$P_n(k) = \sum_{i=1}^{n} (m + x_i)^{-k} \geq \frac{n^{k+1}}{(mn + 1)^k} \tag{E'}$$

证明 应用权方和不等式易证式(E')成立，等号成立仅当 $x_1 = x_2 = \cdots = x_n = \frac{1}{n}$．

记 $S = mn^{2k} + 1$，应用加权幂平均不等式有
$$m + x_i^{2k} = \frac{mn^{2k} + (nx_i)^{2k}}{n^{2k}} = \frac{S}{n^{2k}}\left[\frac{n^{2k}m \cdot 1^k + (n^2 x_i^2)^k}{S}\right] \geq$$
$$\frac{S}{n^{2k}}\left(\frac{n^{2k}m \cdot 1 + n^2 x_i^2}{S}\right)^k = S^{-(k-1)}(mn^{2k-2} + x_i^2)^k \Rightarrow$$

$$\frac{1}{\sqrt[k]{m+x_i^{2k}}} \leqslant \frac{s^{(\frac{k-1}{k})}}{\lambda+x_i^2} \Rightarrow$$

（其中 $\lambda = mn^{2k-2} \geqslant \dfrac{2n+1}{n^2} \Rightarrow m \geqslant \dfrac{2n+1}{n^{2k}}$）

$$T_n(k) = \sum_{i=1}^n \frac{1}{\sqrt[k]{m+x_i^{2k}}} \leqslant s^{(\frac{k-1}{k})} \sum_{i=1}^n \left(\frac{1}{\lambda+x_i^2}\right) \leqslant$$

（应用式（D））

$$\frac{n^3 s^{(\frac{k-1}{k})}}{n^2 \lambda + 1} = \frac{n^3 \cdot s^{(\frac{k-1}{k})}}{n^2(mn^{2k-2})+1} = \frac{n^3 s^{(\frac{k-1}{k})}}{mn^{2k}+1} = \frac{n^3(mn^{2k}+1)^{\frac{k-1}{k}}}{mn^{2k}+1} =$$

$$\frac{n^3}{\sqrt[k]{mn^{2k}+1}} \Rightarrow T_n(k) \leqslant \frac{n^3}{\sqrt[k]{mn^{2k}+1}}$$

即式（E）成立，等号成立仅当 $x_1 = x_2 = \cdots = x_n = \dfrac{1}{n}$.

（五）

为了"欲穷千里目，更上一层楼"，我们再从指数方面、系数方面去推广式（E）.

推广 4 设 n 个正元数 $x_1, x_2, \cdots, x_n$ 满足 $\sum_{i=1}^n x_i = 1 (2 \leqslant n \in \mathbf{N})$，指数 $k \geqslant 1, \theta \in (0,1)$，参数 $m \geqslant (2n+1)/n^{2k}$，系数 $p_i > 0 (1 \leqslant i \leqslant n)$，则有

$$T_n(\lambda) = \sum_{i=1}^n \frac{p_i}{(m+x_i^{2k})^{\theta/k}} \leqslant$$
$$\left(\frac{n^3}{\sqrt[k]{mn^{2k}+1}}\right)^\theta \left(\sum_{i=1}^n p_i^{\frac{1}{1-\theta}}\right)^{1-\theta} \tag{F}$$

特别地，当 $p_1 = p_2 = \cdots = p_n = 1$ 时，式（F）化为

$$\sum_{i=1}^n (m+x_i^{2k})^{-\theta/k} \leqslant \frac{n^{2\theta+1}}{\sqrt[k]{(mn^{2k}+1)^\theta}} \tag{F'}$$

当 $\theta \to 1$ 时，式（F'）化为式（E）.

略证 记 $\lambda = mn^{2k-2}, s = \lambda n^2 + 1$，应用前面的结论有

$$(m+x_i^{2k})^{-\theta/k} \leqslant s^{\frac{\theta}{k}(k-1)}(\lambda + x_i^2)^{-\theta} \Rightarrow$$

$$T_n(\lambda) = \sum_{i=1}^n p_i(m+x_i^{2k})^{-\theta/k} \leqslant s^{\frac{\theta}{k}(k-1)} \sum_{i=1}^n \frac{p_i}{(\lambda+x_i^2)^\theta} \leqslant$$

（应用赫尔特不等式）

$$s^{\frac{\theta}{k}(k-1)}\Big(\sum_{i=1}^n p_i^{\frac{1}{1-\theta}}\Big)^{1-\theta}\Big(\sum_{i=1}^n \frac{1}{\lambda+x_i^2}\Big)^\theta \leqslant$$

(应用式(D))

$$s^{\frac{\theta}{k}(k-1)}\Big(\sum_{i=1}^n p_i^{\frac{1}{1-\theta}}\Big)^{1-\theta}\Big(\frac{n^3}{n^2\lambda+1}\Big)^\theta =$$

$$\Big(\sum_{i=1}^n p_i^{\frac{1}{1-\theta}}\Big)^{1-\theta} s^{\frac{\theta}{k}(k-1)}\Big(\frac{n^3}{s}\Big)^\theta = \Big(\frac{n^3}{\sqrt[k]{s}}\Big)^\theta \Big(\sum_{i=1}^n p_i^{\frac{1}{1-\theta}}\Big)^{1-\theta} \Rightarrow$$

$$T_n(\lambda) \leqslant \Big(\frac{n^3}{\sqrt[k]{mn^{2k}+1}}\Big)^\theta \Big(\sum_{i=1}^n p_i^{\frac{1}{1-\theta}}\Big)^{1-\theta}$$

即式(F)成立,等号成立仅当 $x_1 = x_2 = \cdots = x_n = \frac{1}{n}$ 及 $p_1 = p_2 = \cdots = p_n$.

(六)

为了登上最高峰,欣赏无限风光,我们再从组数方面将式(F)推广成:

推广5 设元数 $2 \leqslant n \in \mathbf{N}$,组数 $1 \leqslant t \in \mathbf{N}$,系数 $p_i > 0$,基元数 $x_{ij} > 0$ ($1 \leqslant i \leqslant n; 1 \leqslant j \leqslant t$) 满足 $\sum_{i=1}^n x_{ij} = 1$;指数 $k \geqslant 1, \theta \in (0,1), \alpha_j \in (0,1)$ ($1 \leqslant j \leqslant t$) 满足 $\sum_{j=1}^n \alpha_j = 1$;参数 $m \geqslant (2n+1)/n^{2k}$;则

$$T_n(t) = \sum_{i=1}^n p_i \Big[\prod_{j=1}^t (m+x_{ij}^{2k})^{\alpha_j}\Big]^{-\frac{\theta}{k}} \leqslant$$

$$\Big(\frac{n^3}{\sqrt[k]{mn^{2k}+1}}\Big)^\theta \Big(\sum_{i=1}^n p_i^{\frac{1}{1-\theta}}\Big)^{1-\theta} \tag{G}$$

特别地,当 $t=1$ 时,式(G)化为为式(F).

略证 注意到

$$p_i = p_i^{\sum_{j=1}^t \alpha_j} = \prod_{j=1}^t p_i^{\alpha_j} \Rightarrow T_n(t) = \sum_{i=1}^n \prod_{j=1}^t \Big[\frac{p_i}{(m+x_{ij}^{2k})^{\theta/k}}\Big]^{\alpha_j} \leqslant$$

(应用赫尔特不等式) $\prod_{j=1}^t \Big[\sum_{i=1}^n \frac{p_i}{(m+x_{ij}^{2k})^{\theta/k}}\Big]^{\alpha_j} \leqslant$

(应用式(F),用 S 表示式(F)右边)

$$\prod_{j=1}^t S^{\alpha_j} = S^{\sum_{j=1}^t \alpha_j} = S$$

即式(G)成立.

最后,我们再建立如下拓广式:

拓广 设正数 $x_1, x_2, \cdots, x_n (2 \leqslant n \in \mathbf{N})$ 满足 $\sum_{i=1}^{n} x_i = 1$,参数 m,系数 $\lambda_i (1 \leqslant i \leqslant n)$,指数 α, β, γ 均为正数,且满足 $S = mn^\beta + 1, \gamma - \dfrac{\alpha\beta}{S} = \theta \in (0,1)$,则有

$$P_n(\lambda) = \sum_{i=1}^{n} \frac{\lambda_i x_i^\gamma}{(m+x_i^\beta)^\alpha} \leqslant k \Big(\sum_{i=1}^{n} \lambda_i^{\frac{1}{1-\theta}}\Big)^{1-\theta} \tag{H}$$

其中 $k = n^\varphi / S^\alpha, \varphi = (mn^\varphi \alpha \beta)/S$.

略证 应用加权不等式有
$$m + x_i^\beta = n^{-\beta}[mn^\beta + (nx_i)^\beta] \geqslant Sn^{-\beta}[1^{mn^\beta} \cdot (nx_i)^\beta]^{1/S} =$$
$$Sn^{-\beta} n^{\frac{\beta}{S}} x_i^{\frac{\beta}{S}} = Sn^{(\frac{1}{S}-1)\beta} x_i^{\frac{\beta}{S}} \Rightarrow$$
$$a_i = \frac{x_i^\gamma}{(m+x_i^\beta)^\alpha} \leqslant k x_i^\theta \Rightarrow$$
$$P_n(\lambda) = \sum_{i=1}^{n} \lambda_i a_i \leqslant k \sum_{i=1}^{n} \lambda_i x_i^\theta$$

注意到 $\theta \in (0,1)$ 及 $\theta + (1-\theta) = 1$,应用赫尔特不等式有
$$\sum_{i=1}^{n} \lambda_i x_i^\theta \leqslant \Big(\sum_{i=1}^{n} x_i\Big)^\theta \Big(\sum_{i=1}^{n} \lambda_i^{\frac{1}{1-\theta}}\Big)^{1-\theta} = \Big(\sum_{i=1}^{n} \lambda_i^{\frac{1}{1-\theta}}\Big)^{1-\theta} \Rightarrow$$
$$P_n(\lambda) \leqslant \sum_{i=1}^{n} \lambda_i a_i \leqslant k \sum_{i=1}^{n} \lambda_i x_i^\theta \leqslant k \Big(\sum_{i=1}^{n} \lambda_i^{\frac{1}{1-\theta}}\Big)^{1-\theta}$$

即式(H)成立,等号成立仅当 $x_1 = x_2 = \cdots = x_n = \dfrac{1}{n}, \lambda_1 = \lambda_2 = \cdots = \lambda_n$.

(七)

本文开头式(A)的已知条件"$x, y, z \in \mathbf{R}^+, x+y+z=1$",非常简单,许多代数不等式题目的已知条件与它一致,因此式(A)的已知条件又有着普遍性.应用这一已知条件,我们又可编造新妙题:

新题 3 已知 $x, y, z \in \mathbf{R}^+, x+y+z=1$,则

$$\frac{x^4}{y(1-y^2)} + \frac{y^4}{z(1-z^2)} + \frac{z^4}{x(1-x^2)} \geqslant \frac{1}{8} \tag{a}$$

粗略一看,式(A)与式(a)的左边均为分式和,且式(a)比式(A)复杂,那么式(a)证明难吗? 请看:

证法 1 我们设

$$S = x(1-x^2) + y(1-y^2) + z(1-z^2) =$$
$$(x+y+z) - (x^3+y^3+z^3) = 1 - (x^3+y^3+z^3) \leqslant$$
$$1 - 3\left(\frac{x+y+z}{3}\right)^3 = 1 - 3\left(\frac{1}{3}\right)^3 = \frac{8}{9} \Rightarrow$$
$$\sum \frac{x^4}{y(1-y^2)} = \sum \frac{(x^2)^{1+1}}{y(1-y^2)} \geqslant \frac{(\sum x^2)^{1+1}}{\sum y(1-y^2)} =$$
$$\frac{1}{S}\left(\sum x^2\right)^2 \geqslant \frac{1}{S}\left[\frac{1}{3}\left(\sum x\right)^2\right]^2 = \frac{1}{S}\left(\frac{1}{3}\right)^2 \geqslant \frac{9}{8} \cdot \frac{1}{9} = \frac{1}{8}$$

即式(a)成立,等号成立仅当 $x = y = z = \frac{1}{3}$.

上述证法应用权方和不等式,如果应用柯西不等式同样显得简洁:

证法 2 由证法 1 有

$$S = \sum y(1-y^2) \leqslant \frac{8}{9} \Rightarrow$$
$$\frac{8}{9}P \geqslant SP = \sum y(1-y^2) \sum \frac{x^4}{y(1-y^2)} \geqslant$$
$$\left(\sum x^2\right)^2 \geqslant \left[\frac{1}{3}\left(\sum x\right)^2\right]^2 = \left(\frac{1}{3}\right)^2 \Rightarrow P \geqslant \frac{1}{8}$$

从结构上讲,式(a)有配对式:

配对 设 $x, y, z \in \mathbf{R}^+$, $x+y+z = 1$, 则有

$$\frac{x^6}{y(1-z^2)} + \frac{y^6}{z(1-x^2)} + \frac{z^6}{x(1-y^2)} \geqslant \frac{1}{72} \quad \text{(b)}$$

证法 1 设

$$S = \sum(8y + 3 - 3z^2) = 8\sum y + 9 - 3\sum z^2 =$$
$$8 + 9 - 3\sum x^2 \leqslant 17 - \left(\sum x\right)^2 =$$
$$17 - 1 = 16$$

注意到

$$y(1-z^2) = \frac{(24y)[9-(3z)^2]}{9 \cdot 24} \leqslant 3^{-3} \cdot 2^{-5}(24y + 9 - 9z^2)^2 =$$
$$3^{-1} \cdot 2^{-5}(8y + 3 - 3z^2)^2 \Rightarrow$$
$$T = \sum \frac{x^6}{y(1-z^2)} \geqslant 3 \cdot 2^5 \sum \frac{(x^2)^{1+2}}{(8y + 3 - 3z^2)^2} \geqslant$$

(应用权方和不等式)

$$3 \cdot 2^5 \frac{\left(\sum x^2\right)^{1+2}}{S^2} \geqslant \frac{3 \cdot 2^5}{2^8}\left(\sum x^2\right)^{1+2} \geqslant$$

$$3 \cdot 2^{-3} \left[\frac{1}{3}\left(\sum x\right)^2\right]^3 = 3 \cdot 2^{-3} \left(\frac{1}{3}\right)^3 = \frac{1}{72} \Rightarrow$$

$$T = \sum \frac{x^6}{y(1-z^2)} \geqslant \frac{1}{72}$$

即式(b)成立,等号成立仅当 $x = y = z = \frac{1}{3}$.

证法 2 对于式(A)这样的循环分式型不等式,应先从分母入手,由于

$$\left.\begin{aligned} x+y+z=1 \\ x,y,z>0 \end{aligned}\right\} \Rightarrow 0 < x,y,z < 1 \Rightarrow y(1-z^2) = y(1+z)(1-z) =$$

$$\frac{1}{8} \cdot (4y)(1+z)(2-2z) \leqslant \frac{1}{8}\left[\frac{4y+(1+z)+(2-2z)}{3}\right]^3 =$$

$$\frac{1}{6^3}(4y-z+3)^3 \Rightarrow T = \sum \frac{x^6}{y(1-z^2)} \geqslant 6^3 \sum \frac{x^6}{(4y-z+3)^3} =$$

$$6^3 \sum \left(\frac{x^2}{4y-z+3}\right)^3 =$$

$$24 \left(\sum \frac{x^2}{4y-z+3}\right)^3 \tag{1}$$

设 $S = \sum(4y-z+3) = 4\sum y - \sum x + 9 = 4 - 1 + 9 = 12 \Rightarrow$

$$12^3 T = S^3 T \geqslant 24\left[\sum(4y-z+3)\sum\left(\frac{x^2}{4y-z+3}\right)\right]^3 \geqslant$$

(应用柯西不等式)$24\left(\sum x\right)^6 = 24 \Rightarrow$

$$T \geqslant \frac{24}{12^3} = \frac{1}{72}$$

等号成立仅当 $x = y = z = \frac{1}{3}$.

上述两种证法的技巧性均强,且证法 1 显得简洁一些,我们发现,应用权方和不等式,易建立式(a)真正的配对式

$$\frac{x^4}{y(1-z^2)} + \frac{y^4}{z(1-x^2)} + \frac{z^4}{x(1-y^2)} \geqslant \frac{1}{8} \tag{c}$$

这是一个很漂亮的不等式.

(八)

并且,式(c)可以指数方面推广成:

推广 6 设 $x, y, z \in \mathbf{R}^+, x+y+z=1, \lambda \geqslant 0, \mu \geqslant 0, v \geqslant 1, k \geqslant 1, m \geqslant$

3，则有

$$P_\lambda \equiv \frac{(x+\lambda)^m}{(\mu+y)(v-z^k)} + \frac{(y+\lambda)^m}{(\mu+z)(v-x^k)} + \frac{(z+\lambda)^m}{(\mu+x)(v-y^k)} \geq$$

$$\frac{3(\lambda+\frac{1}{3})^m}{(\mu+\frac{1}{3})(v-\frac{1}{3^k})} \tag{d}$$

特别地，当取 $\lambda=\mu=0, k=2, m=3$ 时，得到式(c)的"伴侣"

$$\frac{x^3}{y(1-z^2)} + \frac{y^3}{z(1-x^2)} + \frac{z^3}{x(1-y^2)} \geq \frac{3}{8} \tag{e}$$

略证 应用平均值不等式有

$$4(\mu+\frac{1}{3})(v-\frac{1}{3^k})(\mu+y)(v-z^k) = a =$$

$$4[(v-\frac{1}{3^k})(\mu+y)][(\mu+\frac{1}{3})(v-z^k)] \leq$$

$$[(v-\frac{1}{3^k})(\mu+y) + (\mu+\frac{1}{3})(v-z^k)]^2 = a_1^2 =$$

$$[2\mu v - \frac{\mu}{3^k} + \frac{v}{3} + (v-\frac{1}{3^k})y - (\mu+\frac{1}{3})z^k]^2 \tag{1}$$

再设

$$S = \sum a_1$$

$$S = \sum\left[2\mu v - \frac{\mu}{3^k} + \frac{v}{3} + (v-\frac{1}{3^k})y - (\mu+\frac{1}{3})z^k\right] =$$

$$6\mu v - \mu 3^{1-k} + v + (v-\frac{1}{3^k})\sum y - (\mu+\frac{1}{3})\sum z^k =$$

$$6\mu v - \mu 3^{1-k} + v + (v-\frac{1}{3^k}) - (\mu+\frac{1}{3})\sum x^k \leq$$

$$6\mu v - v 3^{1-k} + 2v - \frac{1}{3^k} - (\mu+\frac{1}{3})3\left(\frac{\sum x}{3}\right)^k =$$

$$6\mu v - \mu 3^{1-k} + 2v - \frac{1}{3^k} - (\mu+\frac{1}{3})3^{1-k} =$$

$$6\mu v - 2\mu 3^{1-k} + 2v - \frac{2}{3^k} = 6(\mu+\frac{1}{3})(v-\frac{1}{3^k}) \Rightarrow$$

$$P_\lambda = \left[\sum\frac{(x+\lambda)^m}{a}\right]4(\mu+\frac{1}{3})(v-\frac{1}{3^k}) \geq$$

$$4(\mu+\frac{1}{3})(v-\frac{1}{3^k})\sum\frac{(x+\lambda)^m}{a_1^2} =$$

$$4(\mu+\frac{1}{3})(v-\frac{1}{3^k})\sum\frac{[(x+\lambda)^\theta]^{1+2}}{a_1^2}\geqslant$$

(其中 $\theta=m/3\geqslant 1$)

$$4(\mu+\frac{1}{3})(v-\frac{1}{3^k})\frac{[\sum(x+\lambda)^\theta]^3}{(\sum a_1)^2}\geqslant$$

$$\frac{[\sum(x+\lambda)^\theta]^3}{9(\mu+\frac{1}{3})(v-\frac{1}{3^k})} \tag{2}$$

又

$$\sum(x+\lambda)^\theta\geqslant 3\left[\frac{\sum(x+\lambda)}{3}\right]^\theta=3^{1-\theta}(\sum x+3\lambda)^\theta=3^{1-\theta}(3\lambda+1)^\theta\Rightarrow$$

$$[\sum(x+\lambda)^\theta]^3\geqslant 3^{3-3\theta}(3\lambda+1)^{3\theta}=$$

$$3^{3-m}(3\lambda+1)^m=3^3(\lambda+\frac{1}{3})^m\Rightarrow$$

$$P_\lambda\geqslant\frac{3(\lambda+\frac{1}{3})^m}{(\mu+\frac{1}{3})(v-\frac{1}{3^k})}$$

即式(d) 成立,等号成立仅当 $x=y=z=\frac{1}{3}$(与其他字母无关).

如果我们再给式(d) 配上正系数 p,q,r,那么可以得到更好的推广式:

$$\sum\frac{p(x+\lambda)^m}{(\mu+y)(v-z^k)}\geqslant\frac{(3\lambda+1)^m}{9t}M \tag{f}$$

其中
$$t=(\mu+\frac{1}{3})(v-\frac{1}{3^k})$$

$$M=(\sum p^{\frac{1}{3-m}})^{3-m}$$

提示 应用前面的结论有

$$P_\lambda=4t\sum\frac{p(x+\lambda)^m}{a_1^2}=4t\sum\left\{\frac{[p^{\frac{1}{3}}(x+\lambda)^\theta]^{1+2}}{a_1^2}\right\}\geqslant$$

$$\frac{4t}{(\sum a_1)^2}[\sum p^{\frac{1}{3}}(x+\lambda)^\theta]^3\geqslant \tag{3}$$

$$\frac{4t}{(6t)^2}[\sum p^{\frac{1}{3}}(x+\lambda)^\theta]^3=$$

$$\frac{1}{9t}[\sum p^{\frac{1}{3}}(x+\lambda)^\theta]^3 \tag{4}$$

注意到 $\theta=\frac{m}{3}\geqslant 1$ 及 $\frac{1}{\theta},1-\frac{1}{\theta}\in(0,1)$,应用赫尔特不等式,得

$$\left[\sum p^{\frac{1}{3}}(x+\lambda)^{\theta}\right]^{\frac{1}{\theta}}\left[\sum \left(\frac{1}{p}\right)^{\frac{1}{3(\theta-1)}}\right]^{\frac{\theta-1}{\theta}} \geqslant$$

$$\sum (x+\lambda) = \sum x + 3\lambda = 1 + 3\lambda \Rightarrow \left[\sum p^{\frac{1}{3}}(x+\lambda)^{\theta}\right]^{3} \geqslant$$

$$(1+3\lambda)^{3\theta}\left[\sum p^{\frac{1}{3(1-\theta)}}\right]^{3(1-\theta)} = (1+3\lambda)^{m}\left(\sum p^{\frac{1}{3-m}}\right)^{3-m} \Rightarrow$$

$$P_\lambda = \sum \frac{p(x+\lambda)^m}{(\mu+y)(v-z^k)} \geqslant \frac{(3\lambda+1)^m}{9t} M$$

（九）

我们有必要将漂亮的式(e)从3元正数 x, y, z 推广到多元正数的情形：

推广7 设 $a_i > 0$，且 $\sum_{i=1}^{n} a_i = 1$，约定 $a_{n+i} \equiv a_i (1 \leqslant i \leqslant n; 2 \leqslant n \in \mathbf{N})$ 则有

$$P_n = \sum_{i=1}^{n} \frac{a_i^3}{a_{i+1}(1-a_{i+2}^2)} \geqslant \frac{n}{n^2-1} \tag{f}'$$

证明 记

$$x_i = \frac{a_i^3}{a_{i+1}(1-a_{i+2}^2)} = \frac{4n(n^2-1)a_i^3}{t_i^2} \tag{1}$$

其中

$$t_i^2 = 4n(n^2-1)a_{i+1}(1-a_{i+2}^2) = 4(n^2-1)a_{i+1} \cdot n(1-a_{i+2}^2) \leqslant$$

$$[(n^2-1)a_{i+1} + n(1-a_{i+2}^2)]^2 = [(n^2-1)a_{i+1} + n - na_{i+2}^2]^2 \Rightarrow$$

$$S = \sum_{i=1}^{n} t_i \leqslant (n^2-1)\sum_{i=1}^{n} a_{i+1} + n^2 - n\sum_{i=1}^{n} a_{i+2}^2 =$$

$$n^2 - 1 + n^2 - n\sum_{i=1}^{n} a_{i+2}^2 \leqslant 2n^2 - 1 - \left(\sum_{i=1}^{n} a_{i+2}\right)^2 =$$

$$2n^2 - 1 - 1 = 2(n^2-1) \Rightarrow S \leqslant 2(n^2-1) \tag{2}$$

应用权方和不等式有

$$P_n = \sum_{i=1}^{n} x_i = 4n(n^2-1)\sum_{i=1}^{n} \frac{a_i^{1+2}}{t_i^2} \geqslant 4n(n^2-1)\frac{\left(\sum_{i=1}^{n} a_i\right)^{1+2}}{\left(\sum_{i=1}^{n} t_i\right)^2} =$$

$$4n(n^2-1)/S^2 \geqslant \frac{4n(n^2-1)}{[2(n^2-1)]^2} \Rightarrow P_n \geqslant \frac{n}{n^2-1}$$

即式(f)'成立，等号成立仅当 $x_1 = x_2 = \cdots = x_n = \frac{1}{n}$.

仿照前面式(d)的证法技巧,不难将式(f)′推广为:

推广 8　设 $a_i>0(1\leqslant i\leqslant n;2\leqslant n\leqslant \mathbf{N}$,约定 $a_{n+i}\equiv a_i)$,且 $\sum_{i=1}^{n}a_i=1$,参数 $\lambda,\mu\geqslant 0,\upsilon\geqslant 1$,指数 $k\geqslant 1,m\geqslant 3$,记

$$x_i=\frac{(\lambda+x_i)^m}{(\mu+x_{i+1})(\upsilon-x_{i+2}^k)},i=1,2,\cdots,n$$

则有

$$P_n(\lambda)\equiv\sum_{i=1}^{n}x_i\geqslant\frac{n(\lambda+\frac{1}{n})^m}{(\mu+\frac{1}{n})(\upsilon-\frac{1}{n^k})}\tag{g}$$

(十)

由于数学世界风云变幻,气象万千,我们不妨变换方向,推陈出新:

新题 4　设 $m>0,0<t<k,0<a_i<1(1\leqslant i\leqslant n;2\leqslant n\in\mathbf{N})$,且 $\sum_{i=1}^{n}a_i^k=1$,那么

$$P_n(t)=\sum_{i=1}^{n}\frac{a_i^t}{1-a_i^m}$$

何时达到最小值?

分析　这是一个已知条件较特殊,而目标不明确的问题,估计应当在 $a_1=a_2=\cdots=a_n=\frac{1}{n}$ 时 $P_n(t)$ 达到最小值,这样可以求得一个暂时最小值表达式,再寻求应当满足的条件.

解　应用加权不等式有

$$a_i^{k-t}(1-a_i^m)=\left(\frac{k-t}{m}\right)^{\frac{k-t}{m}}\left(\frac{m}{k-t}a_i^m\right)^{\frac{k-t}{m}}(1-a_i^m)\leqslant$$

$$\left(\frac{k-t}{m}\right)^{\frac{k-t}{m}}\left[\frac{\frac{k-t}{m}\left(\frac{m}{k-t}a_i^m\right)+(1-a_i^m)}{\frac{k-t}{m}+1}\right]^{\frac{k-t}{m}+1}=1/M$$

其中

$$M=\frac{k+m-t}{m}\left(\frac{k+m-t}{k-t}\right)^{\frac{k-t}{m}}$$

于是

$$P_n(t)=\sum_{i=1}^{n}\frac{a_i^t}{1-a_i^m}=\sum_{i=1}^{n}\left[\frac{a_i^k}{a_i^{k-t}(1-a_i^m)}\right]\geqslant$$

$$M\sum_{i=1}^{n}a_i^k = M \Rightarrow \min P_n(t) = M$$

等号成立仅当

$$\frac{m}{k-t}a_i^m = 1 - a_i^m \Rightarrow a_i = \left(\frac{k-t}{k+m-t}\right)^{\frac{1}{m}}$$

代入已知条件

$$\sum_{i=1}^{n}a_i^k = 1$$

得

$$n\left(\frac{k-t}{k+m-t}\right)^{\frac{k}{m}} = 1 \Rightarrow \frac{k-t+m}{k-t} = 1 + \frac{m}{k-t} = n^{m/k} \Rightarrow$$

$$\frac{m}{k-t} = n^{m/k} - 1 \Rightarrow t = k - \frac{m}{n^{m/k}-1} \Rightarrow M = n^\theta/(n^{\frac{m}{k}}-1)$$

其中

$$\theta = \frac{m}{k}n^{\frac{m}{k}}/(n^{\frac{m}{k}}-1)$$

如取 $m = k = 1$ 时

$$t = 1 - \frac{1}{n-1} = \frac{n-2}{n-1}$$

$$\theta = n/(n-1), M = n^\theta/(n-1)$$

此时

$$P_n(t) = \sum_{i=1}^{n}\frac{a_i^t}{1-a_i} \geq \frac{n^\theta}{n-1}$$

本文开头题目中的已知条件是：$x,y,z \in \mathbf{R}^+, x+y+z=1$，要证明的结论是

$$\frac{1}{1+x^2} + \frac{1}{1+y^2} + \frac{1}{1+z^2} \leq \frac{27}{10} \tag{A}$$

如果干脆将已知条件精简为：$x,y,z > m > 0$，则有新的结论

$$\frac{x^2}{y-m} + \frac{y^2}{z-m} + \frac{z^2}{x-m} \geq 12m \tag{h}$$

这一问题很有趣，题目并未告诉 $x+y+z$ 或 xyz 是一个具体的什么常数，因此我们设法构造部局不等式

$$x - m \leq kx^2 (k>0) \Rightarrow kx^2 - x + m \geq 0 \Rightarrow$$

$$\Delta_x = (-1)^2 - 4km \leq 0 \Rightarrow k \geq \frac{1}{4m}$$

取 $K_{\min} = 1/4m$，于是有

$$x - m \leq x^2/4m$$

$$P = \frac{x^2}{y-m} + \frac{y^2}{z-m} + \frac{z^2}{x-m} \geq 4m\left(\frac{x^2}{y^2} + \frac{y^2}{z^2} + \frac{z^2}{x^2}\right) \geq$$

$$12m\left(\frac{x^2}{y^2} \cdot \frac{y^2}{z^2} \cdot \frac{z^2}{x^2}\right)^{1/3} \Rightarrow P \geqslant 12m$$

这表明式(h)成立,等号成立仅当 $x=y=z=2m$.

上述证法思路是很巧妙的,我们也可以用权方和不等式轻松证明式(h):

证明 我们设

$$\left.\begin{array}{r}x+y+z=3t\\x,y,z>m\end{array}\right\} \Rightarrow t>m \Rightarrow (t-2m)^2 \geqslant 0 \Rightarrow \frac{t^2}{t-m} \geqslant 4m$$

又

$$P = \frac{x^2}{y-m} + \frac{y^2}{z-m} + \frac{z^2}{x-m} \geqslant \frac{(x+y+z)^2}{x+y+z-3m} = \frac{(3t)^2}{3t-3m} =$$

$$\frac{3t^2}{t-m} \geqslant 12m \Rightarrow P \geqslant 12m$$

等号成立仅当 $x=y=z=t=2m$.

不仅如此,从前一种证法可知,我们能易如反掌地将式(h)轻松地加强为

$$T = \frac{xy}{\sqrt{(y-m)(z-m)}} + \frac{yz}{\sqrt{(z-m)(x-m)}} +$$
$$\frac{zx}{\sqrt{(x-m)(y-m)}} \geqslant 12m \tag{i}$$

并且,若再增设正系数 λ, μ, υ,应用杨克昌不等式,可建立不等式

$$P_\lambda = \frac{(\mu+\upsilon)x}{\sqrt{y-m}} + \frac{(\upsilon+\lambda)y}{\sqrt{z-m}} + \frac{(\upsilon+\lambda)z}{\sqrt{x-m}} \geqslant$$
$$4\sqrt{3m(\mu\upsilon+\upsilon\lambda+\lambda\mu)} \tag{j}$$

这是一个相当优美的不等式,等号成立仅当 $x=y=z=2m$ 及 $\lambda=\mu=\upsilon$.

同时,式(i)还有一个对称漂亮的配对式

$$\frac{x^2}{\sqrt{(y-m)(z-m)}} + \frac{y^2}{\sqrt{(z-m)(x-m)}} + \frac{z^2}{\sqrt{(x-m)(z-m)}} \geqslant 12m \tag{k}$$

如果我们再设 $x_i > m (1 \leqslant i \leqslant n; 3 \leqslant n \in \mathbf{N})$,并记

$$G_i = \sqrt[n-1]{\frac{(x_1-m)(x_2-m)\cdots(x_n-m)}{x_i-m}}, i=1,2,\cdots,n$$

那么式(k)又可推广为

$$\sum_{i=1}^{n} \frac{x_i^2}{G_i} \geqslant 4nm \tag{l}$$

等号成立仅当 $x_i = 2m (1 \leqslant i \leqslant n)$.

最后,我们将前面的式(h)推广为

推广 8 设 $m > k > 0, a_i > 1 (i=1,2,\cdots,n; 3 \leqslant n \in \mathbf{N})$,则有

$$\sum_{i=1}^{n}\frac{a_i^m}{a_{i+1}^k-1}\geqslant\frac{n(m-k)}{k}\left(\frac{m}{m-k}\right)^{\frac{m}{k}} \tag{m}$$

分析 我们巧设参数 $t>0$,并设法推导出

$$a_{i+1}^k-1\leqslant a_{i+1}^m/t\Rightarrow \tag{1}$$

$$P_n=\sum_{i=1}^{n}\frac{a_i^m}{a_{i+1}^k-1}\geqslant \tag{2}$$

$$t\sum_{i=1}^{n}\left(\frac{a_i}{a_{i+1}}\right)^m\geqslant nt \tag{3}$$

这样应用平均值不等式就可证得式(m).

于是,我们再设参数 $\lambda>0,\alpha>0$,应用加权不等式,有

$$(a_{i+1}^k-1)\lambda^\alpha\leqslant\left(\frac{(a_{i+1}^k-1)+\alpha\lambda}{1+\alpha}\right)^{1+\alpha}=\left(\frac{a_{i+1}^k+(\alpha\lambda-1)}{\alpha+1}\right)^{\alpha+1} \tag{4}$$

为了构造不等式(1),必须令

$$\left.\begin{array}{l}\alpha\lambda-1=0\\k(\alpha+1)=m\end{array}\right\}\Rightarrow\begin{cases}\alpha=(m-k)/k\\\lambda=k/(m-k)\end{cases}$$

这样式(4)就要以转化为式(1),于是便有了如下美妙的证法:

证明 注意到 $m>k>0\Rightarrow m-k>0$,应用加权不等式有

$$(a_{i+1}^k-1)\left(\frac{k}{m-k}\right)^{\frac{m-k}{k}}\leqslant\left[\frac{(a_{i+1}^k-1)+\frac{m-k}{k}\left(\frac{k}{m-k}\right)}{\frac{m-k}{k}+1}\right]^{\frac{m-k}{k}+1}=$$

$$\left(\frac{k}{m}a_{i+1}^k\right)^{\frac{m}{k}}=\left(\frac{k}{m}\right)^{\frac{m}{k}}a_{i+1}^m\Rightarrow a_{i+1}^k-1\leqslant\frac{1}{t}a_{i+1}^m \tag{5}$$

其中

$$t=\left(\frac{m-k}{k}\right)\left(\frac{m}{m-k}\right)^{\frac{m}{k}} \tag{6}$$

于是

$$P_n=\sum_{i=1}^{n}\frac{a_i^m}{a_{i+1}^k-1}\geqslant t\sum_{i=1}^{n}\left(\frac{a_i}{a_{i+1}}\right)^m\geqslant nt\left[\prod_{i=1}^{n}\left(\frac{a_i}{a_{i+1}}\right)^m\right]^{\frac{1}{n}}=nt \tag{7}$$

即式(m)成立,等号成立仅当

$$a_{i+1}^k-1=\left(\frac{k}{m-k}\right)^{\frac{m-k}{k}}\Rightarrow a_i=\left[1+\left(\frac{k}{m-k}\right)^{\frac{m-k}{k}}\right]^{\frac{1}{k}},i=1,2,\cdots,n$$

特别地,当 $m=2k>0$ 时,$a_i=2^{\frac{1}{k}}>0, t=2^2=4$.

式(m)简化为

$$\sum_{i=1}^{n}\frac{a_i^{2k}}{a_{i+1}^k-1}\geqslant 4n \tag{n}$$

趣 题 妙 解

邓寿才

我们先看如下题目：

题 1 设 $2 \leqslant x, y, z \leqslant 3$，记 $S = x + y + z$，证明

$$\frac{y^2 + z^2 - x^2}{y + z - x} + \frac{z^2 + x^2 - y^2}{z + x - y} + \frac{x^2 + y^2 - z^2}{x + y - z} \leqslant 2S - 6 \quad (A)$$

观察式(A)，其左边(记为 P)是 3 个分式之和，右边是一个整式，虽然它们均对于 x, y, z 对称，但却不能去分母配方或因式分解来证明，因为这样做将复杂得令人生畏，所以本题只能智取，不能硬攻.

也许有考生会如此"神算"：

证明 从已知条件有

$$\left.\begin{array}{r} 2 \leqslant x, y, z \leqslant 3 \\ S = x + y + z \end{array}\right\} \Rightarrow 6 \leqslant S \leqslant 9$$

$$P = (y + z - x) + (z + x - y) + (x + y - z) =$$
$$x + y + z = S = 2S - S \leqslant 2S - 6 \Rightarrow$$
$$P \leqslant 2S - 6$$

一看便知，该考生(如果存在的话)在推导时，利用了自己的"发明"公式：

$$\frac{a^2 + b^2 - c^2}{a + b - c} = a + b - c \quad (1)$$

"歪打正着"地证明了本题，真是罕见的巧合.

自然地，我们会设问："式(A)的证明会如此简单吗？式(1)在什么条件下才成立？"事实上，式(1)的成立是有条件的，观察知，当 $a = c$ 或 $b = c$ 或 $a = b = c$ 显然成立. 其实，如果式(1)成立，那么

$$a^2 + b^2 - c^2 = (a + b - c)^2 \Rightarrow$$
$$c^2 - (a + b)c + ab = 0 \Rightarrow$$
$$(c - a)(c - b) = 0 \Rightarrow$$
$$c = a \text{ 或 } c = b \quad (2)$$

这与观察结果一致，真是大千世界，无奇不有.

可以断言,上述考生的推导是错误的,那么,正确的证法难吗? 为此,我们将题1推广后证明也并非很难,而且还可引申出一系列新奇优美的结论来,这正是式(A)的美妙所在,趣味所在.

我们先将题1推广成:

题2 设 $2 \leqslant a_i \leqslant 3(i=1,2,\cdots,n;3 \leqslant n \in \mathbf{N})$,记 $S = \sum\limits_{i=1}^{n} a_i$,证明

$$\frac{a_1^2+a_2^2-a_3^2}{a_1+a_2-a_3} + \frac{a_2^2+a_3^2-a_4^2}{a_2+a_3-a_4} + \cdots + \frac{a_n^2+a_1^2-a_2^2}{a_n+a_1-a_2} \leqslant 2S - 2n \tag{B}$$

证明 约定 $a_{n+1} \equiv a_i(1 \leqslant i \leqslant n)$,记

$$A_i = \frac{a_i^2 + a_{i+1}^2 - a_{i+2}^2}{a_i + a_{i+1} - a_{i+2}}, 1 \leqslant i \leqslant n$$

那么

$$a_i \in [2,3] \Rightarrow (a_i-2)(a_{i+1}-2) \geqslant 0 \Rightarrow$$
$$2a_i a_{i+1} \geqslant 4(a_i + a_{i+1} - 2) \Rightarrow$$
$$A_i = \frac{(a_i+a_{i+1})^2 - a_{i+2}^2 - 2a_i a_{i+1}}{a_i + a_{i+1} - a_{i+2}} =$$
$$a_i + a_{i+1} + a_{i+2} - \frac{2a_i a_{i+1}}{a_i + a_{i+1} - a_{i+2}} \leqslant$$
$$a_i + a_{i+1} + a_{i+2} - 4\left(\frac{a_i + a_{i+1} - 2}{a_i + a_{i+1} - a_{i+2}}\right) =$$
$$a_i + a_{i+1} + a_{i+2} - 4\left(1 + \frac{a_{i+2}-2}{a_i + a_{i+1} - a_{i+2}}\right) \Rightarrow$$
$$\left.\begin{aligned} A_i \leqslant a_i + a_{i+1} + a_{i+2} - 4 - \frac{4(a_{i+2}-2)}{a_i + a_{i+1} - a_{i+2}} \\ 2 \leqslant a_i \leqslant 3 \Rightarrow 1 \leqslant a_i + a_{i+1} - a_{i+2} \leqslant 4 \end{aligned}\right\} \Rightarrow$$

$$A_i \leqslant a_i + a_{i+1} + a_{i+2} - 4 - (a_{i+2}-2) = a_i + a_{i+1} - 2 \Rightarrow$$
$$P_n = \sum_{i=1}^{n} A_i \leqslant \sum_{i=1}^{n}(a_i + a_{i+1} - 2) =$$
$$\sum_{i=1}^{n} a_i + \sum_{i=1}^{n} a_{i+1} - 2n = 2S - 2n \Rightarrow$$

即式(B)成立,等号成立仅当 $a_1 = a_2 \cdots = a_n = t \in [2,3] \Rightarrow P_n = nt = 2nt - 2n \Rightarrow t=2 \Rightarrow a_1 = a_2 = \cdots = a_n = 2$.

(1) 式(B)从结构上讲,确实具有一定的趣味性,它是从简单不等式

$$\sum_{i=1}^{n} \frac{a_i^2 + a_{i+1}^2 + a_{i+2}^2}{a_i + a_{i+1} + a_{i+2}} \geqslant S$$

演化而来的.

(2) 我们还可以建立与式(B)平行的配对结论

$$P_n \leqslant 12n - 3S \tag{C}$$

证明 首先注意到 $b_i = a_i + a_{i+1} - a_{i+2} \in [1,4]$，于是有
$a_i + a_{i+1} - 3 \geqslant 1 > 0, 2 \leqslant a_i \leqslant 3 \Rightarrow (a_i - 3)(a_{i+1} - 3) \geqslant 0 \Rightarrow$
$a_i a_{i+1} \geqslant 3(a_i + a_{i+1} - 3) \Rightarrow$
$A_i = a_i + a_{i+1} + a_{i+2} - \dfrac{2a_i a_{i+1}}{a_i + a_{i+1} - a_{i+2}} \leqslant$
$a_i + a_{i+1} + a_{i+2} - \dfrac{6(a_i + a_{i+1} - 3)}{a_i + a_{i+1} - a_{i+2}} =$
$a_i + a_{i+1} + a_{i+2} - 6 + \dfrac{6(3 - a_{i+2})}{a_i + a_{i+1} - a_{i+2}} \leqslant$
$a_i + a_{i+1} + a_{i+2} - 6 + 6(3 - a_{i+2}) =$
$a_i + a_{i+1} - 5a_{i+2} + 12 \Rightarrow$
$P_n = \sum\limits_{i=1}^{n} A_i \leqslant \sum\limits_{i=1}^{n} (a_i + a_{i+1} - 5a_{i+2} + 12) =$
$S + S - 5S + 12n = 12n - 3S$

即式(C)成立. 等号成立仅当
$a_1 = a_2 = \cdots = a_n = t \in [2,3] \Rightarrow$
$S = nt \Rightarrow P_n = 12n - 3nt = nt \Rightarrow t = 3 \Rightarrow$
$a_1 = a_2 = \cdots = a_n = 3$

(3) 将式(B)、(C)两式结合成
$$P_n \leqslant \begin{cases} 12n - 3S \\ 2S - 2n \end{cases} \tag{$*$}$$

注意到 $2 \leqslant a_i \leqslant 3 \Rightarrow 2n \leqslant S \leqslant 3n$

及 $(2S - 2n) - (12n - 3S) = 5S - 14n$

故得结论：

当 $2n \leqslant S \leqslant \dfrac{14}{5}n$ 时，$2S - 2n \leqslant 12n - 3S$，此时式(B) 比式(C) 强；

当 $\dfrac{14n}{5} \leqslant S \leqslant 3n$ 时，$2S - 2n \geqslant 12n - 3S$，此时式(C) 比式(B) 要强.

(4) 无独有偶，我们还可将上式完善成一个绝美的双向不等式：
$$8n - 3S \leqslant P_n \leqslant \begin{cases} 2S - 2n \\ 12n - 3S \end{cases} \tag{D}$$

其中 $S = \sum\limits_{i=1}^{n} a_i, 2 \leqslant a_i \leqslant 3, 1 \leqslant i \leqslant n, 3 \leqslant n \in \mathbf{N}$

$P_n = \sum\limits_{i=1}^{n} \dfrac{a_i^2 + a_{i+1}^2 + a_{i+2}^2}{a_i + a_{i+1} + a_{i+2}}, a_{i+n} \equiv a_i$

证明 注意到 $a_i + 2a_{i+1} - 6 \geqslant 0$ 及

$$2 \leqslant a_i \leqslant 3 \Rightarrow (a_i - 2)(a_{i+1} - 3) \leqslant 0 \Rightarrow a_i a_{i+1} \leqslant 3a_i + 2a_{i+1} - 6 \Rightarrow$$

$$A_i = x_i - \frac{2a_i a_{i+1}}{a_i + a_{i+1} - a_{i+2}} (x_i = a_i + a_{i+1} + a_{i+2}) \geqslant$$

$$x_i - \frac{2(3a_i + a_{i+1} - 6)}{a_i + a_{i+1} - a_{i+2}} = x_i - 4 - \frac{2(a_i + 2a_{i+2} - 6)}{a_i + a_{i+1} - a_{i+2}} \geqslant$$

$$x_i - 4 - 2(a_i + 2a_{i+2} - 6) =$$

$$(a_i + a_{i+1} + a_{i+2}) - 4 - 2(a_i + 2a_{i+2} - 6) =$$

$$-a_i + a_{i+1} - 3a_{i+2} + 8 \Rightarrow$$

$$P_n = \sum_{i=1}^{n} A_i \geqslant \sum_{i=1}^{n} (-a_i + a_{i+1} - 3a_{i+2} + 8) =$$

$$-S + S - 3S + 8n \Rightarrow P_n \geqslant 8n - 3S$$

即式(D)成立. 当 $a_1 = a_2 = \cdots = a_n = 2$ 时, 不等式

$$8n - 3S \leqslant P_n \leqslant 2S - 2n \tag{D'}$$

等号成立.

(5) 如果我们再增设系数 $\lambda_i > 0 (1 \leqslant i \leqslant n)$, 那么由式(B)的证明过程有

$$A_i \leqslant a_i + a_{i+1} - 2 (1 \leqslant i \leqslant n) \Rightarrow$$

$$P_n(\lambda) = \sum_{i=1}^{n} \lambda_i A_i \leqslant \sum_{i=1}^{n} \lambda_i (a_i + a_{i+1} - 2) =$$

$$\sum_{i=1}^{n} \lambda_i a_i + \sum_{i=1}^{n} \lambda_i a_{i+1} - 2 \sum_{i=1}^{n} \lambda_i \leqslant$$

$$\sqrt{\left(\sum_{i=1}^{n} \lambda_i^2\right)\left(\sum_{i=1}^{n} a_i^2\right)} + \sqrt{\left(\sum_{i=1}^{n} \lambda_i^2\right)\left(\sum_{i=1}^{n} a_{i+1}^2\right)} - 2\sum_{i=1}^{n} \lambda_i =$$

$$2\sqrt{\left(\sum_{i=1}^{n} \lambda_i^2\right)\left(\sum_{i=1}^{n} a_i^2\right)} - 2\sum_{i=1}^{n} \lambda_i \Rightarrow$$

$$P_n(\lambda) \leqslant 2\left[\sqrt{\left(\sum_{i=1}^{n} \lambda_i^2\right)\left(\sum_{i=1}^{n} a_i^2\right)} - \sum_{i=1}^{n} \lambda_i\right] \tag{E}$$

等号成立仅当 $\lambda_i = a_i = 2 (1 \leqslant i \leqslant n)$.

式(E)可视为式(B)的一个加权拓广.

(6) 题2的定义域是 $a_i \in [2,3] (1 \leqslant i \leqslant n)$ 如果将它拓广为 $a_i \in [p, q]$ $(2p > q > 0, 1 \leqslant i \leqslant n)$, 那么式(B)相应地可推广为

$$P_n = \sum_{i=1}^{n} \left(\frac{a_i^2 + a_{i+1}^2 - a_{i+2}^2}{a_i + a_{i+1} - a_{i+2}}\right) \leqslant \frac{(6q - 5p)S - 4np(q-p)}{2q - p} \tag{F}$$

其中

$$S = \sum_{i=1}^{n} a_i$$

显然,当取 $p=2, q=3$(满足 $2p > q$) 时,式(F) 化为式(B)
$$P_n \leqslant 2S - 2n \tag{B}$$

证明 记 $x_i = a_i + a_{i+1} - a_{i+2}$ (约定 $a_{n+i} = a_i (1 \leqslant i \leqslant n; 3 \leqslant n \in \mathbf{N}))$,有 $\sum_{i=1}^{n} x_i = 3S$,由于

$$\left.\begin{array}{l} a_i \in [p, q] \\ 2p > q > 0 \end{array}\right\} \Rightarrow a_i + a_{i+1} - a_{i+2} \in [2p - q, 2q - p]$$

而且

$$a_i \in [p, q] \Rightarrow (a_i - p)(a_{i+1} - p) \geqslant 0 \Rightarrow a_i a_{i+1} \geqslant p(a_i + a_{i+1} - p) \Rightarrow$$

$$A_i = \frac{a_i^2 + a_{i+1}^2 - a_{i+2}^2}{a_i + a_{i+1} - a_{i+2}} = x_i - \frac{2 a_i a_{i+1}}{a_i + a_{i+1} - a_{i+2}} \leqslant$$

$$x_i - \frac{2p(a_i + a_{i+1} - p)}{a_i + a_{i+1} - a_{i+2}} = x_i - 2p\left(1 + \frac{a_{i+2} - p}{a_i + a_{i+1} - a_{i+2}}\right) \leqslant$$

$$x_i - 2p - \frac{2p(a_{i+2} - p)}{2q - p} \Rightarrow$$

$$P_n = \sum_{i=1}^{n} A_i \leqslant \sum_{i=1}^{n} \left(x_i - 2p - \frac{2p(a_{i+2} - p)}{2q - p}\right) =$$

$$3S - 2np - \frac{2p(S - np)}{2q - p} \Rightarrow P_n \leqslant \frac{(6q - 5p)S - 4np(q - p)}{2q - p}$$

即式(F)成立,等号成立仅当 $a_1 = a_2 = \cdots = a_n = p$.

(7) 同理,式(C) 可以推广为

$$P_n \leqslant \frac{4nq(q - p) - (5q - 6p)S}{2p - q} \tag{G}$$

当取 $p = 2, q = 3$ 时,式(G) 化为式(C)
$$P_n \leqslant 12n - 3S \tag{C}$$

证明 注意到 $b_i = a_i + a_{i+1} - a_{i+2} \in [2p - q, 2q - p], a_i + a_{i+1} - q \geqslant 2p - q > 0$.

$$0 < p \leqslant a_i \leqslant q \Rightarrow (a_i - q)(a_{i+1} - q) \geqslant 0 \Rightarrow$$

$$a_i a_{i+1} \geqslant q(a_i + a_{i+1} - q) \Rightarrow$$

$$A_i = x_i - \frac{2 a_i a_{i+1}}{a_i + a_{i+1} - a_{i+2}} \leqslant$$

$$x_i - \frac{2q(a_i + a_{i+1} - q)}{a_i + a_{i+1} - a_{i+2}} =$$

$$x_i - 2q + \frac{2q(q - a_{i+2})}{a_i + a_{i+1} - a_{i+2}} \leqslant$$

$$x_i - 2q + \frac{2q(q-a_{i+2})}{2p-q} \Rightarrow$$

$$P_n = \sum_{i=1}^n A_i \leqslant \sum_{i=1}^n \left[x_i - 2q + \frac{2q(q-a_{i+2})}{2p-q} \right] =$$

$$3S - 2nq + \frac{2q(nq-S)}{2p-q} \Rightarrow$$

$$P_n \leqslant \frac{4nq(q-p) - (5q-6p)S}{2p-q}$$

等号成立仅当 $a_1 = a_2 = \cdots = a_n = q$.

(二)

(8) 进一步地,前面的结论

$$P_n \geqslant 8n - 3S \tag{1}$$

可以推广为

$$P_n \geqslant \frac{4np(q-p) - (5q-6p)S}{2p-q} \tag{H}$$

观察式(G)、(H) 知,它的右边只有微小的区别,但因方向相反,却有本质的不同. 显然,当取 $p=2, q=3$ 时,式(H) 化为式(1).

如果我们依次记(F)、(G)、(H) 三式的右边依次为 $F(p,q), G(p,q), H(p,q)$,那么(F)、(G)、(H) 三式可以合成一个优美的完善式

$$H(p,q) \leqslant P_n \leqslant \begin{cases} F(p,q) \\ G(p,q) \end{cases} \tag{I}$$

现在我们证明式(H) 成立.

证明

$$0 < p \leqslant a_i \leqslant q \Rightarrow (a_i - p)(a_{i+1} - q) \leqslant 0 \Rightarrow$$

$$a_i a_{i+1} \leqslant q a_i + p a_{i+1} - pq \Rightarrow A_i = x_i - \frac{2 a_i a_{i+1}}{a_i + a_{i+1} - a_{i+2}} \geqslant$$

$$x_i - \frac{2(q a_i + p a_{i+1} - pq)}{a_i + a_{i+1} - a_{i+2}} = x_i - 2p - \frac{2[(q-p)a_i + p a_{i+2} - pq]}{a_i + a_{i+1} - a_{i+2}}$$

注意

及

有

$$(q-p)a_i + p a_{i+2} \geqslant (q-p)p + p^2 = pq > 0$$

$$a_i + a_{i+1} - a_{i+2} \in [2p-q, 2q-p]$$

$$A_i \geq x_i - 2p - \frac{2[(q-p)a_i + pa_{i+2} - pq]}{2p-q} \Rightarrow P_n = \sum_{i=1}^{n} A_i \geq$$

$$\sum_{i=1}^{n} \left\{ x_i - 2p - \frac{2[(q-p)a_i + pa_{i+2} - pq]}{2p-q} \right\} =$$

$$3S - 2np - \frac{2[(q-p)S + ps - npq]}{2p-q} =$$

$$\frac{4pn(q-p) - (5q-6p)S}{2p-q}$$

即式(H)成立,等号成立仅当 $a_1 = a_2 = \cdots = a_n = p$.

(三)

(9) 我们最后考式(I)的指数推广. 首先定义 $P_n(k)$ 的表达形式:应有几种可能

$$\sum_{i=1}^{n} \left(\frac{a_i^{2k} + a_{i+1}^{2k} - a_{i+2}^{2k}}{a_i^k + a_{i+1}^k - a_{i+2}^k} \right) \tag{1}$$

$$\sum_{i=1}^{n} \left(\frac{a_i^{2k} + a_{i+1}^{2k} - a_{i+2}^{2k}}{a_i + a_{i+1} - a_{i+2}} \right) \tag{2}$$

$$\sum_{i=1}^{n} \left[\frac{(a_i^2 + a_{i+1}^2)^k - a_{i+2}^{2k}}{(a_i + a_{i+1})^k - a_{i+2}^k} \right] \tag{3}$$

$$\sum_{i=1}^{n} \left[\frac{(a_i^2 + a_{i+1}^2)^k - a_{i+2}^{2k}}{a_i + a_{i+1} - a_{i+2}} \right] \tag{4}$$

其中 $k \geq 1$.

显然,第(1)种表达式最容易实现,只须条件 $k > 0$,并在前面的式(I)中作置换

$$(p, q) \to (p^k, q^k)$$

即可.

注意到等式

$$x^{2k} + y^{2k} - z^{2k} = (x + y - z)(x^{2k-1} + y^{2k-1} + z^{2k-1}) + \lambda \tag{5}$$

有

$$\frac{x^{2k} + y^{2k} - z^{2k}}{x + y - z} = x^{2k-1} + y^{2k-1} - z^{2k-1} + \frac{\lambda}{x + y - z} \tag{6}$$

其中

$$\lambda = z(x^{2k-1} + y^{2k-1}) - x(y^{2k-1} + z^{2k-1}) - y(z^{2k-1} + x^{2k-1}) \tag{7}$$

太复杂,不便运算推导.

这样,还剩下(3)和(4)两个表达式,而且式(4)要容易一些,我们先解决式(4),再回头判断式(3)是否可行.

推广 1 设 $1 \leqslant k \in \mathbf{N}, a_i \in [p,q](2p > q > 0)$,记 $S = \sum_{i=1}^{n} a_i$.

$$P_n(k) = \sum_{i=1}^{n} \frac{(a_i^2 + a_{i+1}^2)^k - a_{i+2}^{2k}}{a_i + a_{i+1} - a_{i+2}}$$

$$H(p,q) = \frac{4np(q-p) - (5q-6p)S}{2p-q}$$

$$G(p,q) = \frac{4np(q-p) - (5q-6p)S}{2p-q}$$

则有

$$(2^k - 1)p^{2(k-1)} H(p,q) \leqslant P_n(k) \leqslant (2^k - 1)q^{2(k-1)} G(p,q) \tag{J}$$

当 $a_i = p(1 \leqslant i \leqslant n)$ 时式(J)左边等号成立,当 $a_i = q$ 时式(J)右边等号成立.

显然,当 $k=1$ 时,式(J)化为式(I),因此我们只须证明当 $k \geqslant 2$ 时式(J)成立即可.

证明 设 $k \geqslant 2$ 为整数,$x,y,z \in [p,q](2p > q > p > 0)$,则

$$A(k) = \frac{(x^2+y^2)^k - z^{2k}}{x+y-z} = \left(\frac{x^2+y^2-z^2}{x+y-z}\right) T(k) \tag{8}$$

其中

$$T(k) = (x^2+y^2)^{k-1} + (x^2+y^2)^{k-2} z^2 + \cdots + (x^2+y^2) z^{2(k-2)} + z^{2(k-1)} \tag{9}$$

显然有

$$T(k) \geqslant (2p^2)^{k-1} + (2p^2)^{k-2} p^2 + \cdots + (2p^2) p^{2(k-1)} + p^{2(k-1)} = $$
$$p^{2(k-1)}(2^{k-1} + \cdots + 2 + 1) = (2^k - 1)p^{2(k-1)} \Rightarrow$$
$$T(k) \geqslant (2^k - 1)p^{2(k-1)} \tag{10}$$

同理可得

$$T(k) \leqslant (2^k - 1)q^{2(k-1)} \tag{11}$$

即

$$(2^k - 1)p^{2(k-1)} \leqslant T(k) \leqslant (2^k - 1)q^{2(k-1)} \tag{12}$$

设

$$A_i(k) = \frac{(a_i^2 + a_{i+1}^2)^k - a_{i+2}^{2k}}{a_i + a_{i+1} - a_{i+2}}$$

$$A_i = \frac{a_i^2 + a_{i+1}^2 - a_{i+2}^2}{a_i + a_{i+1} - a_{i+2}}$$

$$A_i(k) = A_i T_i(k), P_n(k) = \sum_{i=1}^{n} A_i(k)$$

$$P_n = \sum_{i=1}^{n} A_i$$

则有
$$H(p,q) \leqslant P_n \leqslant G(p,q) \tag{13}$$
$$(2^k - 1)p^{2(k-1)} \leqslant T_i(k) \leqslant (2^k - 1)q^{2(k-1)} \tag{14}$$

其中
$$T_i(k) = (a_i^2 + a_{i+1}^2)^{k-1} + (a_i^2 + a_{i+1}^2)^{k-2} a_{i+2}^2 + \cdots + (a_i^2 + a_{i+1}^2) a_{i+2}^{2(k-2)} + a_{i+2}^{2(k-1)} \tag{15}$$

于是
$$P_n(k) = \sum_{i=1}^{n} A_i(k) = \sum_{i=1}^{n} A_i T_i(k) \leqslant$$
$$(2^k - 1) q^{2(k-1)} \sum_{i=1}^{n} A_i = (2^k - 1) q^{2(k-1)} P_n \leqslant$$
$$(2^k - 1) q^{2(k-1)} G(p,q) \tag{16}$$

同理可得
$$P_n(k) \geqslant (2^k - 1) p^{2(k-1)} H(p,q) \tag{17}$$

式(16)和(17)结合即得式(J).

现在我们验证式(J)等号成立的条件.

(i) 当 $a_i = p (1 \leqslant i \leqslant n)$ 时, $S = np$, 则
$$H(p,q) = \frac{4np(q-p) - (5q - 6p)np}{2p - q} = np$$
$$(2^k - 1) p^{2(k-1)} H(p,q) = n(2^k - 1) p^{2k-1}$$

此时
$$P_n(k) = n \left[\frac{(p^2 + p^2)^k - p^{2k}}{p + p - p} \right] = n(2^k - 1) p^{2k-1}$$

这时式(J)左边等号成立.

(ii) 当 $a_i = q (1 \leqslant i \leqslant n)$ 时, $S = nq$
$$G(p,q) = \frac{4nq(q-p) - (5q - 6p)nq}{2p - q} = nq$$
$$(2^k - 1) q^{2(k-1)} \cdot G(p,q) = n(2^k - 1) q^{2k-1}$$

此时
$$P_n(k) = n \left[\frac{(q^2 + q^2)^k - q^{2k}}{q + q - q} \right] = n(2^k - 1) q^{2k-1}$$

这时式(J)右边等号成立.

（四）

最后回头观察前面的 $P_n(k)$ 表达式(3)，如果式(3) 可应用的话，将导致等号成立的条件是 $a_i = p$ 且 $a_i = q$，矛盾。尽管如此，(J) 是我们建立的非常新奇美妙的推广，它是我们的智慧在闪光！

前面的式(16) 便是式(J) 的右半边

$$P_n(k) \leqslant (2^k - 1)q^{2(k-1)}G(p,q) \tag{J$'$}$$

对最初的式(A) 而言，它从定义域、元数、指数 3 个方面推广了式(A)，已知是"官运亨通"的三颗星的"将军"了，但是，由于我们偏爱它，再从组数、系数两个方面再度"提升"它为"五星大元帅"。

推广 2 设 $0 < p \leqslant a_{i,j} \leqslant q < 2p$，约定

$$a_{n+i,j} \equiv a_{i,j}, \varphi \in (0,1), \theta_j \in (0,1)$$

$$A_{i,j}^{(k)} = \frac{(a_{i,j}^2 + a_{i+1,j}^2)^k - a_{i+2}^{2k}}{a_{i,j} + a_{i+1,j} - a_{i+2,j}} \tag{1}$$

$(1 \leqslant i \leqslant n, 1 \leqslant j \leqslant m; 3 \leqslant n \in \mathbf{N}, 1 \leqslant m \in \mathbf{N})$，且 $\sum_{j=1}^{m} \theta_j = 1$，简记

$$S_{ij} = \sum_{i=1}^{n} a_{i,j}$$

$$P_n(m,k) = \sum_{i=1}^{n} \left[\lambda_i \prod_{j=1}^{m} (A_{i,j}^{(k)})^{\varphi \theta_j} \right] \tag{2}$$

$$M_n(k) = (2^k - 1)q^{2(k-1)}G(p,q) \tag{3}$$

$$G(p,q) = \frac{4nq(q-p) - (5q - 6p)S_{i,j}}{2p - q} \tag{4}$$

则有

$$P_n(m,k) \leqslant [M_n(k)]^{\varphi} \left(\sum_{i=1}^{n} \lambda_i^{\frac{1}{1-\varphi}} \right)^{1-\varphi} \tag{K}$$

提示 注意到

$$\lambda_i = \lambda_i^{\sum_{j=1}^{m} \theta_j} = \prod_{j=1}^{m} \lambda_i^{\theta_j}$$

应用赫尔特不等式有

$$P_n(m,k) = \sum_{i=1}^{n} \left[\lambda_i \prod_{j=1}^{m} (A_{i,j}^{(k)})^{\varphi \theta_j} \right] =$$

$$\sum_{i=1}^{n} \left[\prod_{j=1}^{m} (\lambda_i A_{i,j}^{(k)\varphi})^{\theta_j} \right] \leqslant$$

$$\prod_{j=1}^{m} \Big(\sum_{i=1}^{n} \lambda_i A_{i,j}^{(k)\varphi}\Big)^{\theta_j} \leqslant$$

(再度应用赫尔特不等式)

$$\prod_{j=1}^{m} \Big[\Big(\sum_{i=1}^{n} \lambda_i^{\frac{1}{1-\varphi}}\Big)^{1-\varphi} \Big(\sum_{i=1}^{n} A_{i,j}^{(k)}\Big)^{\varphi}\Big]^{\theta_j} \leqslant$$

(应用式(J'))

$$\prod_{j=1}^{m} \Big[\Big(\sum_{i=1}^{n} \lambda_i^{\frac{1}{1-\varphi}}\Big)^{1-\varphi} (M_n(k)^{\varphi})\Big]^{\theta_j} =$$

$$\Big[\Big(\sum_{i=1}^{n} \lambda_i^{\frac{1}{1-\varphi}}\Big)^{1-\varphi} (M_n(k))^{\varphi}\Big]^{\sum_{j=1}^{m} \theta_j} =$$

$$\Big(\sum_{i=1}^{n} \lambda_i^{\frac{1}{1-\varphi}}\Big)^{1-\varphi} (M_n(k))^{\varphi}$$

即式(K)成立. 等号成立仅当 $a_{i,j}=q, \lambda_1=\lambda_2=\cdots=\lambda_n (1\leqslant i\leqslant n, 1\leqslant j\leqslant m)$.

特别地, 当 $m=1$ 时, 或 $a_{i,j}=a_i (1\leqslant i\leqslant n, 1\leqslant j\leqslant m)$ 时, 式(K)均化为式(J')(外加 $\lambda_1=\lambda_2=\cdots=\lambda_n$).

更有趣的是, 由式(K)立即可得优美漂亮的特例:

设 $x_i, y_i, z_i \in [2,3] (1\leqslant i\leqslant m, 1\leqslant m \in \mathbf{N}), \varphi\in(0,1), \lambda,\mu,\upsilon>0, \theta_i\in(0,1)(1\leqslant i\leqslant n)$, 且 $\sum_{i=1}^{n}\theta_i=1$, 则有

$$\lambda\prod_{i=1}^{n}\Big(\frac{(y_i^2+z_i^2)^k-x_i^{2k}}{y_i+z_i-x_i}\Big)^{\varphi\theta_i} + \mu\prod_{i=1}^{n}\Big(\frac{(z_i^2+x_i^2)^k-y_i^{2k}}{z_i+x_i-y_i}\Big)^{\varphi\theta_i} +$$

$$\upsilon\prod_{i=1}^{n}\Big(\frac{(x_i^2+y_i^2)^k-z_i^{2k}}{x_i+y_i-z_i}\Big)^{\varphi\theta_i} \leqslant t(36-3S)^{\varphi} \qquad (L)$$

$$S = x_i + y_i + z_i$$

$$t = \big[(2^k-1)3^{2(k-1)}\big]^{\varphi}\Big(\sum \lambda^{\frac{1}{1-\varphi}}\Big)^{1-\varphi}$$

关于一道 IMO 试题的注记

（一）

2008 年 7 月 10～22 日，第 49 届国际数学奥林匹克(IMO)在西班牙首都马德里举行(来自 103 个国家及地区的 549 名学生参加了这次比赛，经过两天的角逐，中国队以 217 分获得团体总分第一名)，其中第 2 题是：

题目(奥地利提供) （1）设实数 x,y,z 都不等于 1，满足 $xyz=1$，求证：

$$\frac{x^2}{(x-1)^2}+\frac{y^2}{(y-1)^2}+\frac{z^2}{(z-1)^2}\geqslant 1 \tag{A}$$

（2）证明：存在无穷多组 (x,y,z)，x,y,z 都不等于 1，且 $xyz=1$，使得上述不等式等号成立．

让我们首先欣赏如下两种优美的证法．

证法 1 （1）我们令

$$(a,b,c)=\left(\frac{x}{x-1},\frac{y}{y-1},\frac{z}{z-1}\right)\Rightarrow$$

$$(x,y,z)=\left(\frac{a}{a-1},\frac{b}{b-1},\frac{c}{c-1}\right)\Rightarrow$$

(结合已知条件 $xyz=1$)$\Rightarrow$

$abc=(a-1)(b-1)(c-1)\Rightarrow$

$a+b+c-1=ab+bc+ca\Rightarrow$

$a^2+b^2+c^2=(a+b+c)^2-2(ab+bc+ca)=$

$(a+b+c)^2-2(a+b+c-1)=$

$(a+b+c-1)^2+1\geqslant 1\Rightarrow$

$$\frac{x^2}{(x-1)^2}+\frac{y^2}{(y-1)^2}+\frac{z^2}{(z-1)^2}\geqslant 1 \tag{1}$$

（2）令 $k\in \mathbf{N}_+$，且

$$(x,y,z) = \left(-\frac{k}{(k-1)^2}, k-k^2, \frac{k-1}{k}\right) \Rightarrow \begin{cases}(x,y,z) \neq (1,1,1) \\ xyz = 1\end{cases} \Rightarrow$$

$$(a,b,c) = \left(\frac{k}{k^2-k+1}, \frac{k^2-k}{k^2-k+1}, \frac{1-k}{k^2-k+1}\right) \Rightarrow a+b+c = 1$$

且有

$$a^2 + b^2 + c^2 = \frac{k^2}{(k^2-k+1)^2} + \frac{(k^2-k)^2}{(k^2-k+1)^2} + \frac{(1-k)^2}{(k^2-k+1)^2} =$$

$$\frac{k^4 - 2k^3 + 3k^2 - 2k + 1}{(k^2-k+1)^2} = 1$$

由于(x,y,z)是三元有理数组,x,y,z都不等于1,且对于不同的正整数k,三元有理数组(x,y,z)是互不相同的,即存在无穷多组有理数组(x,y,z),x,y,z都不等于1,且$xyz=1$,使得式(A)取等号,从而命题得证.

证法2(张成解答) (1) 由$xyz=1$,可设

$$(p,q,r) = (x, 1, \frac{1}{y}) \Rightarrow (x,y,z) = \left(\frac{p}{q}, \frac{q}{r}, \frac{r}{p}\right) \left(因 \frac{1}{xy} = \frac{r}{p}\right)$$

且p,q,r互不相等,故

$$\frac{x^2}{(x-1)^2} + \frac{y^2}{(y-1)^2} + \frac{z^2}{(z-1)^2} \geqslant 1 \Leftrightarrow$$

$$\frac{p^2}{(p-q)^2} + \frac{q^2}{(q-r)^2} + \frac{r^2}{(r-p)^2} \geqslant 1 \tag{2}$$

令

$$(a,b,c) = \left(\frac{p}{p-q}, \frac{q}{q-r}, \frac{r}{r-p}\right) \Rightarrow$$

$$\left(\frac{q}{p}, \frac{r}{q}, \frac{p}{r}\right) = \left(\frac{a-1}{a}, \frac{b-1}{b}, \frac{c-1}{c}\right) \Rightarrow$$

$$(a-1)(b-1)(c-1) = abc \Rightarrow$$

$$ab + bc + ca = a+b+c = 1 \Rightarrow$$

$$a^2 + b^2 + c^2 = (a+b+c)^2 - 2(ab+bc+ca) =$$

$$(a+b+c)^2 - 2(a+b+c-1) =$$

$$(a+b+c-1)^2 + 1 \geqslant 1 \Rightarrow$$

$$a^2 + b^2 + c^2 \geqslant 1$$

从而式(2)成立.

(2) 令$ab+bc+ca=0$且

$$(a,b,c) = \left(-\frac{t}{t^2+t+1}, \frac{t^2+t}{t^2+t+1}, \frac{t+1}{t^2+t+1}\right) \Rightarrow$$

$$(x,y,z) = \left(\frac{a}{a-1}, \frac{b}{b-1}, \frac{c}{c-1}\right) =$$

$$\left(\frac{t}{(t+1)^2}, -(t^2+t), -\frac{t+1}{t^2}\right) \Rightarrow$$
$$a+b+c=a^2+b^2+c^2=1$$

其中 t 可取除 $0, -1$ 以外的一切有理数,改变 t,其中使得 b,c,a 中某个为 1 的至多只有有限个,这样就得到无穷多组三元数组 (a,b,c), a,b,c 都不等于 1,使得

$$\sum a = \sum a^2 = 1$$

而由 $(x,y,z) = \left(\dfrac{a}{a-1}, \dfrac{b}{b-1}, \dfrac{c}{c-1}\right)$ 知式 (2) 成立.

(二)

在关于代数不等式的题海中,我们知道,以正实数 x,y,z(或 a,b,c)满足 $xyz=1$ 为基本条件的妙题很多,如:

当 $abc=1$ 时,求证

$$\left(a+\frac{1}{b}-1\right)\left(b+\frac{1}{c}-1\right)\left(c+\frac{1}{a}-1\right) \leqslant 1 \tag{1}$$

$$\frac{1}{a^3(b+c)} + \frac{1}{b^3(c+a)} + \frac{1}{c^3(a+b)} \geqslant \frac{3}{2} \tag{2}$$

当 $xyz=1$(a,b,c,x,y,z 均为正实数)时,求证

$$\frac{x^3}{(y+1)(z+1)} + \frac{y^3}{(z+1)(x+1)} + \frac{z^3}{(x+1)(y+1)} \geqslant \frac{3}{4} \tag{3}$$

这些都是国际数奥(IMO)名题,所要证明的结论与式(A)类似,即均为外观优美,结构对称的不等式

$$f(x,y,z) \geqslant 0 \quad 或 \quad f(a,b,c) \geqslant 0$$

这是式(A)与以上式(1)、(2)、(3) 的共同点,但式(A)与式(1)、(2)、(3)的已知条件却有区别,这既放宽了变量 x,y,z 的"活动空间"——x,y,z 为实数,又限制了它的自由——$x,y,z \neq 1$.

一般情况,上面的式(1),(2),(3) 等号成立的条件均唯一且一致: $x=y=1$ 及 $a=b=c=1$,但由于式(A)的已知条件与众不同,别具一格,导致了式(A)等号成立的条件奇导独特

$$\begin{cases} a+b+c=1 \\ ab+bc+ca=0 \end{cases}$$

如果记 $abc=m \neq 0$,那么

$$abc = \frac{xyz}{(x-1)(y-1)(z-1)} =$$

$$\frac{1}{x+y+z-(yz+zx+xy)} \Rightarrow$$
$$\frac{1}{m} = x+y+z-(yz+zx+xy) \tag{4}$$

所以 a,b,c 是一元三次方程
$$t^3 - t^2 - m = 0 \tag{5}$$
的根.

由于 m 随 x,y,z 而变化,因此式(5)的三个实数 a,b,c 也随之变化,反之导致了 x,y,z 随之变化,从而有均不为1的实数 x,y,z 有无穷多组 (x,y,z),满足 $xyz=1$ 和式(A)取等号. 仅此一点,式(A)就倍显标新立导,奇妙无穷,令人陶醉.

以上式(1)~(3)的已知条件及结论均属美妙的传统题型,因此探讨的潜力无穷——可从多方位多角度去探讨它(见《数学奥林匹克与数学文化(2008年竞赛卷、文化卷)》),可以写成长文一篇篇,但式(A)受到已知条件的限制,我们探讨它时颇感"山重水复",困难重重,举步维艰.

(三)

不过,我们可以建立几个探讨式(A)的小结论.

首先,式(A)等价于:

结论1 设实数 x,y,z 均不等于1,且满足 $xyz=1$,那么
$$\frac{1}{(x-1)^2} + \frac{1}{(y-1)^2} + \frac{1}{(z-1)^2} \geq \\ \frac{2}{(y-1)(z-1)} + \frac{2}{(z-1)(x-1)} + \frac{2}{(x-1)(y-1)} \tag{B}$$

证明 设实数 $p,q,r \neq 0$,并令
$$(x,y,z) = (p+1, q+1, r+1) \Rightarrow$$
$$P = \frac{x^2}{(x-1)^2} + \frac{y^2}{(y-1)^2} + \frac{z^2}{(z-1)^2} =$$
$$(1+\frac{1}{p})^2 + (1+\frac{1}{q})^2 + (1+\frac{1}{r})^2 =$$
$$3 + \frac{2}{p} + \frac{2}{q} + \frac{2}{r} + \frac{1}{p^2} + \frac{1}{q^2} + \frac{1}{r^2} \tag{1}$$

又已知
$$xyz = 1 (x,y,z \neq 0,1) \Rightarrow$$

$$(p+1)(q+1)(r+1) = 1 \Rightarrow$$

$$p + q + r + pq + qr + rp + pqr = 0 \Rightarrow$$

$$\frac{2}{p} + \frac{2}{q} + \frac{2}{r} + 2 + \frac{2}{pq} + \frac{2}{qr} + \frac{2}{rp} = 0 \Rightarrow$$

$$P + \left(\frac{2}{pq} + \frac{2}{qr} + \frac{2}{rp} - 1\right) - \left(\frac{1}{p^2} + \frac{1}{q^2} + \frac{1}{r^2}\right) = 0 \Rightarrow$$

$$\frac{1}{p^2} + \frac{1}{q^2} + \frac{1}{r^2} - \frac{2}{pq} - \frac{2}{qr} - \frac{2}{rp} = P - 1 \geqslant 0 \Rightarrow$$

(应用式(A))

$$\frac{1}{p^2} + \frac{1}{q^2} + \frac{1}{r^2} \geqslant \frac{2}{pq} + \frac{2}{qr} + \frac{2}{rp} \tag{2}$$

此即为式(B),成立,等号成立的条件与式(A)一致,故(A)、(B)两式互为等价.

进一步地,如果我们设 $\alpha, \beta, \gamma \neq 60°$,满足

$$\cos^2 \alpha \cos^2 \beta \cos^2 \gamma = \frac{1}{8} \tag{3}$$

令

$$(x, y, z) = (2\cos^2 \alpha, 2\cos^2 \beta, 2\cos^2 \gamma) \Rightarrow$$

$$P = \sum \frac{x^2}{(x-1)^2} = \sum \frac{(2\cos^2 \alpha)^2}{(2\cos^2 \alpha - 1)^2} = 4 \sum \frac{(\cos \alpha)^4}{(\cos 2\alpha)^2} \geqslant 1 \Rightarrow$$

$$\frac{(\cos \alpha)^4}{(\cos 2\alpha)^2} + \frac{(\cos \beta)^4}{(\cos 2\beta)^2} + \frac{(\cos \gamma)^4}{(\cos 2\gamma)^2} \geqslant \frac{1}{4}$$

这便是当 $x, y, z > 0$(且 $x, y, z \neq 1$) 时式(A)的一个推论.

同样,当 $\alpha, \beta, \gamma \neq 30°$ 时,令

$$\sin^2 \alpha \sin^2 \beta \sin^2 \gamma = \frac{1}{8} \tag{4}$$

$$(x, y, z) = (2\sin^2 \alpha, 2\sin^2 \beta, 2\sin^2 \gamma)$$

同理可得

$$\frac{(\sin \alpha)^4}{(\cos 2\alpha)^2} + \frac{(\sin \beta)^4}{(\cos 2\beta)^2} + \frac{(\sin \gamma)^4}{(\cos 2\gamma)^2} \geqslant \frac{1}{4} \tag{D}$$

结论 2 设非零实数 x, y, z 均不为 1,满足 $xyz = 1, \lambda, \mu, \upsilon > 0, k \in \mathbf{N}$ 为正整数,那么

$$\lambda A^{2(2k-1)} + \mu B^{2(2k-1)} + \upsilon C^{2(2k-1)} \geqslant$$

$$\lambda \left(\frac{4}{qr}\right)^{2k-1} + \mu \left(\frac{4}{rp}\right)^{2k-1} + \upsilon \left(\frac{4}{pq}\right)^{2k-1} \tag{E}$$

其中

$$(A, B, C) = \left(\frac{1}{q} + \frac{1}{r} - \frac{1}{p}, \frac{1}{r} + \frac{1}{p} - \frac{1}{q}, \frac{1}{p} + \frac{1}{q} - \frac{1}{r}\right)$$

$$(p,q,r) = (x-1, y-1, z-1)$$

特别地,当取 $k=1, \lambda=\mu=\upsilon$ 时,式(E) 化为

$$A^2 + B^2 + C^2 \geq \frac{4}{qr} + \frac{4}{rp} + \frac{4}{pq} \Leftrightarrow$$

$$\sum \left(\frac{1}{q} + \frac{1}{r} - \frac{1}{p}\right)^2 \geq \sum \frac{4}{qr} \Leftrightarrow$$

$$\sum \frac{1}{p^2} \geq \sum \frac{2}{qr}$$

此即为式(B),因此式(E) 为式(B) 的"系数-指数"推广.

证明 注意到当 $n \in \mathbf{N}$ 时 $2k-1$ 为正奇数,应用前面的式(B) 有

$$\frac{1}{p^2} + \frac{1}{q^2} + \frac{1}{r^2} \geq \frac{2}{qr} + \frac{2}{rp} + \frac{2}{pq} \Rightarrow A^2 = \left(\frac{1}{q} + \frac{1}{r} - \frac{1}{p}\right)^2 \geq \frac{4}{qr} \Rightarrow$$

$$A^{2(2k-1)} \geq \left(\frac{4}{qr}\right)^{2k-1} \Rightarrow \lambda A^{2(2k-1)} \geq \lambda \left(\frac{4}{qr}\right)^{2k-1}$$

同理可得

$$\lambda B^{2(2k-1)} \geq \mu \left(\frac{4}{rp}\right)^{2k-1}$$

$$\upsilon C^{2(2k-1)} \geq \upsilon \left(\frac{4}{pq}\right)^{2k-1}$$

以上三式相加,即得式(E).

(四)

式(B) 的系数推广便是

结论 3 设实数 x, y, z 都不等于 1,满足 $xyz = 1, \lambda, \mu, \upsilon$ 为正系数,则有

$$\frac{\lambda}{(x-1)^2} + \frac{\mu}{(y-1)^2} + \frac{\upsilon}{(z-1)^2} \geq$$

$$\frac{4K}{(y-1)(z-1)} + \frac{4K}{(z-1)(x-1)} + \frac{4K}{(x-1)(y-1)} \tag{F}$$

其中

$$k = \frac{\lambda \mu \upsilon}{\mu \upsilon + \upsilon \lambda + \lambda \mu}$$

由于变量 x, y, z 的特殊性,式(F) 不是式(B) 普通意义上的加权推广.

证明 应用式(B) 有

$$\frac{1}{p^2}+\frac{1}{q^2}+\frac{1}{r^2} \geqslant \frac{2}{qr}+\frac{2}{rp}+\frac{2}{pq} \Rightarrow \left(\frac{1}{p}+\frac{1}{q}+\frac{1}{r}\right)^2 \geqslant \frac{4}{qr}+\frac{4}{rp}+\frac{4}{pq} \Rightarrow$$

$$\left(\frac{1}{\lambda}+\frac{1}{\mu}+\frac{1}{v}\right)\left(\frac{\lambda}{p^2}+\frac{\mu}{q^2}+\frac{v}{r^2}\right) \geqslant \left(\frac{1}{p}+\frac{1}{q}+\frac{1}{r}\right)^2 \geqslant \frac{4}{qr}+\frac{4}{rp}+\frac{4}{pq} \Rightarrow$$

$$\frac{\lambda}{p^2}+\frac{\mu}{q^2}+\frac{v}{r^2} \geqslant 4K\left(\frac{1}{qr}+\frac{1}{rp}+\frac{1}{pq}\right)$$

这即为式(F).

因为式(A)中变量 x,y,z 受到特殊的限制(并非自由得"海阔凭鱼跃,天高任鸟飞"),所以,欲从系数和指数方面去推广它自然不会一帆顺风.

结论 4 设实数 x,y,z 均不为 1,满足 $xyz=1$,记

$$(a,b,c)=\left(\frac{x}{x-1},\frac{y}{y-1},\frac{z}{z-1}\right)$$

$$s=a+b+c$$

$$M=a^3+b^3+c^3-3abc$$

那么

(i) 当 $0<s\leqslant\frac{5}{4}$ 时

$$\left(\frac{s^2-2s+3}{2}\right)^2 \geqslant M \geqslant \begin{cases} s(2-s) \geqslant \frac{3}{4}s, 0<s\leqslant\frac{5}{4} \\ \frac{3}{4}s \geqslant s(2-s), s \geqslant \frac{5}{4} \end{cases} \tag{G}$$

(ii) 当 $s<0$ 时

$$M \leqslant 3s \tag{H}$$

证明 应用前面的结论有

$$\begin{cases} bc+ca+ca=s-1 \\ a^2+b^2+c^2=s^2-2s+2 \end{cases} \Rightarrow$$

$$M=a^3+b^3+c^3-3abc=$$
$$(a+b+c)(a^2+b^2+c^2-bc-ca-ca)=$$
$$s(s^2-3s+3)$$

当 $s>0$ 时

$$M=s(s^2-3s+3) \leqslant \left[\frac{s+(s^2-3s+3)}{2}\right]^2 = \left(\frac{s^2-2s+3}{2}\right)^2$$

又 $\quad M=s(s^2-3s+3)=s[(s-1)^2+(2-s)] \geqslant s(2-s)$

$$M=s(s^2-3s+3)=s\left[\left(s-\frac{3}{2}\right)^2+\frac{3}{4}\right] \geqslant \frac{3}{4}s$$

当 $\quad 0<s\leqslant\frac{5}{4} \Rightarrow s(2-s) \geqslant \frac{3}{4}s \Rightarrow M \geqslant s(2-s) \geqslant \frac{3}{4}s$

当
$$s \geqslant \frac{5}{4} \Rightarrow s(2-s) \leqslant \frac{3}{4} s \Rightarrow M \geqslant \frac{3}{4} s \geqslant s(2-s)$$

当 $s<0$ 时
$$M = s\left[(s-\frac{3}{2})^2 + \frac{3}{4}\right] < s\left[(\frac{3}{2})^2 + \frac{3}{4}\right] = 3s \Rightarrow M < 3s$$

总括上述,结论 4 成立.

(五)

万事万物,皆在发展变化中.让我们先以运动的观点分析式(A).

如果我们将式(A)的已知条件"$xyz=1$"改变为"$x+y+z=3$",其中 x, y, z 均不为 0 和 1 的实数,那么依照前面的变换有

$$(x, y, z) = \left(\frac{a}{a-1}, \frac{b}{b-1}, \frac{c}{c-1}\right) \Rightarrow$$
$$\frac{a}{a-1} + \frac{b}{b-1} + \frac{c}{c-1} = 3 \Rightarrow$$
$$a(b-1)(c-1) + b(c-1)(a-1) + c(a-1)(b-1) = 3(a-1)(b-1)(c-1) \Rightarrow$$
$$bc + ca + ab = 2(a+b+c) - 3 \Rightarrow$$
$$P = a^2 + b^2 + c^2 = (a+b+c)^2 - 2(bc+ca+ab) = (a+b+c)^2 - 4(a+b+c) + 6 = (a+b+c-2)^2 + 2 \geqslant 2 \Rightarrow$$
$$\frac{x^2}{(x-1)^2} + \frac{y^2}{(y-1)^2} + \frac{z^2}{(z-1)^2} \geqslant 2 \qquad (I)$$

可见,式(I)与式(A)的外观结构何其相似,简直"天生一对,地配一双".至于式(I)等号成立的条件,即是

$$\begin{cases} x+y+z=3, & x,y,z \neq 1 \\ \frac{x}{x-1} + \frac{y}{y-1} + \frac{z}{z-1} = 2 \end{cases}$$

即
$$\begin{cases} x+y+z=3, & x,y,z \neq 1 \\ \frac{1}{x-1} + \frac{1}{y-1} + \frac{1}{z-1} = -1 \end{cases}$$

由于
$$x+y = 3-z$$

数学奥林匹克不等式散论

$$\frac{1}{x-1}+\frac{1}{y-1}=-1-\frac{1}{z-1}=\frac{z}{1-z} \Rightarrow \frac{x+y-2}{(x-1)(y-1)}=\frac{z}{1-z} \Rightarrow$$

$$\frac{x+y-2}{xy-(x+y)+1}=\frac{z}{1-z} \Rightarrow \frac{1-z}{xy+z-2}=\frac{z}{1-z} \Rightarrow$$

$$xyz+z^2-2z=(1-z)^2 \Rightarrow xyz=1 \Rightarrow yx=\frac{1}{z}$$

因此 x,y 是关于 t 的方程

$$t^2-(3-z)t+\frac{1}{z}=0 \Rightarrow zt^2-z(3-z)t+1=0 \Rightarrow$$

$$\Delta_t=z^2(3-z)^2-4z \geqslant 0 \Rightarrow z[z(3-z)^2-4] \geqslant 0 \Rightarrow$$

$$z(z^3-6z^2+9z-4) \geqslant 0 \Rightarrow z(z-1)^2(z-4) \geqslant 0 \Rightarrow$$

$$z<0 \text{ 或 } z \geqslant 4$$

同理：$x<0$ 或 $x \geqslant 4, y<0$ 或 $y \geqslant 4$.

即 x,y,z 的定义域为 $(-\infty,0)$ 或 $[4,+\infty)$. 比如，当 $(x,y,z)=(-\frac{1}{2},-\frac{1}{2},4)$ 时，有 $x+y+z=3, xyz=1$，且

式(I) 左边 $=2(-\frac{1}{2})^2 \div (-\frac{1}{2}-1)^2+4^2/(4-1)^2=\frac{2}{9}+\frac{16}{9}=2=$ 右边

如果我们设 $z=m \in (-\infty,0) \cup (4,+\infty)$，那么

$$\begin{cases} x=\dfrac{m(3-m)+|m-1|\sqrt{m(m-4)}}{2m} \\ y=\dfrac{m(3-m)-|m-1|\sqrt{m(m-4)}}{2m} \end{cases}$$

或

$$\begin{cases} x=\dfrac{m(3-m)-|m-1|\sqrt{m(m-4)}}{2m} \\ y=\dfrac{m(3-m)+|m-1|\sqrt{m(m-4)}}{2m} \end{cases}$$

由于 m 有无限多，因此 (x,y,z) 有无限多组使得式(I) 成立.

于是，式(A) 的第一个配对形式为：

配对 1 设实数 x,y,z 均不为 1，满足 $x+y+3=3$.

$$\frac{x^2}{(x-1)^2}+\frac{y^2}{(y-1)^2}+\frac{z^2}{(z-1)^2} \geqslant 2 \tag{I}$$

且有无穷多组均不为 1 的实数 (x,y,z) 使式(I) 等号成立.

(六)

飞奔的思维如彩云追月. 现在,让我们更换方向将式(A)中的已知条件"$xyz=1(x,y,z\neq 1)$"改变为

$$yz+zx+xy=3, x,y,z\neq 0 \tag{1}$$

仍然记

$$(a,b,c)=\left(\frac{x}{x-1},\frac{y}{y-1},\frac{z}{z-1}\right)\Leftrightarrow$$

$$(x,y,z)=\left(\frac{a}{a-1},\frac{b}{b-1},\frac{c}{c-1}\right)\Rightarrow$$

$$\frac{bc}{(b-c)(c-1)}+\frac{ca}{(c-1)(a-1)}+\frac{ab}{(a-1)(b-1)}=3\Rightarrow$$

$$2(bc+ca+ab)=3(a+b+c)-3\Rightarrow \tag{2}$$

$$a^2+b^2+c^2=(a+b+c)^2-2(bc+ca+ab)=$$

$$(a+b+c)^2-3(a+b+c)+3=$$

$$\left(a+b+c-\frac{3}{2}\right)^2+\frac{3}{4}\geq \frac{3}{4}\Rightarrow$$

$$\frac{x^2}{(x-1)^2}+\frac{y^2}{(y-1)^2}+\frac{z^2}{(z-1)^2}\geq \frac{3}{4} \tag{J}$$

现在的关键问题,是否存在均不为1的实数组(x,y,z),使式(I)取等号. 如果存在,会是无数多组吗?

仿效前面的方法,我们设

$$x+y=p, xy=q$$

由

$$xy+yz+zx=3\Rightarrow q=3-pz$$

$$a+b+c=\frac{3}{2}\Rightarrow \frac{x}{x-1}+\frac{y}{y-1}+\frac{z}{z-1}=\frac{3}{2}\Rightarrow$$

$$\frac{1}{x-1}+\frac{1}{y-1}+\frac{1}{z-1}=-\frac{3}{2}\Rightarrow$$

$$\frac{1}{x-1}+\frac{1}{y-1}=\frac{1-3z}{2(z-1)}\Rightarrow \frac{x+y-z}{xy-(x+y)+1}=\frac{1-3z}{2(z-1)}\Rightarrow$$

$$\frac{p-z}{q-p+1}=\frac{1-3z}{2(z-1)}\Rightarrow$$

$$\frac{(q-1)-(p-2)}{p-2}=\frac{2(z-1)}{1-3z}\Rightarrow \frac{q-1}{p-2}=1+\frac{2(z-1)}{1-3z}=-\frac{z+1}{1-3z}\Rightarrow$$

$$(q-1)(1-3z) = -(p-2)(z+1) \Rightarrow$$
$$\left.\begin{array}{l}(1+z)p + (1-3z)q = 3-z \\ q = 3 - pz\end{array}\right\} \Rightarrow$$
$$(p,q) = \left(\frac{8z}{3z^2+1}, \frac{z^2+3}{3z^2+1}\right) \tag{3}$$

由于 x, y 是关于 t 的方程的根
$$t^2 - pt + q = 0 \Rightarrow (3z^2+1)t^2 - 8zt + (z^2+3) = 0 \tag{4}$$
的两根,由判别式
$$\Delta t = (-8z)^2 - 4(z^2+3)(3z^2+1) =$$
$$-12(z^2-1)^2 = -12(z-1)^2(z+1)^2 \geqslant 0 \Rightarrow$$
$$(z-1)^2(z+1)^2 \leqslant 0 (结合 z \neq 1) \Rightarrow z = -1.$$

同理可得 $x = y = -1$.

即式(J)等号成立仅当 $x = y = z = -1$,因此,只有一组实数 $(x,y,z) = (-1,-1,-1)$ 使式(J)等号成立.

现在,式(A)的第二个配对式又喜降人间:

配对 2 设实数 x, y, z 均不为 1,满足
$$yz + zx + xy = 3$$
那么
$$\frac{x^2}{(x-1)^2} + \frac{y^2}{(y-1)^2} + \frac{z^2}{(z-1)^2} \geqslant \frac{3}{4} \tag{J}$$
等号何时成立?($x = y = z = -1$)

式(J)有点出人意料,但却又在顺其自然,它等号成立的条件"$x = y = z = -1$"具有传统的对称美. 这点,暗示我们,在配对 2 中作置换
$$(x, y, z) \to (-x, -y, -z)$$
仍然有
$$yz + zx + xy = 3$$
不变,但漂亮的式(J)却变为优美的传统结论:

配对 3 设正数 x, y, z 满足 $yz + zx + xy = 3$,则有
$$3 > \frac{x^2}{(x+1)^2} + \frac{y^2}{(y+1)^2} + \frac{z^2}{(z+1)^2} \geqslant \frac{3}{4} \geqslant$$
$$\frac{1}{3}\left(\frac{x}{x+1} + \frac{y}{y+1} + \frac{z}{z+1}\right)^2 \tag{K}$$

证明 我们令
$$(a,b,c) = \left(\frac{x}{x+1}, \frac{y}{y+1}, \frac{z}{z+1}\right) \in (0,1) \Rightarrow$$
$$\left.\begin{array}{l}(x,y,z) = \left(\frac{a}{1-a}, \frac{b}{1-b}, \frac{c}{1-c}\right) \\ yz + zx + xy = 3\end{array}\right\} \Rightarrow$$

$$\sum \frac{bc}{(1-b)(1-c)} = 3 \Rightarrow$$

$$\sum bc(1-a) = 3(1-a)(1-b)(1-c) \Rightarrow$$

$$2(bc+ca+ab) = 3(a+b+c) - 3 \Rightarrow \quad (5)$$

$$a^2+b^2+c^2 = (a+b+c)^2 - 2(bc+ca+ab) =$$

$$(a+b+c)^2 - 3(a+b+c) + 3 =$$

$$(a+b+c-\frac{3}{2})^2 + \frac{3}{4} \geqslant \frac{3}{4} \Rightarrow$$

$$a^2+b^2+c^2 \geqslant \frac{3}{4} \Rightarrow$$

$$\frac{x^2}{(x+1)^2} + \frac{y^2}{(y+1)^2} + \frac{z^2}{(z+1)^2} \geqslant \frac{3}{4} \quad (6)$$

记 $S = a+b+c$，由式(5) 有

$$3S - 3 = 2(bc+ca+ab) \leqslant \frac{2}{3}(a+b+c)^2 = \frac{2}{3}S^2 \Rightarrow$$

$$2S^2 - 9S + 9 \geqslant 0 \Rightarrow (S-3)(2S-3) \geqslant 0 \Rightarrow$$

$$\left.\begin{array}{l} (3-S)(2S-3) \leqslant 0 \\ 0 < S < 3 \end{array}\right\} \Rightarrow 2S - 3 \leqslant 0 \Rightarrow$$

$$0 < S \leqslant \frac{3}{2} \Rightarrow \frac{1}{3}S^2 \leqslant \frac{3}{4} \Rightarrow$$

$$\frac{1}{3}(a+b+c)^2 \leqslant \frac{3}{4} \Rightarrow$$

$$\frac{1}{3}\left(\frac{x}{x+1} + \frac{y}{y+1} + \frac{z}{z+1}\right)^2 \leqslant \frac{3}{4} \quad (7)$$

(6)、(7) 两式结合，即得式(K). 等号成立仅当

$$\left.\begin{array}{l} a=b=c \Rightarrow x=y=z>0 \\ yz+zx+xy=3 \end{array}\right\} \Rightarrow x=y=z=1$$

进一步地，从

$$\frac{x}{x+1} + \frac{y}{y+1} + \frac{z}{z+1} = a+b+c \leqslant \frac{3}{2} \Rightarrow$$

$$\left(1 - \frac{1}{x+1}\right) + \left(1 - \frac{1}{y+1}\right) + \left(1 - \frac{1}{z+1}\right) \leqslant \frac{3}{2} \Rightarrow$$

$$\frac{1}{x+1} + \frac{1}{y+1} + \frac{1}{z+1} \geqslant \frac{3}{2} \geqslant$$

$$\frac{x}{x+1} + \frac{y}{y+1} + \frac{z}{z+1} \quad (K_1)$$

（七）

令人费解是，应用已知条件 $yz+zx+xy=3(x,y,z>0)$ 不能结合切比雪夫不等式证明式（K）和式（K_1）. 如果应用柯西不等式和杨克昌不等式，设 λ,μ,υ 为正系数，有

$$3 = yz + zx + xy \geq \frac{1}{3}(\sqrt{yz} + \sqrt{zx} + \sqrt{xy})^2 \Rightarrow$$

$$3 \geq \sqrt{yz} + \sqrt{zx} + \sqrt{xy} \Rightarrow$$

$$3\left(\sum \frac{1}{\sqrt{yz}}\right) \geq \left(\sum \sqrt{yz}\right)\left(\sum \frac{1}{\sqrt{yz}}\right) \geq 9 \Rightarrow \sum \frac{1}{\sqrt{yz}} \geq 3 \Rightarrow$$

$$T = \frac{\mu+\upsilon}{\sqrt{x}} + \frac{\upsilon+\lambda}{\sqrt{y}} + \frac{\lambda+\mu}{\sqrt{z}} \geq$$

$$2\left[(\mu\upsilon + \upsilon\lambda + \lambda\mu)\left(\sum \frac{1}{\sqrt{yz}}\right)\right]^{\frac{1}{2}} \geq$$

$$2\sqrt{3(\mu\upsilon + \upsilon\lambda + \lambda\mu)} \Rightarrow$$

$$\sum \frac{\mu+\upsilon}{\sqrt{x}} \geq 2\sqrt{3(\mu\upsilon + \upsilon\lambda + \lambda\mu)} \tag{K_2}$$

等号成立仅当 $x=y=z=1$ 及 $\lambda=\mu=\upsilon$.

更为有趣的是，如果我们设 $\triangle ABC$ 为任意三角形，在（K）、（K_1）、（K_2）式令

$$(x,y,z) = \left(\sqrt{3}\tan\frac{A}{2}, \sqrt{3}\tan\frac{B}{2}, \sqrt{3}\tan\frac{C}{2}\right)$$

首先，式（K_2）化为

$$(\mu+\upsilon)\sqrt{\cot\frac{A}{2}} + (\upsilon+\lambda)\sqrt{\cot\frac{B}{2}} + (\lambda+\mu)\sqrt{\cot\frac{C}{2}} \geq$$

$$2\sqrt{3\sqrt{3}(\mu\upsilon + \upsilon\lambda + \lambda\mu)} \tag{$*$}$$

如果再设 $\theta \in (0,1]$，上式又可以从指数方面推广为

$$(\mu+\upsilon)\left(\cot\frac{A}{2}\right)^\theta + (\upsilon+\lambda)\left(\cot\frac{B}{2}\right)^\theta + (\lambda+\mu)\left(\cot\frac{C}{2}\right)^\theta \geq$$

$$2\sqrt{3^{2+\theta}(\mu\upsilon + \upsilon\lambda + \lambda\mu)} \tag{K_3}$$

这不失为一个优美的三角不等式.

相应地，将

$$(x, y, z) = (\sqrt{3}\tan\frac{A}{2}, \sqrt{3}\tan\frac{B}{2}, \sqrt{3}\tan\frac{C}{2})$$

代入式(K)得

$$3 > \sum \frac{(\sqrt{3}\tan\frac{A}{2})^2}{(\sqrt{3}\tan\frac{A}{2}+1)^2} \geq \frac{3}{4} \geq \frac{1}{3}\left(\sum \frac{\sqrt{3}\tan\frac{A}{2}}{\sqrt{3}\tan\frac{A}{2}+1}\right)^2 \Rightarrow$$

$$1 \geq \sum \frac{\left(\sin\frac{A}{2}\right)^2}{\left(\sqrt{3}\sin\frac{A}{2}+\cos\frac{A}{2}\right)^2} \geq \frac{1}{4} \geq$$

$$\frac{1}{3}\left(\sum \frac{\sin\frac{A}{2}}{\sqrt{3}\sin\frac{A}{2}+\cos\frac{A}{2}}\right)^2 \Rightarrow 1 \geq \sum \frac{(\sin\frac{A}{2})^2}{[2\sin(\frac{A}{2}+30°)]^2} \geq \frac{1}{4} \geq$$

$$\frac{1}{3}\left(\sum \frac{\sin\frac{A}{2}}{2\sin(\frac{A}{2}+30°)}\right)^2 \Rightarrow 4 > \sum \frac{(\sin\frac{A}{2})^2}{\sin^2(\frac{A}{2}+30°)} \geq 1 \geq$$

$$\frac{1}{3}\left(\sum \frac{\sin\frac{A}{2}}{\sin(\frac{A}{2}+30°)}\right)^2 \tag{K_4}$$

这也是一个靓丽优雅的三不等式.

如果我们约定 $\triangle ABC$ 为锐角三角形,并在上式中巧作置换

$$(A, B, C) \to (\pi - 2A, \pi - 2B, \pi - 2C) \Rightarrow$$

$$4 > \sum \frac{\cos^2 A}{\cos^2(A-30°)} \geq 1 \geq$$

$$\frac{1}{3}\left(\sum \frac{\cos A}{\cos(A-30°)}\right)^2 \tag{K_5}$$

这与著名不等式

$$\left(\frac{\cos A}{\cos\frac{A}{2}}\right)^2 + \left(\frac{\cos B}{\cos\frac{B}{2}}\right)^2 + \left(\frac{\cos C}{\cos\frac{C}{2}}\right)^2 \geq 1 \tag{1}$$

"今生有缘,鹊桥相会".

(八)

现在,我们先总括前文相关结论,并提出几个待解决或思考的问题,一并归

列成一个简表(实数 x,y,z 均不为 0 和 1):

条件	结论	
$xyz = 1$	$\sum \dfrac{x^2}{(x-1)^2} \geq 1$	(A)
$xyz = 1$	$\prod \left(x^2 - \dfrac{1}{x^2}\right) \geq ?$	(X$_1$)
$x + y + z = 3$	$\sum \dfrac{x^2}{(x-1)^2} \geq 2$	(I)
$yz + zx + xy = 3$	$\sum \dfrac{x^2}{(x-1)^2} \geq \dfrac{3}{4}$	(J)
$x^k + y^k + z^k = 3 \, (n \in \mathbf{N})$	$\sum \dfrac{x^2}{(x-1)^2} \geq ?$	(X$_2$)
$\dfrac{yz}{x} + \dfrac{zx}{y} + \dfrac{xy}{z} = 3$	$\sum \dfrac{x^2}{(x-1)^2} \geq ?$	(X$_3$)
$\dfrac{x^3}{yz} + \dfrac{y^3}{zx} + \dfrac{z^3}{xy} = 3$	$\sum \dfrac{x^2}{(x-1)^2} \geq ?$	(X$_4$)

让我们回顾式(A)

$$\frac{x^2}{(x-1)^2} + \frac{y^2}{(y-1)^2} + \frac{z^2}{(z-1)^2} \geq 1 \tag{A}$$

将已知条件 $xyz=1$ 转化为 $z=1/yz$ 代入式(A) 得等价形式

$$\frac{x^2}{(x-1)^2} + \frac{y^2}{(x-1)^2} + \frac{1}{(xy-1)^2} \geq 1 \Leftrightarrow \tag{1}$$

$$[x^2(y-1)^2 + y^2(x-1)^2](xy-1)^2 +$$
$$[(x-1)(y-1)]^2 \geq [(x-1)(y-1)(xy-1)]^2 \Leftrightarrow$$
$$[2(xy)^2 - 2xy(x+y) + x^2 + y^2](xy-1)^2 +$$
$$[xy - (x+y) + 1]^2 \geq [xy - (x+y) + 1]^2 (xy-1)^2 \tag{2}$$

设 $\begin{cases} x+y=p \\ xy=q \end{cases} \Rightarrow \begin{cases} p^2 \geq 4q \\ x^2+y^2 = p^2 - 2q \end{cases} \Leftrightarrow$

(代入式(2))

$$(2q^2 - 2pq + p^2 - 2q)(q-1)^2 + (q-p+1)^2 \geq$$
$$(q-p+1)^2(q-1)^2 \Leftrightarrow$$
$$(p-q)^2(q-1)^2 \geq (q^2 - 2q)(p-2)(p-2q) \tag{3}$$

经验告诉我们,欲从式(3)展开整理配方成

$$f(p,q) \geq 0$$

显然是困难的,因此,欲采用上述思路证明式(A)并不简洁.

（九）

上面小节所列简表中，均只涉及 3 个均不为 1 的实数变元 x,y,z，由于变元那辽阔无边的活动空间（均为实数），以及所受到的残酷的限制（均不为 1），在研究式（A）时，使我们感到水远山长，海阔天空，不便追星赶月. 让我们先试探一下关于 4 个实变元 x,y,z,t（均不为 1）的情形吧！

设实数 x,y,z,t 均不为 1，满足 $xyzt=1$，记号

$$P=\sum \frac{x^2}{(x-1)^2}=\frac{x^2}{(x-1)^2}+\frac{y^2}{(y-1)^2}+\frac{z^2}{(z-1)^2}+\frac{t^2}{(t-1)^2}$$

作代换

$$(a,b,c,d)=\left(\frac{x}{x-1},\frac{y}{y-1},\frac{z}{z-1},\frac{t}{t-1}\right)\Rightarrow$$

$$(x,y,z,t)=\left(\frac{a}{a-1},\frac{b}{b-1},\frac{c}{c-1},\frac{d}{d-1}\right)\Rightarrow$$

$$abcd=(a-1)(b-1)(c-1)(d-1)\Rightarrow$$

$$-m=1-s-p \tag{1}$$

其中

$$\begin{cases} S=a+b+c+d \\ m=ab+bc+cd+da+bd+ca \\ p=bcd+cda+dab+abc \end{cases} \Rightarrow \tag{2}$$

$$P=a^2+b^2+c^2+d^2=S^2-2m=$$
$$S^2+2(1-S-p)=$$
$$(S-1)^2+(1-2p)\geqslant 1-2p\Rightarrow$$
$$P+2p\geqslant 1 \tag{3}$$

又

$$2p=2(bcd+cda+dab+abc)=$$
$$\frac{2[(x-1)yzt+(y-1)ztx(z-1)+txy+(t-2)xyz]}{(x-1)(y-1)(z-1)(t-1)}=$$
$$\frac{2[4xyzt-(yzt+ztx+txy+xyz)]}{(x-1)(y-1)(z-1)(t-1)}=$$
$$\frac{2\left[4-\left(\frac{1}{x}+\frac{1}{y}+\frac{1}{z}+\frac{1}{t}\right)\right]}{(x-1)(y-1)(z-1)(t-1)}=-2Q$$

即

$$Q = \frac{\frac{1}{x}+\frac{1}{y}+\frac{1}{z}+\frac{1}{t}-4}{(x-1)(y-1)(z-1)(t-1)} \tag{4}$$

因此，从式(3)知，欲使 $P \geqslant 1$ 成立，还必须增设条件 $Q \geqslant 0$，这样，我们又得到了一个新的结论：

结论 5 设实数 x,y,z,t 均不为 1，满足 $xyzt=1$，且

$$Q = \frac{\frac{1}{x}+\frac{1}{y}+\frac{1}{z}+\frac{1}{t}-4}{(x-1)(y-1)(z-1)(t-1)} \geqslant 0 \tag{5}$$

则有

$$P = \frac{x^2}{(x-1)^2} + \frac{y^2}{(y-1)^2} + \frac{z^2}{(z-1)^2} + \frac{t^2}{(t-1)^2} \geqslant 1 \tag{L}$$

在约束条件下，是否有无限（或有限）多组实数 (x,y,z,t) 使得式(L)等号成立，就有待于我们进一步探讨了.

无独有偶，如果我们将上述条件之一的 "$xyzt=1$" 改变为

$$xyz + yzt + ztx + txy = 3 \tag{6}$$

Q 的定义依然如故，那么，式(L)重获新生成立.

证明 记号如上

$$xyz + yzt + ztx + txy = 4 \Rightarrow \frac{1}{x}+\frac{1}{y}+\frac{1}{z}+\frac{1}{t} = \frac{4}{xyzt} \Rightarrow$$

$$\frac{a-1}{a}+\frac{b-1}{b}+\frac{c-1}{c}+\frac{d-1}{d} = \frac{4(a-1)(b-1)(c-1)(d-1)}{abcd} \Rightarrow$$

$$4 - \left(\frac{1}{a}+\frac{1}{b}+\frac{1}{c}+\frac{1}{d}\right) = \frac{4(1-a)(1-b)(1-c)(1-d)}{abcd} \Rightarrow$$

$$4abcd - abcd\left(\frac{1}{a}+\frac{1}{b}+\frac{1}{c}+\frac{1}{d}\right) = 4(1-a)(1-b)(1-c)(1-d) \Rightarrow$$

$$4abcd - p = 4(1-s+m-p+abcd) \Rightarrow 4m = 4S - 4 + 3p \Rightarrow$$

$$P = \sum a^2 = \left(\sum a\right)^2 - 2\sum ab = S^2 - 2m = S^2 - \frac{1}{2}(4S-4+3p) =$$

$$(S-1)^2 + 1 - \frac{3}{2}p = (S-1)^2 + 1 + \frac{3}{2}Q \geqslant$$

$$1 + \frac{3}{2}Q \geqslant 1 \Rightarrow P = a^2 + b^2 + c^2 + d^2 \geqslant 1$$

即此时式(L)仍然成立.

更有趣的是，我们还有

结论 6 设实数 x,y,z,t 均不为 1，满足 $x+y+z+t=4$，记号 Q 同前，那么

$$P = \frac{x^2}{(x-1)^2} + \frac{y^2}{(y-1)^2} + \frac{z^2}{(z-1)^2} + \frac{t^2}{(t-1)^2} \geqslant \frac{7}{4} \tag{M}$$

略证 沿用前面的记号有

$$x+y+z+t=4 \Rightarrow \sum \frac{a}{a-1}=4 \Rightarrow$$

$$\sum a(b-1)(c-1)(d-1)=4\prod(1-a) \Rightarrow$$

$$P = p+S^2+3S-4m-4 = p+S^2+3S-4-2(S^2-P) \Rightarrow$$

$$P = S^2-3S+4-p = (S-\frac{3}{2})^2+Q+\frac{7}{4} \geqslant$$

$$Q+\frac{7}{4} \geqslant \frac{7}{4} \Rightarrow P = a^2+b^2+c^2+d^2 \geqslant \frac{7}{4}$$

即式(M)成立.

一道俄罗斯数奥题的探源与赏析

（一）

如果我们设 $\theta \in (0, \frac{\pi}{2})$，那么就有结论

$$\frac{1}{1-\sin^2\theta} + \frac{1}{1-\cos^2\theta} \geq 3\left(\frac{1}{1+\sin^2\theta} + \frac{1}{1+\cos^2\theta}\right) \tag{A}$$

证明 式（A）等价于

$$\frac{1}{\cos^2\theta} + \frac{1}{\sin^2\theta} \geq \frac{9}{(1+\sin^2\theta)(1+\cos^2\theta)} \Leftrightarrow$$

$$(1+\sin^2\theta)(1+\cos^2\theta) \geq 9\sin^2\theta\cos^2\theta \Leftrightarrow$$

$$1+\sin^2\theta+\cos^2\theta+\sin^2\theta\cos^2\theta \geq 9\sin^2\theta\cos^2\theta \Leftrightarrow$$

$$2 \geq 8\sin^2\theta\cos^2\theta \Leftrightarrow 1 \geq (\sin 2\theta)^2$$

因此式（A）成立，等号成立仅当

$$1 = \sin 2\theta \Rightarrow \theta = \frac{\pi}{4}$$

显然，式（A）的证明很简单，但它的外形却比较漂亮．如果我们将式（A）视作一条具有伸缩性的弹簧，那么我们就可以将它插值加细，拉长为一条链条

$$\frac{1}{1-\sin^2\theta} + \frac{1}{1-\cos^2\theta} \geq \frac{6}{1+\sin\theta\cos\theta} \geq$$

$$3\left(\frac{1}{1+\sin^2\theta} + \frac{1}{1+\cos^2\theta}\right) \geq 4 \tag{B}$$

只要将式（B）斩成几段，各个击破，就能彻底解决它．

证明 (i) 由于 $\theta \in (0, \frac{\pi}{2})$，设 $t = \sin 2\theta = 2\sin\theta\cos\theta \in (0, 1]$，有

$$\frac{1}{1-\sin^2\theta} + \frac{1}{1-\cos^2\theta} \geq \frac{6}{1+\sin\theta\cos\theta} \Leftrightarrow \tag{1}$$

$$\frac{1}{\cos^2\theta} + \frac{1}{\sin^2\theta} \geq \frac{12}{2+\sin 2\theta} \Leftrightarrow$$

$$\frac{1}{t^2} \geq \frac{3}{2+t} \Leftrightarrow 3t^2 - t - 2 \leq 0 \Leftrightarrow$$

$$(t-1)(3t+2) \leq 0$$

上式显然成立,逆推之式(1)成立,等号成立仅当 $t = \sin 2\theta = 1 \Rightarrow \theta = \frac{\pi}{4}$.

(ii) 我们再证

$$\frac{1}{1+\sin\theta\cos\theta} \geq 3\left(\frac{1}{1+\sin^2\theta} + \frac{1}{1+\cos^2\theta}\right) \Leftrightarrow \quad (2)$$

$$\frac{2}{1+\sin\theta\cos\theta} \geq \frac{3}{(1+\sin^2\theta)(1+\cos^2\theta)} \Leftrightarrow$$

$$2(1+\sin^2\theta)(1+\cos^2\theta) \geq 3(1+\sin\theta\cos\theta) \Leftrightarrow$$

$$2(1+\sin^2\theta+\cos^2\theta+\sin^2\theta\cos^2\theta) \geq$$

$$3(1+\sin\theta\cos\theta) \Leftrightarrow 4 + 2\sin^2\theta\cos^2\theta \geq 3 + 3\sin\theta\cos\theta \Leftrightarrow$$

$$1 + \frac{1}{2}t^2 \geq \frac{3}{2}t \Leftrightarrow (1-t)(2-t) \geq 0$$

此式也显然成立,从而式(2)成立,等号成立仅当 $t = 1 \Rightarrow \theta = \frac{\pi}{4}$.

(iii) 最后证明

$$3\left(\frac{1}{1+\sin^2\theta} + \frac{1}{1+\cos^2\theta}\right) \geq 4 \Leftrightarrow \frac{9}{(1+\sin^2\theta)(1+\cos^2\theta)} \geq 4 \Leftrightarrow$$

$$9 \geq 4(1+\sin^2\theta+\cos^2\theta+\sin^2\theta\cos^2\theta) \Leftrightarrow 9 \geq 8 + 4\sin^2\theta\cos^2\theta \Leftrightarrow$$

$$1 \geq t^2 = (\sin 2\theta)^2$$

这显然成立,等号成立仅当 $t = 1 \Rightarrow \theta = \frac{\pi}{4}$.

综合上述,将式(1)、(2)、(3)顺次联结即得式(B),等号成立仅当 $\theta = \frac{\pi}{4}$.

此外,式(3)也可以用平均值不等式或柯西不等式证明. 如若设 $p, q, \lambda, \mu > 0, \beta > 0$,那么应用权方和不等式有

$$T_\lambda = \frac{\lambda}{(p+\sin^2\theta)^\beta} + \frac{\mu}{(q+\cos^2\theta)^\beta} = \frac{(\lambda^{\frac{1}{1+\beta}})^{1+\beta}}{(p+\sin^2\theta)^\beta} + \frac{(\mu^{\frac{1}{1+\beta}})^{1+\beta}}{(q+\cos^2\theta)^\beta} \geq$$

$$\frac{(\lambda^{\frac{1}{1+\beta}} + \mu^{\frac{1}{1+\beta}})^{1+\beta}}{(p+q+\sin^2\theta+\cos^2\theta)^\beta} \Rightarrow T_\lambda \geq \frac{(\lambda^{\frac{1}{1+\beta}} + \mu^{\frac{1}{1+\beta}})^{1+\beta}}{(p+q+1)^\beta}$$

如果我们将角度 θ 的定义域 $(0, \frac{\pi}{2})$ 范围放宽为 $\theta \in \left[0, \frac{\pi}{2}\right]$,且设 $(x, y) = (\cos\theta, \sin\theta)$,那么前面的式(2)即为

$$\frac{1}{1+x^2}+\frac{1}{1+y^2}\leqslant\frac{2}{1+xy}\Leftrightarrow \tag{C}$$
$$2(1+x^2)(1+y^2)\geqslant(2+x^2+y^2)(1+xy)\Leftrightarrow$$
$$(1-xy)(x-y)^2\geqslant 0.$$

因此当 $x,y\in[0,1]$ 时式(C)仍然成立.

如果我们再设指数 $\theta\in[0,1]$,那么式(C)可以指数推广为

$$\frac{1}{(1+x^2)^\theta}+\frac{1}{(1+y^2)^\theta}\leqslant\frac{2}{(1+xy)^\theta} \tag{D}$$

吗?显然,当 $\theta=0$ 或 1 时成立.当 $0<\theta<1$ 时,应用幂平均不等式有

$$\frac{1}{1+xy}\geqslant\frac{1}{2}\left(\frac{1}{1+x^2}+\frac{1}{1+y^2}\right)\geqslant\left[\frac{1}{2}\left(\frac{1}{(1+x^2)^\theta}+\frac{1}{(1+y^2)^\theta}\right)\right]^{\frac{1}{\theta}}\Rightarrow$$
$$\frac{1}{(1+x^2)^\theta}+\frac{1}{(1+y^2)^\theta}\leqslant\frac{1}{(1+xy)^\theta}$$

此时式(D)仍然成立,等号成立仅当 $\theta=0$ 或 $x=y$.

(二)

奇妙有趣的是,如果我们在式(D)中取指数 $\theta=\frac{1}{2}$,那么有特例

$$\frac{1}{\sqrt{1+x^2}}+\frac{1}{\sqrt{1+y^2}}\leqslant\frac{1}{\sqrt{1+xy}} \tag{D'}$$

真是无巧不成文,式(D′)恰好是 2000 年俄罗斯的高中数奥题目,真是"身无彩凤双飞翼,心有灵犀一点通".

现在,我们先将式(D′)从关于 x,y 的两个元素推广到多个元素的情况.

推广 1 设 $x_i\in[0,1](1\leqslant i\leqslant n,2\leqslant n\in\mathbf{N})$,指数 $0\leqslant\theta\leqslant 1$,记 $G=\sqrt[n]{x_1x_2\cdots x_n}$,则有

$$\sum_{i=1}^n\frac{1}{(1+x_i^n)^\theta}\leqslant\frac{n}{(1+G^n)^\theta} \tag{E}$$

特别此,当 $\theta=0$ 时,式(E)显然成立,因此以下证明当 $0<\theta\leqslant 1$ 时即可.

当取 $\theta=\frac{1}{n}$ 时,式(B)化为漂亮推论

$$\sum_{i=1}^n\frac{1}{(1+x_i^n)^{\frac{1}{n}}}\leqslant\frac{n}{(1+G^n)^{\frac{1}{n}}} \tag{E'}$$

证明 (i)当 $n=2$ 时,式(E)与式(D)等价,显然成立.

(ii)假设当 $n=k$ 时,式(E)成立,那么当 $n=k+1$ 时,由归纳假设有

$$\begin{cases}\sum_{i=1}^{k}\dfrac{1}{(1+x_i^{k+1})^{\theta}}\leqslant\dfrac{k}{[1+(\sum_{i=1}^{k}x_i)^{\frac{k+1}{k}}]^{\theta}}\\ \dfrac{1}{(1+x_i^{k+1})^{\theta}}+\dfrac{k-1}{(1+G^{k+1})^{\theta}}\leqslant\dfrac{k}{[1+(x_{k+1}G^{k-1})^{\frac{k+1}{k}}]^{\theta}}\end{cases}\Rightarrow$$

$$\sum_{i=1}^{k+1}\dfrac{1}{(1+x_i^{k+1})^{\theta}}+\dfrac{k-1}{(1+G^{k+1})^{\theta}}\leqslant$$

$$\dfrac{k}{[1+(\prod_{i=1}^{k}x_i)^{\frac{k+1}{k}}]^{\theta}}+\dfrac{k}{[1+(x_{k+1}G^{k-1})^{\frac{k+1}{k}}]^{\theta}}\leqslant$$

$$\dfrac{2k}{[1+(x_{k+1}G^{k-1}\prod_{i=1}^{k}x_i)^{\frac{k+1}{2k}}]^{\theta}}=\dfrac{2k}{[1+(G^{k-1}\cdot G^{k+1})^{\frac{k+1}{2k}}]^{\theta}}=$$

$$\dfrac{2k}{(1+G^{k+1})^{\theta}}\Rightarrow\sum_{i=1}^{k+1}\dfrac{1}{(1+x_i^{k+1})^{\theta}}\leqslant\dfrac{k+1}{(1+G^{k+1})^{\theta}}$$

即当 $n=k+1$ 时,式(E)也成立,等号成立仅当

$$\begin{cases}x_1=x_2=\cdots=x_k\\ x_{k+1}=G\\ \prod_{i=1}^{k}x_i=x_{k+1}G^{k-1}\end{cases}\Rightarrow x_1=x_2=\cdots=x_{k+1}$$

综合上述知,对任意 $2\leqslant n\in\mathbf{N}$ 式(E)成立. 等号成立仅当 $x_1=x_2=\cdots=x_n$.

(三)

现在,我们再建立式(E)的加权推广.

推广 2 设元素 $x_i\in[0,1]$,系数 $\lambda_i\in\mathbf{R}^+$ ($i=1,2,\cdots,n;2\leqslant n\in\mathbf{N}$),指数 $\theta\in[0,1]$,记 $S=\sum_{i=1}^{n}\lambda_i$, $G=(\prod_{i=1}^{n}x_i^{\lambda_i})^{1/S}$,则有

$$\sum_{i=1}^{n}\dfrac{\lambda_i}{(1+x_i^S)^{\theta}}\leqslant\dfrac{S}{(1+G^S)^{\theta}} \tag{F}$$

显然,当取 $\lambda_i=1(1\leqslant i\leqslant n)$ 时,$S=n$,式(F)化为式(E).

证明 (i) 当 $\lambda_i\in\mathbf{N}^+$ ($i=1,2,\cdots,n$) 时,显然有 $S=\sum_{i=1}^{n}\lambda_i\in\mathbf{N}^+$,应用式

(E) 知

$$\sum_{i=1}^{n} \frac{\lambda_i}{(1+x_i^S)^\theta} = \sum_{i=1}^{n} \underbrace{\left[\frac{1}{(1+x_i^S)^\theta} + \cdots + \frac{1}{(1+x_i^S)^\theta}\right]}_{\lambda_i \uparrow} \leqslant$$

$$\frac{\lambda_1+\lambda_2+\cdots+\lambda_n}{\left[1+\prod_{i=1}^{n}\underbrace{(x_i\cdots x_i)}_{\lambda_i}\right]^\theta} = \frac{S}{\left(1+\prod_{i=1}^{n} x_i^{\lambda_i}\right)^\theta} \Rightarrow$$

$$\sum_{i=1}^{n} \frac{\lambda}{(1+x_i^S)^\theta} \leqslant \frac{S}{(1+G^S)^\theta}$$

此时式(F)成立,等号成立仅当 $x_1=x_2=\cdots=x_n$.

(ii) 当系数 $\lambda_1,\lambda_2,\cdots,\lambda_n$ 不全为正整数时,且均属于有理数时,设 $\lambda_i \in \mathbf{Q}^+$ $(i=1,2,\cdots,n)$, $p_i,q_i \in \mathbf{N}^+$, $Q=\prod_{i=1}^{n} q_i$, $t_i = Q\frac{p_i}{q_i} \in \mathbf{N}^+$, $P=\sum_{i=1}^{n} t_i \in \mathbf{N}^+$, 且 $\lambda_i = \frac{p_i}{q_i} = \frac{t_i}{Q}(i=1,2,\cdots,n)$, $S=\sum_{i=1}^{n}\lambda_i = \frac{\left(\sum_{i=1}^{n} t_i\right)}{Q} = \frac{P}{Q} \in \mathbf{Q}^+$.

应用刚才的结论有

$$\sum_{i=1}^{n} \frac{\lambda_i}{(1+x_i^S)^\theta} = \sum_{i=1}^{n} \frac{p_i/q_i}{\left[1+(x_i^{\frac{1}{Q}})^P\right]^\theta} =$$

$$\frac{1}{Q}\sum_{i=1}^{n} \frac{t_i}{\left[1+(x_i^{\frac{1}{Q}})^P\right]^\theta} \leqslant \frac{t_1+t_2+\cdots+t_n}{Q\left[1+\prod_{i=1}^{n}(x_i^{t_i/Q})\right]^\theta} =$$

$$\frac{P/Q}{\left(1+\prod_{i=1}^{n} x_i^{\lambda_i}\right)^\theta} = \frac{S}{(1+G^S)^\theta} \Rightarrow \sum_{i=1}^{n} \frac{\lambda_i}{(1+x_i^S)^\theta} \leqslant \frac{S}{(1+G^S)^\theta}$$

此时式(F)也成立,等号成立仅当 $x_1=x_2=\cdots=x_n$.

(iii) 当系数 $\lambda_1,\lambda_2,\cdots,\lambda_n$ 中有无理数时,根据实数逼近有理数的原理,有

$$\lim_{m\to\infty}\lambda_i^{(m)} = \lambda_i \in \mathbf{Q}^+, i=1,2,\cdots,n$$

此时式(F)仍然成立,等号成立仅当 $x_1=x_2=\cdots=x_n$.

综合上述(i)~(iii)知式(F)成立,等号成立仅当 $x_1=x_2=\cdots=x_n$.

为了更加全面深入,我们进一步将式(F)推广为:

推广3 设指数 $\theta \in [0,1]$,系数 $\lambda_i > 0$,$S=\sum_{i=1}^{n}\lambda_i$;指数 $\alpha_j \in (0,1)$,且 $\sum_{j=1}^{m}\alpha_j = 1(i=1,2,\cdots,n;2 \leqslant n \in \mathbf{N}^+; 1\leqslant j \in m, m \in \mathbf{N}^+)$,记 $G=$

$\prod_{j=1}^{m}(\prod_{i=1}^{n}x_{ij}^{\lambda_i})^{\alpha_j/S}$,则有

$$\sum_{i=1}^{n}\left[\frac{\lambda_i}{\prod_{j=1}^{m}(1+x_{ij}^S)^{\theta\alpha_j}}\right] \leqslant \frac{S}{(1+G^S)^{\theta}} \tag{G}$$

当 $m=1$ 时,$\alpha_1=1$,式(G)等价于式(F).

证明 注意到 $\prod_{j=1}^{m}\lambda_i^{\alpha_j}=\lambda_i^{\sum_{j=1}^{m}\alpha_j}=\lambda_i (1 \leqslant i \leqslant n)$,两次应用赫尔特不等式有

$$G_j = (\prod_{i=1}^{n}x_{ij}^{\lambda_i})^{\frac{1}{S}}, G = \prod_{j=1}^{m}G_j^{\alpha_j}$$

$$\sum_{i=1}^{n}\left[\frac{\lambda_i}{\prod_{j=1}^{m}(1+x_{ij}^S)^{\theta\alpha_j}}\right] = \sum_{i=1}^{n}\prod_{j=1}^{m}\left[\frac{\lambda_i}{(1+x_{ij}^S)^{\theta}}\right]^{\alpha_j} \leqslant$$

$$\prod_{j=1}^{m}\left[\sum_{i=1}^{n}\frac{\lambda_i}{(1+x_{ij}^S)^{\theta}}\right]^{\alpha_j} \leqslant \prod_{j=1}^{m}\left[\frac{S}{(1+G_j^S)^{\theta}}\right]^{\alpha_j} =$$

$$(\prod_{j=1}^{m}S^{\alpha_j})/\left[\prod_{j=1}^{m}(1+G_j^S)^{\alpha_j}\right]^{\theta} \leqslant$$

$$(\prod_{j=1}^{m}S^{\alpha_j})/(1+\prod_{j=1}^{m}G_j^{S\alpha_j})^{\theta} =$$

$$(\prod_{j=1}^{m}S^{\alpha_j})/(1+G^S)^{\theta} = S/(1+G^S)^{\theta} \Rightarrow$$

$$\sum_{i=1}^{n}\left[\frac{\lambda_i}{\prod_{j=1}^{m}(1+x_{ij}^S)^{\theta\alpha_j}}\right] \leqslant \frac{S}{(1+G^S)^{\theta}}$$

即式(G)成立,等号成立仅当 $x_{1j}=x_{2j}=\cdots=x_{nj}(j=1,2,\cdots,m)$.

(四)

现在,我们再从参数方面建立式(F)的参数推广:

推广 4 设指数 $\theta \in [0,1]$,系数 $\lambda_i \in \mathbf{R}^+$,$S=\sum_{i=1}^{n}\lambda_i$,参数 $t_i \in \mathbf{R}^+$,元素 $x_i \in [0,\sqrt[S]{t_i}]$,记 $S_t = \sum_{i=1}^{n}\frac{\lambda_i}{t_i^{\theta}}$(约定 $S_1=S$),其中 $i=1,2,\cdots,n; 2 \leqslant n \in \mathbf{N}$),则有

$$\sum_{i=1}^{n}\frac{\lambda_i}{(t_i+x_i^S)^{\theta}} \leqslant S_t^{1-\theta}\left(\sum_{i=1}^{n}\lambda_i t_i^{1-\theta}\right)^{\theta}/m^{\theta} \tag{H}$$

其中
$$m = \prod_{i=1}^n t_i^{\lambda_i/t_i^\theta} + \prod_{i=1}^n x_i^{\lambda_i/t_i^\theta}$$

显然,当取 $t_i = 1 (1 \leqslant i \leqslant n)$ 时
$$S_t = S, m = 1 + \prod_{i=1}^n x_i^{\lambda_i} = 1 + G^S$$
$$S_t^{1-\theta}\left(\sum_{i=1}^n \lambda_i\right)^\theta / m^\theta = S^{1-\theta} S^\theta / m^\theta = S/m^\theta$$

式(H) 化为式(F).

特别地,当取 $n = 2$ 时,有漂亮特例:
$$\frac{\lambda_1}{(t_1 + x_1^{\lambda_1+\lambda_2})^\theta} + \frac{\lambda_2}{(t_2 + x_2^{\lambda_1+\lambda_2})^\theta} \leqslant$$
$$\left(\frac{\lambda_1}{t_1^\theta} + \frac{\lambda_2}{t_2^\theta}\right)^{1-\theta} (\lambda_1 t_1^{1-\theta} + \lambda_2 t_2^{1-\theta})^\theta / m_1^\theta$$

其中
$$m_1 = t_1^{\lambda_1/t_1^\theta} \cdot t_2^{\lambda_2/t_2^\theta} + x_1^{\lambda_1/t_1^\theta} \cdot x_2^{\lambda_2/t_2^\theta}$$

当取 $n = 3$ 时,得到更优美结论
$$\frac{\lambda_1}{(t_1 + x_1^{S_1})^\theta} + \frac{\lambda_2}{(t_2 + x_2^{S_1})^\theta} + \frac{\lambda_3}{(t_3 + x_3^{S_1})^\theta} \leqslant A^{1-\theta} B^\theta / m_2^\theta$$

其中
$$S_1 = \lambda_1 + \lambda_2 + \lambda_3$$
$$A = \frac{\lambda_1}{t_1^\theta} + \frac{\lambda_2}{t_2^\theta} + \frac{\lambda_3}{t_3^\theta}, B = \lambda_1 t_1^{1-\theta} + \lambda_2 t_2^{1-\theta} + \lambda_3 t_3^{1-\theta}$$
$$m_2 = t_1^{\lambda_1/t_1^\theta} \cdot t_2^{\lambda_2/t_2^\theta} \cdot t_3^{\lambda_3/t_3^\theta} + x_1^{\lambda_1/t_1^\theta} \cdot x_2^{\lambda_2/t_2^\theta} \cdot x_3^{\lambda_3/t_3^\theta}$$

证明 我们简记 $a_i = \left(\dfrac{x_i^S}{t_i}\right)^{1/S_t} (i = 1, 2, \cdots, n)$,那么有

$$\sum_{i=1}^n \frac{\lambda_i}{(t_i + x_i^S)^\theta} = \sum_{i=1}^n \frac{\lambda_i/t_i^\theta}{(1 + a_i^{S_t})^\theta} \leqslant$$
$$\frac{S_t}{(1 + \prod_{i=1}^n a_i^{\lambda_i/t_i^\theta})^\theta} = \frac{S_t}{\left[1 + \prod_{i=1}^n \left(\dfrac{x_i^S}{t_i}\right)^{\frac{\lambda_i}{t_i^\theta}}\right]^\theta} =$$
$$S_t \left(\prod_{i=1}^n t_i^{\lambda_i/t_i^\theta}\right)^\theta / m^\theta = S_t \left[\frac{1}{S_t} \sum_{i=1}^n t_i \left(\frac{\lambda_i}{t_i^\theta}\right)\right]^\theta / m^\theta =$$
$$S_t^{1-\theta} \left(\sum_{i=1}^n \lambda_i t_i^{1-\theta}\right)^\theta / m^\theta \Rightarrow$$
$$\sum_{i=1}^n \frac{\lambda_i}{(t_i + x_i^S)^\theta} \leqslant \frac{S^{1-\theta}\left(\sum_{i=1}^n \lambda_i t_i^{1-\theta}\right)^\theta}{m^\theta}$$

等号成立仅当 $\begin{cases} x_1 = x_2 = \cdots = x_n \\ \dfrac{\lambda_1}{t_1^\theta} = \dfrac{\lambda_2}{t_2^\theta} = \cdots = \dfrac{\lambda_n}{t_n^\theta} \end{cases}$

(五)

前面的式(F)是式(E)的加权推广,如果我们不断努力,不停探索,自然有新发现——式(E)还有一个优雅的加权推广:

推广 5 设指数 $\theta \in (0,1)$,元素 $x_i \in [0,1]$,系数 $\lambda_i \in \mathbf{R}^+, t_i \in \mathbf{R}^+ (i = 1, 2, \cdots, n; 2 \leqslant n \in \mathbf{N})$,记 $S = \sum_{i=1}^n \lambda_i, G = \left(\prod_{i=1}^n x_i^{\lambda_i}\right)^{1/S}$,则有

$$\sum_{i=1}^n \frac{t_i}{(1+x_i^S)^\theta} \leqslant \left(\frac{S}{1+G^S}\right)^\theta \left[\sum_{i=1}^n \left(\frac{t_i}{\lambda_i^\theta}\right)^{\frac{1}{1-\theta}}\right]^{1-\theta} \quad (\mathrm{I})$$

特别地,当取 $t_i = \lambda_i (i = 1, 2, \cdots, n)$,式(I)左边为

$$\frac{S^\theta}{(1+G^S)^\theta} \left[\sum_{i=1}^n \left(\frac{\lambda_i}{\lambda_i^\theta}\right)^{\frac{1}{1-\theta}}\right]^{1-\theta} = \frac{S^\theta}{(1+G^S)^\theta} \left(\sum_{i=1}^n \lambda_i\right)^{1-\theta} = \frac{S^\theta S^{1-\theta}}{(1+G^S)^\theta} = \frac{S}{(1+G^S)^\theta}$$

此时式(I)化为式(E).

证明 在式(H)中取 $\theta = 1$ 有

$$\begin{cases} \sum_{i=1}^n \dfrac{\lambda_i}{1+x_i^S} \leqslant \dfrac{S}{1+G^S} \\ \text{及 } 0 < \theta < 1 \Rightarrow \begin{cases} \theta, 1-\theta \in (0,1) \\ \theta + (1-\theta) = 1 \end{cases} \end{cases} \Rightarrow$$

(应用赫尔特不等式)

$$\left(\frac{S}{1+G^S}\right)^\theta \left[\sum_{i=1}^n \left(\frac{t_i}{\lambda_i^\theta}\right)^{\frac{1}{1-\theta}}\right]^{1-\theta} \geqslant$$

$$\left(\sum_{i=1}^n \frac{\lambda_i}{1+x_i^S}\right)^\theta \left[\sum_{i=1}^n \left(\frac{t_i}{\lambda_i^\theta}\right)^{\frac{1}{1-\theta}}\right]^{1-\theta} \geqslant$$

$$\sum_{i=1}^n \left[\left(\frac{\lambda_i}{1+x_i^S}\right)^\theta \frac{t_i}{\lambda_i^\theta}\right] = \sum_{i=1}^n \frac{t_i}{(1+x_i^S)^\theta} \Rightarrow$$

$$\sum_{i=1}^n \frac{t_i}{(1+x_i^S)^\theta} \leqslant \left(\frac{S}{1+G^S}\right)^\theta \left[\sum_{i=1}^n \left(\frac{t_i}{\lambda_i^\theta}\right)^{\frac{1}{1-\theta}}\right]^{1-\theta}$$

即式(I)成立,等号成立仅当

$$\begin{cases} x_1 = x_2 = \cdots = x_n \\ t_1 = t_2 = \cdots = t_n \\ \lambda_1 = \lambda_2 = \cdots = \lambda_n \end{cases}$$

若在式(I)中作置换 $t_i \leftrightarrow \lambda_i (i=1,2,\cdots,n)$,式(I)又旧貌变新颜

$$\sum_{i=1}^{n} \frac{\lambda_i}{(1+x_i^S)^\theta} \leqslant \left(\frac{S}{1+G^S}\right)^\theta \left[\sum_{i=1}^{n} \left(\frac{\lambda_i}{t_i^\theta}\right)^{\frac{1}{1-\theta}}\right]^{1-\theta} \tag{I'}$$

(六)

现在,我们将式(I')完善成"孔雀开屏"

$$\left.\begin{matrix}M_1\\M_2\end{matrix}\right\} \leqslant \sum_{i=1}^{n} \frac{\lambda_i}{(1+x_i^S)^\theta} \leqslant T \tag{J}$$

其中 T 表示式(I') 的右边

$$\begin{cases} M_1 = \left(\sum_{i=1}^{n} \sqrt{\lambda_i}\right)^2 / n(1+A)^\theta \\ M_2 = \left(\sum_{i=1}^{n} \lambda_i^{\frac{1}{1+\theta}}\right)^{1+\theta} / (n+nA)^\theta \end{cases}$$

$$A = \left(\sum_{i=1}^{n} x_i^S\right) / n$$

特别地,当 $\lambda_i = 1 (1 \leqslant i \leqslant n)$, $t_i = 1 (1 \leqslant i \leqslant n)$ 时, $S=n$, $A = \left(\sum_{i=1}^{n} x_i^n\right) / n$, $G^S = \prod_{i=1}^{n} x_i$, $M_1 = M_2 = n/(1+A)^\theta$, 此时式(J) 简化为(注意此时 $G^n = \prod_{i=1}^{n} x_i$)

$$\frac{n}{(1+A)^\theta} \leqslant \sum_{i=1}^{n} \frac{1}{(1+x_i^n)^\theta} \leqslant \frac{n}{(1+G^n)^\theta} \tag{J'}$$

证明 注意到 $0 \leqslant \theta \leqslant 1$,当 $\theta = 0, 1$ 时,式(J)显然成立,当 $0 < \theta < 1$ 时,应用幂平均不等式有

$$\frac{\sum_{i=1}^{n}(1+x_i^S)}{n} \geqslant \left[\frac{\sum_{i=1}^{n}(1+x_i^S)^\theta}{n}\right]^{\frac{1}{\theta}} \Rightarrow$$

$$n^{1-\theta}\left[\sum_{i=1}^{n}(1+x_i^S)\right]^\theta \geqslant \sum_{i=1}^{n}(1+x_i^S)^\theta \Rightarrow$$

$$n^{1-\theta}\left[\sum_{i=1}^{n}(1+x_i^S)\right]^\theta \sum_{i=1}^{n} \frac{\lambda_i}{(1+x_i^S)^\theta} \geqslant$$

$$\sum_{i=1}^{n}(1+x_i)^{\theta}\sum_{i=1}^{n}\frac{\lambda_i}{(1+x_i^S)^{\theta}} \geq \left(\sum_{i=1}^{n}\sqrt{\lambda_i}\right)^2 \Rightarrow$$

（应用柯西不等式）

$$n^{1-\theta}(n+\sum_{i=1}^{n}x_i^S)^{\theta}\sum_{i=1}^{n}\frac{\lambda_i}{(1+x_i^S)^{\theta}} =$$

$$n^{1-\theta}(n+nA)^{\theta}\sum_{i=1}^{n}\frac{\lambda_i}{(1+x_i^S)^{\theta}} \geq$$

$$\left(\sum_{i=1}^{n}\sqrt{\lambda_i}\right)^2 \Rightarrow \sum_{i=1}^{n}\frac{\lambda_i}{(1+x_i^S)^{\theta}} \geq M_1$$

应用权方和不等式有

$$\sum_{i=1}^{n}\frac{\lambda_i}{(1+x_i^S)^{\theta}} = \sum_{i=1}^{n}\frac{(\lambda_i^{\frac{1}{1+\theta}})^{1+\theta}}{(1+x_i^S)^{\theta}} \geq$$

$$\frac{\left(\sum_{i=1}^{n}\lambda_i^{\frac{1}{1+\theta}}\right)^{1+\theta}}{\left[\sum_{i=1}^{n}(1+x_i^S)\right]^{\theta}} = \frac{\left(\sum_{i=1}^{n}\lambda_i^{\frac{1}{1+\theta}}\right)^{1+\theta}}{(n+nA)^{\theta}} \Rightarrow \sum_{i=1}^{n}\frac{\lambda_i}{(1+x_i^S)^{\theta}} \geq M_2$$

等号成立仅当 $x_1=x_2=\cdots=x_n$ 及 $\lambda_1=\lambda_2=\cdots=\lambda_n$.

从上述证法知,当 $\theta(1+\theta) \geq 0$ 时,不等式

$$\sum_{i=1}^{n}\frac{\lambda_i}{(1+x_i^S)^{\theta}} \geq M_2$$

由于式(J)"成熟靓丽",我们为她"鸳鸯配对":

配对1 设 $\theta>0, x_i \in (0,1)(i=1,2,\cdots,n; 2 \leq n \in \mathbf{N})$, $G=\left(\prod_{i=1}^{n}x_i^{\lambda_i}\right)^{1/S}$, $S=\sum_{i=1}^{n}\lambda_i$,则有

$$\sum_{i=1}^{n}\frac{\lambda_i}{(1+x_i^S)^{\beta}} \geq \begin{cases} N_1 \\ N_2 \end{cases} \quad (K)$$

其中

$$\begin{cases} N_1 = S/(1-G^S)^{\theta} \\ N_2 = \left(\sum_{i=1}^{n}\lambda_i^{\frac{1}{1+\theta}}\right)^{1+\theta}/\left[n-n\left(\prod_{i=1}^{n}x_i\right)^{\frac{S}{n}}\right]^{\theta} \end{cases}$$

证明 应用平均值不等式,并记 $G_1^n = \prod_{i=1}^{n}x_i$.

$$\sum_{i=1}^{n}\frac{1}{(1-x_i^n)^{\theta}} \geq n\left[\prod_{i=1}^{n}(1-x_i^n)\right]^{-\frac{\theta}{n}} \geq$$

$$\frac{n}{(1-\prod_{i=1}^{n} x_i)^\theta} = \frac{n}{(1-G_1^n)^\theta} \Rightarrow \sum_{i=1}^{n} \frac{1}{(1-x_i^n)^\theta} \geqslant \frac{n}{(1-G^n)^\theta}$$
(1)

或者应用权方和不等式与平均值不等式有

$$\sum_{i=1}^{n} \frac{1}{(1-x_i^n)^\theta} \geqslant \frac{n^{1+\theta}}{\left[\sum_{i=1}^{n}(1-x_i^n)\right]^\theta} =$$

$$\frac{n^{1+\theta}}{(n-\sum_{i=1}^{n} x_i^n)^\theta} \geqslant \frac{n^{1+\theta}}{(n-nG_1^n)^\theta} \Rightarrow$$

$$\sum_{i=1}^{n} \frac{1}{(1-x_i^n)^\theta} \geqslant \frac{n}{(1-G_1^n)^\theta}$$
(2)

将式(2)加权推广即得

$$\sum_{i=1}^{n} \frac{\lambda_i}{(1-x_i^S)^\theta} \geqslant \frac{S}{(1-G^S)^\theta} = N_1$$
(3)

现记
$$k_\lambda = \left(\sum_{i=1}^{n} \lambda_i^{\frac{1}{1+\theta}}\right)^{1+\theta}$$

应用权方和不等式与平均值不等式有

$$\sum_{i=1}^{n} \frac{\lambda_i}{(1-x_i^S)^\theta} = \sum_{i=1}^{n} \frac{(\lambda_i^{\frac{1}{1+\theta}})^{1+\theta}}{(1-x_i^S)^\theta} \geqslant$$

$$\frac{k_\lambda}{\left[\sum_{i=1}^{n}(1-x_i^S)\right]^\theta} = \frac{k_\lambda}{(n-\sum_{i=1}^{n} x_i^S)^\theta} \geqslant$$

$$\frac{k_\lambda}{\left[n-n(\prod_{i=1}^{n} x_i)^{\frac{S}{n}}\right]^\theta} \Rightarrow \sum_{i=1}^{n} \frac{\lambda_i}{(1-x_i^S)^\theta} \geqslant N_2$$

综合上述,配对式(K)成立,等号成立仅当 $x_1 = x_2 = \cdots = x_n$.

相应地,式(K)也有一个漂亮的"伴侣"是:

配对2 设 $\lambda_i > 0, \theta_i \in (0,1), \mu_i = \frac{\lambda_1 \lambda_2 \cdots \lambda_n}{\lambda_i} (i=1,2,\cdots,n; 3 \leqslant n \in \mathbf{N})$, $\sum_{i=1}^{n} \theta_i = 1, S = \sum_{i=1}^{n} \lambda_i$,则有

$$\sum_{i=1}^{n} \frac{S-\lambda_i}{(1-x_i)^{\theta_i}} \geqslant \frac{(n-1)\sqrt[n-1]{n^{n-2}(\sum_{i=1}^{n} \mu_i)}}{\sqrt[n]{1-\prod_{i=1}^{n} x_i^{\theta_i}}}$$
(L)

特别地，当取 $n=3$，可得漂亮的等价特例

$$\frac{\mu+\upsilon}{(1-x)^\alpha}+\frac{\upsilon+\lambda}{(1-y)^\beta}+\frac{\lambda+\mu}{(1-z)^\gamma}\geqslant\frac{2\sqrt{3(\mu\upsilon+\upsilon\lambda+\lambda\mu)}}{\sqrt[3]{1-x^\alpha y^\beta z^\gamma}} \quad (M)$$

其中 $\lambda,\mu,\upsilon\in\mathbf{R}^+,x,y,z\in(0,1),\alpha,\beta,\gamma\in(0,1),\alpha+\beta+\gamma=1$.

提示 令 $a_i=(1-x_i)^{-\theta_i}(i=1,2,\cdots,n)$，于是有

$$\prod_{i=1}^n\frac{1}{a_i}=\prod_{i=1}^n(1-x_i)^{\theta_i}\leqslant 1-\prod_{i=1}^n x_i^{\theta_i}\Rightarrow$$

$$\prod_{i=1}^n a_i\geqslant\frac{1}{\left(1-\prod_{i=1}^n x_i^{\theta_i}\right)} \quad (4)$$

应用我们过去建立的引理和多元对称不等式有

$$\sum_{i=1}^n\frac{S-\lambda_i}{(1-x_i)^{\theta_i}}=\sum_{i=1}^n(S-\lambda_i)a_i\geqslant 2\left[\left(\sum_{1\leqslant i<j\leqslant n}\lambda_i\lambda_j\right)\left(\sum_{1\leqslant i<j\leqslant n}a_ia_j\right)\right]^{\frac{1}{2}}=$$

$$2C_n^2\left[\frac{\sum_{1\leqslant i<j\leqslant n}\lambda_i\lambda_j}{C_n^2}\right]^{\frac{1}{2}}\left[\frac{\sum_{1\leqslant i<j\leqslant n}a_ia_j}{C_n^2}\right]^{\frac{1}{2}}\geqslant$$

$$2C_n^2\left[\frac{\sum_{i=1}^n\mu_i}{n}\right]^{\frac{1}{n-1}}\left(\prod_{i=1}^n a_i\right)^{\frac{1}{n}}\geqslant$$

$$2C_n^2\left[\frac{\sum_{i=1}^n\mu_i}{n}\right]^{\frac{1}{n-1}}\Big/\left(1-\prod_{i=1}^n x_i^{\theta_i}\right)^{\frac{1}{n}}$$

即式(L)成立，等号成立仅当 $\lambda_1=\lambda_2=\cdots=\lambda_n,x_1=x_2=\cdots=x_n$.

大自然的优美，千秋永恒；数学的魅力，与日俱增！

灵活用"兵法" 巧布"天龙阵"

（一）

《数学奥林匹克不等式研究》一书具有技巧超凡、意境优美等诸多特点，它是杨学枝老师的杰作，笔者看后受益匪浅，眼界大开．

比如，该书第 89 页的例 21，介绍了陈胜利老师建立的：

题目 设 $a,b,c>0$，且 $abc=1$，求证

$$\sqrt[3]{(a^6+1)(b^6+1)(c^6+1)} \geqslant 2+\frac{1}{3}\left[(a-\frac{1}{a})^2+(b-\frac{1}{b})^2+(c-\frac{1}{c})^2\right] \tag{A_1}$$

我们知道，应用赫尔特不等式，易得

$$(a^6+1)(b^6+1)(c^6+1) \geqslant (a^2b^2c^2+1)^3 = 2^3 \Rightarrow$$
$$\sqrt[3]{(a^6+1)(b^6+1)(c^6+1)} \geqslant 2 \tag{1}$$

因此，式(A_1)比式(1)强，且式(A_1)在左、右两边结构对称、外观优雅．

仔细推敲发现，如果我们灵活巧布"天龙阵"，灵活应用"孙子兵法"——赫尔特不等式，首先建立式(A_1)的参数推广：

推广 1 设 $a,b,c \in \mathbf{R}^+$，且满足 $abc=1$；参数 $x,y,z \in \mathbf{R}^+$，则有

$$\sqrt[3]{(a^6+x^6)(b^6+y^6)(c^6+z^6)} \geqslant 2xyz + Q_1 \tag{B_1}$$

其中

$$Q_1 = \frac{1}{3}\left[(yza-\frac{x}{a})^2+(zxb-\frac{y}{b})^2+(xyc-\frac{z}{c})^2\right] \tag{2}$$

显然，当取 $x=y=z=1$ 时，式(B_1)化为式(A_1)．

证明 我们设

$$\begin{cases} A = 3(a^4+x^6b^2c^2) \\ B = 3(b^4+y^6c^2a^2) \\ C = 3(c^4+z^6a^2b^2) \end{cases} \tag{3}$$

现在,我们先巧布"天龙阵"

$$\begin{cases} A = a^4 + x^6b^2c^2 + x^6b^2c^2 + x^6b^2c^2 + a^4 + a^4 \\ B = y^6c^2a^2 + b^4 + y^6c^2a^2 + b^4 + y^6c^2a^2 + b^4 \\ C = z^6a^2b^2 + z^3a^2b^2 + c^4 + c^4 + c^4 + z^6a^2b^2 \end{cases}$$

再"韩信点兵",灵活应用赫尔特不等式,有(注意应用已知条件 $abc=1$)

$$\sqrt[3]{ABC} \geqslant [(yza)^2 + (zxb)^2 + (xyc)^2 + (xbc)^2 + (yca)^2 + (zab)^2](abc)^{\frac{2}{3}} =$$
$$\left[(yza)^2 + \left(\frac{x}{a}\right)^2\right] + \left[(zxb)^2 + \left(\frac{y}{b}\right)^2\right] + \left[(xyc)^2 + \left(\frac{z}{c}\right)^2\right] =$$
$$6xyz + 3Q \Rightarrow \sqrt[3]{ABC} \geqslant 6xyz + 3Q \tag{4}$$

又

$$ABC = 27(a^4 + x^6b^2c^2)(b^4 + y^6c^2a^2)(c^4 + z^6a^2b^2) =$$
$$27\left(a^4 + \frac{x^6}{a^2}\right)\left(b^4 + \frac{y^6}{b^2}\right)\left(c^4 + \frac{z^6}{c^2}\right) =$$
$$\frac{27}{(abc)^2}(a^6 + x^6)(b^6 + y^6)(c^6 + z^6) \Rightarrow$$
$$3[(a^6 + x^6)(b^6 + y^6)(c^6 + z^6)]^{\frac{1}{3}} = \sqrt[3]{ABC} \tag{5}$$

由(4)、(5)两式即得式(B_1),易推得等号成立仅当 $a=b=c=1, x=y=z=1$.

上述威力无比的"天龙阵"启发我们,推广1还可以从3个基本元素 a,b,c, 推广到多个基本元素:

推广2 设 $a_i \in \mathbf{R}, \lambda_i \in \mathbf{R}^+ (i=1,2,\cdots,n; 3 \leqslant n \in \mathbf{N}^+)$, 且 $\prod_{i=1}^{n} a_i = 1$, 则有

$$\sqrt[n]{\prod_{i=1}^{n}(a_i^{2n} + \lambda_i^{2n})} \geqslant 2M + \frac{1}{n}\sum_{i=1}^{n}\left(\frac{M}{\lambda_i}a_i - \frac{\lambda_i}{a_i}\right)^2 \tag{C_1}$$

其中 $M = \prod_{i=1}^{n} \lambda_i$.

证明 我们简记

$$A_i = n\left(a_i^{2(n-1)} + \frac{\lambda_i^{2n}}{a_i^2}\right)$$

注意到

$$\left(\frac{a_i}{a_1 a_2 \cdots a_n}\right)^2 = a_i^2, 1 \leqslant i \leqslant n$$

$$\begin{cases} A_1 = a_1^{2(n-1)} + \dfrac{\lambda_1^{2n}}{a_1^2} + \cdots + \dfrac{\lambda_1^{2n}}{a_1^2} + a_1^{2(n-1)} + \cdots + a_1^{2(n-1)} + a_1^{2(n-1)} \\ A_2 = \dfrac{\lambda_2^{2n}}{a_2^2} + a_2^{2(n-1)} + \cdots + a_2^{2(n-1)} + \dfrac{\lambda_1^{2n}}{a_2^2} + \cdots + a_2^{2(n-1)} + a_2^{2(n-1)} \\ \cdots \\ A_{n-1} = \dfrac{\lambda_{n-1}^{2n}}{a_{n-1}^2} + \dfrac{\lambda_{n-1}^{2n}}{a_{n-1}^2} + \cdots + a_{n-1}^{2(n-1)} + a_{n-1}^{2(n-1)} + \cdots + \dfrac{\lambda_{n-1}^{2n}}{a_{n-1}^2} + a_{n-1}^{2(n-1)} \\ A_n = \dfrac{\lambda_n^{2n}}{a_n^2} + \dfrac{\lambda_n^{2n}}{a_n^2} + \cdots + a_n^{2(n-1)} + a_n^{2(n-1)} + \cdots + a_n^{2(n-1)} + \dfrac{\lambda_n^{2n}}{a_n^2} a_n^2 \end{cases}$$

将 $(A_1, A_2, \cdots, A_{n-1}, A_n)$ 布成上述"天龙阵",并注意到 $M = \lambda_1 \lambda_2 \cdots \lambda_n$,巧用赫尔特不等式有

$$\sqrt[n]{A_1 A_2 \cdots A_n} \geq \left(\dfrac{M}{\lambda_1} a_1\right)^2 + \left(\dfrac{M}{\lambda_2} a_2\right)^2 + \cdots +$$

$$\left(\dfrac{M}{\lambda_n} a_n\right)^2 + \left(\dfrac{\lambda_1}{a_1}\right)^2 + \left(\dfrac{\lambda_2}{a_2}\right)^2 + \cdots + \left(\dfrac{\lambda_n}{a_n}\right)^2 \Rightarrow$$

$$n \prod_{i=1}^{n} \left[a_i^{2(n-1)} + \left(\dfrac{\lambda_i^n}{a_i}\right)^2\right]^{\frac{1}{n}} \geq \sum_{i=1}^{n} \left[\left(\dfrac{M}{\lambda_i} a_i\right)^2 + \left(\dfrac{\lambda_i}{a_i}\right)^2\right] \Rightarrow$$

$$n \left[\prod_{i=1}^{n}(a_i^{2n} + \lambda_i^{2n}) \Big/ \left(\prod_{i=1}^{n} a_i\right)^2\right]^{\frac{1}{n}} \geq 2nM + \sum_{i=1}^{n} \left(\dfrac{M}{\lambda_i} a_i - \dfrac{\lambda_i}{a_i}\right)^2 \Rightarrow$$

$$\left[\prod_{i=1}^{n}(a_i^{2n} + \lambda_i^{2n})\right]^{\frac{1}{n}} \geq 2M + \dfrac{1}{n} \sum_{i=1}^{n} \left(\dfrac{M}{\lambda_i} a_i - \dfrac{\lambda_i}{a_i}\right)^2$$

即式(C_1)成立,等号成立仅当 $a_i = \lambda_i = 1(i = 1, 2, \cdots, n)$.

同样是"孙子兵法",谁能灵活应用,谁就能决胜千里;同样用赫尔特不等式(或柯西不等式),谁能巧妙应用,谁就能创造奇迹!

比如,杨老师的专著第 90 页,就巧妙地应用赫尔特不等式,漂亮地解决了.

猜想 设 $n \in \mathbf{N}^+, n \geq 3, a_1, a_2, \cdots, a_n \in \mathbf{R}^+$,

$$f(x, y) = x^{n-1} + x^{n-2} y + \cdots + xy^{n-2} + y^{n-1}$$

则

$$f(a_1, a_2) f(a_2, a_3) \cdots f(a_{n-1}, a_n) f(a_n, a_1) \geq$$
$$[a_1 a_2 \cdots a_n (a_1^{-1} + a_2^{-1} + \cdots + a_n^{-1})]^n$$

比如,如果我们设 $M_i = a_i^n + n - 1 (i = 1, 2, \cdots, n; 3 \leq n \in \mathbf{N}, a_i > 0)$,再巧布阵,

$$M_1 = a_1^n + 1 + 1 + \cdots + 1 + 1$$
$$M_2 = 1 + a_2^n + 1 + \cdots + 1 + 1$$
$$M_3 = 1 + 1 + a_3^n + \cdots + 1 + 1$$

$$M_{n-1} = 1+1+\cdots+1+a_{n-1}^n+1$$
$$M_n = 1+1+\cdots+1+1+a_n^n$$

应用赫尔特不等式有
$$M_1 M_2 \cdots M_n \geqslant (a_1+a_2+\cdots+a_n)^n$$
这即是我们过去得到了结论.

(二)

(1)

前不久,笔者在研究一道 IMO 试题时,重点探讨了优美著名的 Hetomg 不等式:

设 r_1, r_2, r_3 分别表示 $\triangle A_1 A_2 A_3$ 内任意一点 P 到边 $A_2 A_3, A_3 A_1, A_1 A_2$ 的距离,且 $A_2 A_3 = a_1, A_3 A_1 = a_2, A_1 A_2 = a_3$,则有不等式

$$\frac{1}{r_1}+\frac{1}{r_2}+\frac{1}{r_3} \geqslant 2\sqrt{3}\left(\frac{1}{a_1}+\frac{1}{a_2}+\frac{1}{a_3}\right) \tag{A}$$

当指数 $0 \leqslant \theta \leqslant 1$ 时,先将 Hetomg 不等指数推广为

$$r_1^{-\theta}+r_2^{-\theta}+r_3^{-\theta} \geqslant (2\sqrt{3})^\theta (a_1^{-\theta}+a_2^{-\theta}+a_3^{-\theta}) \tag{B}$$

又建立了 Hetomg 不等式的加权推广

$$\frac{t_1^2}{r_1}+\frac{t_2^2}{r_2}+\frac{t_3^2}{r_3} \geqslant 2\sqrt{3} M\left(\frac{t_1}{a_1}+\frac{t_2}{a_2}+\frac{t_3}{a_3}\right) \tag{C}$$

其中权系数 $t_1, t_2, t_3 \in (0, 3), t_1+t_2+t_3 = 3$.

$$M = \left(\frac{t_1\sqrt{a_1}+t_2\sqrt{a_2}+t_3\sqrt{a_3}}{\sqrt{a_1}+\sqrt{a_2}+\sqrt{a_3}}\right)^4$$

进一步,再将(B)、(C) 两式"喜结良缘""鸳鸯相配"成一个和谐统一的

$$\frac{t_1^2}{r_1^\theta}+\frac{t_2^2}{r_2^\theta}+\frac{t_3^2}{r_3^\theta} \geqslant (2\sqrt{3})^\theta M(\theta)\left(\frac{t_1}{a_1^\theta}+\frac{t_2}{a_2^\theta}+\frac{t_3}{a_2^\theta}\right) \tag{D}$$

其中

$$M(\theta) = \left(\frac{t_1 a_1^{\frac{\theta}{2}}+t_2 a_2^{\frac{\theta}{2}}+t_3 a_3^{\frac{\theta}{2}}}{a_1^{\frac{\theta}{2}}+a_2^{\frac{\theta}{2}}+a_3^{\frac{\theta}{2}}}\right)^4$$

最后,为式(D)"牵线配对"为(等价形式)

$$\frac{t_1}{(r_2 r_3)^k}+\frac{t_2}{(r_3 r_1)^k}+\frac{t_3}{(r_1 r_2)^k} \geqslant m\left[\frac{t_1}{(a_2 a_3)^k}+\frac{t_2}{(a_3 a_1)^k}+\frac{t_3}{(a_1 a_2)^k}\right] \tag{E}$$

其中 $m = (\sqrt{3})^{k-2} \cdot p \cdot q, 0 \leqslant k \leqslant 2$

$$p = \left(\frac{2\sqrt{3t_1 t_2 t_3}}{t_2 t_3 + t_3 t_1 + t_1 t_2}\right)^k$$

$$q = (t_1^{\frac{1}{1+k}} + t_2^{\frac{1}{1+k}} + t_3^{\frac{1}{1+k}})^{1+k}$$

(2)

从外形结构上观察,式(A)、(B)倍显简洁紧凑,婀娜秀雅,(C)、(D)、(E)三式略显体态庞大,但仍不失优美迷人.不过,并非我们"喜新厌旧",更强、更好、更美是我们永恒的追求.难道,我们就不能建立更简洁紧凑的推广式吗?

推广 3 设 $\triangle A_1 A_2 A_3$ 的三边 $A_2 A_3 = a_1$,$A_3 A_1 = a_2$,$A_1 A_2 = a_3$,其内任意一点 P 到边 $A_2 A_3$,$A_3 A_1$,$A_1 A_2$ 的距离依次为 r_1, r_2, r_3;$\lambda_1, \lambda_2, \lambda_3$ 为正系数,则有

$$\frac{\lambda_1^2}{r_1} + \frac{\lambda_2^2}{r_2} + \frac{\lambda_3^2}{r_3} \geq 2\sqrt{3}\left(\frac{\lambda_2 \lambda_3}{a_1} + \frac{\lambda_3 \lambda_1}{a_2} + \frac{\lambda_1 \lambda_2}{a_3}\right) \tag{F}$$

式(C)与式(F)均为式(A)的系数推广,但一比较,显然,式(F)比式(C)简洁漂亮.

证明 (i) 设 $\triangle A_1 A_2 A_3$ 的面积为 Δ,半周长为 S,则有海伦公式和三角公式

$$\begin{cases} \Delta = \sqrt{S(S-a)(S-b)(S-c)} \\ \cot\dfrac{A_1}{2} = \sqrt{\dfrac{S(S-a)}{(S-a_2)(S-a_3)}} \end{cases} \Rightarrow$$

$$\frac{\cot\dfrac{A_1}{2}}{\Delta} = \frac{1}{(S-a_2)(S-a_3)} \geq$$

$$\left[\frac{2}{(S-a_2)+(S-a_3)}\right]^2 = \left(\frac{2}{2S-a_2-a_3}\right)^2 \Rightarrow$$

$$\sqrt{\frac{\cot\dfrac{A_1}{2}}{\Delta}} \geq \frac{2}{a_1} \Rightarrow \tag{*}$$

$$\lambda_2 \lambda_3 \sqrt{\frac{\cot\dfrac{A_1}{2}}{\Delta}} \geq \frac{2\lambda_2 \lambda_3}{a_1}$$

同理 $\begin{cases} \lambda_3 \lambda_1 \sqrt{\dfrac{\cot\dfrac{A_2}{2}}{\Delta}} \geq \dfrac{2\lambda_3 \lambda_1}{a_2} \\ \lambda_1 \lambda_2 \sqrt{\dfrac{\cot\dfrac{A_3}{2}}{\Delta}} \geq \dfrac{2\lambda_1 \lambda_2}{a_3} \end{cases} \Rightarrow$

$$\frac{1}{\Delta}\left(\sum \lambda_2\lambda_3\sqrt{\cot\frac{A_1}{2}}\right)^2 \geqslant 4\left(\sum \frac{\lambda_2\lambda_3}{a_1}\right)^2 \tag{1}$$

(ii) 设 $x,y,z \in \mathbf{R}$,有三角母不等式

$$x^2+y^2+z^2 \geqslant 2(yz\cos A_1 + zx\cos A_2 + xy\cos A_3) =$$

$$2\sum yz\left(2\cos^2\frac{A_1}{2}-1\right) =$$

$$4\sum yz\cos^2\frac{A_1}{2} - 2\sum yz \Rightarrow$$

$$(x+y+z)^2 \geqslant 4\sum yz\cos^2\frac{A_1}{2} \tag{2}$$

在式(2)中令

$$(x,y,z)=(a_1r_1,a_2r_2,a_3r_3)$$

并注意到

$$a_1r_1=a_1r_2=a_3r_3=2\Delta$$

代入式(2)得

$$\Delta^2 \geqslant \sum\left(r_2r_3 \cdot a_2a_3\cos^2\frac{A_1}{2}\right) = \sum\left(r_2r_3 \cdot \frac{2\Delta}{\sin A_1}\cdot \cos^2\frac{A_1}{2}\right) =$$

$$\Delta\sum r_2r_3\cot\frac{A_1}{2} \Rightarrow 1 \geqslant \frac{1}{\Delta}\left(\sum r_2r_3\cot\frac{A_1}{2}\right) \tag{3}$$

(iii) 式(1)与式(3)结合,应用柯西不等式有

$$\sum \frac{\lambda_2^2\lambda_3^2}{r_2r_3} \geqslant \frac{1}{\Delta}\left(\sum \frac{\lambda_2^2\lambda_3^2}{r_2r_3}\right)\left(\sum r_2r_3\cot\frac{A_1}{2}\right) \geqslant$$

$$\frac{1}{\Delta}\left(\sum \lambda_2\lambda_3\sqrt{\cot\frac{A_1}{2}}\right)^2 \geqslant 4\left(\sum \frac{\lambda_2\lambda_3}{a_1}\right)^2 \Rightarrow$$

$$\left(\sum \frac{\lambda_1^2}{r_1}\right)^2 \geqslant 3\sum \frac{\lambda_2^2\lambda_3^2}{r_2r_3} \geqslant 12\left(\sum \frac{\lambda_2\lambda_3}{a_1}\right)^2 \Rightarrow$$

$$\sum \frac{\lambda_1^2}{r_1} \geqslant 2\sqrt{3}\left(\sum \frac{\lambda_2\lambda_3}{a_1}\right)$$

即式(F)成立,等号成立仅当 $\triangle A_1A_2A_3$ 为正三角形,P 为其中心,且 $\lambda_1=\lambda_2=\lambda_3$.

(3)

更令人心潮起伏的是:式(F)还可以从指数方面再度推广为:

推广 4 设 $\triangle A_1A_2A_3$ 的三边 $A_2A_3=a_1,A_3A_1=a_2,A_1A_2=a_3$,其内任意一点 P 到三边 A_2A_3,A_3A_1,A_1A_2 的距离依次为 r_1,r_2,r_3,$\lambda_1,\lambda_2,\lambda_3$ 为正系数;指数 $0 \leqslant k \leqslant 1$,则有

$$\frac{\lambda_1^2}{r_1^k} + \frac{\lambda_2^2}{r_2^k} + \frac{\lambda_3^2}{r_3^k} \geq (2\sqrt{3})^k \left(\frac{\lambda_2 \lambda_3}{a_1^k} + \frac{\lambda_3 \lambda_1}{a_2^k} + \frac{\lambda_1 \lambda_2}{a_3^k} \right) \qquad (G)$$

一看便知,式(G)的外观比式(D)娟秀苗条多了,特别地:

(1) 当 $k=0$ 时,式(G) 化为不等式
$$\lambda_1^2 + \lambda_2^2 + \lambda_3^2 \geq \lambda_2 \lambda_3 + \lambda_3 \lambda_1 + \lambda_1 \lambda_2 \Leftrightarrow \qquad (4)$$
$$(\lambda_2 - \lambda_3)^2 + (\lambda_3 - \lambda_1)^2 + (\lambda_1 - \lambda_2)^2 \geq 0$$

显然成立;

(2) 当 $\lambda_1 = \lambda_2 = \lambda_3$ 时,式(G) 与式(B) 等价;

(3) 当 $k=1$ 时,式(G) 化为式(F);

(4) 当 $0 < k \leq 1$,且 $\triangle A_1 A_2 A_3$ 为正三角形,且 P 为其中心时,$r_1 = r_2 = r_3$,$a_1 = a_2 = a_3$,且 $a_1 = 2\sqrt{3} r_1$,式(G) 仍然化为式(4),成立.

证明 我们只须证明当 $0 < K < 1$ 时即可.

由上述证明我们得到了结论

$$\sqrt{\frac{\cot \frac{A_1}{2}}{\Delta}} \geq \frac{2}{a_1} \Rightarrow \lambda_2 \lambda_3 \left[\frac{\cot \frac{A_1}{2}}{\Delta} \right]^{\frac{k}{2}} \geq \lambda_2 \lambda_3 \left(\frac{2}{a_1} \right)^k$$

同理 $\begin{cases} \lambda_3 \lambda_1 \left[\dfrac{\cot \frac{A_2}{2}}{\Delta} \right]^{\frac{k}{2}} \geq \lambda_3 \lambda_1 \left(\dfrac{2}{a_2} \right)^k \\ \lambda_1 \lambda_2 \left[\dfrac{\cot \frac{A_3}{2}}{\Delta} \right]^{\frac{k}{2}} \geq \lambda_1 \lambda_2 \left(\dfrac{2}{a_3} \right)^k \end{cases} \Rightarrow$

$$\left(\frac{1}{\Delta} \right)^{\frac{k}{2}} \sum \lambda_2 \lambda_3 \left(\cot \frac{A_1}{2} \right)^{\frac{k}{2}} \geq \sum \lambda_2 \lambda_3 \left(\frac{2}{a_1} \right)^k \qquad (5)$$

再结合前面的式(3)
$$1 \geq \frac{1}{\Delta} \left(\sum r_2 r_3 \cot \frac{A_1}{2} \right)$$

并注意到

$$0 < K < 1 \Rightarrow \begin{cases} \dfrac{2-k}{2}, \dfrac{k}{2} \in (0,1) \\ \dfrac{2-k}{2} + \dfrac{k}{2} = 1 \end{cases} \Rightarrow$$

$$\left\{ \sum \left[\frac{(\lambda_2 \lambda_3)^2}{(r_2 r_3)^k} \right]^{\frac{1}{2-k}} \right\}^{\frac{2-k}{2}} \geq \left\{ \sum \left[\frac{(\lambda_2 \lambda_3)^2}{(r_2 r_3)^k} \right]^{\frac{1}{2-k}} \right\}^{\frac{2-k}{2}}$$

$$\left(\frac{1}{\Delta} \sum r_2 r_3 \cot \frac{A_1}{2} \right)^{\frac{k}{2}} \geq$$

（应用赫尔特不等式）
$$\left(\frac{1}{\Delta}\right)^{\frac{k}{2}} \sum \left\{\left[\left(\frac{(\lambda_2\lambda_3)^2}{(r_2r_3)^k}\right)^{\frac{1}{2-k}}\right]^{\frac{2-k}{2}} (r_2r_3\cot\frac{A_1}{2})^{\frac{k}{2}}\right\} =$$
$$\left(\frac{1}{\Delta}\right)^{\frac{k}{2}} \left[\sum \lambda_2\lambda_3 (\cot\frac{A_1}{2})^{\frac{k}{2}}\right] \geqslant \sum \lambda_2\lambda_3\left(\frac{2}{a_1}\right)^k \Rightarrow$$
（利用式(5)）
$$\sum \left[\left(\frac{\lambda_2^2}{r_2^k}\right)^{\frac{1}{2-k}} \left(\frac{\lambda_3^2}{r_3^k}\right)^{\frac{1}{2-k}}\right] \geqslant \left[\sum \lambda_2\lambda_3\left(\frac{2}{a_1}\right)^k\right]^{\frac{2}{2-k}} \Rightarrow$$
$$\left[\sum \left(\frac{\lambda_1^2}{r_1^k}\right)^{\frac{1}{2-k}}\right]^2 \geqslant 3\sum \left[\left(\frac{\lambda_2^2}{r_2^k}\right)^{\frac{1}{2-k}} \left(\frac{\lambda_3^2}{r_3^k}\right)^{\frac{1}{2-k}}\right] \geqslant$$
$$3\left[\sum \lambda_2\lambda_3\left(\frac{2}{a_1}\right)^k\right]^{\frac{2}{2-k}} \Rightarrow \sum \left(\frac{\lambda_1^2}{r_1^k}\right)^{\frac{1}{2-k}} \geqslant \sqrt{3} \cdot 2^{\frac{k}{2-k}} \left(\sum \frac{\lambda_2\lambda_3}{a_1^k}\right)^{\frac{1}{2-k}} \quad (6)$$

注意到 $0 < K < 1 \Rightarrow 0 < \frac{1}{2-k} < 1$，应用幂平均不等式有
$$\frac{1}{3}\sum \frac{\lambda_1^2}{r_1^k} \geqslant \left[\frac{1}{3}\sum \left(\frac{\lambda_1^2}{r_1^k}\right)^{\frac{1}{2-k}}\right]^{2-k} \geqslant \left[\frac{2^{\frac{k}{2-k}}}{\sqrt{3}} \left(\sum \frac{\lambda_2\lambda_3}{a_1^k}\right)^{\frac{1}{2-k}}\right]^{2-k} =$$
$$\frac{2^k}{(\sqrt{3})^{2-k}} \left(\sum \frac{\lambda_2\lambda_3}{a_1^k}\right) \Rightarrow \sum \frac{\lambda_1^2}{r_1^k} \geqslant (2\sqrt{3})^k \left(\sum \frac{\lambda_2\lambda_3}{a_1^k}\right)$$

即式(G)成立，等号成立的条件与式(F)一致.

根据前面的证法过程，应用 3 元对称不等式易得式(G) 的配对式
$$\sum \frac{(\lambda_2\lambda_3)^2}{(r_2r_3)^k} \geqslant 12^k \lambda_1\lambda_2\lambda_3 \sum \frac{\lambda_1}{(a_2a_3)^k} \quad (H)$$

如果我们记
$$M_1 = \sum \frac{\lambda_1^2}{r_1^k}, \quad M_2 = \sqrt{3\sum \frac{(\lambda_2\lambda_3)^2}{(r_2r_3)^k}}$$
$$M_3 = (2\sqrt{3})^k \left(\sum \frac{\lambda_2\lambda_3}{a_1^k}\right)$$
$$M_4 = (2\sqrt{3})^k \sqrt{3\lambda_1\lambda_2\lambda_3 \sum \frac{\lambda_1}{(a_2a_3)^k}}$$

那么这"四大美人"化身为一条"闪光的金项链"
$$M_1 \geqslant M_2 \geqslant M_3 \geqslant M_4 \quad (I)$$

(4)

让我们再回眸式(G)那娇美迷人的容颜
$$\frac{\lambda_1^2}{r_1^k} + \frac{\lambda_2^2}{r_2^k} + \frac{\lambda_3^2}{r_3^k} \geqslant (2\sqrt{3})^k \left(\frac{\lambda_2\lambda_3}{a_1^k} + \frac{\lambda_3\lambda_1}{a_2^k} + \frac{\lambda_1\lambda_2}{a_3^k}\right)$$

在式(G)中作置换
$$(\lambda_1,\lambda_2,\lambda_3) \to (\lambda,\mu,\upsilon)$$
$$(a_1,a_2,a_3) \to (a,b,c)$$
$$(r_1,r_2,r_3) \to (x,y,z)$$

又将式(G)美容成
$$\frac{\lambda^2}{x^k}+\frac{\mu^2}{y^k}+\frac{\upsilon^2}{z^k} \geq (2\sqrt{3})^k\left(\frac{\mu\upsilon}{a^k}+\frac{\upsilon\lambda}{b^k}+\frac{\lambda\mu}{c^k}\right) \quad (G')$$

式(G')从系数、指数两个方面推广了(A),且结构依然紧凑,外观更加优美,美得令人偏爱.如果我们"百尺竿头,更进一步",就能将式(G')从一个三角形的情形,一举干净利落地推广到任意多个三角形的情形,决不拖泥带水.

推广 5 设指数 $0 \leq k \leq 1$; $\theta_i \in (0,1)$, $\sum_{i=1}^{n}\theta_i = 1$; 系数 $\lambda,\mu,\upsilon \in \mathbf{R}^+$; 元数 $n \in \mathbf{N}^+$; $\triangle A_iB_iC_i$ 内任意一点 P_i 到边 $B_iC_i(=a_i)$, $C_iA_i(=b_i)$, $A_iB_i(=c_i)$ 的距离为 $x_i,y_i,z_i(i=1,2,\cdots,n)$, 则有

$$\lambda^2\prod_{i=1}^{n}\left(\frac{1}{x_i}\right)^{k\theta_i}+\mu^2\prod_{i=1}^{n}\left(\frac{1}{y_i}\right)^{k\theta_i}+\upsilon^2\prod_{i=1}^{n}\left(\frac{1}{z_i}\right)^{k\theta_i} \geq$$
$$(2\sqrt{3})^k\left[\mu\upsilon\prod_{i=1}^{n}\left(\frac{1}{a_i}\right)^{k\theta_i}+\upsilon\lambda\prod_{i=1}^{n}\left(\frac{1}{b_i}\right)^{k\theta_i}+\lambda\mu\prod_{i=1}^{n}\left(\frac{1}{c_i}\right)^{k\theta_i}\right] \quad (H)$$

显然,当 $n=1$ 时, $\theta_1=1$, 式(H)与式(G)等价.

当取 $n=2$, $\theta_1=\theta_2=\frac{1}{2}$ 时, 式(H_1)有推论

$$\frac{\lambda^2}{\sqrt{(x_1x_2)^k}}+\frac{\mu^2}{\sqrt{(y_1y_2)^k}}+\frac{\upsilon^2}{\sqrt{(z_1z_2)^k}} \geq$$
$$(2\sqrt{3})^k\left[\frac{\mu\upsilon}{\sqrt{(a_1a_2)^k}}+\frac{\upsilon\lambda}{\sqrt{(b_1b_2)^k}}+\frac{\lambda\mu}{\sqrt{(c_1c_2)^k}}\right] \quad (I_1)$$

当 $k=0$ 时, 式(H)化为不等式
$$\lambda^2+\mu^2+\upsilon^2 \geq \mu\upsilon+\upsilon\lambda+\lambda\mu$$

显然成立.

因此,我们只须证明当 $0 < k \leq 1$ 及 $2 \leq n \in \mathbf{N}$ 时式(H)成立即可.

证明 (i) 设 $m > 0$, 则有
$$\prod_{i=1}^{n}m^{\theta_i} = m^{\sum_{i=1}^{n}\theta_i} = m$$

根据这一原理,我们可设

$$\begin{cases} T_x = \prod_{i=1}^{n} \left(\dfrac{\lambda^2}{x_i^k}\right)^{\theta_i} = \lambda^2 \prod_{i=1}^{n} \left(\dfrac{1}{x_i^k}\right)^{\theta_i} \\ T_y = \prod_{i=1}^{n} \left(\dfrac{\mu^2}{y_i^k}\right)^{\theta_i} = \mu^2 \prod_{i=1}^{n} \left(\dfrac{1}{y_i^k}\right)^{\theta_i} \\ T_z = \prod_{i=1}^{n} \left(\dfrac{\upsilon^2}{z_i^k}\right)^{\theta_i} = \upsilon^2 \prod_{i=1}^{n} \left(\dfrac{1}{z_i^k}\right)^{\theta_i} \end{cases}$$

应用我们在前面推得的结论有

$$\sqrt{\dfrac{\cot \dfrac{A_i}{2}}{\Delta_i}} \geqslant \dfrac{2}{a_i} (1 \leqslant i \leqslant n) \Rightarrow$$

$$\left[\mu\upsilon\left(\dfrac{\cot \dfrac{A_i}{2}}{\Delta_i}\right)^{\frac{k}{2}}\right]^{\theta_i} \geqslant \left[\mu\upsilon\left(\dfrac{2}{a_i}\right)^k\right]^{\theta_i} \Rightarrow$$

$$\prod_{i=1}^{n} \left[\mu\upsilon\left(\dfrac{\cot \dfrac{A_i}{2}}{\Delta_i}\right)^{\frac{k}{2}}\right]^{\theta_i} \geqslant \prod_{i=1}^{n} \left[\mu\upsilon\left(\dfrac{2}{a_i}\right)^k\right]^{\theta_i} \tag{1}$$

同理可得

$$\prod_{i=1}^{n} \left[\upsilon\lambda\left(\dfrac{\cot \dfrac{B_i}{2}}{\Delta_i}\right)^{\frac{k}{2}}\right]^{\theta_i} \geqslant \prod_{i=1}^{n} \left[\upsilon\lambda\left(\dfrac{2}{b_i}\right)^k\right]^{\theta_i} \tag{2}$$

$$\prod_{i=1}^{n} \left[\lambda\mu\left(\dfrac{\cot \dfrac{C_i}{2}}{\Delta_i}\right)^{\frac{k}{2}}\right]^{\theta_i} \geqslant \prod_{i=1}^{n} \left[\lambda\mu\left(\dfrac{2}{c_i}\right)^k\right]^{\theta_i} \tag{3}$$

(1)＋(2)＋(3) 得到

$$\sum \prod_{i=1}^{n} \left[\mu\upsilon\left(\dfrac{\cot \dfrac{A_i}{2}}{\Delta_i}\right)^{\frac{k}{2}}\right]^{\theta_i} \geqslant \sum \prod_{i=1}^{n} \left[\mu\upsilon\left(\dfrac{2}{a_i}\right)^k\right]^{\theta_i} \tag{4}$$

(ii) 再应用前面的结论有

$$1 \geqslant \dfrac{1}{\Delta_i}\left(\sum y_i z_i \cot \dfrac{A_i}{2}\right) \Rightarrow 1 \geqslant \left[\dfrac{\sum y_i z_i \cot \dfrac{A_i}{2}}{\Delta_i}\right]^{\frac{k}{2}\theta_i} (1 \leqslant i \leqslant n) \Rightarrow$$

$$1 \geqslant \left[\prod_{i=1}^{n} \left[\sum \dfrac{y_i z_i \cot \dfrac{A_i}{2}}{\Delta_i}\right]^{\theta_i}\right]^{\frac{k}{2}} \geqslant$$

$$\left[\sum \prod_{i=1}^{n} \left[\dfrac{y_i z_i \cot \dfrac{A_i}{2}}{\Delta_i}\right]^{\theta_i}\right]^{\frac{k}{2}} \tag{5}$$

注意到应用赫尔特不等式有

$$0 < k \leqslant 1 \Rightarrow \begin{cases} \dfrac{k}{2}, \dfrac{2-k}{2} \in (0,1) \\ \dfrac{k}{2} + \dfrac{2-k}{2} = 1 \end{cases}$$

$$\left[\sum (T_y T_z)^{\frac{1}{2-k}}\right]^{\frac{2-k}{2}} = \left\{\sum \prod_{i=1}^{n}\left[\frac{(\mu v)^2}{(y_i z_i)^k}\right]^{\frac{\theta_i}{2-k}}\right\}^{\frac{2-k}{2}} \geqslant$$

$$\left\{\sum \prod_{i=1}^{n}\left[\frac{(\mu v)^2}{(y_i z_i)^k}\right]^{\frac{\theta_i}{2-k}}\right\}^{\frac{2-k}{2}}$$

$$\left\{\sum \prod_{i=1}^{n}\left[\frac{y_i z_i \cot \dfrac{A_i}{2}}{\Delta_i}\right]^{\theta_i}\right\}^{\frac{k}{2}} \geqslant$$

$$\sum\left\{\left(\prod_{i=1}^{n}\left[\frac{(\mu v)^2}{(y_i z_i)^k}\right]^{\frac{\theta_i}{2-k}}\right)^{\frac{2-k}{2}}\left[\prod_{i=1}^{n}\left(\frac{y_i z_i \cot \dfrac{A_i}{2}}{\Delta_i}\right)^{\theta_i}\right]^{\frac{k}{2}}\right\} =$$

$$\sum\left[\frac{\prod_{i=1}^{n}(\mu v)^{\theta_i}}{\sqrt{T_y T_z}} \frac{\sqrt{T_y T_z}}{1} \prod_{i=1}^{n}\left(\frac{\cot \dfrac{A_i}{2}}{\Delta_i}\right)^{\frac{k\theta_i}{2}}\right] =$$

$$\sum \prod_{i=1}^{n}\left[\mu v \left(\frac{\cot \dfrac{A_i}{2}}{\Delta_i}\right)^{\frac{k}{2}}\right]^{\theta_i} \geqslant \sum \prod_{i=1}^{n}\left[\mu v \left(\frac{2}{a_i}\right)^k\right]^{\theta_i} \Rightarrow$$

$$\left[\sum (T_y T_z)^{\frac{1}{2-k}}\right]^{\frac{2-k}{2}} \geqslant \left[\sum \mu v \prod_{i=1}^{n}\left(\frac{1}{a_i}\right)^{\theta_i}\right] 2^k \qquad (6)$$

(iii) 注意到 $0 < k \leqslant 1 \Rightarrow \dfrac{1}{2} < \dfrac{1}{2-k} \leqslant 1$ 应用幂平均不等式和 3 元对称不等式有

$$\left[\sum (T_y T_z)^{\frac{1}{2-k}}\right]^{\frac{2-k}{2}} = (\sqrt{3})^{2-k}\left[\frac{\sum (T_y T_z)^{\frac{1}{2-k}}}{3}\right]^{\frac{2-k}{2}} \leqslant$$

$$(\sqrt{3})^{2-k}\left[\frac{\sum T_y T_z}{3}\right]^{\frac{1}{2}} = \frac{1}{(\sqrt{3})^k}\sqrt{3\sum T_y T_z} \leqslant \frac{\sum T_x}{(\sqrt{3})^k} \Rightarrow$$

$$\frac{\sum T_x}{(\sqrt{3})^k} \geqslant 2^k\left[\sum \mu v \prod_{i=1}^{n}\left(\frac{1}{a_i}\right)^{k\theta_i}\right] \Rightarrow$$

$$\sum T_x \geqslant (2\sqrt{3})^k\left[\sum \mu v \prod_{i=1}^{n}\left(\frac{1}{a_i}\right)^{k\theta_i}\right] \Rightarrow$$

$$\sum \lambda^2 \prod_{i=1}^{n}\left(\frac{1}{x_i}\right)^{k\theta_i} \geqslant (2\sqrt{3})^k\left[\sum \mu v \prod_{i=1}^{n}\left(\frac{1}{a_i}\right)^{k\theta_i}\right]$$

这正是式(H),等号成立仅当 $\lambda=\mu=\upsilon$ 及 $\triangle A_iB_iC_i(1\leqslant i\leqslant n)$ 为正三角形,且 P_i 为 $\triangle A_iB_iC_i$ 之中心.

相应地,不等式链式(I_1)也可以从一个三角形推广到 n 个三角形.

在漫长艰辛的数学探讨中,我们体会到:由于数学公主"千娇百媚",欲追寻她并非易事,她总是"千呼万唤始出来,犹抱琵琶半遮面".

(三)

(1)

下面介绍了外森比克(R. Weizenbock)不等式的加权推广——奥本海姆(Oppenheim)不等式:

设 $\triangle ABC$ 的三边长为 a,b,c,面积为 Δ,$\lambda_1,\lambda_2,\lambda_3$ 中至少有两个正数,且满足条件 $\lambda_1\lambda_2+\lambda_2\lambda_3+\lambda_3\lambda_1>0$,并记 $S=\lambda_1\lambda_2+\lambda_2\lambda_3+\lambda_3\lambda_1$,则有

$$\lambda_1 a^2+\lambda_2 b^2+\lambda_3 c^2 \geqslant 4\sqrt{S}\cdot\Delta \tag{1}$$

等号成立仅当

$$\frac{a^2}{\lambda_2+\lambda_3}=\frac{b^2}{\lambda_3+\lambda_1}=\frac{c^2}{\lambda_1+\lambda_2} \tag{2}$$

绝美的奥本海姆不等式(1)至少有6种漂亮的证法,但限于篇幅,笔者在前文只介绍了一种,为了完备性,现补充于下.

首先式(2)还有3种表达形式:

$$\lambda_1:\lambda_2:\lambda_3=(b^2+c^2-a^2):(c^2+a^2-b^2):(a^2+b^2-c^2) \tag{3}$$

$$\lambda_1:\lambda_2:\lambda_3=\cot A:\cot B:\cot C \tag{4}$$

$$\lambda_1\tan A=\lambda_2\tan B=\lambda_3\tan C \tag{5}$$

证法1 设 $\alpha,\beta,\gamma\in(0,\pi)$,且 $\alpha=\pi-2A,\beta=\pi-2B,\gamma=\pi-2C$,则有

$$\alpha+\beta+\gamma=3\pi-2(A+B+C)=\pi$$

对于 $x,y,z\in\mathbf{R}$ 有三角母不等式

$$\sum x^2\geqslant 2\sum yz\cos\alpha=-2\sum yz\cos 2A=$$
$$2\sum yz(2\sin^2 A-1)=4\sum yz\sin^2 A-2\sum yz\Rightarrow$$
$$\sum x^2+2\sum yz\geqslant 4\sum yz\sin^2 A\Rightarrow$$
$$(\sum x)^2\geqslant 4\sum yz\sin^2 A \tag{6}$$

等号成立仅当

$$x:y:z=\sin\alpha:\sin\beta:\sin\gamma=\sin 2A:\sin 2B:\sin 2C \tag{7}$$

在式(6)中应用正弦定理得
$$R^2(x+y+z)^2 \geqslant yza^2+zxb^2+xyc^2 \Leftrightarrow \quad (8)$$
$$(x+y+z)^2(abc)^2 \geqslant 16\Delta^2(yza^2+zxb^2+xyc^2) \quad (9)$$
令 $(x,y,z)=(\lambda_1 a^2, \lambda_2 b^2, \lambda_3 c^2) \Rightarrow$
$$yza^2+zxb^2+xyc^2=(\lambda_2\lambda_3+\lambda_3\lambda_1+\lambda_1\lambda_2)(abc)^2$$
代入式(9)得
$$(\lambda_1 a^2+\lambda_2 b^2+\lambda_3 c^2)^2 \geqslant 16\Delta^2(\lambda_2\lambda_3+\lambda_3\lambda_1+\lambda_1\lambda_2) \Rightarrow$$
$$\lambda_1 a^2+\lambda_2 b^2+\lambda_3 c^2 \geqslant 4\sqrt{\lambda_2\lambda_3+\lambda_3\lambda_1+\lambda_1\lambda_2}\,\Delta$$
即式(1)成立,等号成立仅当
$$\frac{\lambda_1 a^2}{\sin 2A}=\frac{\lambda_2 b^2}{\sin 2B}=\frac{\lambda_3 c^2}{\sin 2C} \Rightarrow \frac{\lambda_1 \sin^2 A}{\sin 2A}=\frac{\lambda_2 \sin^2 B}{\sin 2B}=\frac{\lambda_3 \sin^2 C}{\sin 2C} \Rightarrow$$
$$\lambda_1 \tan A = \lambda_2 \tan B = \lambda_3 \tan C$$

证法 2(杨克昌) 由已知可推得 $\lambda_1+\lambda_2>0, \lambda_2+\lambda_3>0, \lambda_3+\lambda_1>0$,如若不然,不妨设 $\lambda_1+\lambda_2\leqslant 0$,因 $\lambda_1,\lambda_2,\lambda_3$ 中至少有两个正数,则 λ_1,λ_2 为一正一负,即 $\lambda_1\lambda_2<0$,且 $\lambda_3>0$,故 $\lambda_3(\lambda_1+\lambda_2)\leqslant 0$,因而
$$\lambda_1\lambda_2+\lambda_3(\lambda_1+\lambda_2)=\lambda_1\lambda_2+\lambda_2\lambda_3+\lambda_3\lambda_1<0$$
这与已知矛盾,所以 $\lambda_1+\lambda_2>0$,同理 $\lambda_3+\lambda_1>0, \lambda_2+\lambda_3>0$.

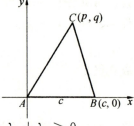

不失一般性,如右上图所示建立直角坐标系,其中点 C 的坐标为 $(p,q)(q>0)$,则
$$a^2=(p-c)^2+q^2, b^2=p^2+q^2, \Delta=\frac{1}{2}cq$$
记 $k=\sqrt{\lambda_1\lambda_2+\lambda_2\lambda_3+\lambda_3\lambda_1}$,有
$$\lambda_1 a^2+\lambda_2 b^2+\lambda_3 c^2-4k\Delta=$$
$$\lambda_1(p-c)^2+\lambda_1 q^2+\lambda_2 p^2+\lambda_2 q^2+\lambda_3 c^2-2kcq=$$
$$(\lambda_1+\lambda_2)\left[\left(p-\frac{\lambda_1 c}{\lambda_1+\lambda_2}\right)^2+\left(q-\frac{kc}{\lambda_1+\lambda_2}\right)^2\right]\geqslant 0 \Rightarrow$$
$$\lambda_1 a^2+\lambda_2 b^2+\lambda_3 c^2 \geqslant 4K\Delta$$
即式(H)成立,等号成立仅当
$$\begin{cases} p=\dfrac{\lambda_1 c}{\lambda_1+\lambda_2} \\ q=\dfrac{kC}{\lambda_1+\lambda_2} \end{cases} \Rightarrow b^2=p^2+q^2=$$

$$\frac{(\lambda_1^2+\lambda_1\lambda_2+\lambda_2\lambda_3+\lambda_3\lambda_1)c^2}{(\lambda_1+\lambda_2)^2}=$$

$$\frac{(\lambda_1+\lambda_2)(\lambda_1+\lambda_3)c^2}{(\lambda_1+\lambda_2)^2}=\left(\frac{\lambda_1+\lambda_3}{\lambda_1+\lambda_2}\right)c^2\Rightarrow$$

$$\frac{b^2}{\lambda_3+\lambda_1}=\frac{c^2}{\lambda_1+\lambda_2} \qquad (*)$$

$$a^2=(p-c)^2+q^2=\left(\frac{\lambda_1 c}{\lambda_1+\lambda_2}-c\right)^2+\frac{(\lambda_1\lambda_2+\lambda_2\lambda_3+\lambda_3\lambda_1)c^2}{(\lambda_1+\lambda_2)^2}=$$

$$\frac{c^2}{(\lambda_1+\lambda_2)^2}(\lambda_2^2+\lambda_1\lambda_2+\lambda_2\lambda_3+\lambda_3\lambda_1)=$$

$$\frac{(\lambda_2+\lambda_1)(\lambda_2+\lambda_3)}{(\lambda_1+\lambda_2)^2}c^2=\left(\frac{\lambda_2+\lambda_3}{\lambda_1+\lambda_2}\right)c^2\Rightarrow\frac{a^2}{\lambda_2+\lambda_3}=\frac{c^2}{\lambda_1+\lambda_2} \qquad (10)$$

由($*$)、(10)两式即得

$$\frac{a^2}{\lambda_2+\lambda_3}=\frac{b^2}{\lambda_3+\lambda_1}=\frac{c^2}{\lambda_1+\lambda_2}$$

证法 3(单墫)　由拉格朗日配方法并注意到

$$16\Delta^2=2b^2c^2+2c^2a^2+2a^2b^2-a^4-b^4-c^4$$

有

$$\begin{cases} a^2b^2-4\Delta^2=\dfrac{1}{4}(a^2+b^2-c^2)^2 \\ a^2c^2-4\Delta^2=\dfrac{1}{4}(a^2-b^2+c^2)^2 \end{cases}$$

令

$$Q=(\lambda_1 a^2+\lambda_2 b^2+\lambda_3 c^2)^2-16(\lambda_1\lambda_2+\lambda_2\lambda_3+\lambda_3\lambda_1)\Delta^2$$

则经计算,化简并配方得

$$Q=A_1+B_1$$

其中

$$\begin{cases} A_1=\dfrac{1}{a^4}[a^4\lambda_1+\lambda_2(a^2b^2-8\Delta^2)+\lambda_3(a^2c^2-8\Delta^2)]^2 \\ B_1=\dfrac{4\Delta^2}{a^4}[(a^2+b^2-c^2)\lambda_2-(a^2-b^2+c^2)\lambda_3]^2 \end{cases}$$

由于

$$\begin{cases} A_1\geqslant 0 \\ B_1\geqslant 0 \end{cases}\Rightarrow \theta=A_1+B_1\geqslant 0\Rightarrow \lambda_1 a^2+\lambda_2 b^2+\lambda_3 c^2\geqslant$$

$$4\sqrt{\lambda_1\lambda_2+\lambda_2\lambda_3+\lambda_3\lambda_1}\cdot\Delta$$

等号成立的条件易推得.

证法 4　设 $x,y,z\in\mathbf{R}^+$,且

$$S=f(x,y,z)=2yz+2zx+2xy-x^2-y^2-z^2$$

应用海伦公式有
$$16\Delta^2 = 2b^2c^2 + 2c^2a^2 + 2a^2b^2 - a^4 - b^4 - c^4 = f(a^2, b^2, c^2) \quad (11)$$

在杨克昌不等式
$$(\lambda_1 x + \lambda_2 y + \lambda_3 z)^2 \geqslant (\lambda_1\lambda_2 + \lambda_2\lambda_3 + \lambda_3\lambda_1)S \quad (12)$$

中令
$$(x, y, z) = (a^2, b^2, c^2) \Rightarrow$$
$$S = f(x, y, z) = f(a^2, b^2, c^2) = 16\Delta^2 \Rightarrow \lambda_1 a^2 + \lambda_2 b^2 + \lambda_3 c^2$$

等号成立仅当
$$\frac{x}{\lambda_2 + \lambda_3} = \frac{y}{\lambda_3 + \lambda_1} = \frac{z}{\lambda_1 + \lambda_2} \Rightarrow \frac{a^2}{\lambda_2 + \lambda_3} = \frac{b^2}{\lambda_3 + \lambda_1} = \frac{c^2}{\lambda_1 + \lambda_2}$$

证法 5 由证法 2 知,$\lambda_1 + \lambda_2 > 0, \lambda_2 + \lambda_3 > 0, \lambda_3 + \lambda_1 > 0$,且
$$\lambda_1\lambda_2 + \lambda_2\lambda_3 + \lambda_3\lambda_1 > 0 \Rightarrow (\lambda_2 + \lambda_3)(\lambda_3 + \lambda_1) > \lambda_3^2$$

令
$$\cos\theta = \frac{\lambda_3}{\sqrt{(\lambda_2 + \lambda_3)(\lambda_3 + \lambda_1)}} \in (0, 1) \Rightarrow$$
$$\sin\theta = \frac{t}{\sqrt{(\lambda_2 + \lambda_3)(\lambda_3 + \lambda_1)}} \in (0, 1)$$

其中
$$t = \sqrt{\lambda_1\lambda_2 + \lambda_2\lambda_3 + \lambda_3\lambda_1}, \theta \in \left(0, \frac{\pi}{2}\right)$$

由
$$1 \geqslant \cos(C - \theta) = \cos C\cos\theta + \sin C\sin\theta$$

及
$$2ab\sin C = 4\Delta, 2ab\cos C = a^2 + b^2 - c^2$$

有
$$2\sqrt{(\lambda_2 + \lambda_3)(\lambda_3 + \lambda_1)}\, ab \geqslant$$
$$\lambda_3(a^2 + b^2 - c^2) + 4t\Delta \Rightarrow$$
$$\lambda_1 a^2 + \lambda_2 b^2 + \lambda_3 c^2 \geqslant 4t\Delta +$$
$$(\sqrt{\lambda_3 + \lambda_1}\, a - \sqrt{\lambda_2 + \lambda_3}\, b)^2 \geqslant 4t\Delta \quad (13)$$

即式(1)成立,等号成立仅当
$$\begin{cases} C = \theta = \arccos\left[\dfrac{\lambda_3}{\sqrt{(\lambda_2 + \lambda_3)(\lambda_3 + \lambda_1)}}\right] \\ \sqrt{\lambda_3 + \lambda_1}\, a = \sqrt{\lambda_2 + \lambda_3}\, b \end{cases} \Rightarrow$$
$$\frac{a^2}{\lambda_2 + \lambda_3} = \frac{b^2}{\lambda_3 + \lambda_1} = \frac{c^2}{\lambda_1 + \lambda_2}$$

证法 6 记
$$t = \sqrt{\lambda_1\lambda_2 + \lambda_2\lambda_3 + \lambda_3\lambda_1} \Rightarrow t^2 + \lambda_3^2 = (\lambda_1 + \lambda_3)(\lambda_2 + \lambda_3) \Rightarrow$$
$$(t\sin C + \lambda_3\cos C)^2 \leqslant (\sin^2 C + \cos^2 C)(t^2 + \lambda_3^2) =$$
$$(\lambda_3 + \lambda_1)(\lambda_2 + \lambda_3) \Rightarrow [2ab(t\sin C + \lambda_3\cos C)]^2 \leqslant$$
$$4a^2(\lambda_3 + \lambda_1)b^2(\lambda_1 + \lambda_2) \Rightarrow [4t\Delta + \lambda_3(a^2 + b^2 - c^2)]^2 \leqslant$$
$$4a^2(\lambda_3 + \lambda_1)b^2(\lambda_1 + \lambda_2) \leqslant [a^2(\lambda_3 + \lambda_1) + b^2(\lambda_1 + \lambda_2)]^2 \Rightarrow$$

$$4t\Delta + \lambda_3(a^2 + b^2 - c^2) \leqslant a^2(\lambda_3 + \lambda_1) + b^2(\lambda_2 + \lambda_3) \Rightarrow$$
$$\lambda_1 a^2 + \lambda_2 b^2 + \lambda_3 c^2 \geqslant 4t\Delta = 4\sqrt{\lambda_1\lambda_2 + \lambda_2\lambda_3 + \lambda_3\lambda_1} \cdot \Delta$$

等号成立仅当
$$\begin{cases} \sin C/t = \cos C/\lambda_3 & (14) \\ a^2(\lambda_1 + \lambda_3) = b^2(\lambda_2 + \lambda_3) & (15) \end{cases}$$

由式(15)可设 $a^2 = (\lambda_2 + \lambda_3)m, b^2 = (\lambda_3 + \lambda_1)m(m > 0)$,由式(14)可得

$$\tan^2 C = t^2/\lambda_3^2 \Rightarrow \cos C = \frac{\lambda_3}{\sqrt{t^2 + \lambda_3^2}} \Rightarrow$$

$$\cos C = \frac{\lambda_3}{\sqrt{(\lambda_3 + \lambda_1)(\lambda_2 + \lambda_3)}} \Rightarrow$$

$$\frac{a^2 + b^2 - c^2}{2bc} = \frac{\lambda_3}{\sqrt{(\lambda_3 + \lambda_1)(\lambda_2 + \lambda_3)}} \Rightarrow$$

$$a^2 + b^2 - c^2 = 2\lambda_3 m \Rightarrow c^2 = a^2 + b^2 - 2\lambda_3 m =$$
$$(\lambda_2 + \lambda_3)m + (\lambda_3 + \lambda_1)m - 2\lambda_3 m = (\lambda_1 + \lambda_2)m$$

故
$$\frac{a^2}{\lambda_2 + \lambda_3} = \frac{b^2}{\lambda_3 + \lambda_1} = \frac{c^2}{\lambda_1 + \lambda_2}$$

(四)

相应地,外森比克不等式
$$a^2 + b^2 + c^2 \geqslant 4\sqrt{3}\Delta \tag{1}$$
的一个直接加强,便是绝美的费恩斯列尔(Finsler)-哈德维格尔(Hadwiger)不等式
$$a^2 + b^2 + c^2 \geqslant 4\sqrt{3}\Delta + (a-b)^2 + (b-c)^2 + (c-a)^2 \tag{2}$$

证法1 我们令
$$\begin{cases} a' = \sqrt{2a(p-a)} \\ b' = \sqrt{2b(p-b)} \\ c' = \sqrt{2c(p-c)} \end{cases}, \quad \begin{cases} A' = \frac{\pi}{2} - \frac{A}{2} \\ B' = \frac{\pi}{2} - \frac{B}{2} \\ C' = \frac{\pi}{2} - \frac{C}{2} \end{cases}$$

那么由我们以前建立的引理知,以 a', b', c' 为边长的三角形是以一个以 A', B', C' 为内角的三角形,其面积 $\Delta' = \Delta$.

再将此引理应用到式(1)中去,有

$$a'^2 + b'^2 + c'^2 \geq 4\sqrt{3}\Delta' \Rightarrow \sum 2a(p-a) \geq 4\sqrt{3}\Delta \Rightarrow$$
$$\sum a(b+c-a) \geq 4\sqrt{3}\Delta \Rightarrow \sum a^2 \geq 4\sqrt{3}\Delta + \sum(b-c)^2$$

等号成立仅当 $\triangle A'B'C'$ 为正三角形,从而 $\triangle ABC$ 为正三角形.

证法 2 (i) 当 $\triangle ABC$ 的各内角均小于 $120°$ 时,如右图所示,设 P 为 $\triangle ABC$ 内的费马 (Fermat) 点,则易得

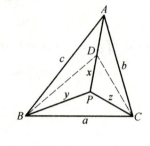

$$\begin{cases} 4\sqrt{3}\Delta = 3(xy+yz+zx) \\ \sum a^2 = 2\sum x^2 + \sum yz \end{cases} \Rightarrow$$

$$\sum a^2 - 4\sqrt{3}\Delta = 2\sum x^2 - 2\sum yz \Rightarrow$$

$$\sum a^2 = 4\sqrt{3}\Delta + \sum(y-z)^2 \tag{3}$$

不妨设 $x \geq y \geq z$,在 PA 上取 $PD = y$,联结 BD, CD,易证 $CD = BC = a$(因为 $\triangle BPC \cong \triangle DPC$),于是

$$\left.\begin{array}{l} AD \geq AC - CD \\ \angle ADC > 120° \end{array}\right\} \Rightarrow x - y \geq b - a \geq 0 \Rightarrow$$

(等号成立仅当 $D \equiv A \Leftrightarrow x = y \Leftrightarrow a = b$) $\Rightarrow$

$$(x-y)^2 \geq (a-b)^2$$

同理 $\begin{cases} (y-z)^2 \geq (b-c)^2 \\ (z-x)^2 \geq (c-a)^2 \end{cases} \Rightarrow$

$$\sum(y-z)^2 \geq \sum(b-c)^2 \Rightarrow$$

$$\sum a^2 \geq 4\sqrt{3}\Delta + \sum(b-c)^2$$

等号成立仅当 $\triangle ABC$ 为正三角形.

(ii) 当 $\triangle ABC$ 中有一个内角大于等于 $120°$ 时,不妨设

$$120° \leq C < 180° \Rightarrow 0 < 180° - C \leq 60° \Rightarrow \frac{1}{2} \leq \cos(180°-C) = -\cos C$$

且 $0 < \sin C \leq \frac{\sqrt{3}}{2} \Rightarrow \Delta = \frac{1}{2}ab\sin C \leq \frac{\sqrt{3}}{4}ab \Rightarrow ab \geq \frac{4}{\sqrt{3}}\Delta$

由余弦定理得

$$c^2 = a^2 + b^2 - 2ab\cos C \geq a^2 + b^2 + ab =$$
$$3ab + (a-b)^2 \geq 4\sqrt{3}\Delta + (a-b)^2 \Rightarrow$$

$$\left.\begin{array}{l} c^2 \geq 4\sqrt{3}\Delta + (a-b)^2 \\ a^2 > (b-c)^2 \\ b^2 > (c-a)^2 \end{array}\right\} \Rightarrow$$

$$\sum a^2 > 4\sqrt{3}\Delta + \sum(b-c)^2$$

综合上述(i)和(ii),式(2)成立.

注 证法 1 应用引理显得简洁明快,证法 2 分步推论,巧妙地应用了费马点的性质,倍显清新自然,而且还抛砖引玉地引出了有趣的结论:

如果 $\triangle ABC$ 的内角均小于 $120°$,P 为其内的费马点,则有

$$(PA-PB)^2 + (PB-PC)^2 + (PC-PA)^2 \geqslant$$
$$(a-b)^2 + (b-c)^2 + (c-a)^2 \qquad (!)$$

证法 3 由三角不等式

$$\sin A + \sin B + \sin C \leqslant \frac{3}{2}\sqrt{3} \Rightarrow$$

$$a+b+c \leqslant 3\sqrt{3}R = 3\sqrt{3}\left(\frac{abc}{4\Delta}\right) \Rightarrow$$

$$\frac{abc}{a+b+c} \geqslant \frac{4\Delta}{3\sqrt{3}} \qquad (4)$$

由海伦公式有

$$16\Delta^2 = \left(\sum a\right)\prod(b+c-a)$$

$$\sum a(b+c-a) \geqslant 3\left[\prod a(b+c-a)\right]^{\frac{1}{3}} =$$

$$3\left[\frac{abc}{a+b+c}\left(\sum a\right)\prod(b+c-a)\right]^{\frac{1}{3}} =$$

$$3\left(\frac{abc}{a+b+c}16\Delta^2\right)^{\frac{1}{3}} \geqslant 3\left(\frac{4\Delta}{3\sqrt{3}}16\Delta^2\right)^{\frac{1}{3}} = 4\sqrt{3}\Delta \Rightarrow$$

$$\sum a(b+c-a) \geqslant 4\sqrt{3}\Delta \Rightarrow \sum a^2 \geqslant 4\sqrt{3}\Delta + \sum(b-c)^2$$

等号成立仅当 $\triangle ABC$ 为正三角形.

证法 4 应用三角形面积公式和余弦定理有

$$\begin{cases} 2\Delta = ab\sin C = bc\sin A = ca\sin B \\ \sum a^2 = 2\sum bc\cos A \end{cases} \Rightarrow \sum a^2 = 4\Delta\sum\cot A \Rightarrow$$

$$2\sum bc - \sum a^2 \geqslant 4\sqrt{3}\Delta \Leftrightarrow 4\Delta\left(\sum\frac{1}{\sin A} - \sum\cot A\right) \geqslant 4\sqrt{3}\Delta \Leftrightarrow \qquad (5)$$

$$\sum\left(\frac{1-\cos A}{\sin A}\right) \geqslant \sqrt{3} \Leftrightarrow \sum\tan\frac{A}{2} \geqslant \sqrt{3}$$

但

$$\sum\tan\frac{A}{2} \geqslant \sqrt{3\sum\tan\frac{B}{2}\tan\frac{C}{2}} = \sqrt{3}$$

因此式(5)成立,从而

$$2\sum bc - \sum a^2 \geqslant 4\sqrt{3}\Delta \Rightarrow \sum a^2 \geqslant 4\sqrt{3}\Delta + \sum(b-c)^2$$

等号成立仅当 $\triangle ABC$ 为正三角形.

证法 5 应用式(2)的等价形式

$$\sum(b+c-a)(c+a-b) \geqslant \sqrt{3(\sum a)\prod(b+c-a)}$$

设 $\begin{cases} x = b+c-a > 0 \\ y = c+a-b > 0 \\ z = a+b-c > 0 \end{cases} \Rightarrow \begin{cases} a = (y+z)/2 \\ b = (z+x)/2 \\ c = (x+y)/2 \end{cases} \Rightarrow$

(且 $\sum a = \sum x$)

$$式(2) \Leftrightarrow \sum yz \geqslant \sqrt{3xyz(\sum x)} \Leftrightarrow$$

$$(\sum yz)^2 \geqslant 3xyz(\sum x) \Leftrightarrow$$

$$2\sum y^2 z^2 \geqslant 2\sum x^2 yz \Rightarrow$$

$$\sum x^2(y^2 + z^2) \geqslant 2\sum x^2 yz \Rightarrow$$

$$\sum x^2(y-z)^2 \geqslant 0$$

这表明式(2)成立,等号成立仅当 $\triangle ABC$ 为正三角形.

证法 6 不失一般性,设 $a \geqslant b \geqslant c$,则

$$(a-c)^2 = (c-a)^2 = [(a-b)+(b-c)]^2 =$$
$$(a-b)^2 + (b-c)^2 + 2(a-b)(b-c) \geqslant$$
$$(a-b)^2 + (b-c)^2$$

又

$$a^2 + b^2 + c^2 - 4\sqrt{3}\Delta =$$
$$2a^2 + 2c^2 - 2ac\cos B - 2\sqrt{3}ac\sin B =$$
$$2a^2 + 2c^2 - 4ac\sin\left(\frac{\pi}{6} + B\right) \geqslant$$
$$2a^2 + 2c^2 - 4ac = 2(a-c)^2 =$$
$$(c-a)^2 + (a-c)^2 \geqslant$$
$$(c-a)^2 + (b-c)^2 + (a-b)^2 \Rightarrow$$
$$\sum a^2 \geqslant 4\sqrt{3}\Delta + \sum(b-c)^2$$

等号成立仅当 $\triangle ABC$ 为正三角形.

证法 7 应用三角形面积公式和余弦定理

$$a^2 = b^2 + c^2 - 2bc\cos A = (b-c)^2 + 2bc(1-\cos A) =$$
$$(b-c)^2 + 4\left(\frac{1}{2}bc\sin A\right)\left(\frac{1-\cos A}{\sin A}\right) =$$
$$(b-c)^2 + 4\Delta\tan\frac{A}{2} \Rightarrow$$

同理 $\begin{cases} a^2 = (b-c)^2 + 4\Delta\tan\dfrac{A}{2} \\ b^2 = (c-a)^2 + 4\Delta\tan\dfrac{B}{2} \\ c^2 = (a-b)^2 + 4\Delta\tan\dfrac{C}{2} \end{cases} \Rightarrow$

$$\sum a^2 = \sum (b-c)^2 + 4\Delta\sum\tan\frac{A}{2} \geqslant$$
$$\sum (b-c)^2 + 4\Delta\sqrt{3\sum\tan\frac{B}{2}\tan\frac{C}{2}} =$$
$$\sum (b-c)^2 + 4\sqrt{3}\Delta \Rightarrow$$
$$\sum a^2 \geqslant 4\sqrt{3}\Delta + \sum (b-c)^2$$

等号成立仅当
$$\tan\frac{A}{2} = \tan\frac{B}{2} = \tan\frac{C}{2} = \frac{\sqrt{3}}{3} \Rightarrow$$
$$A = B = C = \frac{\pi}{3} \Rightarrow \triangle ABC \text{ 为正三角形}$$

(五)

2009 年福建高中数学奥林匹克第 15 题是：

设正数 a,b,c 满足 $a+b+c \leqslant 3$，求证：

$$\frac{a+1}{a(a+2)} + \frac{b+1}{b(b+2)} + \frac{c+1}{c(c+2)} \geqslant 2 \tag{a}$$

这是一道简洁漂亮的题目，我们先用两种方法证明式(a).

证法 1 由于式(a)是分式对称型不等式，于是可设

$a \geqslant b \geqslant c > 0 \Rightarrow$

$\begin{cases} 1+\dfrac{1}{a} \leqslant 1+\dfrac{1}{b} \leqslant 1+\dfrac{1}{c} \\ a+2 \geqslant b+2 \geqslant c+2 \end{cases} \Rightarrow$

$$\begin{cases} \dfrac{a+1}{a} \leqslant \dfrac{b+1}{b} \leqslant \dfrac{c+1}{c} \\ \dfrac{1}{a+2} \leqslant \dfrac{1}{2} \leqslant \dfrac{1}{c+2} \end{cases} \Rightarrow$$

(应用切比雪夫不等式)

$$P = \frac{a+1}{a(a+2)} + \frac{b+1}{b(b+2)} + \frac{c+1}{c(c+2)} \geqslant$$

$$\frac{1}{3}\left(\frac{a+1}{a} + \frac{b+1}{b} + \frac{c+1}{c}\right)\left(\frac{1}{a+2} + \frac{1}{b+2} + \frac{1}{c+2}\right) =$$

$$\frac{1}{3}\left(3 + \frac{1}{a} + \frac{1}{b} + \frac{1}{c}\right)\left(\frac{1}{a+2} + \frac{1}{b+2} + \frac{1}{c+2}\right) \geqslant$$

(应用柯西不等式)

$$\frac{1}{3}\left(3 + \frac{9}{a+b+c}\right)\left(\frac{9}{a+b+c+6}\right) \geqslant$$

(应用已知 $a+b+c \leqslant 3$)

$$\frac{1}{3}\left(3 + \frac{9}{3}\right)\left(\frac{9}{3+6}\right) = 2 \Rightarrow$$

$$\frac{a+1}{a(a+2)} + \frac{b+1}{b(b+2)} + \frac{c+1}{c(c+2)} \geqslant 2$$

等号成立仅当 $a=b=c=1$.

证法 2 由柯西不等式有

$$a+b+c \leqslant 3 \Rightarrow (a+1)+(b+1)+(c+1) \leqslant 6 \Rightarrow$$

$$6\left(\frac{1}{a+1} + \frac{1}{b+1} + \frac{1}{c+1}\right) \geqslant$$

$$[(a+1)+(b+1)+(c+1)]\left(\frac{1}{a+1} + \frac{1}{b+1} + \frac{1}{c+1}\right) \geqslant 9 \Rightarrow$$

$$\frac{1}{a+1} + \frac{1}{b+1} + \frac{1}{c+1} \geqslant \frac{3}{2} \Rightarrow$$

$$\frac{a(a+2)}{a+1} + \frac{b(b+2)}{b+1} + \frac{c(c+2)}{c+1} =$$

$$\frac{(a+1)^2-1}{a+1} + \frac{(b+1)^2-1}{b+1} + \frac{(c+1)^2-1}{c+1} =$$

$$a+b+c+3 - \left(\frac{1}{a+1} + \frac{1}{b+1} + \frac{1}{c+1}\right) \leqslant$$

$$3+3-\frac{3}{2} = \frac{9}{2} \Rightarrow$$

$$\frac{9}{2}\left[\frac{a+1}{a(a+2)} + \frac{b+1}{b(b+2)} + \frac{c+1}{c(c+2)}\right] \geqslant$$

$$\left[\frac{a(a+2)}{a+1}+\frac{b(b+2)}{b+1}+\frac{c(c+2)}{c+1}\right] \cdot$$
$$\left[\frac{a+1}{a(a+2)}+\frac{b+1}{b(b+2)}+\frac{c+1}{c(c+2)}\right] \geqslant 9 \Rightarrow$$
$$\frac{a+1}{a(a+2)}+\frac{b+1}{b(b+2)}+\frac{c+1}{c(c+2)} \geqslant 2$$

等号成立仅当 $a=b=c$.

最后，我们从指数、系数、参数、元数四个方面将式(a)推广为：

推广 6 设指数 $\alpha \geqslant 1, \beta>0, \theta>0$，参数 $p, q>0$，元数 $a_i>0$，系数 $\lambda_i>0 (i=1,2,\cdots,n; 2 \leqslant n \in \mathbf{N})$，且 $\sum_{i=1}^{n} \lambda_i = n$, $\sum_{i=1}^{n} a_i \leqslant nS(S>0)$，则有

$$P_\lambda = \sum_{i=1}^{n} \frac{\lambda_i(a_i^\theta+q)^\alpha}{a_i^{\theta\alpha}(a_i+p)^\beta} \geqslant \frac{\lambda(\beta)}{n^{\alpha+\beta}(S+p)^\beta}\left[n+\frac{q\lambda(\theta)}{(nS)^\theta}\right]^\alpha \tag{b}$$

其中

$$\lambda(\theta) = \Big(\sum_{i=1}^{n} a_i^{\frac{1}{1+\theta}}\Big)^{1+\theta}, \lambda(\beta) = \Big(\sum_{i=1}^{n} a_i^{\frac{1}{1+\beta}}\Big)^{1+\beta}$$

特别地，当 $\lambda_i = 1 (1 \leqslant i \leqslant n)$ 时，$\lambda(\theta) = n^{1+\theta}, \lambda(\beta) = n^{1+\beta}$.

$$P_\lambda = \sum_{i=1}^{n} \frac{(a_i^\theta+q)^\alpha}{a_i^{\theta\alpha}(a_i+p)^\beta} \geqslant \frac{n^{1+\beta}}{n^{\alpha+\beta}(S+p)^\beta}\Big(n+\frac{qn^{1+\theta}}{(nS)^\theta}\Big)^\alpha =$$
$$\frac{n}{(S+p)^\beta}\Big(1+\frac{q}{S^\theta}\Big)^\alpha \Rightarrow$$
$$\sum_{i=1}^{n} \frac{(a_i^\theta+q)^\alpha}{a_a^{\theta\alpha}(a_i+p)^\beta} \geqslant \frac{n}{(S+p)^\beta}\Big(1+\frac{q}{S^\theta}\Big)^\alpha \tag{c}$$

若再取 $S=1$，式(c)又简化为

$$\sum_{i=1}^{n} \frac{(a^\theta+q)^\alpha}{a_i^{\theta\alpha}(a_i+p)^\beta} \geqslant \frac{n(q+1)^\alpha}{(p+1)^\beta} \tag{d}$$

显然，当 $n=3, \alpha=1, \beta=1, p=2, q=1$ 时，式(d)等价于

$$\frac{a^\theta+1}{a^\theta(a+2)}+\frac{b^\theta+1}{b^\theta(b+2)}+\frac{c^\theta+1}{c^\theta(c+2)} \geqslant 2 \tag{e}$$

再取 $\theta=1$，即得式(a).

现在我们证明推广式(b)：

证明 充分应用已知条件，应用权方和不等式有

$$\sum_{i=1}^{n} \frac{\lambda_i}{a_i^\theta} = \sum_{i=1}^{n} \frac{(\lambda_i^{\frac{1}{1+\theta}})^{1+\theta}}{a_i^\theta} \geqslant \frac{\lambda(\theta)}{\Big(\sum_{i=1}^{n} a_i\Big)^\theta} \geqslant \frac{\lambda(\theta)}{(nS)^\theta} \Rightarrow \sum_{i=1}^{n} \frac{\lambda_i}{a_i^\theta} \geqslant \frac{\lambda(\theta)}{(nS)^\theta} \tag{1}$$

$$\sum_{i=1}^{n}\frac{\lambda_i}{(a_i+p)^{\beta}}=\sum_{i=1}^{n}\frac{(\lambda_i^{\frac{1}{1+\beta}})^{1+\beta}}{(a_i+p)^{\beta}}\geqslant\frac{\lambda(\beta)}{\left[\sum_{i=1}^{n}(a_i+p)\right]^{\beta}}=$$

$$\frac{\lambda(\beta)}{(\sum_{i=1}^{n}a_i+np)^{\beta}}\geqslant\frac{\lambda(\beta)}{(nS+np)^{\beta}}\Rightarrow$$

$$\sum_{i=1}^{n}\frac{\lambda_i}{(a_i+p)^{\beta}}\geqslant\frac{\lambda(\beta)}{(nS+np)^{\beta}} \qquad (2)$$

注意到 $\sum_{i=1}^{n}\lambda_i=n\Rightarrow\sum_{i=1}^{n}\frac{\lambda_i}{n}=1$,设

$a_1\geqslant a_2\geqslant\cdots\geqslant a_n>0\Rightarrow$

$$\begin{cases}\left(1+\frac{q}{a_1^{\theta}}\right)^{\alpha}\leqslant\left(1+\frac{q}{a_2^{\theta}}\right)^{\alpha}\leqslant\cdots\leqslant\left(1+\frac{q}{a_n^{\theta}}\right)^{\alpha}\\ \frac{1}{(a_1+p)^{\beta}}\leqslant\frac{1}{(a_2+p)^{\beta}}\leqslant\cdots\leqslant\frac{1}{(a_n+p)^{\beta}}\end{cases}\Rightarrow$$

(应用切比雪夫不等式的加权推广)$\Rightarrow$

$$\frac{P_{\lambda}}{n}=\sum_{i=1}^{n}\left[\frac{\lambda_i}{n}\left(1+\frac{q}{a_i^{\theta}}\right)^{\alpha}\frac{1}{(a_i+p)^{\beta}}\right]\geqslant$$

$$\sum_{i=1}^{n}\frac{\lambda_i}{n}\left(1+\frac{q}{a_i^{\theta}}\right)^{\alpha}\sum_{i=1}^{n}\frac{\lambda_i}{n}(a_i+p)^{-\beta}\geqslant$$

$$\frac{\lambda(\beta)}{(np+nS)^{\beta}}\cdot\frac{1}{n}\sum_{i=1}^{n}\frac{\lambda_i}{n}\left(1+\frac{q}{a_i^{\theta}}\right)^{\alpha} (应用式(2))\geqslant$$

(应用加权幂平均不等式)

$$\frac{\lambda(\beta)}{n(np+nS)^{\beta}}\left[\sum_{i=1}^{n}\frac{\lambda_i}{n}\left(1+\frac{q}{a_i^{\theta}}\right)\right]^{\alpha}=$$

$$\frac{\lambda(\beta)}{n(np+nS)^{\beta}}\left(\frac{1}{n}\sum_{i=1}^{n}\lambda_i+\frac{q}{n}\sum_{i=1}^{n}\frac{\lambda_i}{a_i^{\theta}}\right)^{\alpha}\geqslant$$

$$\frac{\lambda(\beta)}{n(np+nS)^{\beta}}\left[1+\frac{q}{n}\frac{\lambda(\theta)}{(nS)^{\theta}}\right]^{\alpha}\Rightarrow$$

$$P_{\lambda}\geqslant\frac{\lambda(\beta)}{n^{\alpha+\beta}(s+p)^{\beta}}\left(n+\frac{q\lambda(\theta)}{(nS)^{\theta}}\right)^{\alpha}$$

即式(b)成立,等号成立仅当 $a_i=S,\lambda_1=\lambda_2=\cdots=\lambda_n$。

编辑手记

　　钱钟书先生洞悉人性的弱点，人性的幽暗处，他饶有趣味地分析蝙蝠的故事：蝙蝠碰见鸟就充作鸟，碰见兽就充作兽。人比蝙蝠聪明多了。他会把蝙蝠的方法反过来施用：在鸟类里偏要充兽，表示脚踏实地；在兽类里偏要充鸟，表示高超出世……细想起来笔者也有这方面的毛病。在文人中充数学工作者以示具有理性思维，在数学圈中充文人以兼具浪漫情怀，其实不过就是一只非鸟非兽的蝙蝠而已。

　　在本书的编辑过程中，笔者真正体会到了编辑之乐趣，由美国的格罗斯主编，30多位资深美国编辑合著的《编辑人的世界》中，美国同行以为，编辑要扮演三个角色：一、"狩猎者"，他要"多方搜寻，并挑选出可以出版的好书"；二、"治疗师"，他要"细心阅读作品中每一个字，详细而坦率地说出评语，并且建议应该修改之处"；三、"双面人"，在面对作者时代表出版社，在面对出版社时又代表作者。

　　可能会有人说中国现在能写、会写数学书的人很多，为什么单找一个农民写。借艺术来说吧！在中国烧钱最多的境外美术馆，尤伦斯今年宣布准备大规模出售中国当代艺术藏品并转让位于北京798艺术区的艺术中心，这意味着尤伦斯决意退出中国,其中一个重要原因是中国艺术家批量生产,艺术日益平庸化,中国多数有才华和知名度的艺术家都卷入了"做明星"、"赶场子"和大量生产艺术的状态,几乎没有人静下心来思考艺术。

　　职业数学家不愿写这类书因为它得不到任何基金资助,对成名成家又没什么帮助,逐利之徒又不肯下工夫,他们都忙于攒挣钱的教辅,再说他们也写不出什么深度。所以这种"西单女孩"与"旭日阳刚"倒是一阵清风,或许会净化一下图书市场"山寨"扎堆的风气,也可能只是笔者的一厢情愿罢了。

刘培杰于哈工大
2011.5.1

哈尔滨工业大学出版社刘培杰数学工作室
已出版(即将出版)图书目录

书　名	出版时间	定　价	编号
新编中学数学解题方法全书(高中版)上卷	2007—09	38.00	7
新编中学数学解题方法全书(高中版)中卷	2007—09	48.00	8
新编中学数学解题方法全书(高中版)下卷(一)	2007—09	42.00	17
新编中学数学解题方法全书(高中版)下卷(二)	2007—09	38.00	18
新编中学数学解题方法全书(高中版)下卷(三)	2010—06	58.00	73
新编中学数学解题方法全书(初中版)上卷	2008—01	28.00	29
新编中学数学解题方法全书(初中版)中卷	2010—07	38.00	75
新编平面解析几何解题方法全书(专题讲座卷)	2010—01	18.00	61
数学眼光透视	2008—01	38.00	24
数学思想领悟	2008—01	38.00	25
数学应用展观	2008—01	38.00	26
数学建模导引	2008—01	28.00	23
数学方法溯源	2008—01	38.00	27
数学史话览胜	2008—01	28.00	28
从毕达哥拉斯到怀尔斯	2007—10	48.00	9
从迪利克雷到维斯卡尔迪	2008—01	48.00	21
从哥德巴赫到陈景润	2008—05	98.00	35
从庞加莱到佩雷尔曼	2011—06	138.00	134
数学解题中的物理方法	2011—06	28.00	114
数学解题的特殊方法	2011—06	48.00	115
中学数学计算技巧	即将出版	38.00	116
中学数学证明方法	即将出版	48.00	117
历届 IMO 试题集(1959—2005)	2006—05	58.00	5
历届 CMO 试题集	2008—09	28.00	40
全国大学生数学夏令营数学竞赛试题及解答	2007—03	28.00	15
历届美国大学生数学竞赛试题集	2009—03	88.00	43
历届俄罗斯大学生数学竞赛试题及解答	即将出版	68.00	
前苏联大学生数学竞赛试题集	2011—06	48.00	128

哈尔滨工业大学出版社刘培杰数学工作室
已出版(即将出版)图书目录

书　名	出版时间	定　价	编号
数学奥林匹克与数学文化(第一辑)	2006—05	48.00	4
数学奥林匹克与数学文化(第二辑)(竞赛卷)	2008—01	48.00	19
数学奥林匹克与数学文化(第二辑)(文化卷)	2008—07	58.00	36
数学奥林匹克与数学文化(第三辑)(竞赛卷)	2010—01	48.00	59
数学奥林匹克与数学文化(第四辑)(竞赛卷)	2011—03	58.00	87
发展空间想象力	2010—01	38.00	57
走向国际数学奥林匹克的平面几何试题诠释(上、下)(第2版)	2010—02	98.00	63,64
平面几何证明方法全书	2007—08	35.00	1
平面几何证明方法全书习题解答(第2版)	2006—12	18.00	10
最新世界各国数学奥林匹克中的平面几何试题	2007—09	38.00	14
数学竞赛平面几何典型题及新颖解	2010—07	48.00	74
初等数学复习及研究(平面几何)	2008—09	58.00	38
初等数学复习及研究(立体几何)	2010—06	38.00	71
初等数学复习及研究(平面几何)习题解答	2009—01	48.00	42
世界著名平面几何经典著作钩沉——几何作图专题卷(上)	2009—06	48.00	49
世界著名平面几何经典著作钩沉——几何作图专题卷(下)	2011—01	88.00	80
世界著名平面几何经典著作钩沉(民国平面几何老课本)	2011—03	38.00	113
世界著名数论经典著作钩沉(算术卷)	2011—06	28.00	125
世界著名数学经典著作钩沉——立体几何卷	2011—02	28.00	88
世界著名三角学经典著作钩沉(平面三角卷Ⅰ)	2010—06	28.00	69
世界著名三角学经典著作钩沉(平面三角卷Ⅱ)	2011—01	28.00	78
几何学教程(平面几何卷)	2011—03	68.00	90
几何学教程(立体几何卷)	2011—07	68.00	130
几何变换与几何证题	2010—06	88.00	70
几何瑰宝——平面几何500名题暨1000条定理(上、下)	2010—07	138.00	76,77
三角形的五心	2009—06	28.00	51
俄罗斯平面几何问题集	2009—08	88.00	55
俄罗斯平面几何5000题	2011—03	58.00	89
计算方法与几何证题	2011—06	28.00	129
500个最新世界著名数学智力趣题	2008—06	48.00	3
400个最新世界著名数学最值问题	2008—09	48.00	36
500个世界著名数学征解问题	2009—06	48.00	52
400个中国最佳初等数学征解老问题	2010—01	48.00	60
500个俄罗斯数学经典老题	2011—01	28.00	81

哈尔滨工业大学出版社刘培杰数学工作室
已出版(即将出版)图书目录

书 名	出版时间	定 价	编号
超越吉米多维奇——数列的极限	2009—11	48.00	58
初等数论难题集(第一卷)	2009—05	68.00	44
初等数论难题集(第二卷)(上、下)	2011—02	128.00	82,83
谈谈素数	2011—03	18.00	91
平方和	2011—03	18.00	92
数论概貌	2011—03	18.00	93
代数数论	2011—03	48.00	94
初等数论的知识与问题	2011—02	28.00	95
超越数论基础	2011—03	28.00	96
数论初等教程	2011—03	28.00	97
数论基础	2011—03	18.00	98
数论入门	2011—03	38.00	99
解析数论引论	2011—03	48.00	100
基础数论	2011—03	28.00	101
超越数	2011—03	18.00	109
三角和方法	2011—03	18.00	112
谈谈不定方程	2011—05	28.00	119
整数论	2011—05	38.00	120
初等数论100例	2011—05	18.00	122
俄罗斯函数问题集	2011—03	38.00	103
俄罗斯组合分析问题集	2011—01	48.00	79
博弈论精粹	2008—03	58.00	30
多项式和无理数	2008—01	68.00	22
模糊数据统计学	2008—03	48.00	31
解析不等式新论	2009—06	68.00	48
建立不等式的方法	2011—03	98.00	104
数学奥林匹克不等式研究	2009—08	68.00	56
初等数学研究(Ⅰ)	2008—09	68.00	37
初等数学研究(Ⅱ)(上、下)	2009—05	118.00	46,47
中国初等数学研究 2009卷(第1辑)	2009—05	20.00	45
中国初等数学研究 2010卷(第2辑)	2010—05	30.00	68
中国初等数学研究 2011卷(第3辑)	2011—07	60.00	127
初等不等式的证明方法	2010—06	38.00	123
数学奥林匹克不等式散论	2010—06	38.00	124
理论与实用算术	2010—06	38.00	126
数学奥林匹克超级题库(初中卷上)	2010—01	58.00	66
数学奥林匹克不等式证明方法和技巧(上)	2011—08		134
数学奥林匹克不等式证明方法和技巧(下)	2011—08		135

哈尔滨工业大学出版社刘培杰数学工作室
已出版(即将出版)图书目录

书 名	出版时间	定 价	编号
中等数学英语阅读文选	2006—12	38.00	13
统计学专业英语	2007—03	28.00	16
数学 我爱你	2008—01	28.00	20
精神的圣徒 别样的人生——60位中国数学家成长的历程	2008—09	48.00	39
数学史概论	2009—06	78.00	50
斐波那契数列	2010—02	28.00	65
数学拼盘和斐波那契魔方	2010—07	38.00	72
数学的创造	2011—02	48.00	85
数学中的美	2011—02	38.00	84
最新全国及各省市高考数学试卷解法研究及点拨评析	2009—02	38.00	41
高考数学的理论与实践	2009—08	38.00	53
中考数学专题总复习	2007—04	28.00	6
向量法巧解数学高考题	2009—08	28.00	54
新编中学数学解题方法全书(高考复习卷)	2010—01	48.00	67
新编中学数学解题方法全书(高考真题卷)	2010—01	38.00	62
新编中学数学解题方法全书(高考精华卷)	2011—03	68.00	118
高考数学核心题型解题方法与技巧	2010—01	28.00	86
靠数学思想给力(上)	2011—07	38.00	131
靠数学思想给力(中)	2011—07	38.00	132
靠数学思想给力(下)	2011—07	28.00	133
方程式论	2011—03	38.00	105
初级方程式论	2011—03	28.00	106
Galois 理论	2011—03	18.00	107
代数方程的根式解及伽罗瓦理论	2011—03	28.00	108
线性偏微分方程讲义	2011—03	18.00	110
N 体问题的周期解	2011—03	28.00	111
代数方程式论	2011—05	28.00	121
闵嗣鹤文集	2011—03	98.00	102
吴从炘数学活动三十年(1951~1980)	2010—07	99.00	32

联系地址:哈尔滨市南岗区复华四道街10号哈尔滨工业大学出版社刘培杰数学工作室
邮 编:150006
联系电话:0451—86281378　13904613167
E-mail:lpj1378@yahoo.com.cn